BIBLIOTHÈQUE
DE PHILOSOPHIE CONTEMPORAINE

LES PHÉNOMÈNES PSYCHIQUES

RECHERCHES, OBSERVATIONS, MÉTHODES

PAR

J. MAXWELL
Docteur en médecine
Avocat général près la Cour d'appel de Bordeaux

PRÉFACE DE CHARLES RICHET

Membre de l'Académie de médecine
Professeur à la Faculté de médecine de Paris

PARIS
FÉLIX ALCAN, ÉDITEUR
ANCIENNE LIBRAIRIE GERMER BAILLIÈRE ET Cie
108, BOULEVARD SAINT-GERMAIN, 108

1903

LES PHÉNOMÈNES PSYCHIQUES

DU MÊME AUTEUR

Le mysticisme contemporain. Limoges, Ducourtieux, 1893.

Un magistrat Hermétiste : *Le Président Jean d'Espagnet.* Bordeaux, Gounouilhou, 1896.

De quelques cas de responsabilité médicale. Bordeaux, Gounouilhou, 1901.

Recherches Psychiques (extrait de la *Revue Philomatique*). Bordeaux, Gounouilhou, 1901.

L'amnésie au point de vue de la médecine judiciaire. Bordeaux, Gounouilhou, 1902.

Le monde en l'an 2000, d'après M. Wells (extrait de la *Revue Philomatique*). Bordeaux, Gounouilhou, 1902.

L'amnésie et les tr[illegible] la conscience dans l'épilepsie. Bordeaux, Gounouilhou, 1903.

CHARTRES. — IMPRIMERIE DURAND, RUE FULBERT.

LES PHÉNOMÈNES PSYCHIQUES

RECHERCHES, OBSERVATIONS, MÉTHODES

PAR

J. MAXWELL
Docteur en médecine
Avocat général près la Cour d'appel de Bordeaux

PRÉFACE DE CHARLES RICHET
Membre de l'Académie de médecine
Professeur à la Faculté de médecine de Paris

PARIS
FÉLIX ALCAN, ÉDITEUR
ANCIENNE LIBRAIRIE GERMER BAILLIÈRE & Cie
108, BOULEVARD SAINT-GERMAIN, 108

1903

PRÉFACE

Il y a des livres pour lesquels une préface est superflue, parfois même nuisible. Ce sont ceux dans lesquels l'auteur dit si nettement ce qu'il veut dire, et en termes si précis, que tout commentaire en affaiblit la portée.

Tel est cet ouvrage de M. Maxwell. L'auteur, qui depuis longtemps s'est adonné à la psychologie, a vu quantité de faits intéressants ; il les a minutieusement observés, et, après avoir mûrement réfléchi sur la méthode d'observation, sur les conséquences et sur la nature même des phénomènes, il expose les faits et en déduit quelques idées simples, loyalement, sans complaisance et sans crainte, devant un public qu'il espère impartial.

C'est à ce public que j'adresserai aussi la courte introduction que l'amitié de M. Maxwell m'a demandé de mettre en tête de cet excellent ouvrage.

Mon conseil au lecteur peut se résumer en un mot. Il faut aborder ce livre sans préjugés, ne craindre ni ce qui est nouveau, ni ce qui est imprévu. Autrement dit, et, tout en gardant le plus scrupuleux respect pour la science d'aujourd'hui, il faut être solidement persuadé que la science d'aujourd'hui, pour vraie qu'elle soit, est terriblement incomplète.

Les imprudents qui s'occupent des sciences occultes sont accusés de bouleverser la science, et de détruire le laborieux édifice que des milliers de travailleurs ont construit, au prix d'un immense labeur, universel, depuis trois ou quatre siècles. Mais ce reproche me paraît bien injuste. Personne ne peut démolir un fait scientifique.

Un courant électrique décompose l'eau en un volume d'oxygène et deux volumes d'hydrogène. C'est un fait qui restera vrai, dans tout l'infini de l'avenir, comme il a été vrai dans tout l'infini du passé. Les idées changeront peut-être sur ce qu'il convient d'appeler courant électrique, ou oxygène, ou hydrogène. On trouvera peut-être que l'hydrogène est un composé de cinquante corps différents; que l'oxygène se transforme en hydrogène : que le courant électrique est une force pondérable, ou une émission lumineuse. Peu importe ce qu'on découvrira : en tout cas on ne fera jamais que ce que nous appelons courant électrique, dans les conditions de pression et de température moyennes, ne dédouble pas ce que nous appelons l'eau en deux gaz ayant des propriétés différentes, gaz qui se dégagent dans les proportions volumétriques de 2 à 1.

Il n'y a donc jamais à craindre qu'une science nouvelle, faisant irruption dans la science ancienne, ne vienne bouleverser les données acquises, et contredire ce qui a été établi par les savants.

Par conséquent, les phénomènes psychiques, si complexes, si imprévus, si effrayants parfois qu'on les suppose, ne renverseront aucun des faits qui font partie des sciences présentement classiques.

L'astronomie et la physiologie, la physique et les mathématiques, la chimie et la zoologie peuvent dormir tranquilles. Elles sont intangibles, et rien ne portera atteinte à l'imposant assemblage des faits incontestables qui les constitue.

Mais des notions, jusque-là inconnues, peuvent être introduites qui, sans faire douter des vérités anciennes, feront pénétrer des vérités nouvelles et changer, bouleverser même, les notions que nous avons des choses, en ajoutant des faits imprévus.

Ces faits seront imprévus; ils ne seront jamais contradictoires.

L'histoire des sciences nous montre que jamais l'édifice des sciences passées n'a été renversé par l'invasion d'une science nouvelle.

Il fut un temps où la notion de la contagion tuberculeuse n'existait pas. On sait maintenant que ce sont des microbes qui la transmettent. C'est une notion nouvelle, très féconde en conclusions importantes, mais elle n'a pas infirmé le tableau clinique que les médecins d'autrefois avaient tracé de la phtisie pulmonaire. Quand ont été découvertes les ondes hertziennes, les lois d'Ampère n'ont pas été ébranlées. Parce qu'il y a des rayons Rœntgen, et des vibrations lumineuses qui traversent les corps opaques, l'optique de Newton et de Fresnel n'est pas devenue un tissu d'erreurs. Il paraît que le radium peut dégager continuellement, sans phénomènes chimiques moléculaires appréciables, de grandes quantités d'énergie calorifique. Nous pouvons être assurés que la loi de la conservation de l'énergie, et les principes de la thermo-dynamique resteront aussi vrais que par le passé.

De même si, comme cela est de plus en plus vraisemblable, des faits dits occultes viennent à être établis, on peut être rassuré sur la science classique. Des faits inconnus et nouveaux, quelque étranges qu'ils soient, ne vont pas détruire la vérité des faits anciens.

Pour prendre un exemple emprunté à l'ouvrage de M. Maxwell, admettons que le phénomène des *raps*, c'est-à-dire des vibrations sonores du bois ou des autres substances, soit un phénomène vrai, et que, dans certains cas, il y ait des coups qu'aucune force mécanique extérieure à nous connue ne puisse expliquer; est-ce que la physique en sera bouleversée? Ce sera une force nouvelle se dégageant sur le bois, et exerçant sa puissance sur la matière; mais les forces anciennes n'en conserveront pas moins toute leur puissance, et même il est vraisemblable que la transmission de cette vibration dans le bois par une force nouvelle, se fera suivant les mêmes lois que la transmission des autres vibrations: la température, la pression, la densité de l'air ou du bois, exerceront les mêmes influences. Il n'y aura de nouveau que l'existence d'une force jusque-là inconnue.

Or, est-il un seul savant digne de ce nom qui puisse affirmer qu'il n'y a pas de forces jusqu'ici inconnues qui circulent dans le monde?

Autant la science est inattaquable quand elle établit des faits, autant elle est misérablement sujette à l'erreur quand elle prétend établir des négations.

Voici un dilemme qui me paraît à cet égard très démonstratif. De deux choses l'une: ou nous connaissons toutes les forces de la nature, ou nous ne les connaissons pas toutes. Or, la première alternative est tellement ridicule qu'elle ne vaut vraiment pas la peine d'être réfutée. Nos sens sont tellement bornés et imparfaits que le monde leur échappe presque complètement. La force colossale de l'aimant ne nous est connue qu'accidentellement pour ainsi dire, et, si le hasard n'avait pas placé le fer doux à côté de l'aimant, nous eussions pour toujours ignoré que l'aimant exerce une attraction sur le fer. Il y a dix ans on ne soupçonnait pas l'existence des rayons Rœntgen. Avant la photographie on ne savait pas que la lumière réduit les sels d'argent. Les ondes hertziennes ne sont connues que depuis trente ans à peine. Il y a deux cents ans, on ne connaissait de cette force immense électrique que la propriété de l'ambre frotté.

A interroger un sauvage — voire même un pauvre fellah, ou un moujik russe — sur les forces de la nature, il ne connaîtra pas la dixième partie de celles que les traités élémentaires de physique de 1903 énumèrent. Il me paraît que les savants d'aujourd'hui sont vis-à-vis des savants des siècles à venir dans la même infériorité que les moujiks vis-à-vis des professeurs du Collège de France.

Qui donc serait assez téméraire pour prétendre que les traités de physique de l'an 2003 ne feront que répéter ce qui se trouve dans les traités de 1903. La vraisemblance, presque la certitude, c'est que très rapidement de nouvelles données scientifiques vont surgir des ténèbres, et que des forces inconnues seront révélées, très puissantes et très inconnues. Le grand étonnement de nos arrière-petits-fils sera que des savants aient été assez aveugles pour professer tacitement l'immobilité de la science.

Si la science a fait de tels progrès, c'est que précisément nos devanciers n'ont pas craint de faire des hypothèses hardies, de supposer des forces nouvelles, dont ils ont, à force de patience et de persévérance, démontré la réalité. Le devoir strict s'impose à nous de faire comme eux. Le savant doit être révolutionnaire, et le temps heureusement est passé, où la vérité se cherchait dans les livres du maître, que ce fût Aristote, ou Platon. En politique on peut être conservateur ou progressiste ; c'est affaire de tempérament. Mais, quand il s'agit de la recherche de la vérité, il faut être résolument et sans réserve révolutionnaire, et ne considérer les théories classiques, même celles qui paraissent les plus solides, que comme des hypothèses provisoires, qu'il faut contrôler sans cesse, et sans cesse essayer de renverser. Les Chinois ont cru que la science avait été fixée par la sapience de leurs ancêtres ; et c'est un exemple bon à méditer.

Et puis — pourquoi ne pas le dire hautement ? — toute cette science, dont nous sommes si fiers, n'est que la connaissance des apparences. Le fond des choses nous échappe. La nature intime des lois qui gouvernent la matière, vivante ou inerte, est inabordable à notre intelligence. Une pierre lancée en l'air retombe à terre. Pourquoi ? Par l'attraction, dit Newton, proportionnelle à la masse et à la distance. Mais qu'est-ce que cette loi, sinon l'exposé d'un fait, et comprend-on cette vibration attirante qui fait tomber la pierre ? Le phénomène de la chute d'une pierre est tellement banal qu'il ne nous étonne pas ; mais en réalité nulle intelligence humaine ne l'a compris. Il est habituel, commun, accepté ; mais il est *incompris*, comme tous les phénomènes de la nature sans exception.

L'œuf fécondé devient un embryon. Nous décrivons tant bien que mal les phases de ce phénomène ; mais avons-nous compris, malgré les descriptions les plus minutieuses, cette évolution du protoplasma cellulaire qui se transforme en un être vivant, immense ? Pourquoi ? Par quel prodige se font ces segmentations ? Pourquoi ces granulations s'amassent-elles là ? Pourquoi se détruisent-elles là pour se reformer ailleurs ?

Nous vivons au milieu de phénomènes qui se succèdent autour de nous, sans qu'un seul d'entre eux nous soit connu de manière adéquate. Même ce qui est le plus simple est encore tout à fait mystérieux. Qu'est-ce que la combinaison de l'hydrogène avec l'oxygène? Qui donc a une seule fois pu bien comprendre ce mot de *combinaison*, anéantissement des propriétés de deux corps par la création d'un troisième corps différent des deux premiers? On ne s'entend même pas sur l'atome, qui, par définition, est impondérable, et qui cependant devient pondérable quand il y a beaucoup d'atomes réunis.

Donc il convient au vrai savant d'être très modeste, et très hardi à la fois. Très modeste, car notre science est très peu de chose; très hardi, car l'immense champ des mondes inconnus lui est ouvert.

Audace et prudence: telles sont bien les deux qualités, nullement contradictoires, du livre de M. Maxwell.

Quel que soit le sort réservé aux idées qu'il soutient, avec faits à l'appui, on peut être assuré que les faits, qu'il a bien observés, resteront. Il y a là, j'imagine, les premiers linéaments d'une science nouvelle, ébauche très informe encore.

Qui sait si la physique et la physiologie ne trouveront pas là de précieux éléments de connaissance? Malheur aux savants qui croient que le livre de la nature est fermé, et qu'il n'y a plus rien de nouveau à faire connaître aux faibles hommes!

CHARLES RICHET.

LES PHÉNOMÈNES PSYCHIQUES

INTRODUCTION

J'ai beaucoup hésité à publier les impressions que m'ont laissées dix années de recherches psychiques. Ces impressions sont sur beaucoup de points très incertaines et je me demande vraiment si les rares conclusions que je puis formuler méritent que je me donne la peine de rédiger un livre pour les exprimer. Je me suis cependant décidé à faire connaître mon opinion parce qu'il m'a semblé qu'il était nécessaire de le faire. Je ne me dissimule pas que l'importance de mon témoignage est faible : mais, quelque modeste qu'il soit, il me semble que mon devoir est de l'apporter à ceux qui ont entrepris de soumettre à la discipline scientifique l'étude de phénomènes en apparence rebelles à cette discipline. Il eût été plus commode et plus avantageux pour moi de continuer mes recherches dans le silence et dans le calme. Je ne cherche pas à faire de prosélytes et il m'est au fond indifférent que mes contemporains partagent ou non ma manière de voir ; mais il ne m'est pas indifférent de voir les braves gens qui vont à la bataille exposer tout seuls leur poitrine aux coups. Il y a quelque lâcheté à croire ce qu'ils enseignent et à les laisser aller seuls au feu pour soutenir une opinion qu'il faut quelque courage aujourd'hui encore pour affirmer. C'est à eux que je dédie mon livre.

Le public m'est, je le répète, indifférent ; non que je dédaigne le jugement qu'il porte, car j'en ai le plus grand respect ; mais ce n'est pas au public que je m'adresse. La question que j'étudie n'est pas mûre pour lui, — à moins que ce ne soit l'inverse.

Je m'adresse aux braves gens dont je parlais tout à l'heure pour leur dire que mes observations confirment les leurs sur beaucoup de points et que je suis avec eux. Je m'adresse aussi à ceux qui cherchent à se rendre compte de la réalité des phénomènes curieux dont parle ce petit livre. J'ai essayé de combler une lacune en leur indiquant les méthodes les plus sûres pour arriver à un résultat appréciable, car il est moins difficile qu'on le pense d'obtenir quelques-uns de ces résultats.

Un mot encore sur la méthode que j'ai suivie. Je n'ai pas voulu donner à mon livre un aspect scientifique et l'accompagner d'observations comparables à celles qu'on peut lire dans un livre de médecine. La matière comportait peu cette forme de rédaction, bien que j'eusse pu l'adopter. J'ai préféré dire ce que j'ai vu et demander à ceux pour lesquels j'écris de me croire si bon leur semble.

J'aurais, j'en suis sûr, accumulé les témoignages et les certificats que je n'aurais pas convaincu un lecteur de plus. Ceux que mon affirmation laissera sceptiques n'auraient pas été entraînés par des procès-verbaux signés par des témoins dont la sincérité ou la compétence sont si aisément contestables. Je n'ai pas davantage voulu adopter la méthode suivie par les observateurs de l'Agnélas, de Milan, de Carqueyranne et donner un procès-verbal détaillé des séances que j'ai tenues ; cette méthode a ses avantages et ses inconvénients. Il est difficile dans un compte rendu quelque complet qu'il soit, d'indiquer toutes les conditions de l'expérience : des omissions sont inévitables. De plus, on aura beau dire que toutes les précautions ont été prises pour éviter la fraude, il suffira que, dans l'énumération de ces précautions on ait omis d'en indiquer quelqu'une pour qu'immédiatement on soit exposé aux plus justes critiques. Cette précaution était peut-être élémentaire et a été prise, ou elle a été jugée inutile et volontairement laissée de côté ; ces circonstances n'évitent pas les critiques. On veut convaincre en indiquant les conditions précises de l'expérience : les gens que l'on veut convaincre ainsi sont justement ceux qui sont le plus mal préparés à juger des conditions où les expériences psychiques se réalisent. Ce sont des physiciens ou des chimistes, et la matière vivante ne réagit pas comme la matière inorganique ou comme les substances chimiques.

Je ne cherche pas à convaincre ces savants : mon livre n'a pas la prétention d'être fait pour eux. S'ils sont tentés d'essayer à leur tour d'obtenir les effets que j'ai constatés, la méthode que j'indique leur sera facilement accessible. C'est de cette manière que je puis indirectement les convaincre, mais je le répète, je n'ai pas une pareille prétention ; d'autres expérimentateurs sont mieux en situation que moi de s'essayer à cette œuvre désirable mais actuellement difficile.

Difficile ! Certes cette œuvre l'est, et pour mille raisons. La première c'est qu'il est de mode aujourd'hui de considérer ces faits comme indignes de la science. J'avoue que j'éprouve toujours un délicat plaisir à comparer la diversité du jugement que beaucoup de jeunes Savants (je prie le typographe de ne pas oublier l'S très majuscule) portent sur leurs contemporains. L'un, entouré d'auditeurs respectueux, remettra solennellement à une hystérique endormie un coupe-papier et l'invitera gravement à massacrer monsieur un tel sous les espèces d'un fauteuil vide ou d'une chaise ; quand le sujet se précipitera pour exécuter sa suggestion et frappera la chaise avec le coupe-papier, les assistants contempleront un fait scientifique. Voici au contraire un autre contemporain qui, non moins gravement, fera des passes longitudinales sur un sujet et l'endormira ; puis il essayera d'extérioriser sa sensibilité : d'autres assistants seront autour de cet autre expérimentateur, mais ils ne verront pas un fait scientifique. Je n'ai jamais pu saisir la différence entre les deux contemporains dont l'un expérimente sur une hystérique plus que sujette à caution et dont l'autre examine un phénomène que l'on peut observer, s'il est vrai, sans avoir à se fier uniquement à la bonne foi de la personne endormie.

En réalité, il y a tout un clan très intolérant parmi les savants. On dirait que les faits signalés par ceux qui n'ont pas été agréés par les chefs d'école ne comptent pas. Je ne parle pas bien entendu de ces expériences physiques que tout le monde peut répéter comme la télégraphie sans fil ou les rayons X ; il est bien difficile de contester des faits que tout le monde peut vérifier. Nos expériences malheureusement ne sont pas aussi faciles à réussir ; aussi les jeunes Savants font-ils volontiers leurs premières armes dans quelque expédition contre les gens qui s'occupent des phénomènes psychiques. Ainsi les jeunes théologiens d'autrefois s'exerçaient à leurs débuts contre quelques hérésiarques notoires, ariens, manichéens ou gnostiques.

Rien ne change en vérité.

*
* *

Je dois dire cependant que beaucoup de ceux qui s'occupent des curieux phénomènes dont je vais parler prêtent facilement à la critique. Ils ne se montrent pas très sévères sur les conditions de leurs expériences : ils ont la confiance aisée et la certitude rapide. Je ne saurais trop les mettre en garde contre des affirmations prématurées : qu'ils évitent de justifier le dire de Montaigne : L'imagination crée le cas. Mon observation est surtout faite pour les groupes occultistes, théosophiques et spirites. Les premiers ont une méthode qui laisse bien à désirer. Leur façon de raisonner n'est pas faite pour leur attirer beaucoup d'adeptes parmi les gens qui réfléchissent. L'analogie et les correspondances n'ont pas dans la logique ordinaire la même importance que la déduction ou l'induction. D'autre part, il ne me paraît pas prudent de considérer comme l'expression de la vérité l'interprétation ésotérique des livres hébraïques. Je ne vois pas pourquoi j'aurais abandonné la croyance en leurs affirmations exotériques pour celle de leurs gloses talmudistes ou kabbalistes. J'ai peine à croire que les Rabbis du moyen âge, ou leurs prédécesseurs, contemporains d'Esdras, aient eu une notion plus exacte de la nature humaine que nous-mêmes. Leurs erreurs en physique ne sauraient être cautions valables de leur exactitude en métaphysique. La vérité ne saurait être utilement cherchée dans l'analyse d'un livre très beau, mais très vieux : toutes les spéculations occultistes sur l'exégèse secrète hébraïque me paraissent un sport intellectuel et j'en qualifierais les résultats par l'expression même de l'Ecclésiaste אבלהאבלים ופל אבל.

Je ferai la même critique aux théosophes. Le curieux mouvement mystique que les enseignements de Mme Blavatsky, du colonel Olcott et de Mme Besant ont fait naître en Europe et en Amérique n'est pas encore arrêté. Beaucoup d'esprits cultivés, d'âmes délicates et d'intelligences affinées se sont laissés séduire par l'évangile néo-bouddhiste ; elles trouvent sans doute ce qu'elles cherchent dans la méditation d'*Isis Unveiled* ou de *Secret Doctrine*. *Trahit sua quemque voluptas.* Je ne puis m'empêcher de penser cependant que les Oupanishads ne détiennent pas plus le monopole de la vérité que la Bible et que toute philosophie doit s'attacher à l'étude de la nature pour vivre et progresser. Cest d'ailleurs ce que dit un homme que théosophes et occultistes respectent également : je veux parler de Paracelse. « L'homme est ici bas pour s'instruire dans la lumière de la nature ».

C'est ce que prétendent faire les spirites. Leur philosophie, pour me servir du terme même qu'ils emploient pour désigner leur doctrine, est fondée, disent-ils, sur l'observation des faits et sur l'expérience. Ce n'est pas une révélation contemporaine de la splendeur de Thèbes ou des magnificences de la cour d'Açoka qui sert de fondement à leurs dogmes; c'est une révélation actuelle, constante, permanente; les notions qu'ils ont de notre origine et de notre destinée, la certitude qu'ils ont de l'immortalité de l'âme et de la persistance de l'individualité humaine sont dues à des témoins bien renseignés. Ce sont les esprits des morts qui viennent les éclairer et leur dire ce qu'on fait dans l'au-delà.

J'envie leur facile foi: mais je ne puis la partager complètement. Notre individualité évolue dans une période infiniment plus longue que la durée d'une vie humaine, j'en ai la persuasion. Mais ce n'est pas dans les séances spirites que j'ai puisé ma croyance. Elle est d'ordre philosophique: mes réflexions sur ce que je sais de la vie, de la nature et du lent développement de l'espèce humaine me l'ont donnée. Il est vrai que ces connaissances sont peu de chose et que ma croyance est hésitante: cependant les probabilités me semblent être en faveur de la persistance de ce mystérieux centre d'énergie que nous paraît être notre individualité.

Mais cette opinion n'est pas due aux communications spirites: celles-ci m'ont paru avoir une origine autre que celles que les disciples d'Allan Kardec leur prêtent.

Je ne parle bien entendu que de mon expérience personnelle: je ne me permettrai pas d'affirmer que des convictions établies sur des faits non observés par moi sont erronées. Je ne veux donc pas dire que les spirites soient toujours la victime de leurs désincarnés: je ne puis dire qu'une chose, c'est que les messages reçus par moi d'outre-tombe m'ont paru avoir une origine différente.

Je dois ajouter toutefois pour être exact et sincère que si ma conviction n'a pas été entraînée, j'ai observé dans une ou deux circonstances des faits qui m'ont laissé perplexe.

Malheureusement pour le spiritisme, une objection qui

me paraît irréfutable peut être faite à l'enseignement des esprits. Dans tous les pays du continent ils affirment la réincarnation. Ils indiquent souvent le moment où ils vont s'enfermer de nouveau dans un corps humain : ils racontent plus volontiers encore les avatars passés de leurs fidèles. En Angleterre, au contraire, les esprits assurent qu'on ne se réincarne pas. C'est une contradiction formelle, absolue, inconciliable. Ceux qui douteraient de mon affirmation n'ont qu'à parcourir et à comparer les livres spirites anglais et français ; par exemple, ceux d'Allan Kardec, de Denys, de Delanne et ceux de Stainton-Moses. Comment avoir une opinion acceptable ? Qui dit la vérité ? Les esprits continentaux ou les esprits anglo-saxons ? Il est probable que les messages spirites n'émanent donc pas de témoins bien informés. C'est à cette conclusion qu'arrive indirectement l'un des spirites les plus instruits et les plus éclairés, Aksakoff. Il reconnaît lui-même qu'on n'est jamais certain de l'identité de l'être qui se communique dans une séance spirite.

Bien que je ne partage pas la manière de voir des occultistes, des théosophes et des spirites, je dois à la vérité de dire que leurs groupes, au moins ceux que j'ai fréquentés, sont composés de gens convaincus, sincères et respectables. Les premiers s'attachent peut-être davantage au développement des facultés mystérieuses qu'ils affirment exister dans l'homme, les spirites sont plus enclins à provoquer les communications de leurs esprits, mais tous se préoccupent du développement moral de leurs groupes.

Cette sollicitude pour la culture éthique de l'humanité est la caractéristique de ces groupes mystiques. Les occultistes et les théosophes [illegible]ecrutent surtout dans les milieux intellectuels : la clientèle du spiritisme est plus vaste. Son avenir me paraît aussi plus assuré. La simplicité de ses enseignements et de ses méthodes est faite pour séduire les âmes et les intelligences qui reculent devant l'édification personnelle d'une croyance ; car c'est une pénible entreprise et une lourde tâche que de se façonner une philosophie. Il est plus commode d'accepter des indications toutes prêtes et de croire à des affirmations en apparence sincères et bien informées. De longs siècles de discipline religieuse ont accoutumé l'esprit humain à faire des actes de foi et à fuir toute discussion libre dès qu'il est question des destinées futures. Il est malaisé de se débarrasser de cette habitude atavique.

C'est ce qui fait le succès du spiritisme ; il vient à son heure et répond à un besoin général.

* * *

Il suffit de considérer l'état psychologique de notre société pour constater combien il est troublé. On a beaucoup parlé du conflit entre la science et la religion, mais on est encore resté au-dessous de la vérité. Ce n'est pas un conflit qui s'élève entre la science et la révélation : c'est une lutte à mort qui éclate entre elles. Il est facile de prévoir quel sera le vaincu.

Il semble même que l'agonie du dogme chrétien commence. Quel est l'esprit sincère avec lui-même qui pourrait aujourd'hui répéter le fameux *credo quia absurdum*? N'est-ce pas faire à la Divinité, si elle existe, la plus grande injure que de refuser de faire usage des dons les plus précieux qu'elle nous a faits ? de ne pas employer toutes les forces de notre intelligence et de notre raison à l'examen de notre destinée et de nos devoirs envers nous-mêmes et envers les autres ?

C'est cependant cette abdication que le catholicisme, par exemple, nous demande. Il exige que nous fassions une adhésion complète à ses dogmes, que nous croyons aveuglément tout ce que l'Église enseigne, tout ce qu'affirme un pape infaillible. Il me paraît inadmissible que le Dieu des catholiques lui-même approuve une pareille indifférence.

Je ne veux évidemment pas faire un livre de polémique religieuse. J'ai trop le respect des autres pour me permettre d'attaquer des croyances encore très répandues ; je ne dois étudier que l'aspect général de la révélation et en tirer les conclusions nécessaires à mon étude.

Cette étude est aisée à faire. Les intelligences les plus cultivées s'éloignent des cultes révélés. Je ne parle que de la plupart d'entre elles, car il en existe encore qui demeurent attachées à des croyances en voie de disparition ; mais elles constituent une minorité.

Les intelligences moins cultivées, elles-mêmes, commencent à saisir l'insuffisance de la révélation. Elles s'étonnent que la divinité ait pu s'incarner et mourir pour racheter une humanité bien peu digne d'un aussi grand sacrifice. Elles s'étonnent d'une sollicitude semblable pour les habitants d'une des sphères les moins importantes de l'univers. Elles s'étonnent aussi de l'inexorable sévérité de ce Dieu qui, pour pardonner aux hommes, exige la mort de son propre fils ; qui, pour les offenses méprisables d'êtres sans commune mesure avec lui, exige une éternité de souffrances comme châtiment d'éphémères outrages. Tout cela ne satisfait pas les âmes éprises de vérité et de justice. Ces dogmes donnent aux hommes une importance cosmique qu'ils n'ont pas et prêtent à Dieu une susceptibilité et une cruauté indignes de l'Être suprême.

On pourrait aisément trouver d'autres exemples : il me paraît inutile de les donner pour appuyer encore ma conclusion : celle-ci d'ailleurs est admise par le clergé lui-même qui ne cesse de se plaindre de l'indifférence croissante de nos sociétés.

Sont-elles indifférentes en réalité ? Je ne le crois pas. On trouve des indifférents dans les classes riches, dans les milieux aisés et cultivés. Les uns poursuivent le plaisir, les autres la science : au fond ils cherchent à faire ce qui les amuse ou les intéresse. Mais ceux qui n'ont pas de ressources, ceux que la vie tourmente, ceux que l'idée de la mort et de l'anéantissement effraye, ceux qui ont besoin d'une consolation ou d'une espérance, ceux-là ne sont pas des indifférents. S'ils abandonnent les églises et les temples, c'est parce qu'ils ne trouvent pas dans la révélation ce qu'ils cherchent. La nourriture spirituelle qu'on leur offre ne satisfait plus leur goût ; ils veulent des aliments plus substantiels et moins contestés.

D'ailleurs, dans les milieux les plus cultivés eux-mêmes, ce besoin commence à se montrer. Des intelligences aussi élevées que celles de Myers, de Sigdwick, de Gurney, pour ne parler que des morts, ont abordé l'étude des phénomènes psychiques avec le désir d'y trouver la preuve d'une vie future. Myers est mort après avoir trouvé ou cru trouver la démonstration qu'il cherchait.

Le Pr Haeckel de Iéna a formulé lui-même sa philosophie ! Son monisme matérialiste est l'expression de ses croyances : celles-ci ne sont guère propres à satisfaire les besoins dont j'indiquais plus haut la force et l'étendue.

*
* *

Le spiritisme a justement la prétention de donner satisfaction à ces besoins, et il les satisfait pour les cœurs simples, pour les âmes peu compliquées, pour les intelligences qui ne soupçonnent pas les complexités de la vie. Les phénomènes des séances spirites — phénomènes réels — sont le miracle qui vient confirmer l'enseignement des esprits. Pourquoi douter ?

Aussi la clientèle du spiritisme grossit-elle avec une extraordinaire rapidité. L'extension que prend cette doctrine est un des plus curieux phénomènes de l'époque actuelle. Nous assistons à ce qui me paraît être la naissance d'une véritable religion, sans cérémonial rituel et sans clergé organisé, mais ayant des assemblées et des pratiques véritablement *cultuelles*. Je trouve pour ma part un intérêt extrême à ces réunions et j'ai l'impression d'assister à la naissance d'un mouvement religieux appelé à de grandes destinées.

Mes prévisions se vérifieront-elles? C'est à l'avenir qu'il appartient de nous fixer. J'ai exprimé une opinion fondée sur une observation impartiale et désintéressée. Malgré la sympathie que j'ai pour les groupes qui ont bien voulu m'admettre à leurs réunions, malgré l'amitié qui me lie à certains de leurs membres, je n'ai jamais voulu m'associer à leur propagande ni même leur laisser croire que je partageais leurs opinions. Je leur ai toujours dit avec sincérité que je n'étais pas convaincu de la constante intervention des esprits : je ne leur ai pas caché que des explications plus probables me paraissaient pouvoir être données aux phénomènes constatés par eux : peut-être ont-ils apprécié ma franchise. En tous cas, je leur sais gré de la courtoisie amicale avec laquelle ils m'ont permis d'observer les phénomènes de leurs séances, d'écouter les enseignements de leurs médiums et d'exposer mes idées si peu conformes aux leurs.

*
* *

Je ne suis ni spirite, ni théosophe, ni occultiste. Je ne rois pas aux sciences occultes, je ne crois pas au surnaturel, e ne crois pas aux miracles. Je crois que nous ne savons ncore que peu de chose du monde où nous vivons et que ious avons presque tout à apprendre. Il y a chez les hommes es plus éclairés, quelle que soit l'époque où ils vivent, une nconsciente tendance à s'imaginer que les faits incompables avec leurs notions sont surnaturels ou faux. Plus moestes, mais plus cruels aussi, nos aïeux, théologiens et jurisconsultes, ont brûlé les sorciers et les magiciens sans les accuser de fraude; aujourd'hui, la plupart de nos savants, plus affirmatifs et moins rigoureux, accusent de supercherie les médiums et les thaumaturges sans les condamner au bûcher. Au fond leur état d'esprit est celui des anciens exorcistes; leur intolérance est la même et la différence du traitement appliqué aux sujets ne tient qu'au progressif adoucissement des mœurs.

Ceux mêmes d'entre les savants qui sont le plus intéressés aux recherches psychiques n'osent pas avouer leur curiosité. Il faut l'élévation d'esprit d'un Duclaux, d'un Richet, d'un Rochas, d'un Crookes, d'un Lombroso ou d'un Lodge pour oser prendre position et marquer un bienveillant intérêt à ces recherches suspectes. Elles seront pourtant un jour le plus beau titre de gloire de ceux qui les auront entreprises. Il est bien fâcheux que la science officielle ait pris l'attitude qu'elle a de nos jours vis-à-vis des expériences médianiques; ce *cant* scientifique a des conséquences regrettables. La récente histoire de l'institut psychique international est bien instructive à cet égard. Quel dommage en vérité que des hommes aussi érudits, aussi remarquables, aussi compétents que Janet par exemple aient reculé, « tiqué » même devant l'épithète de psychique! Le besoin d'un institut psychique existait: non celui d'un institut psychologique. Il y en a suffisamment.

C'est justement l'attitude des cercles scientifiques les plus respectables qui me paraît une erreur dont la rectification s'impose. Je comprends parfaitement et j'excuse cette attitude: tant de choses inexactes ont été affirmées, tant de pratiques ridicules ont été recommandées par les coryphées du mouvement occultiste, que les représentants officiels de la science ont dû s'en indigner. Il aurait mieux valu qu'ils daignassent chercher ce qu'il y a de vrai au milieu de ces affirmations et de ces pratiques. Malheureusement personne, sauf Richet, n'a osé faire pour les phénomènes allégués par les occultistes et les spirites ce que Charcot a fait pour les allégations des magnétiseurs. Cet autre Charcot viendra sans doute quand l'heure sera propice.

Le travail préparatoire aura été fait et il n'aura qu'à reprendre les expériences de Richet, de Crookes, de Lodge, de Rochas, d'Ochorowicz et de bien d'autres.

Le nom de ces savants sera inscrit avant le sien sur le livre d'or de la science nouvelle avec d'autres noms encore, ceux de Durand de Gros, de Gramont, de Watteville, et de Dariex entre autres.

C'est avec ces expérimentateurs que je me range. Plusieurs d'entre eux sont mes amis et si je ne partage pas entièrement leur manière de voir, mes idées sur la méthode à employer se rapprochent pourtant beaucoup des leurs. Je me trouve ainsi naturellement amené à dire quelles sont mes idées personnelles. Les voici :

Je crois à la réalité de certains phénomènes que j'ai pu constater à diverses reprises. Je ne pense pas qu'il faille les attribuer à une intervention surnaturelle quelconque : je suis disposé à penser qu'ils sont produits par une force existant en nous.

Je crois aussi que ces faits peuvent être soumis à l'observation scientifique. Je dis observation et non expérimentation parce que je ne pense pas qu'il soit encore possible de procéder à une expérimentation véritable : pour expérimenter il faut connaître les conditions de fait dont l'existence et la réunion a pour conséquence un autre fait : or nous ne connaissons que très imparfaitement ces conditions de fait, antécédents nécessaires du phénomène cherché. Nous sommes dans la situation de l'astronome qui peut placer son œil à l'oculaire de sa lunette et observer le ciel, mais qui ne peut provoquer la production d'un phénomène céleste déterminé.

Ma position est donc bien simple. C'est celle d'un observateur sans parti pris. Je n'ai jamais eu la curiosité de m'occuper de sciences occultes et de spiritisme et j'avais depuis longtemps dépassé la trentaine quand mon attention s'est dirigée vers les phénomènes psychiques. Je n'avais jamais même essayé de faire tourner une table avant trente-cinq ans. J'avais toujours considéré comme indignes de tout examen les faits dont j'avais entendu parler. Ce n'est que vers 1892 que je me suis intéressé à ces recherches.

Je ne puis me rappeler aujourd'hui comment j'ai été amené à m'en occuper. Je n'ai pas été brusquement conduit à le faire, et il est certain qu'aucun événement saillant n'a déterminé chez moi un changement rapide d'attitude. Autant que mes souvenirs me permettent de l'affirmer, c'est la lecture de quelques ouvrages théosophiques parcourus par hasard qui m'a donné la curiosité de me rendre compte de l'étendue d'un mouvement mystique dont je ne soupçonnais pas l'existence. Les constatations que j'ai faites m'ont beaucoup étonné, car je ne pensais pas que le mysticisme pût avoir des clients à la fin du XIXe siècle. J'ai fait à ce sujet une étude en 1893 : c'est le discours de rentrée que j'ai prononcé devant la Cour d'appel de Limoges.

Ce discours m'a valu beaucoup de correspondants et j'ai été amené à expérimenter moi-même. Mes premiers résultats ont été négatifs, et sauf quelques expériences intéressantes faites à Limoges avec une dame de cette ville, médium remarquable, et son mari, je n'avais obtenu que des phénomènes peu probants. En 1895 je me rendis à l'Agnélas et pris part aux expériences faites par MM. de Rochas, Dariex, Sabathier, de Gramont et de Watteville. Le compte rendu de ces expériences a été publié dans les *Annales des Sciences psychiques*.

J'avais été surpris des phénomènes constatés par moi : j'avais la curiosité de reprendre avec plus de loisir les expériences de l'Agnélas ; en 1896 Eusapia Paladino me fit l'amitié de passer quinze jours chez moi aux environs de Bordeaux, à Choisy. MM. de Rochas, de Watteville, de

Gramont, Brincard, général Thomassin assistèrent à toutes ces expériences ou à quelques-unes d'entre elles. M. le procureur général Lefranc, mon chef et mon ami, prit part à une de nos séances. M. Béchade et un médium bordelais, Mme R. Agullana furent aussi mes hôtes. Les résultats de ces séances ont été donnés par de Rochas dans une plaquette qui n'est pas dans le commerce. J'étais toujours très intéressé et je voulais me rendre encore mieux compte de ce que j'avais vu avec Eusapia; aussi la priai-je de revenir. Elle y consentit et vint encore passer quinze jours chez moi à Bordeaux en 1897. J'ai expérimenté avec quelques amis, et les phénomènes que nous avons vus ont été aussi démonstratifs.

Eusapia n'a pas été le seul médium avec qui j'ai fait des expériences. Mme Agullana, de Bordeaux, m'a donné avec son désintéressement habituel de très nombreuses séances. J'ai obtenu avec elle des résultats d'un autre ordre; j'ai également, à deux reprises, fait venir à Bordeaux les jeunes médiums d'Agen: j'avais eu l'occasion de les observer dans cette ville, où les phénomènes dont leur maison était le théâtre avait valu à celle-ci la réputation d'être hantée. Enfin, j'ai trouvé à Bordeaux, parmi les très nombreuses personnes qui m'ont fait l'honneur de m'admettre à leurs séances quelques médiums remarquables. J'ai trouvé aussi de très nombreux médiums qui ne manifestaient que des phénomènes d'automatisme, intéressants cependant dans leur genre, car ils me permettaient de me rendre compte de la différence entre les phénomènes supranormaux, pour employer l'expression de la Société des recherches psychiques, et ceux qui ne sont que l'expression d'une activité à laquelle la personnalité ordinaire reste en apparence étrangère. Enfin j'ai constaté bien souvent de la fraude; cette constatation était instructive et j'ai observé les fraudeurs eux-mêmes avec patience et intérêt. Les « trucs » des fraudeurs volontaires méritent d'être connus et étudiés;

on peut ainsi les découvrir plus commodément. Les fraudes involontaires, plus nombreuses que les volontaires, ne sont pas moins instructives, car elles éclairent vivement les curieux phénomènes de l'activité automatique.

Il n'est pas toujours convenable d'entretenir ses lecteurs de sa propre personne, mais je crois devoir enfreindre un peu les règles et les convenances usuelles, afin de mieux préciser l'état d'esprit dans lequel j'ai poursuivi mes observations. Dès le début de mes expériences, j'ai été frappé d'un fait qui m'a paru certain. Je me suis aperçu que l'on ne pouvait étudier certaines manifestations en apparence supranormales qu'à l'aide de la pathologie nerveuse et mentale. Je me suis remis à l'école et pendant six années j'ai suivi avec le plus grand soin les cliniques médicales de l'Université de Bordeaux. Je n'ai pas à faire l'éloge des maîtres dont j'ai écouté les enseignements ; leurs noms seraient mal à l'aise dans un livre comme celui-ci. Je dois dire que l'intérêt que j'ai pris à l'étude de la médecine a été d'autant plus vif que j'en comprenais de mieux en mieux l'importance. Je n'ai pu acquérir sans doute que des notions bien élémentaires, mais pour simples qu'elles soient elles m'ont pourtant été d'un grand secours : elles m'ont permis de comprendre le mécanisme de certaines manifestations et de porter un jugement plus précis sur leur valeur psychologique.

Je suis donc, je le répète, un observateur intéressé, mais sans parti pris. Peu m'importe qu'une table ou qu'une chaise se remue sans qu'on la touche ; je n'ai aucune envie particulière de les voir accomplir des mouvements d'elles-mêmes. Le seul intérêt que je trouve à ce fait est sa vérité. Sa réalité seule a de la valeur pour moi et je ne me suis préoccupé que d'arriver à la constater sans erreur possible. J'ai donc cherché uniquement à me rendre compte de la réalité des phénomènes que je constatais : la recherche de la vérité a été mon seul souci.

Je l'ai cherchée à ma manière, c'est vrai ; mais j'ai préféré me faire une conviction qui fût établie sur des bases satisfaisantes pour mon intelligence et ma raison plutôt que de poser *a priori* les conditions que l'expérience devait satisfaire pour me convaincre. J'ignore la plupart de ces conditions et je pense que tout le monde est comme moi. Je considère qu'il est bien imprudent, par suite, d'établir par avance les conditions dans lesquelles l'expérience devra être faite pour mériter d'être retenue. Il se pourrait qu'une des conditions ainsi posées rendît justement irréalisable le résultat cherché. J'ai donc observé et je n'ai expérimenté que rarement.

Ma manière de procéder m'a donné d'heureux résultats, car les curieux phénomènes que j'ai pu observer sont capricieux ; ils se dérobent à qui les veut forcer et s'offrent à qui les attend avec patience. L'allure qu'ils manifestent ainsi n'est pas une des choses les moins surprenantes que l'on observe.

Enfin j'ai toujours pensé que les faits constatés n'avaient rien de surnaturel. Mes conclusions n'ont pas changé ; il faut s'entendre cependant sur cette expression. Je ne veux pas dire que ces phénomènes soient toujours d'accord avec les lois de la nature telles que nous les formulons aujourd'hui. Il est certain, pour moi, que nous sommes en présence d'une force inconnue ; ses manifestations ne semblent pas obéir aux mêmes lois que celles des autres forces qui nous sont plus familières ; mais je ne doute pas qu'elles n'obéissent à des lois : leur étude, peut-être, nous amènera à la conception de lois plus générales encore que celles que nous connaissons. Quelque Newton futur trouvera une formule plus complète que la nôtre.

Ma position est donc bien définie, il me semble. Je me suis efforcé de me tenir à égale distance de ceux qui nient de parti pris comme de ceux qui affirment témérairement. Je suis resté en marge de la science : j'ai essayé d'apporter dans mes expériences les méthodes d'observation scientifique. Je n'ai voulu faire ni de l'occultisme, ni du spiritisme, ni quoi que ce soit de mystérieux ou de surnaturel. Beaucoup de ceux qui me connaissent imparfaitement supposent que j'ai laissé libre carrière à mon imagination : quelques-uns supposent que je suis un adepte de la théosophie, du néo-martinisme ou du spiritisme. Il n'en est rien. Je cherche, et je n'ai trouvé que peu de chose ; d'autres ont été plus heureux que moi. Peut-être aurai-je un jour la même fortune ; mais je ne m'occuperai qu'accessoirement de ce qu'ont fait les autres : je dirai ce que j'ai vu et ce que je pense. Mon livre est le récit d'un témoin ; il n'a pas d'autre signification.

Un mot en terminant. Un grand nombre de mes expériences ont été faites avec des personnes qui désirent n'être pas connues. Je n'ai jamais manqué à la discrétion que l'on me demandait et n'ai jamais révélé le nom de ceux qui ont eu assez confiance en moi pour me laisser expérimenter avec eux tout en voulant n'être pas nommés. J'ai trouvé quelquefois des médiums bien remarquables parmi ces expérimentateurs anonymes. Certaines de mes séances avec eux ont été admirables par la netteté des phénomènes obtenus. Que ces amis confiants reçoivent mes remerciements. Puisse mon livre avoir la bonne fortune de contribuer pour sa faible part à faire disparaître les préjugés qui écartent tant d'expérimentateurs de ces études et de ces recherches. Ces préjugés sont nombreux ; c'est la peur du ridicule, le scrupule religieux, la crainte illusoire des maladies nerveuses ou mentales, la frayeur d'un monde inconnu et peuplé d'êtres mystérieux. Le temps les dissipera et j'espère qu'un jour viendra où ces faits bien étudiés et bien observés, apporteront à nos connaissances un appoint insoupçonné. Le domaine des « sciences psychiques » est immense. Quelques pionniers sont seuls à l'explorer : quand il sera défriché et cultivé il donnera, j'en suis sûr, de merveilleuses récoltes.

Mais que ceux que leur éducation scientifique prépare à cette étude ne la considèrent pas comme indigne d'eux. Ils commettent, en se désintéressant de ces faits, une erreur qu'ils regretteront amèrement un jour. En admettant même que les premiers observateurs aient commis des fautes, il restera toujours quelque chose des faits qu'ils ont constatés. Les erreurs sont inévitables dans les commencements de toute science ; les méthodes sont incertaines et la nouveauté des phénomènes étudiés rend leur analyse difficile ; le temps, le travail commun, l'expérience acquise permettent de porter remède à ces inévitables inconvénients.

Il serait trop facile de multiplier les exemples du retard que le préjugé scientifique apporte aux progrès mêmes de la science. C'est une critique qui a déjà été très souvent et très spirituellement faite. Les hommes que leurs découvertes ont mis à la tête du mouvement intellectuel de leur génération n'échappent pas eux-mêmes à cette déplorable tendance de transformer en dogmes les lois naturelles observées. Ils commettent la faute qu'ils reprochent aux théologiens de commettre. L'homme a une aptitude merveilleuse à saisir les torts de son prochain et à ne pas voir les siens propres ; il en sera probablement longtemps encore de même. Je voudrais pourtant que cette habitude d'esprit toute théologique fût définitivement bannie de la science. Celle-ci ne doit se préoccuper que de la réalité des faits. Il n'y a pas de distinction à faire entre les différents phénomènes observés, il ne convient pas de considérer comme appartenant à la science certains d'entre eux seulement et d'exclure les autres de toute recherche scientifique sous prétexte qu'il appartient à la religion, par exemple, de les analyser. Tout fait naturel doit être étudié et incorporé dans le patrimoine de nos connaissances s'il est réel. Qu'importe son apparente contradiction avec les lois de la nature telles que nous les concevons aujourd'hui. Ces lois ne sont pas des principes supérieurs à notre expérience ; ils ne sont que l'expression même de celle-ci ; nous savons encore peu de chose, notre expérience est encore toute jeune : elle s'accroîtra et son développement aura pour inévitable conséquence une modification correspondante dans notre conception de la nature. N'affirmons donc pas l'exactitude absolue de nos idées actuelles en rejetant de partis pris tout ce qui nous paraît les heurter. Ne dogmatisons pas et n'ayons qu'un souci, la recherche impartiale du vrai. Rien ne peut nous faire pénétrer davantage dans la connaissance du milieu où nous évoluons, que les faits en apparence inconciliables avec les idées courantes ; ces faits nous démontrent que ces idées sont erronées ou incomplètes : leur observation attentive nous révèlera une formule plus générale qui expliquera à la fois les faits nouveaux et les faits anciens. Ainsi, d'antithèses en synthèses de plus en plus générales, nos idées scientifiques tendront vers l'absolue vérité.

Mais, que nous en sommes encore éloignés !

CHAPITRE PREMIER

LA MÉTHODE

Un proverbe assure que pour faire une omelette il faut avoir des œufs. Pour étudier les phénomènes psychiques, il faut en avoir. Cette proposition paraît élémentaire et cependant c'est elle que l'on méconnaît le plus volontiers ; j'ai déjà dit comment et pourquoi.

Aussi me paraît-il nécessaire d'indiquer, dès le début de mes récits, les méthodes qui m'ont paru donner les résultats les plus favorables. Ceux de mes lecteurs qui auront le désir de contrôler l'exactitude de mes conclusions en auront, j'en suis sûr, l'occasion s'ils veulent opérer comme je l'ai moi-même fait. Je dois tout d'abord les mettre en garde contre tout respect humain. Ils ne devront pas craindre de s'exposer à quelque ridicule. Il n'est pas douteux qu'il n'y ait en effet matière à plaisanteries dans les opérations que je leur conseille. Mais je les engage à se préoccuper du résultat, non des moyens qu'il est bon d'employer pour les obtenir.

Les phénomènes psychiques sont de deux ordres ; les uns sont matériels, les autres intellectuels. La méthode la mieux appropriée, à mon sens, pour obtenir les premiers ne convient pas à l'étude des seconds. Il y a donc une distinction à faire dès le début de ces observations entre ces deux catégories de faits.

Les phénomènes physiques sont les moins facilement observables : ils comprennent :

1° Les coups frappés sur des meubles, sur les murailles, sur les planchers ou sur les expérimentateurs : ces coups frappés auxquels je conserverai leur désignation anglaise plus précise et plus brève seront appelés par moi *raps*.

2° Les bruits divers autres que les raps. Ils peuvent être très variés.

3° Les mouvements d'objets sans contacts suffisants pour expliquer le mouvement produit. On a, dans cette classe de faits, une division à faire entre *a)* les mouvements produits sans aucun contact : *télékinésie* ; par exemple le soulèvement ou le glissement d'une table, d'une chaise, l'abaissement du plateau d'une balance sans que les objets soient touchés et *b)* les mouvements produits par des contacts insuffisants à les expliquer : *parakinésie* ; par exemple la lévitation d'une table sur laquelle les expérimentateurs ont appuyé leurs mains.

4° Les *apports*, c'est-à-dire l'apparition d'objets, fleurs, dragées, pierres, etc., qui n'auraient été apportés par aucun des assistants. Ce phénomène, s'il existe, suppose en outre le suivant :

5° Passage de la matière dans la matière ; *pénétrabilité*.

6° Les phénomènes visuels, qui se subdivisent eux-mêmes en :

a. Vision de l'effluve odique.

b. Lumières amorphes.

c. Formes lumineuses ou obscures.

d. Enfin le phénomène le plus complet, ou *matérialisation* d'une forme humaine ou non, lumineuse ou non.

7° Les phénomènes laissant des traces permanentes, c'est-à-dire :

Empreintes.

Moulages.

Dessins plus ou moins achevés.

8° Le changement de poids des objets matériels ou de certaines personnes, par exemple la lévitation du sujet.

9° Les changements de température perceptibles : sensation de froid ou de chaud, combustion spontanée.

10° Les souffles, généralement froids.

Tels sont les principaux phénomènes psychiques d'ordre matériel qui ont été indiqués par les divers observateurs. Je ne les ai pas constatés tous et n'ai obtenu d'une manière qui me paraît certaine que les raps, la talékinésie, la parakinésie et quelques phénomènes lumineux.

Les phénomènes *intellectuels* sont ceux qui impliquent l'expression d'une pensée : je les classerais de la manière suivante :

1° *Typtologie* : coups frappés par le pied d'une table sur laquelle les assistants appuient les mains ; la table se penche d'un côté et reprend l'équilibre en frappant le sol.

2° *Grammatologie* ou phrases épelées. Divers procédés sont employés ; les principaux sont :

a) L'énumération à haute voix des lettres de l'alphabet jusqu'à ce qu'un rap indique la lettre à retenir ; *b)* le pointage des lettres à l'aide d'un crayon ou d'un stylet promené sur un alphabet écrit jusqu'à ce qu'un rap arrête le stylet ; *c)* la désignation enfin des lettres cherchées par un index monté sur pivot, au centre d'un alphabet inscrit dans un cercle — l'index se meut soit sans contact soit avec contact.

3° *Écriture automatique* : immédiate, quand le sujet écrit sans l'intermédiaire d'un instrument, *médiate* quand il emploie un instrument, planchette, boule à manches, corbeille, chapeau, guéridon, etc. Dans ce cas plusieurs personnes peuvent combiner leur action en appuyant à la fois leurs mains sur l'objet auquel le crayon est fixé.

4° *L'écriture directe*, produite sur des ardoises, du papier, etc., soit à la vue des assistants, soit hors de leur vue. Si les lettres paraissent se former sans l'aide d'un crayon on a *l'écriture précipitée*.

5° *Les incarnations* : le sujet endormi parle au nom d'une entité quelconque qui le « *possède* ».

6° *Les voix directes,* quand des paroles, paraissant émaner d'organes vocaux autres que ceux des assistants, sont entendues : certains expérimentateurs auraient ainsi conversé avec des formes matérialisées.

7° Certains automatismes autres que l'écriture sont observables : par exemple la vision dans le cristal, les miroirs et l'audition dans les coquillages en forme de conque ; les hallucinations diverses : *télépathie* si le sujet paraît influencé par un agent éloigné, *télesthésie* s'il semble activement éprouver des impressions à distance. A ces faits se rattachent la *clairvoyance, voyance,* ou *lucidité* ; ces expressions ne sont pas identiques d'ailleurs : la lucidité désigne plus spécialement la faculté que certaines personnes ont, dans le sommeil magnétique ou dans le somnambulisme, de percevoir d'une manière supranormale des impressions exactes ; les clairvoyants ou voyants sont spécialement les sujets qui aperçoivent des formes invisibles aux autres personnes. La *clairaudience* marque des phénomènes du même genre se produisant dans la sphère auditive.

J'ai très peu étudié ces phénomènes intellectuels ; sauf l'écriture automatique, la vision dans le cristal, la typtologie et les incarnations. J'ajouterai que si je me suis intéressé plutôt aux phénomènes physiques, c'est qu'il m'a paru que leur étude était plus simple et leur observation plus facile. Ce sentiment n'est pas celui de tous les expérimentateurs et mes collègues de la Société des recherches psychiques de Londres paraissent plus affirmatifs dans leurs conclusions relatives à la survie et à la communication avec les morts, que dans leurs opinions sur les phénomènes matériels. Mes constatations personnelles ne m'ont pas amené aux mêmes idées.

Il n'est pas douteux que des expériences démontrant la persistance de la personnalité humaine après la mort auraient un intérêt auprès duquel tous les autres s'effaceraient ; mais l'analyse des phénomènes de ce genre soulève des difficultés autrement compliquées que la simple observation d'un fait physique. Les phénomènes intellectuels supposent toujours un automatisme moteur quelconque ; je ne parle pas bien entendu des manifestations où la volonté du sujet intervient : cet automatisme se manifeste par le langage, l'écriture ou par des phénomènes moteurs moins élevés, la typtologie par exemple : il peut être sensoriel et se traduire par des hallucinations diverses. Il suffit d'indiquer les conditions dans lesquelles ces phénomènes s'observent pour en faire comprendre l'infinie complication. Avant d'admettre que la cause de l'apparent automatisme du sujet est extérieure à ce sujet il faut pouvoir éliminer avec certitude l'action de sa conscience personnelle ou impersonnelle. Dans quelle mesure la mémoire subliminale intervient-elle ? C'est une première difficulté bien malaisée à trancher.

En la supposant résolue, le problème reste encore presque intact. Si la connaissance d'un fait déterminé, certainement ignoré du médium, apparaît dans ses communications automatiques, il ne faut pas en conclure que cette connaissance est due à l'intervention d'un esprit « désincarné ». La télépathie peut l'expliquer ; ce phénomène est, on le sait, la transmission d'une idée, d'une impression, d'un état psychique quelconque d'une personne à une autre personne. On en ignore absolument les lois et rien ne nous permet d'affirmer, si la télépathie existe comme cela paraît d'ailleurs probable, qu'il soit nécessaire qu'un état émotif particulier existe chez l'agent. On peut supposer avec autant de raison que l'existence d'un souvenir dans un cerveau peut être découverte et reconnue par un autre cerveau dans des conditions dépendant uniquement de l'état du percipient. C'est la télesthésie proprement dite. Or, il est encore très difficile de démontrer que le fait dont l'automatisme marque la connaissance est ignoré de tout le monde. Cette preuve est même impossible. Enfin, en supposant qu'elle soit faite, il restera toujours la possibilité d'en attribuer la communication à quelque être non humain : de sorte qu'en admettant l'existence d'êtres spirituels ou immatériels distincts de nous, rien ne nous permet d'affirmer encore que ces êtres soient bien nos parents ou nos amis morts et non quelques facétieux Kobolds.

Les faits de prémonition, de précognition dont quelques-uns ont été constatés par moi soulèvent des questions aussi complexes que les précédentes : je me suis borné à les enregistrer sans chercher à les expliquer.

Mes préférences se sont fixées sur l'étude des phénomènes physiques. Là, je n'ai pas à me préoccuper de l'état mental du sujet, je n'ai pas à faire les délicates analyses dont je viens d'indiquer la complication. Je n'ai à me défendre que contre deux ennemis, la fraude d'autrui ou mes propres illusions. J'ai la persuasion de n'avoir été la victime ni de l'une ni des autres. Quand j'ai observé par exemple le déplacement d'un meuble en plein jour, dans un café, dans un restaurant, dans un buffet de chemin de fer, j'ai bien le droit de penser que je ne suis pas en présence d'un mobilier truqué pour obtenir de pareils effets. Quand l'imprévu de l'expérience exclut l'hypothèse d'une préparation, quand l'absence de contact entre les expérimentateurs et l'objet qui se déplace est constatable par les yeux et le toucher, j'ai des raisons suffisantes pour exclure la fraude. Quand je mesure la distance relative des objets en présence, avant et après le déplacement, j'ai encore des raisons suffisantes pour exclure à son tour l'illusion de mes sens. Si l'on me refuse ce droit, je me demanderai vraiment comment on peut observer un fait quelconque. Personne n'est plus convaincu que moi de la fragilité de nos impressions et de la relativité de nos perceptions : encore faut-il qu'on puisse percevoir un phénomène pour le soumettre à l'observation impartiale. Le reproche que j'imagine ne saurait être d'ailleurs fait d'une manière générale : en admettre la justesse serait enlever tout fondement à nos sciences. Il ne peut m'être adressé qu'à titre particulier : je reconnais bien volontiers que je ne puis me disculper. J'aurais beau dire que je suis persuadé de la régularité de mes perceptions, j'aurais beau assurer que je ne constate en moi aucune tendance à l'illusion, mon témoignage n'en resterait pas moins suspect.

Aussi, n'ai-je qu'une défense à opposer à ceux qui suspecteraient mes qualités d'observateur, c'est de les inviter à se donner la peine d'expérimenter à leur tour et d'employer la méthode que j'ai adoptée. S'ils veulent *a priori* établir les conditions de leurs expériences ils risquent fort de n'avoir aucun résultat appréciable. Lorsqu'ils auront obtenu des faits bien nets, ils pourront faire varier les conditions de l'expérimentation et satisfaire les exigences légimes de leur raison. C'est ce que j'ai fait, et si je ne puis affirmer solennellement la réalité des phénomènes observés par moi, je puis cependant affirmer ma conviction personnelle qu'ils existent. Peut-être ai-je une défiance exagérée de moi-même en n'affirmant ainsi que ma conviction subjective et en n'osant pas m'exprimer avec la même énergie sur la réalité objective des choses que j'ai constatées. J'espère toutefois que l'on ne songera pas à blâmer ma prudente réserve. Quel est celui d'entre les hommes qui puisse affirmer ne s'être pas trompé.

En tout cas, je n'admettrai pas volontiers que l'on critique mes observations sans s'être placé dans les conditions qui m'ont permis de les faire. Rien n'est moins raisonnable qu'une attitude semblable et je ne reconnais aucune compétence aux juges qui statueraient sans information préalable. Au surplus, je n'ai le souci de convertir personne à mes idées et demeure indifférent, — respectueusement indifférent si l'on veut — au jugement que l'on pourrait porter ainsi sur moi.

Les méthodes recommandées par les diverses écoles

occultistes varient beaucoup. Les théosophes ne révèlent pas aux profanes les moyens qu'ils emploient pour obtenir des faits supranormaux. Leur discrétion sur ce sujet m'étonne; la Société théosophique fait, ou plutôt a fait une active propagande. Elle a un centre principal à Adyar et des loges ou branches un peu partout. Les revues théosophiques abordent les problèmes les plus élevés de la philosophie et ne paraissent pas ménager les révélations les plus extraordinaires de l'enseignement ésotérique; mais elles sont remarquablement avares d'indications pratiques. Le phénoménalisme théosophique paraît s'inspirer des théories du Yoguisme hindou. Je ne connais pas les règles de l'entraînement auquel les Yogis se soumettent. L'abstinence la plus sévère paraît leur être recommandée. Les adeptes sont ordinairement initiés par leurs gourous ou maîtres et je n'ai pas eu la bonne fortune d'être le chela de quelque initié.

Les occultistes de l'école française, qui se rattachent à Éliphas Lévy par Papus (le Dr Encausse), de Guaïta, Haven, Barlet, Sédir recommandent les pratiques de la magie. On trouvera la description du matériel magique nécessaire dans les traités de Papus et d'Éliphas Lévy. Les résultats que les mages racontent avoir obtenus sont tellement vagues que je n'ai pas eu la curiosité de mettre en pratique les étranges procédés de la magie cérémonielle. Ils ont un inconvénient grave, c'est de frapper l'imagination des personnes crédules et de rendre plus faciles l'autosuggestion, les illusions sensorielles et les hallucinations. Pour l'accomplissement des rites il est au surplus nécessaire de disposer d'un appartement organisé d'une manière spéciale et de se soumettre pendant un certain temps à un régime sévère; ce sont là des complications. Enfin, j'ai eu honte, j'en conviens, d'essayer ces pratiques. Je n'ai jamais eu le courage de me revêtir du manteau et de la robe de lin, de tracer le cercle et d'attendre l'épée à la main les visions qui se montreraient dans la fumée des parfums éclairée par ma lampe. Je reconnais volontiers que j'ai peut-être eu tort de ne pas essayer les méthodes en apparence les moins raisonnables. Comme je ne me préoccupe que du résultat obtenu, je n'aurais certainement pas hésité à faire de la magie blanche et même noire si j'avais eu quelque raison d'espérer un résultat positif. J'aurais sacrifié sans scrupule toute crainte du ridicule à l'obtention d'un fait observable; mais, les récits des expérimentateurs de l'école occultiste m'ont paru implicitement indiquer la pauvreté de leurs résultats pratiques. Si nos mages actuels avaient réalisé quelque opération bien accessible à l'observation ils n'auraient pas manqué de nous en faire part dans l'une de leurs nombreuses revues. Leur silence m'a paru significatif.

D'ailleurs l'essence même des doctrines hermétistes, dont les occultistes actuels font ouvertement profession, est justement opposée à toutes ces divulgations. La doctrine ancienne exigeait l'initiation. Les Rose-croix, si je ne me trompe, n'avaient le droit que d'initier un adepte. Encore ne devaient-ils en user que lorsqu'ils avaient atteint un certain âge et qu'ils avaient la conviction d'avoir trouvé un élève discret et sûr. Toute la publicité qui se fait aujourd'hui autour des sciences hermétiques est la négation même des premiers préceptes de ces sciences; ces indiscrétions me rappellent les paroles d'un de mes prédécesseurs à la cour de Bordeaux, héritière du vieux parlement de Guyenne, le président Jean d'Espagnet, l'un des trois ou quatre adeptes qui passent pour avoir résolu le grand arcane. *Facilia intellectu suspecta habeat*, dit-il au chercheur, *maxime in mysticis nominibus et arcanis operationibus; in obscuris enim veritas delitescit; nec unquam dolosius quam quum aperte, nec verius quam quum obscure, scribunt philosophi.*

Une raison décisive m'a d'ailleurs déterminé à choisir les méthodes spirites. Celles-ci n'ont rien de mystérieux et elles ne demandent aucune préparation subjective spéciale.

Elles sont simples, en apparence au moins, et peuvent être commodément appliquées. Les spirites, et certains expérimentateurs qui ont employé leurs méthodes sans partager leurs théories, affirment avoir obtenu des résultats surprenants. Je n'avais donc rien de mieux à faire qu'à choisir ces méthodes. Leur simplicité et la multiplicité des résultats affirmés m'en ont paru faire le procédé de choix : je vais donc indiquer comment j'expérimente lorsque je suis libre de diriger les séances, ce qui n'est pas toujours le cas malheureusement.

Je diviserai mes indications en trois grandes catégories : 1° les conditions matérielles ; 2° le choix des personnes ; 3° les procédés opératoires. J'ajouterai que ces indications ne sont pas absolues.

§ 1er. — Les conditions matérielles.

Il me semble que les résultats sont généralement meilleurs quand on opère dans une pièce de petite dimension, de quinze à vingt mètres carrés. Il est préférable que la hauteur de l'appartement n'excède pas trois à quatre mètres. On peut opérer dans des pièces plus petites, mais la chaleur y est quelquefois fatigante.

La température de la pièce est un facteur important. La chaleur, qui peut incommoder les expérimentateurs et le médium, me paraît cependant avoir une influence favorable sur l'émission de la force. Le froid est au contraire un élément d'insuccès. Je parle bien entendu de la température de l'appartement. Je conseillerais d'opérer à une température de 20 à 25°. Il faut absolument éviter que les expérimentateurs aient froid aux mains ou aux pieds.

Il vaut mieux que l'appartement, si on expérimente en hiver, ait été chauffé avant l'expérience, car la présence du feu dans la cheminée est quelquefois gênante lorsque l'on veut observer des phénomènes lumineux.

J'ai cru remarquer enfin qu'il y avait avantage à opérer dans une pièce dont le plancher n'est pas recouvert d'un tapis. C'est surtout observable pour les mouvements sans contact. Le tapis non seulement paraît être un mauvais élément en général, mais encore, dans ce cas spécial, il gêne les mouvements de glissement de la table qui sont souvent très faibles.

En ce qui concerne les conditions météorologiques extérieures, j'ai remarqué qu'un froid sec favorisait la production des phénomènes. C'est, je crois, la température *optima*. En tous cas, la sécheresse de l'air est une condition très favorable : j'ai remarqué que les phénomènes s'obtenaient mieux lorsque les conditions extérieures favorisaient la production de nombreuses étincelles sous les roues des tramways électriques. J'ai souvent observé cette coïncidence entre de bonnes séances et l'abondance des étincelles signalées ci-dessus. Je crois que l'état hygrométrique de l'air est un facteur important dans la production de ces étincelles.

La pluie et le grand vent sont au contraire des causes d'insuccès.

L'éclairage de l'appartement est un des plus importants éléments de l'expérimentation. Les lampes et les bougies ont l'inconvénient d'être assez longues à allumer. Elles ne permettent pas de changer rapidement l'illumination de la pièce. La lumière électrique est le meilleur mode d'éclairage : il suffit d'appuyer sur une manette pour faire varier la quantité et la qualité de la lumière quand on dispose de plusieurs lampes.

Beaucoup de critiques ont été formulées contre les expériences de la nature de celles que j'ai entrepris de raconter ; l'une des plus fréquemment faites est le reproche d'opérer toujours dans les ténèbres. Rien n'est moins exact.

Je n'ai, pour ma part, jamais considéré comme probantes les expériences télékinétiques ou parakinétiques faites dans l'obscurité. Les mouvements sans contact qui ont déterminé ma conviction ont été obtenus en pleine lumière et le plus souvent en plein jour. Il est évident que l'obscurité est nécessaire pour l'observation des phénomènes lumineux. Vouloir constater en plein jour ou à la lumière d'une lampe les délicates phosphorescences qu'il m'a été donné d'observer est une contradiction évidente.

D'un autre côté, il n'est pas douteux que l'obscurité ne favorise beaucoup la production des phénomènes d'ordre physique. J'ai eu à maintes reprises l'occasion de constater l'exactitude de ce fait dans des conditions qui rendaient extrêmement improbable l'hypothèse d'une fraude. Il m'est souvent arrivé par exemple d'obtenir des raps à la lumière : dès que je faisais l'obscurité leur nombre et leur intensité augmentait. Il en est de même des mouvements sans contact. Mais, je le répète avec insistance, l'obscurité n'est pas nécessaire. J'ai lu, dans une revue de vulgarisation scientifique, la critique d'expériences auxquelles j'ai pris part : elle était faite par un médecin bruxellois, si mes souvenirs sont exacts : ce médecin, homme de talent d'ailleurs, s'imaginait que nos conclusions étaient fondées sur des expériences uniquement faites dans l'obscurité complète. Il commettait une erreur involontaire.

Les phénomènes psychiques peuvent être obtenus en plein jour et l'on doit essayer de les obtenir ainsi. On a souvent une tendance à faire éteindre toute lumière afin d'obtenir des phénomènes plus marqués. C'est une mauvaise manière de procéder si l'on cherche les phénomènes physiques, raps ou mouvements. Il faut éviter de travailler sans lumière parce que l'habitude se prend aisément de ne dégager la force nerveuse que dans l'obscurité. On ne saurait s'imaginer à quel point les habitudes prises deviennent difficiles à supprimer. Eusapia Paladino, par exemple, avait pris l'habitude de réclamer une obscurité progressive à mesure que son sommeil somnambulique devenait plus profond. J'ai pu, en 1897, obtenir avec elle les mêmes phénomènes avec une certaine lumière et sans qu'elle dormît. Je me rappelle encore son étonnement d'assister éveillée aux phénomènes qu'elle n'avait jusque-là obtenu qu'à l'état second. L'obscurité, le sommeil lui-même étaient des conditions auxquelles ce remarquable médium s'était habitué, mais elles n'étaient pas nécessaires. Ma première recommandation est donc d'opérer avec de la lumière, avec autant de lumière que possible. J'ai obtenu des raps et des mouvements sans contact en plein jour et dans des buffets de chemins de fer ou dans des tavernes.

En tout cas, il peut y avoir des circonstances où la diminution de la lumière est désirable — souvent le médium la réclame — où son extinction même est nécessaire (phénomènes lumineux). Il faut pouvoir graduer la lumière. Pour cela il est bon d'avoir une série de lampes électriques plus ou moins voilées que l'on peut allumer successivement. Une méthode plus simple est d'avoir une lampe *Pigeon*. Ces lampes à essence n'éclairent pas beaucoup, mais elles permettent une graduation facile de la lumière. Quand la lampe électrique est éteinte, elles donnent une lumière affaiblie, suffisante dans certains cas et, je le répète, pouvant être peu à peu réduite jusqu'à l'obscurité.

L'éclairage coloré est souvent utile. Je n'ai pas essayé la lumière bleue. Les lumières jaune, violette et verte sont bonnes : la lumière rouge fatigue la vue. Dans certaines séries d'expérience j'ai organisé mon éclairage de façon à obtenir à mon gré la lumière blanche, jaune, verte ou rouge. Les trois premières donnent une illumination suffisante : il n'en est pas de même de la lumière rouge.

Une recommandation me paraît nécessaire : il faut autant que possible éviter la concentration de la source lumineuse. Il est facile, pour éviter cet inconvénient, d'employer des verres dépolis ou de recouvrir d'un papier transparent les lampes ou les parois des lanternes. La quantité de lumière n'est pas sensiblement diminuée et l'œil se fatigue infiniment moins.

La qualité de la lumière employée ne m'a paru avoir aucune influence notable ; j'ai toutefois cru remarquer que les meilleurs résultats ont été obtenus par moi dans l'après-midi, entre cinq et sept heures, à la lumière du jour atténuée : par exemple, des volets de la fenêtre étant rapprochés de manière à n'éclairer la pièce que d'un clair demi-jour. Cependant, comme j'ai plutôt expérimenté dans la soirée, je ne puis affirmer l'exactitude de cette inférence. Je me borne à signaler aux observateurs l'impression que j'ai eue.

Après l'éclairage, la détermination des objets à utiliser est la plus importante. Je n'ai pas d'hésitation à dire que la table est le meilleur instrument. Cependant, il ne faudrait pas s'imaginer que ce meuble soit l'indispensable outil de l'expérimentateur. On peut obtenir des mouvements sans contact avec des chaises, des corbeilles, des chapeaux, des planchettes de bois, du linge, etc. ; mais la table est plus commode.

J'ai obtenu des résultats également bons avec des tables rectangulaires ou rondes. Peut-être les tables rectangulaires m'ont-elles donné les plus belles expériences. Eusapia emploie plutôt des tables rectangulaires : à l'Agnélas, la table de nos expériences pesait 13 kilogrammes environ : à Choisy, 6 ou 7 ; à Bordeaux, environ 7^{kg},500. Lorsque l'on cherche à obtenir des mouvements sans contact, ou des raps, je crois qu'il vaut mieux employer des tables plus légères. La force psychique est mesurable : certains médium incapables de soulever une table de 10 kilogrammes pourront obtenir la lévitation d'une table beaucoup moins lourde.

Dans ces derniers temps, et à la suite de résultats obtenus par moi dans quelques séances faites récemment, j'ai été amené à penser qu'il y aurait avantage à employer des tables ayant un double plateau : le plateau supérieur étant éloigné de 10 à 12 centimètres du plateau inférieur. Je signale cette construction aux expérimentateurs qui seraient tentés d'essayer d'obtenir comme moi quelques faits télékinésiques. Je n'ai pas suffisamment expérimenté pour me prononcer sur les avantages que le double plateau m'a théoriquement paru devoir présenter. J'ai l'impression que la table agit un peu comme un condensateur et l'on comprendrait en ce cas l'utilité de la construction signalée.

Les pieds de la table doivent être séparés ; les guéridons montés sur un seul pied sont à rejeter, surtout ceux dont la base est formé par une colonnette terminée par un trépied. Cette forme rend malaisé le contrôle. Quand les pieds sont minces et isolés, ils sont aisément accessibles à l'œil.

La couleur de la table ne m'a pas paru avoir quelque influence sur les phénomènes. J'ai expérimenté avec un égal succès sur des tables noires, blanches, rouges ou brunes. Les tables peuvent être polies ou dépolies : le bois dont elles sont faites ne paraît pas avoir beaucoup d'importance : cependant, j'ai eu peut-être les raps les plus forts avec une table en acajou brut.

J'ai toutefois remarqué qu'il y avait avantage à recouvrir la table d'un *linge blanc* léger. Il faut éviter que ce linge dépasse les bords de la table de plus de trois ou quatre centimètres, car il pourrait gêner la surveillance réciproque des expérimentateurs. Je ne sais pas pourquoi la présence du linge semble favoriser les raps et les mouvements : en tout cas, elle rend beaucoup plus difficiles les mouvements communiqués et les raps frauduleux.

Il est utile de former dans un coin de la chambre un *cabinet* ; il suffit de tendre dans un angle deux rideaux d'étoffe ; si l'on opère dans une chambre suffisamment étroite, il est plus commode de tendre des rideaux à l'extrémité de la pièce opposée à la fenêtre. C'est ce dispositif que j'avais adopté à Choisy.

La dimension du cabinet ne doit pas dépasser 1m,25 à 1m,50 en largeur : sa profondeur doit être d'environ 0m,75, sa hauteur environ 2 mètres. Il y a, je crois, avantage à le fermer par en haut, mais incomplètement.

L'étoffe avec laquelle les rideaux doivent être faits peut être de diverse qualité. Elle doit être souple et assez légère. C'est une erreur de croire qu'elle doit être de couleur foncée. J'ai obtenu d'aussi bons résultats avec de simples draps de lit blancs qu'avec des rideaux noirs ou foncés.

Lorsque l'on étudie les mouvements d'objets sans contact il est utile de placer dans le cabinet des objets légers dont l'agitation cause du bruit. Le tambour de basque ordinaire est très bien approprié à cet usage, de même que les accordéons, les petits pianos d'enfants, les harmonicas, les clochettes.

Les chaises sur lesquelles les expérimentateurs prendront place doivent être en bois, paillées, ou tendues de rotin. Les lourdes chaises recouvertes d'étoffes ne sont pas à recommander.

Il sera bon d'avoir un fauteuil confortable et bas pour y placer le médium quand il voudra se mettre dans le cabinet noir. Les sujets expriment souvent ce désir quand ils entrent en somnambulisme ou plutôt en *trance*. Je préfère le mot trance (en anglais extase) à toute autre expression car l'état du médium « entrancé » ne me paraît pas tout à fait identique à celui du somnambule. Pour les expériences spéciales dont je traite, il y a intérêt à employer des termes ne prêtant pas à la confusion. J'appellerai donc trance le sommeil ou l'engourdissement spécial que l'on observe ordinairement chez le sujet au moment où les phénomènes tendent vers leur maximum d'intensité.

Il est utile de placer le médium dans une position confortable afin de lui éviter de la fatigue ou de la gêne. C'est pour cela que je recommande un fauteuil bas et commode ; il devra être assez petit pour pouvoir être introduit dans le cabinet.

Il est extrêmement utile d'avoir des appareils enregistreurs permettant de conserver le graphique de certains mouvements. Sir W. Crookes les a utilisés avec succès. Je n'ai pas eu l'occasion de les employer : je n'en avais pas lors de mes expériences avec Eusapia Paladino. Plus tard, dans une série d'expériences dont j'espérais beaucoup, la santé du médium m'a obligé à interrompre mes expériences avant d'avoir pu faire usage de mes enregistreurs.

Je dois d'ailleurs mettre en garde les expérimentateurs contre l'emploi prématuré d'appareils de toutes sortes. Un des caractères les plus curieux des phénomènes psychiques est leur indépendance apparente. Les expériences nous dirigent : elles ne se laissent pas aisément conduire. On croirait souvent qu'elles obéissent à une volonté autre que celle des assistants. Cette constatation est la base des théories spirites ; mais j'ai l'impression que cette spontanéité est apparente. Je n'ai pas pu en saisir les lois.

La fréquente répugnance des sujets à se soumettre au contrôle des appareils mécaniques est l'une des difficultés qui rebutent les esprits les mieux disposés et les conduit vite à conclure à la fraude. Cette conclusion n'est pas toujours fondée. J'ai trouvé des médiums qui ont eux-mêmes cherché à me donner les conditions de contrôle les plus parfaites. Il est vrai que ces médiums sont justement ceux qui redoutent le plus d'être connus car ils appartiennent à des milieux intelligents et instruits et ne veulent pas s'exposer aux critiques et aux outrages que l'on prodigue si facilement aux médiums. Cela est surtout vrai des dames.

Il est certain que la manière indigne dont la presse mal informée a traité cette pauvre Eusapia n'est pas faite pour encourager les sujets les plus intéressants. Eusapia, c'est une justice que j'ai le devoir de lui rendre, s'est toujours prêtée à toutes les exigences du contrôle le plus sérieux. Si elle a quelquefois donné des phénomènes suspects, elle ne l'a fait que dans des conditions psychologiques spéciales dont j'aurai à dire un mot plus loin.

Si je n'ai pas employé d'enregistreur, j'ai fait usage cependant d'instruments de mesure : notamment d'un pèse-lettres, objet commode et d'un emploi facile. Chaque expérimentateur peut du reste, et doit, faire varier à son gré les conditions de l'expérience, dans des limites que l'habitude des séances lui donnera bien vite. Il faut que les résultats obtenus soient réels. Se contenter d'à peu près en pareille matière serait perdre absolument son temps.

En terminant ces considérations sur le matériel de la salle d'expériences je ferai une recommandation qui va peut être sembler extraordinaire mais que j'ai lieu de croire utile. Je crois avoir observé qu'il y avait avantage à ne pas employer de métal dans la table. Il vaut mieux qu'elle soit munie de chevilles de bois plutôt que de clous métalliques. Cela n'est pas absolu car j'ai eu de bons résultats avec des tables clouées : j'ai cependant l'impression que l'absence de tout métal était un élément de succès. On trouve quelquefois des médiums qui sont d'une extrême sensibilité pour les métaux. C'est souvent le cas pour l'or. Certains sujets entrancés se plaignent de leurs bagues : ils éprouvent un malaise, quelquefois une sensation de chaleur exagérée. Cela rappelle certains faits de nos cliniques nerveuses.

§ 2. — Le choix des assistants.

Le point le plus important dans l'organisation d'une série d'expériences est le choix des personnes avec qui on doit opérer. Il faut tout d'abord remarquer que sans un *médium* on n'obtiendra rien. La présence d'une personne douée de la faculté de produire ces phénomènes est la condition peut-être *unique et nécessaire* de leur réalisation.

Aussi ne doit-on expérimenter sérieusement que si l'on a mis la main sur cet oiseau rare.

Qu'est-ce donc qu'un médium? A quels caractères le reconnaît-on? Il est bien difficile de répondre à ces questions.

J'appellerai *médium* toute personne susceptible de produire les phénomènes que j'ai énumérés plus haut, ou une partie d'entre eux. Je m'arrête au mot médium parce qu'il est consacré par l'usage et qu'il a reçu la signification précise que j'ai indiquée plus haut. Quelques philosophes critiquent cette définition. Leurs critiques sont amusantes. En métaphysique il est facile de donner des définitions élégantes mais qui ne reposent sur aucun fait. En physique, — je prends ce mot dans son sens étymologique et primitif — on ne peut définir un être que par ses propriétés. Les définitions de ce genre constatent un fait : il ne faut pas leur demander davantage. Elles n'ont qu'une utilité si l'on veut, c'est d'éviter une longue périphrase. Toute autre définition supposerait la connaissance véritable de la cause des phénomènes observés ou des propriétés constatées ; or, il me paraît impossible d'affirmer la cause réelle des faits que j'ai observés. Je me suis borné à les constater sans formuler d'hypothèses.

Un médium est donc une personne en présence de laquelle on peut observer des phénomènes « psychiques », terme consacré que j'emploie à regret car il implique une hypothèse.

Il faut, en général, expérimenter avec les médiums pour les découvrir. Leurs propriétés demeurent souvent latentes et ne se révèleront que si les conditions favorables à leur manifestation sont réalisées. Il n'en est pas toujours ainsi et l'on a généralement la chance de tomber sur un médium lorsque l'on expérimente avec des gens en présence desquels certains bruits anormaux, certains mouvements d'objets mobiliers se produisent spontanément. Ces faits sont loin d'être aussi rares qu'on le croit. Cette affirmation peut sembler paradoxale, il n'en est rien. J'ai rencontré quelquefois de bons médiums qui ignoraient l'existence de leurs facultés ; cependant, quand je les interrogeais, je découvrais qu'il leur arrivait d'entendre de petits coups frappés sur le bois de leur lit ou sur leur table de nuit sans y attacher d'importance. D'autres avaient souvent remarqué le déplacement d'objets usuels, statuettes généralement : je connais deux cas de ce genre concernant l'un et l'autre une statuette de la Vierge. J'en connais un troisième relatif à un crucifix. Plus rarement les faits observés avaient atteint une telle intensité que la maison avait paru hantée. J'ai plusieurs observations de ce genre. On est souvent tenté d'attribuer à la fraude les phénomènes de hantise. Je crois que les récits de cette nature ne sont pas tous faux et j'essayerai de le démontrer peut-être dans une autre étude. Il ne faut pas raisonner comme certain de mes amis, homme d'une vaste érudition et d'une intelligence de premier ordre qui me disait un jour : « On trouve toujours une petite fille de treize à seize ans dans les maisons hantées ; dès qu'on éloigne l'enfant les phénomènes cessent. » D'accord ; les choses se passent généralement ainsi : seulement la jeune fille peut n'être pas la cause volontaire des phénomènes ; elle peut en être la cause involontaire, être un médium en activité et produire autour d'elle des phénomènes supranormaux de la nature de ceux qu'on observe dans les séances.

Mais, il faut le reconnaître, on n'aura que rarement l'occasion d'expérimenter avec de pareils sujets. On sera contraint d'essayer avec patience jusqu'à ce qu'on découvre le phénix souhaité.

Je dois indiquer toutefois que les chances de rencontrer un médium seront plus grandes si l'on cherche à le trouver parmi les gens nerveux. Il me semble qu'une certaine impressionnabilité ou instabilité nerveuse soit une condition favorable pour l'éclosion de la médianité. Je me sers du terme d'instabilité nerveuse faute d'une meilleure expression, mais je ne le prends pas dans un mauvais sens. Les hystériques ne donnent pas toujours des phénomènes bien nets : mes meilleures expériences ont été faites avec des gens qui n'étaient en aucune façon des hystériques.

Les neurasthéniques ne donnent en général aucun résultat.

L'instabilité nerveuse dont je parle n'est donc ni l'hystérie, ni la neurasthénie, ni une névrose quelconque. C'est un état du système nerveux tel qu'il paraisse être en hypertension. Une vive impressionnabilité, une susceptibilité délicate, quelque inégalité d'humeur rapprochent les médiums de certains névrosés mais ils s'en distinguent par l'intégrité de leurs sensibilités, de leurs réflexes, de leur champ visuel. Ils ont en général l'intelligence vive, sont susceptibles d'attention, et ne manquent pas d'énergie ; leurs sentiments artistiques sont relativement développés : ils sont confiants et expansifs avec ceux qui leur témoignent de la sympathie, facilement défiants et irritables quand on ne les ménage pas. Ils passent facilement de la tristesse à la joie, éprouvent souvent un irrésistible besoin d'agitation physique : ces deux caractères sont justement ceux qui m'ont fait choisir l'expression d'instabilité nerveuse.

Je dis *instabilité*, non manque d'équilibre. Beaucoup des médiums que j'ai connus étaient fort bien équilibrés au point de vue mental et nerveux. J'ai même l'impression que leur système nerveux est supérieur à celui de la moyenne.

Voilà qui surprendra sans doute beaucoup de gens éclairés. Les médecins et les psychologues, en général peu favorables à l'étude des phénomènes dits occultes, ont l'habitude de considérer tous les médiums comme des hystériques. Il suffit de lire les ouvrages de ces savants pour s'apercevoir qu'ils n'ont jamais été en présence de médiums véritables. M. P. Janet, par exemple, émet des théories générales dans son livre *L'automatisme psychologique*, qui ne sauraient s'appliquer à tous les cas. Il est fâcheux qu'un esprit aussi distingué n'ait pas eu le souci de se rendre un compte exact des faits; peut-être a-t-il agi comme le célèbre abbé de Vertot. D'après les théories de M. Janet, tous les médiums sont en voie de désintégration psychologique. Les parties constituantes de leur personnalité se dissocient sous l'influence de l'affaiblissement de leur activité personnelle normale.

Je suis persuadé que les sujets observés par M. Janet ont été très exactement étudiés par lui ; je regrette que mon savant confrère n'ait pas rencontré de médium authentique. Je dois dire que je partage son opinion sur la plupart des médiums spirites ; je n'ai trouvé que deux d'entre eux d'intéressants. Les cent autres que j'ai observés ne m'ont présenté que des phénomènes d'automatisme plus ou moins conscient : presque tous étaient le jouet de leur imagination. C'est en dehors des cercles spirites que j'ai découvert les meilleurs médiums.

Les critiques de M. Janet ne sont erronées que par ce qu'elles sont trop générales. Sa conception de la désintégration psychologique ne s'applique qu'au plus grand nombre des cas : elle ne s'applique pas à tous. Il est bien différent d'étudier une vision dans le cristal ou un écrit automatique ne révélant rien au-delà du contenu de la mémoire du sujet ou d'observer une vision prémonitoire comme il m'a été donné de le faire. L'indication d'un événement futur ne s'explique pas par l'hypothèse de Janet. Elle révèle des facultés spéciales que j'ai peine à considérer comme pathologiques à moins de ne les considérer comme telles que dans la mesure même où le génie est une dégénérescence.

Il est plus raisonnable de penser que notre sensibilité

nerveuse s'affinera de plus en plus. Il serait téméraire de croire que le type humain actuel est l'aboutissant définitif de l'évolution. Notre espèce n'est qu'un anneau dans la série des êtres : les causes qui ont amené le perfectionnement de l'espèce humaine sont encore en activité et il est logique de penser qu'il y a des natures au-dessus de la moyenne comme il y en a au-dessous. Celles-ci représentent des types ancestraux, des rappels de formes dépassées ; celles-là sont des précurseurs peut-être et nous offrent des facultés anormales aujourd'hui, mais qui seront normales un jour.

Je m'arrête, car je m'aperçois que je quitte le domaine des faits pour celui des hypothèses ; je me hâte d'y revenir. J'ai indiqué les conditions qui permettent de supposer qu'une personne donnée est un médium ; je répète que ces conditions ne sont pas certaines : elles me paraissent probables. En réalité il n'y a qu'un moyen sûr de constater les propriétés d'un médium, c'est d'expérimenter avec lui.

On a remarqué que certaines personnes n'obtenaient pas de phénomènes quand elles opéraient seules, et en obtenaient au contraire quand elles étaient avec une autre personne. Je n'ai pas eu l'occasion d'observer moi-même ce fait, mais j'ai souvent remarqué que la présence de certaines personnes favorisait l'obtention des résultats, tandis que la présence de certaines autres la gênait ou l'empêchait. Je n'ai aucune explication certaine à donner de ce fait. En tous cas, la crédulité ou l'incrédulité des expérimentateurs n'a aucune influence sur les résultats d'une expérience. J'ai vu des personnes très peu disposées à se laisser convaincre être d'excellents auxiliaires. J'ai vu, en même temps des spirites convaincus être de détestables coopérateurs.

On dirait que la faculté d'émettre cette force inconnue est inégalement répandue ; qu'elle constitue une propriété physique de l'organisme ; que vis-à-vis d'elle, celui-ci se montre positif ou négatif, émettant ou absorbant cet agent.

De là l'importance du choix des coopérateurs, de la *Composition du cercle*. Le nombre des expérimentateurs n'a rien de fixe ; en principe, plus on est nombreux, plus la force dégagée est considérable ; mais la présence d'un grand nombre d'assistants est une mauvaise condition d'observation ; elle rend difficile la réalisation de ce que les spirites appellent l'*harmonie* du cercle. Je dois dire pour être exact que les plus beaux phénomènes lumineux que j'ai vus ont été obtenus dans des séances où il y avait de quinze à vingt personnes. D'autre part, j'ai eu l'occasion d'expérimenter à quelques reprises seul avec un médium non professionnel : j'ai réussi à voir des figures reconnaissables. Je n'ai obtenu ce phénomène qu'avec ce remarquable sujet qui malheureusement ne veut pas être connu.

Je crois cependant que le nombre le plus favorable est de quatre à huit expérimentateurs. J'engage ceux qui veulent essayer d'expérimenter à composer autant que possible leur cercle avec un nombre égal de personnes de chaque sexe ; il faut de préférence alterner les éléments masculins et féminins. Mais ces considérations nous conduisent à l'examen des méthodes expérimentales proprement dites.

§ 3. — Les procédés opératoires.

Avant d'entrer dans le détail des procédés qui m'ont paru les plus sûrs, je crois utile de faire quelques recommandations générales. La première est relative à l'état d'esprit dans lequel il est nécessaire d'expérimenter. Il ne faut pas, si l'on veut arriver à un résultat intéressant, rire, plaisanter et se moquer des pratiques ridicules, je l'avoue, auxquelles je conseille de s'astreindre. Il faut agir sérieusement, et ne pas prendre à la légère des expériences dont nous ignorons l'exacte portée. Il faut, je crois, éviter de tomber dans l'excès contraire et faire ce que font les groupes spirites qui donnent à leurs séances la solennité d'un service religieux.

On pourrait croire que cette recommandation est inutile : cependant il n'en est rien. Les spirites, dont l'expérience en pareille matière n'est pas à dédaigner, insistent sur la nécessité de l'harmonie du cercle. Ils assurent que c'est là une condition essentielle de la réussite. Mon expérience personnelle confirme sur ce point leur opinion. J'ai souvent vu des séances s'annoncer comme devant être bonnes et devenir brusquement stériles à la suite d'une futile discussion entre les assistants. L'harmonie que recommandent les spirites est une sorte d'équilibre entre l'état mental et affectif des assistants ; ils doivent être animés du même esprit, — je ne prends pas ce mot dans son acception spirite — et chercher la vérité, dans l'hypothèse où ils opèreront comme je l'ai fait. Cette unité de vues, cette uniformité des désirs, cette harmonie entre les cerveaux et les cœurs assure la synergie des forces que développe chaque membre du cercle.

Car il n'est pas douteux qu'une force quelconque est dégagée et que si le médium en dégage plus que les autres expérimentateurs, il s'établit assez vite un équilibre entre les assistants et lui. Le médium reprend à ceux-ci la force qu'il a dépensée. Il en résulte que dans les séances réussies, les assistants sont ordinairement fatigués. Je crois avoir remarqué que certaines personnes dégagent cette force plus facilement que d'autres ; aussi voit-on très souvent les médiums demander à avoir pour voisins certains expérimentateurs. Il ne faut pas croire que ce choix soit déterminé par la facilité plus grande que certaines personnes offrent à l'exécution de phénomènes frauduleux. Il m'arrive généralement d'être ainsi choisi et je prie mes lecteurs de croire que j'ai horreur de la fraude et des tromperies : d'un autre côté j'ai une assez grande habitude des expériences, je n'y éprouve aucune espèce d'émotion, je conserve mon sang-froid et j'observe avec soin. Je suis assez au courant des procédés frauduleux et je puis assurer que je prends bien garde à n'être pas trompé.

Ce serait une erreur de croire que ce choix souvent fait par le médium soit intéressé. En réalité il me paraît que le médium, organisation plus sensible que la moyenne, reconnaît vite les personnes qui émettent le plus facilement la force dont il a besoin pour réparer ses pertes. Cette émission plus rapide peut être l'effet de l'habitude ou dépendre de la constitution même de l'individu. Eusapia reconnaissait très vite les personnes à qui elle pouvait facilement extraire la force dont elle avait besoin. Je me suis moi-même, au cours de mes premières expériences avec ce célèbre médium, aperçu à mes dépens de ce vampirisme. Un soir, à la fin d'une séance à l'Agnélas, elle fut soulevée du sol et portée sur la table avec sa chaise. Je n'étais pas placé à côté d'elle, mais sans lâcher la main de ses voisins, elle saisit la mienne pendant que le phénomène se produisait. J'eus une crampe d'estomac, je ne puis mieux définir ma sensation, et une sorte de défaillance.

Ce fait, extraordinaire pour moi, m'avait beaucoup étonné et j'ai depuis toujours observé avec soin mes sensations. Cet examen a le défaut d'être purement subjectif, mais certaines constatations objectives l'ont confirmé. On a une sensation particulière lorsque l'on émet cette force nerveuse et l'on peut sentir avec l'habitude, dans une séance, le passage de l'énergie employée, de même qu'on peut percevoir l'interruption de son flux. J'ai interrogé divers expérimentateurs et leurs observations ont souvent corroboré les miennes sur ce point.

Je crois donc pouvoir dire qu'une force quelconque est dégagée par les assistants, qu'elle paraît être élaborée par le médium ; que celui-ci refait ses pertes aux dépens des expérimentateurs : que certaines personnes fournissent plus aisément que les autres au médium la force dont il a besoin ; enfin qu'une certaine communication d'idées, de vues, de sentiments entre les expérimentateurs favorise l'émission de cette force.

Je n'ai aucune opinion certaine sur la nature et l'origine de celle-ci. Je pense qu'elle est très voisine de l'énergie qui circule dans nos nerfs et qui provoque la contraction de nos muscles. Je dirai plus tard les raisons qui me portent à penser ainsi.

Une seconde recommandation non moins importante à mon avis, est de prendre au sérieux les *communications* de la table, de l'écriture automatique ou des raps, et d'en tenir compte.

J'arrive ici à l'examen d'un des faits les plus curieux que révèlent les expériences dites psychiques. La force qui se manifeste paraît intelligente *dans une certaine mesure*. Je répète que rien ne me permet d'affirmer ni même de croire qu'elle soit produite par une entité distincte de celle des assistants. Je n'ai pas à discuter les hypothèses que l'on peut faire : je me borne à raconter des faits et, dans la suite de mon récit, j'indiquerai avec détail les circonstances qui me permettent de signaler l'apparente individualité de la force manifestée. Comme j'ai toujours pensé qu'en une pareille matière il valait mieux conserver une attitude expectante, je n'ai jamais considéré les avis exprimés par les phénomènes comme une quantité négligeable. Je me suis imposé la règle de traiter les manifestations de la manière qu'elles voulaient l'être. Chaque fois que j'ai procédé autrement les résultats n'ont pas été bons.

En général, les manifestations sont attribuées à un mort, connu ou inconnu. Cela n'est pas absolu et j'ai vu la table se dire le diable, un génie ou prétendre être un homme vivant encore. L'écriture automatique s'est donnée comme celle d'un Mahatma, mais le plus ordinairement je le répète c'est l'âme d'un mort qui prétend se manifester. Cette attribution usuelle explique les croyances spirites. J'ai de bonnes raion de penser que les esprits d'hommes défunts n'ont rien eu à faire dans mes expériences, mais comme j'ignore en réalité la cause des phénomèmes que j'ai observés, j'ai poliment accepté les explications que ceux-ci ont eux-mêmes données. Ainsi appelons-nous les gens que nous rencontrons à table d'hôte par le nom qu'ils se donnent sans nous préoccuper de leur véritable état-civil.

Quelle que soit la personnification variable des phénomènes, je conseille donc de l'accepter et de tenir compte des observations faites par elle. Il ne faut pas s'imaginer que les idées exprimées soient dues aux mouvements inconscients des opérateurs ; cela peut être vrai lorsque les communications sont dues à une table, à l'écriture automatique ou à des objets avec lesquels les expérimentateurs sont en contact ; cela ne l'est certainement pas lorsqu'elles se produisent sous la forme de raps frappés en dehors de tout contact comme j'ai pu le constater une quantité de fois. Au surplus, comme je me borne à indiquer les résultats de mon expérience personnelle, il me suffira de dire que la méthode que je recommande m'a paru bonne. J'ai toujours constaté les mauvaises conséquences de mes refus de tenir compte des conseils spontanés que donne la personnification des phénomènes.

Un de ces conseils le plus fréquemment donnés concerne la place que les expérimentateurs doivent occuper.

Au début d'une série d'expériences, les expérimentateurs se placeront comme ils l'entendront : j'ai déjà indiqué qu'il fallait en général adosser la chaise du médium aux rideaux du cabinet et alterner les sexes. Une fois les expérimentateurs placés, l'expérience commence. Il est bon de choisir un directeur. Rien n'est plus mauvais que l'absence de direction dans les séances. Quand chacun veut diriger les expériences, il se produit une confusion dans le cercle et le résultat n'est pas bon. J'ai vu beaucoup de séances au cours desquelles les expérimentateurs parlaient à la fois, chacun demandant un phénomène particulier. On n'avait généralement rien. Les assistants doivent donc désigner celui d'entre eux qui aura la mission de diriger l'expérience, notamment de converser avec la personnification si celle-ci en manifeste le désir.

Quand on veut conserver le compte rendu d'une expérience il est indispensable de charger un des expérimentateurs de prendre note des événements au fur et à mesure qu'ils se produisent. Cet expérimentateur doit faire partie du cercle.

Il ne faut pas croire que la modification du cercle soit inopérante. Mon expérience personnelle m'a démontré qu'il était mauvais d'introduire fréquemment des personnes étrangères dans le cercle. Il faut convenir que l'on fera une série de six expériences au moins sans que le groupe soit modifié : aucun nouvel expérimentateur ne sera admis, aucun des expérimentateurs anciens ne devra manquer à la séance. Si au bout de six séances on n'a rien obtenu, je conseille de modifier le cercle, d'éliminer certains éléments et de les remplacer par d'autres. Il est préférable de changer un à un les éléments et de faire quelques expériences avec le cercle ainsi modifié avant de l'altérer encore.

Si des résultats intéressants sont obtenus et qu'on désire les montrer, il faut introduire graduellement, un par un, les nouveaux assistants et je le répète, ne les introduire que toutes les trois ou quatre séances. On risquerait de compromettre le succès des expériences en procédant autrement.

Il arrive quelquefois que la personnification demande l'adjonction d'une personne déterminée ; il est alors bon de la convier aux expériences si les circonstances le permettent.

Ces observations faites, je reviens à la séance que j'ai supposé commencée. Les assistants placent leurs mains sur la table ; il n'est pas nécessaire en général de faire la chaîne, c'est-à-dire d'établir le contact entre les petits doigts des assistants. Une fois les mains placées, la chambre *bien éclairée,* on attend. On peut causer, chanter si l'on veut. L'émission de la voix, surtout l'émission rythmée est une condition excellente ; il est bon de faire de la musique : notamment de jouer de l'orgue. Pourquoi la production des ondes sonores rythmées favorise-t-elle le phénomène ? Je n'ai aucune explication à donner de ce fait que je n'ai pas été le seul à constater.

Il n'est pas rare qu'au bout de quelques minutes la table ne paraisse s'agiter et ne se soulève. Si l'on expérimente avec des spirites ou avec des personnes habituées aux procédés spirites, on verra la table frapper du pied. Je conseille de lui demander si elle veut parler et de convenir que deux coups frappé voudront dire *non* et trois coups *oui* ; tous les autres nombres convenus peuvent être choisis. La table ainsi consultée répond généralement oui. On peut lui demander si l'on est bien placé : si elle indique un autre emplacement des assistants il vaut mieux lui donner satisfaction.

Ceci fait je conseille de faire connaitre à la table quels résultats l'on cherche et de lui indiquer notamment que les mouvements avec contacts paraissant peu probants, on ne désire pas en avoir. J'ai remarqué que la personnification — je désigne ainsi l'entité quelconque qui prétend se manifester — était très suggestible d'ordinaire ; il suffira donc d'indiquer dès le début de l'expérience l'objection que l'on fait aux mouvements avec contact pour que l'on en soit à peu près complètement débarrassé.

Je n'ai pas besoin d'insister sur l'objet de l'indication que je recommande de donner. Au point de vue spécial de l'observation des faits matériels, le mouvement d'une table sur laquelle on appuie la main ne signifie rien. Je considère comme une perte de temps la production de ces mouvements qu'expliquent suffisamment nos propres contractions musculaires inconscientes et involontaires. Le phénomène ne mérite l'examen d'un homme sérieux que s'il se produit sans contact ou avec contact insuffisant, par exemple quand la table se soulève complètement, les assistants ayant tous les mains *dessus*. Il vaut mieux ne pas expérimenter que de perdre son temps à observer les mouvements avec contact, à moins que l'on ne cherche bien entendu à analyser le contenu des messages typtologiques.

Je recommande beaucoup d'éviter avec le plus grand soin la production des mouvements automatiques. J'ai bien des motifs de croire que l'agent qui produit les phénomènes télékinétiques ne les réalise que s'il s'accumule de manière à acquérir une tension déterminée. J'ai déjà indiqué la connexion étroite, l'identité peut-être, entre cet agent et celui qui fait contracter nos muscles ; je signalerai les expériences sur lesquelles cette impression s'appuie, il me suffit de la mentionner dès à présent pour que l'on comprenne les raisons pour lesquelles je recommande instamment d'éviter, au début, de se laisser aller aux mouvements plus ou moins subconscients. Si, comme je le pense, l'énergie qu'élabore notre système nerveux est en relation étroite avec celle dont les expériences de télékinésie nous manifestent les effets, il est probable qu'elle ne produira ces effets curieux qu'à la condition d'acquérir une tension suffisante pour qu'elle puisse se dégager. Mes connaissances en physique sont trop rudimentaires pour que je me permette de faire des comparaisons précises entre cette force et l'électricité : j'indiquerai cependant qu'elle m'a paru présenter quelques analogies avec l'électricité bien qu'elle n'y soit certainement pas identique ; mais les analogies sont peut-être suffisantes pour que la comparaison puisse rendre ma pensée plus claire.

Un conducteur électrique chargé d'une quantité d'électricité donnée, aura une densité électrique σ ; si la quantité augmente, cette densité sera σ' et l'on aura $\sigma' > \sigma$; la tension sera dans le premier cas $T = 2\pi\sigma^2$, dans le second $T' = 2\pi\sigma'^2$: T' sera plus grand que T.

Le conducteur restera chargé tant que la tension ne dépassera pas la résistance qu'oppose le milieu ambiant au dégagement de l'électricité : dès que cette résistance sera inférieure à la tension il y aura dégagement d'électricité.

Dans le cas d'un médium, la charge d'énergie croît avec le temps et l'immobilité relative. Si par des mouvements inconscients ou volontaires les expérimentateurs ne permettent pas à cette énergie de s'accumuler, elle n'atteindra jamais la tension nécessaire pour qu'elle s'extériorise. Il y a des réserves à faire cependant, parce que j'ai constaté que lorsque cette tension était suffisante, des mouvements exécutés ou esquissés déterminaient la production du phénomène moteur, comme si l'exécution du mouvement paraissait libérer une quantité d'énergie supérieure à celle qu'utilisait le travail du muscle : l'excès de force était alors employé, en apparence, à la réalisation du mouvement télékinétique.

Je crois avoir observé, en effet, que toutes les fois que l'on s'abandonne aux mouvements volontaires ou non, les mouvements télékinétiques sont très difficiles à obtenir. On dirait que l'énergie qui les détermine ne les accomplit que lorsqu'elle ne peut se dégager par les issues normales ; elle a une tendance à se dépenser normalement, en mouvements musculaires ordinaires ; cette tendance est une des causes les plus fréquentes de la fraude involontaire et l'occasion habituelle de la fraude volontaire. Il faut veiller à réprimer cette tendance : cela peut demander quelque effort d'attention au début, mais l'habitude s'en prend facilement.

Les choses ainsi réglées, on attend. On n'obtiendra généralement rien dans une première séance, à moins d'avoir eu la chance de rencontrer du premier coup un médium. Ce n'est pas le cas ordinaire. Ceux qui veulent sérieusement se rendre compte des faits, qu'après tant d'autres, je signale à mon tour, ont à faire provision d'une patience à toute épreuve. Je puis leur assurer la réussite à un moment donné mais je ne puis leur dire combien ils feront d'inutiles essais. Qu'ils ne se lassent pas ; qu'ils modifient progressivement la composition du cercle jusqu'à ce que l'élément nécessaire se rencontre. Ils seront alors récompensés de leur peine.

Je leur recommanderai toutefois d'éviter avec soin les médiums professionnels. Quelques-uns d'entre eux sont cependant sincères. Eusapia Paladino est du nombre. Ce n'est pas sans regrets que j'ai lu les attaques dont elle a été l'objet. Il est vrai qu'elle produit quelquefois des phénomènes suspects, mais il est puéril de conclure de ce fait qu'elle trompe constamment. J'aurai à dire plus loin ce que je pense de la fraude : chez Eusapia les cas suspects que j'ai observés et analysés sont intéressants si on les étudie sans parti pris. Ils nous montrent le rôle que la conscience subliminale, impersonnelle ou liée à une personnalité seconde joue dans ces phénomènes. Ils soulèvent d'attrayants problèmes psychologiques.

Mais Eusapia est sincère. Une séance réussie est avec elle convaincante. Il faut n'être pas au courant des règles les plus élémentaires pour avoir une série complète d'insuccès quand on expérimente en sa présence. C'est aussi une erreur de croire qu'elle est intéressée. Tous ceux qui la connaissent pensent, j'en suis persuadé, comme moi. J'ai trois fois pris part à des séries d'expériences avec Eusapia et je parle en homme aussi bien informé que n'importe qui. Il me semble que j'ai le devoir d'apporter à cette pauvre femme si vivement critiquée par des personnes incompétentes, mon témoignage d'expérimentateur impartial.

Une autre catégorie de médiums qu'il ne faut observer que pour des recherches spéciales est l'innombrable phalange des médiums spirites. Certains de ces médiums sont de bonne foi et l'un d'eux, Mme Agullana m'a quelquefois donné des séances intéressantes. Les faits que j'ai eu l'occasion d'observer avec ce médium bordelais sont très différents de ceux que j'ai constatés avec Eusapia ; ils sont d'ordre intellectuel et soulèvent un problème très compliqué. Il ne faut pas juger la médianité de Mme Agullana d'après les séances de son groupe. Ces séances ont le caractère religieux que présentent presque toutes les réunions spirites vraies. Il est difficile à un expérimentateur d'y observer à son aise : la curiosité de ceux qui ne cherchent que la démonstration objective d'un fait peut paraître indiscrète et déplacée dans ces séances. Les fidèles peuvent avec raison y voir une intrusion. Convaincus de la vérité de leurs doctrines, ils supportent mal qu'on la discute publiquement dans des réunions où la discussion n'a que faire. Ils préfèrent les discours du médium entrancé à l'inutile intervention des profanes. Leurs séances consacrées presque toujours à l'obtention de communications, ont le grave défaut de développer chez leurs médiums l'automatisme inconscient. Cette raison est déterminante pour moi.

Mme Agullana elle-même, dans quelques séances où n'assistaient qu'un très petit nombre d'expérimentateurs a manifesté certaines facultés supranormales dont les séances ordinaires de son groupe ne m'ont pas donné l'indication au même degré. Ce médium est d'une parfaite bonne foi d'ailleurs et d'un désintéressement très grand. Elle ne reçoit jamais aucune rémunération.

Cette circonstance est importante, car les médiums qui prélèvent des honoraires peuvent être plus facilement suspectés.

Les résultats les plus convaincants ont été obtenus par moi avec des personnes étrangères au spiritisme et ignorant ses pratiques. Il m'est arrivé un jour de découvrir un médium bien inopinément. Invitée à expérimenter pour la première fois, une personne prit place avec moi auprès d'une table. Elle était à peine assise que des coups violents retentirent sur le plancher : cette personne, fort honorable, instruite et intelligente, est un des plus remarquables sujets qu'il m'ait été donné de rencontrer. Mais, comme elle craint le ridicule, comme elle ne veut pas être raillée dans les journaux et redoute toute publicité, elle veut n'être pas connue. Voilà les résultats des critiques malveillantes dont ces expériences sont l'objet.

Je suis persuadé que le nombre des médiums est beaucoup plus considérable qu'on ne pense ; il est rare que dans un cercle de huit à dix personnes choisies dans les conditions indiquées par moi, on ne trouve aucun sujet.

A quelque milieu social qu'il appartienne, de quelque sexe qu'il soit, le médium est un sensitif. Il ne faut jamais l'oublier et ne pas perdre de vue que les phénomènes seront d'autant plus nets et plus beaux que le médium s'abandonnera avec plus de confiance et de sympathie.

Cette constation n'est pas faite pour surprendre ceux qui sont familiers avec les expériences d'hypnotisme, car ils savent combien le sommeil est facile à provoquer chez un sujet qui se livre et combien il est difficile au contraire à produire chez celui qui résiste ou qui se défie de l'opérateur. J'ai la persuasion que les strates impersonnelles de la conscience jouent dans les phénomènes psychiques un rôle comparable à celui qu'elles ont dans les phénomènes hypnotiques.

Aussi me paraît-il nécessaire d'insister sur les égards qu'il convient d'avoir pour le médium. J'en ai beaucoup pratiqué et j'ai rencontré chez tous une délicate susceptibilité. Elle est plus ombrageuse encore chez ceux qui appartiennent aux classes sociales les plus affinées par l'éducation, l'instruction ou le rang. Cette susceptibilité ne doit pas être interprétée comme un signe de dégénérescence. Je ne puis m'empêcher de sourire quand je lis les dissertations de certains savants contemporains qui considèrent comme des tares toute déviation de la normale. Une pareille manière de voir implique un véritable jugement *a priori*, une de ces pétitions de principe si nuisibles au libre développement de la pensée scientifique. L'homme normal n'est qu'une moyenne ; il y a des individus qui sont inférieurs au niveau moyen ; il y en a d'autres qui le dépassent. La nature ignore l'égalité. Elle ne nous offre partout, dans tous les règnes, qu'inégalités, différences, diversités. C'est l'unité illusoire de notre personnalité qui nous porte à unifier et à codifier les phénomènes naturels et les êtres eux-mêmes. C'est une des nécessités de l'organisation de nos sciences qui ne deviennent intelligibles qu'à la condition de s'adapter aux formes de notre entendement. Rien ne nous autorise à penser que ces formes aient une réalité métaphysique : elles peuvent n'être qu'une condition subjective de notre aperception.

C'est par un processus mental analogue que nous donnons de la réalité au type intellectuel ou physique de l'homme moyen. La dégénérescence qui est souvent un retour en arrière, un rappel de types inférieurs en est une déviation négative : le génie une variation positive. De même, le système nerveux de l'homme imaginaire moyen n'est qu'une abstraction ; en réalité, la sensibilité des systèmes nerveux des différentes individualités humaines varie dans de très grandes limites. Une variation négative donnera des êtres moins sensibles, moins délicats que le type moyen : une variation dans le sens positif donnera des individus plus sensibles et plus délicats. Les considérer comme des anormaux n'est que grammaticalement vrai. Les uns sont des infra-normaux, les autres des supra-normaux. Les premiers n'ont pas atteint le niveau moyen, les seconds l'ont dépassé à certains points de vue.

Il n'est donc pas étonnant qu'à une sensibilité plus affinée du système nerveux ne corresponde une émotivité plus grande : la susceptibilité est elle-même en fonction de l'émotivité. Cela me paraît expliquer un fait qui m'a paru certain : c'est que les médiums sont tous très faciles à froisser. Un médium mécontent, irrité, est un outil mauvais.

J'ai eu l'occasion de m'en rendre compte avec Eusapia par exemple. Personne n'est plus irritable et plus susceptible qu'elle, personne n'est plus confiant aussi ; il suffit de lui témoigner de la sympathie et d'avoir pour elle des égards *sincères*. Mes collègues de la *Society for Psychical Research* ont commis la faute que je signale et c'est une des raisons pour lesquelles les expériences qu'ils ont faites à Cambridge en 1895 n'ont pas donné de bons résultats. Il y a d'autres causes à leur insuccès et j'aurai l'occasion de les indiquer ; mais l'une des plus certaines est la défiance qu'ils ont inspirée à Eusapia dès le début de leurs expériences. Je sais qu'Eusapia se trouvait mal à l'aise à Cambridge et que l'une des conditions nécessaires à l'obtention de phénomènes télékinétiques n'était pas remplie. Je ne veux à présent signaler que cette circonstance, car j'analyserai les expériences de Cambridge en étudiant les fraudes des médiums ; ce n'est pas ici le lieu de le faire.

Eusapia d'ailleurs n'est pas le seul médium qui m'ait permis d'arriver à la conclusion plus haut formulée. J'en ai observé beaucoup. Je n'ai jamais caché l'intérêt que je prends aux phénomènes supranormaux ; les situations que j'ai occupées m'ont donné une notoriété relative et je l'ai longtemps regretté ; mais je dois dire en même temps que cette notoriété, jointe à la confiance naturelle qu'inspirent mes fonctions m'a valu beaucoup de confidences. Une discrétion assurée, à laquelle je n'ai jamais manqué, a encouragé certaines personnes à m'introduire dans des cercles étroitement fermés où j'ai vu des faits très nets et très convaincants. J'ai toujours remarqué que le mécontentement, le malaise moral comme la fatigue et le malaise physique du médium entraînaient l'échec des expériences.

Le conseil que je donne est important à suivre. Gagnez par votre déférence, votre *loyauté*, votre propre sympathie, la confiance et la sympathie du médium. Si vous constatez une fraude qui vous paraît volontaire n'hésitez pas, après la séance et à la première occasion favorable, à lui exprimer franchement vos doutes ou votre impression. Si vous percevez une fraude involontaire, mettez le médium en garde contre lui-même : agissez avec lui avec sincérité toujours, mais en même temps avec douceur et courtoisie.

Comme je l'ai indiqué déjà, la fatigue et le malaise physique ont les mêmes effets que le malaise moral. Aussi convient-il de ne pas expérimenter avec un médium malade. Les résultats seraient mauvais au point de vue expérimental et ne seraient pas meilleurs pour la santé du sujet. Evitez aussi avec soin de faire avec le médium de trop fréquentes expériences. Trois séances par semaine sont déjà beaucoup. Il est permis d'expérimenter trois fois par semaine lorsqu'on opère avec un médium entraîné et que la durée des expériences ne doit pas s'étendre au delà de deux ou trois semaines. Il serait mauvais de faire d'aussi fréquentes expériences avec un sujet jeune, ou pendant un temps plus long. Deux séances me paraissent être le nombre de choix : une seule doit être faite si le médium exerce une profession fatigante.

J'ai vu des médiums se rendre malades en voulant expérimenter trop souvent. L'abus des expériences amène rapidement chez eux un surmenage nerveux et peut provoquer des troubles quelquefois graves : la neurasthénie est le plus fréquent et le *moindre d'entre eux*. Aussi ai-je pris pour règle absolue de n'expérimenter avec les médiums non professionnels que s'ils s'engagent à ne pas faire d'expériences avec d'autres cercles que le mien pendant toute la durée de nos séances communes. Je suis persuadé de l'innocuité absolue des expériences prudemment conduites autant que je suis certain des dangers des séances trop nombreuses, trop prolongées ou faites sous la direction de gens incompétents. Je n'ai aucune crainte d'assumer la responsabilité des premières, mais je ne veux à aucun prix endosser indirectement celles des autres. Je ne saurais trop recommander la même prudence.

Une dernière recommandation est à faire : il faut éviter d'expérimenter avec des personnes d'une moralité douteuse. Je n'ai pas besoin d'insister sur les inconvénients de tous genres auxquels une aussi imprudente collaboration peut exposer.

Pour résumer les indications que je viens de donner d'une façon peut-être trop complète, je rappellerai brièvement les conditions qui m'ont paru les meilleures : éclairage suffisant d'abord ; il faut éviter que la personnification prenne l'habitude d'opérer dans l'obscurité ; plus la lumière sera vive, plus les expériences seront convaincantes ; appartement petit, table à quatre pieds légère, chevillée plutôt que clouée, cabinet d'étoffes souples ; les expérimentateurs ne devront pas être en général plus de huit ; il convient qu'ils expérimentent sérieusement, sans tourner en ridicule les pratiques auxquelles ils se soumettent. Il est bon qu'ils chargent l'un d'entre eux de diriger la séance, de converser avec la personnification et de prendre les mesures d'ordre nécessaires. Ils veilleront à maintenir le bon accord entre eux et s'abstiendront de s'accuser réciproquement de pousser la table, chose que les novices font avec régularité. Il faut remettre toutes les discussions à la fin de la séance et ne jamais en provoquer au cours de celle-ci. Enfin, ils devront ménager avec soin la susceptibilité du médium quel qu'il soit.

La plus grande patience sera nécessaire ; le cercle ne devra être modifié qu'avec prudence et après un certain nombre de séances vides.

§ 4. — La personnification.

Je crois utile de faire connaître la manière de traiter la personnification qui m'a semblé la meilleure. C'est encore là une considération capitale.

J'appelle *personnification* l'être quelconque qui assure se manifester. J'ai déjà indiqué qu'ordinairement cet être se prétend l'âme d'un mort. Ce n'est pas absolu, et les phénomènes peuvent *personnifier* Dieu, les anges, le diable, tous les êtres spirituels de la légende ou des contes de fées. Je n'ai pas besoin de dire combien je suis éloigné de croire à la réalité de l'être ainsi manifesté ; j'ai les meilleures raisons d'en douter. J'ai remarqué que le rôle joué par la personnification variait avec la composition du cercle. Ce sera toujours l'esprit d'un mort ou d'un vivant avec des spirites. Il y a plus de variété dans les rôles joués par les phénomènes intellectuels si le cercle est composé de personnes qui ne sont pas spirites. Il arrive quelquefois, dans ce cas, que les communications prétendent émaner des assistants eux-mêmes. Je suis tenté de croire qu'il en est généralement ainsi et qu'il se forme une sorte de conscience collective. Je ne donne cette impression qu'avec toutes sortes de réserves, car je le répète, je n'ai aucune opinion certaine à ce sujet : mais les expériences que j'ai faites me laissent d'une manière générale cette impression. C'est un chapitre inconnu de la psychologie des foules. J'avoue n'avoir aucune explication à donner de l'action qu'une pareille conscience collective paraît avoir sur la matière ; mais cette difficulté me paraît moins insurmontable que celles dont s'entoure l'hypothèse spirite. En admettant en effet que les phénomènes soient produits par un être distinct de nous, ayant une volonté d'autant plus marquée qu'elle émane d'un être spirituel plus éclairé que nous, j'ai peine à comprendre la suggestibilité d'un pareil être. Or, je crois que la personnification est ordinairement très suggestible. Je dis ordinairement car il y a des cas où elle fait preuve d'un remarquable entêtement ; c'est l'exception et je dois dire, pour être exact, que lorsque la personnification marque une volonté bien arrêtée, il n'y a pas à lutter contre elle. Il faut suivre la direction qu'elle donne ; on a dans ce cas de grandes chances d'obtenir des résultats. On n'aurait rien en la rebutant.

Il y a très peu de personnes en dehors des gens habitués aux séances, qui aient le courage de traiter la personnification comme elle veut l'être : c'est une faute. Il faut se placer au point de vue pratique et ne pas hésiter à dépouiller tout amour-propre pour arriver à un résultat. J'ai conscience autant que personne de l'allure comique d'une conversation entre un grave expérimentateur et un être inexistant ; j'ai eu toutes les peines du monde à vaincre la répugnance que m'inspirait ce procédé : j'y voyais une espèce de jonglerie indigne d'un esprit cultivé. L'expérience m'a clairement montré que je me trompais, sans cependant me démontrer la réalité de l'être personnifié. Toutes les fois que j'ai considéré comme une quantité négligeable la personnification, j'ai eu des résultats mauvais ou médiocres.

Cela ne veut pas dire que les résultats aient toujours été proportionnels aux égards que je lui témoignais ; la personnification est en général prodigue de promesses ; ce sont là de biens bons billets. Il serait de la dernière naïveté d'ajouter une foi absolue aux dires de la personnification ; il faut ne se fier qu'à soi-même. Je ne sais si le démon de Socrate ne l'a jamais trompé : ceux de ses confrères que j'ai interviewés m'ont paru d'une douteuse sincérité. On ne pourrait pas commettre une plus grande imprudence que d'ajouter foi aux conseils de la personnification *quelque bons qu'ils aient toujours été*. J'espère pouvoir donner un récit bien instructif à ce sujet si je puis obtenir l'autorisation de publier une observation de première main qui m'a été communiquée.

Mes observations personnelles m'ont généralement mis en relation avec des personnifications ayant plus d'imagination et de bonne volonté que de respect pour la vérité. Elles m'ont promis de merveilleuses démonstrations que j'attends encore, notamment des matérialisations complètes. Peut-être suis-je trop exigeant et devrais-je m'estimer suffisamment heureux d'avoir vu ce que j'ai pu observer. Mais l'on n'est jamais content de son sort. Les vers vingt fois séculaires d'Horace sont, sur ce point, encore vrais aujourd'hui.

Si je recommande énergiquement de ne pas abandonner la conduite de sa vie ou de ses affaires à la personnification, je recommande avec la même énergie de la traiter avec les plus grands égards. On ne peut faire que des hypothèses sur son essence : le scepticisme que l'ensemble de mes observations m'a inspiré vis-à-vis d'elle peut n'être pas fondé : aussi, vaut-il mieux lui témoigner la courtoisie que l'on marque à un co-expérimentateur. Cette prudente attitude est la plus profitable. Dans la pratique j'ai pour la personnification les mêmes égards que pour le médium. Je ne l'appelle pas *cher esprit* comme le font les spirites, mais je l'interpelle par le nom qu'elle s'est donnée et je me trouve bien de lui indiquer avec précision ce que je cherche. Son concours, quelque réalité qu'il ait au fond, m'a paru indispensable. Je n'ai pas besoin d'insister sur les différents caractères que je viens de signaler pour que l'on s'aperçoive combien les réactions de la personnification se rapprochent de celles de la conscience subliminale.

Dans la pratique, la première manifestation de cet être probablement fictif, se fera par des coups frappés sur le plancher par un pied de la table. Il est prudent de convenir d'un code de signaux. Le plus simple est deux coups pour non, trois coups pour oui ; cinq coups pour demander l'alphabet. Un coup est un signal douteux et il vaut mieux n'employer que des signes plus compliqués.

Il sera difficile au début d'éviter ces coups frappés : j'ai déjà dit qu'il fallait les proscrire et amener la personnification à se manifester autrement. On fera bien d'accepter le code typtologique ci-dessus décrit pour les premières conversations, mais de l'abandonner dès que l'on aura clairement expliqué à la personnification que les mouvements avec contact sont inacceptables. Je parle bien entendu dans l'hypothèse où l'on cherchera des mouvements télékinétiques ou parakinétiques. Si la personnification au bout de cinq ou six séances d'une heure au plus chacune, ne commence pas à produire les phénomènes désirés, il faut modifier le cercle de la manière que j'ai indiquée : ces modifications devront être patiemment faites jusqu'à ce qu'on rencontre un médium véritable. Il est bon de demander à la personnification d'indiquer le nom du membre du cercle à remplacer et, si possible, de lui faire désigner son remplaçant. Une pareille désignation est souvent utile. Il m'est arrivé une fois ou deux de voir la table donner le nom de personnes auxquelles nul d'entre nous ne songeait, consciemment au moins, au moment de l'expérience. Diverses raisons n'ont pas permis de suivre les indications données par la table et les expériences n'ont pas été continuées.

Les mouvements avec contact peuvent être éliminés par le procédé que j'ai donné : leur élimination, faite d'accord avec la personnification n'a aucun inconvénient : elle en présenterait si on agissait brusquement.

J'ai déjà dit que la personnification est d'ordinaire très suggestible. Il faut remarquer que c'est une suggestibilité spéciale : chez un sujet hypnotisable, le ton du commandement donne plus de force à la suggestion : il n'en est pas de même pour la personnification qui se montre rebelle à tout ordre impératif. Elle accède facilement au contraire aux suggestions proposées avec douceur et insistance. D'habitude, j'explique le but que je me propose et les raisons pour lesquelles j'écarte tous les phénomènes explicables par l'action musculaire inconsciente. Je traite la personnification, je le répète, comme un co-expérimentateur. Il est rare, qu'ainsi exhortée, elle ne consente pas volontiers à s'abstenir des phénomènes dénués d'intérêt et n'en promette de plus démonstratifs. J'ai déjà dit qu'il ne fallait pas faire grands fonds sur de pareilles promesses. Neuf fois au moins sur dix les expériences n'aboutiront pas et devront être reprises sur de nouveaux frais.

Mais, la patience de l'expérimentateur ne sera pas constamment inutile et il finira par rencontrer, plus ou moins rapidement, le médium nécessaire. Il constatera alors ce que j'ai observé.

Les premiers phénomènes supranormaux sont les raps ou les oscillations sans contact. Quelquefois le phénomène se manifeste d'emblée avec intensité, c'est l'exception : d'ordinaire les bruits ou les mouvements, faibles au début. prennent peu à peu de l'intensité. Dès qu'on les obtient. il faut convenir avec eux de certains signes. Le moyen le plus simple est de procéder, pour les raps et les oscillations, comme pour les coups frappés par le pied de la table. Le phénomène est alors intéressant, car les raps sont frappés sant contact et l'hypothèse des mouvements involontaires est insuffisante pour les expliquer.

Il est rare que les communications ainsi données soient très intelligibles. Il ne faut pas se lasser de faire répéter les mots. Il arrive souvent que des lettres soient omises, ou qu'une lettre soit indiquée pour une autre ; cela arrive surtout pour les lettres qui sont voisines l'une de l'autre dans l'alphabet. En écrivant avec soin les lettres marquées, on trouve un sens très net. Par exemple, les raps frapperont MARTJN pour Martin, Heoriette pour Henriette, etc. Il ne faut pas abandonner la partie dès que le mot paraît inintelligible. Attendez que la phrase soit complète : elle s'éclairera toute seule quelquefois. Il n'est pas rare que les lettres soient dictées à rebours, mais je n'ai pas observé personnellement ce fait. Lorsque la phrase est incompréhensible, il faut la faire recommencer. Même dans les expérience tendant à l'obtention de phénomènes matériels il ne faut pas refuser d'écouter les appels à l'alphabet : le plus souvent la personnification donnera un conseil sur le mode opératoire.

Très souvent elle se plaint de l'excès de lumière. Dans plusieurs séries d'expériences, la personnification insiste pour avoir l'obscurité. Il faut poliment lui résister et lui faire comprendre que les phénomènes physiques perdent beaucoup de leur valeur dès qu'ils cessent d'être visibles. Je n'hésite pas à dire à la personnification que les expériences de ce genre ne sont pas probantes dans l'obscurité, qu'elles permettent de suspecter la bonne foi des opérateurs et que d'ailleurs j'obtiens des phénomènes en pleine lumière. Ces raisons déterminent souvent la personnification à ne plus réclamer l'obscurité.

Dans d'autres cas, c'est la personnification *elle-même* qui demande qu'on n'opère pas dans les ténèbres. C'est avec des personnifications de ce genre que j'ai obtenu les plus beaux résultats.

Quand la pseudo-entité demande à l'un des opérateurs d'abandonner le cercle, il est prudent de lui donner satisfaction à moins que l'élimination demandée ne soit inacceptable pour diverses raisons. Dans ce cas, il est bon d'expliquer ces raisons : il est rare qu'elles ne soient pas acceptées.

Telles sont les règles générales qu'une assez longue expérience m'a déterminé à adopter. Je m'en suis toujours bien trouvé. Je n'ai jamais observé, dans les expériences dirigées par moi, les communications obscènes ou absurdes dont se plaignent certaines personnes. Réfléchissant peut-être mon propre état d'esprit, j'ai généralement rencontré des personnifications à tendances scientifiques et sérieuses.

Je viens d'exposer en détail et peut-être avec minutie,

les conclusions auxquelles je suis arrivé en ce qui concerne les procédés opératoires eux-mêmes. J'aborde maintenant l'indication des résultats que j'ai obtenus et les constatations que j'ai faites. J'examinerai successivement les raps, les mouvements sans contact, les phénomènes lumineux, les phénomènes intellectuels.

CHAPITRE II

DES RAPS

Je ne m'occuperai pas des mouvements avec contact ; au point de vue physique ils n'ont aucune signification sérieuse : ils s'expliquent trop aisément par les mouvements inconscients additionnés des expérimentateurs pour qu'il y ait lieu de s'y arrêter. Les messages obtenus par leur intermédiaire peuvent présenter un intérêt interne : ils se classent alors dans les phénomènes intellectuels proprement dits.

Le premier phénomène qui mérite d'être observé est celui des *raps*. C'est en général celui qu'on obtient le plus facilement. Il faut remarquer cependant que les facultés des médiums ne sont pas identiques ; les uns produisent surtout des phénomènes physiques, les autres des phénomènes intellectuels. Les premiers eux-mêmes manifestent des propriétés diverses : certains obtiennent plutôt des raps, d'autres des mouvements, d'autres enfin des phénomènes lumineux. Cependant, d'une manière générale, les raps m'ont paru l'un des phénomènes les plus simples.

Si l'on opère avec un médium même de force moyenne, les raps se manifesteront dès la troisième ou la quatrième séance. Ils se feront entendre plus tôt si le médium est supérieur.

Les raps, généralement, paraissent résonner sur le plateau de la table : mais ce n'est pas toujours le cas. On les entend fréquemment sur le plancher ou sur le sol, sur les assistants ou sur les meubles, les murailles et le plafond.

Je n'en ai entendu d'authentiques que sur la table, le sol, les murailles et les meubles voisins du médium. J'en ai souvent constaté en dehors des séances régulières.

La manière la plus simple pour les obtenir est de procéder comme je l'ai dit au chapitre II ; des expérimentateurs assis autour de la table appuient la face palmaire de leur main, les doigts étendus, sur le plateau du meuble. Cette façon de procéder n'est pourtant pas à recommander, car les raps sont très faciles à imiter. Il ne faut jamais perdre de vue cette circonstance en appréciant une expérience : j'énumérerai plus loin les procédés frauduleux les plus usuels. Cependant, même en maintenant les mains sur le plateau de la table, on peut obtenir des raps suffisamment sonores pour exclure l'hypothèse de la fraude, sinon absolument, tout au moins avec beaucoup de probabilité.

J'ai obtenu les raps en pleine lumière. J'en ai eu si fréquemment avec la plus vive clarté que je me demande si l'obscurité les favorise au même point que certains autres phénomènes. Il est permis de croire cependant que l'énergie qui les produit s'accumule de préférence dans les endroits abrités de la trop vive lumière, par exemple sous le plateau de la table ou sous le plancher. Ce qui me le fait supposer c'est qu'il m'est arrivé de remarquer souvent que les raps éclataient sous la main du médium, lorsqu'ils paraissaient se produire sur le plateau de la table.

Le contact des mains n'est d'ailleurs pas nécessaire pour l'obtention des raps. J'en ai obtenu très facilement sans contact avec certains médiums.

Lorsqu'on réussit à avoir des raps avec contact, un des moyens les plus sûrs pour les obtenir sans contact est de conserver un certain temps les mains appuyées sur la table, puis de les soulever *avec une extrême lenteur* en maintenant la face palmaire tournée vers le plateau de la table, les doigts en légère extension, sans raideur. Il est rare, dans ces conditions, que les raps ne continuent pas à se faire entendre au moins pendant quelque temps. Je n'ai pas besoin d'ajouter que les expérimentateurs doivent éviter non seulement le contact de leurs mains avec la table, mais même celui de toute autre partie de leur corps ou de leurs vêtements. Le contact des vêtements avec la table peut suffire à produire des raps qui n'ont rien de supranormal. Il faut donc veiller à ce que les robes des dames elles-mêmes soient écartées avec soin des pieds de la table. En prenant les précautions nécessaires, les raps retentissent dans des conditions très convaincantes.

Avec certains médiums, l'énergie libérée est assez grande pour agir à distance ; j'ai eu l'occasion d'entendre des raps résonner sur une table qui était à près de deux mètres du médium. Nous avions fait une très courte séance et nous avions quitté la table. J'étais étendu dans un fauteuil, le médium, debout, causait avec moi quand une série de coups fut frappée sur la table que nous venions d'abandonner. Les assistants me sont personnellement connus et j'ai la persuasion qu'ils sont au-dessus de toute espèce de soupçon, mais cette circonstance est tout à fait insuffisante à elle seule pour entraîner une conclusion favorable au phénomène, car je ne saurais trop mettre en garde les observateurs contre toute confiance aveugle dans leurs voisins. Les expérimentateurs sérieux doivent exclure toute susceptibilité entre eux et convenir d'avance que les vérifications et les contrôles réciproques pourront être librement exercés sans que personne s'en formalise. Dans le cas que je rappelle, la table où résonnaient les coups était éloignée de deux mètres environ du médium et de moi : il faisait grand jour, on était en plein été, vers 5 heures du soir ; la table n'avait jamais été touchée par le médium et les assistants avant l'expérience : les coups étaient forts et durèrent plusieurs minutes.

J'ai eu un grand nombre de fois l'occasion d'observer des faits du même genre. Il m'est advenu, en voyage, de rencontrer même une fois parmi mes compagnons de route un intéressant médium. Il ne m'a pas donné la liberté de le nommer, mais je puis dire que c'est un sujet honorable, instruit, occupant une situation officielle. J'ai obtenu avec lui — il ne soupçonnait pas cette faculté latente avant d'avoir expérimenté avec moi — des raps retentissants dans des salles de restaurant et dans des buffets de chemin de fer. Il suffirait d'avoir observé les raps produits dans les conditions que j'indique par ce médium pour être convaincu de leur authenticité. Le bruit insolite de ces raps attirait l'attention des personnes présentes et nous gênait beaucoup; le résultat dépassait notre attente : il est à remarquer que plus nous étions confus du bruit fait par nos raps plus ceux-ci se multipliaient. On eût dit qu'un être taquin les produisait et s'amusait de notre embarras.

J'ai également obtenu de très beaux raps frappés sur le plancher, dans des musées, devant des tableaux de maîtres et principalement des tableaux religieux. Je me souviens de l'intensité de certains raps qui se sont produits devant une mise au tombeau peinte par un artiste illustre. J'en ai également entendu de très beaux dans une maison que l'homme de génie qui l'a habitée a rendue célèbre. Dans la chambre où est mort cet écrivain, les raps ont attiré l'attention soupçonneuse du gardien. J'ai entendu des raps très forts avec deux jeunes filles de 14 et 15 ans, dites les médiums d'Agen. J'ai observé ces enfants à Agen, chez elles, et je les ai fait venir à Bordeaux à deux reprises : elles y sont demeurées chaque fois près d'un mois. Les raps produits par elles étaient intéressants, mais ne m'ont pas semblé démonstratifs. L'une de ces fillettes obtenait des raps sur le plancher, sous ses pieds. J'ai constaté que le pied paraissait immobile pendant que les coups étaient frappés.

Quand les deux jeunes filles étaient couchées, on entendait des coups formidables sur le bois du lit du côté de leurs pieds. On pouvait observer l'apparente immobilité des enfants. Des coups étaient également frappés dans les couvertures du lit : on sentait les vibrations de l'étoffe quand on appuyait la main sur elles ; les coups paraissaient se produire sous la main appuyée. J'ai entendu dans l'obscurité des bruits divers en présence de ces enfants, mais je n'en tire aucune conclusion. J'ai constaté qu'elles n'étaient pas toujours sincères et qu'elles avaient une tendance à abuser de la confiance et de la bienveillance du groupe spirite où elles se trouvaient. Elles ont fraudé quelques phénomènes, notamment des coups au plafond : je n'ai jamais pu décider ces jeunes filles à expérimenter à la table dans des conditions suffisantes d'éclairage. Elles avaient l'habitude de se coucher pour produire leurs raps, j'en ai entendu en plein jour, mais j'estime que le contrôle était insuffisant. J'ai beaucoup regretté que ces médiums aient montré aussi peu de bonne volonté, car même en laissant de côté la plus grande partie des phénomènes suspects qu'elles ont produits, il en reste encore quelques-uns qui m'ont paru mériter un plus ample examen.

J'ai raconté sommairement l'observation de ces enfants, bien qu'elle soit négative à mon point de vue, parce qu'elle est instructive. Elle montre les inconvénients d'une mauvaise méthode de développement. J'ai remarqué que les phénomènes psychiques avaient une grande tendance à se répéter, à suivre une sorte de routine. On dirait qu'ils tournent volontiers dans le même cercle. On avait laissé les enfants dont je viens de parler prendre l'habitude de se mettre au lit pour obtenir les phénomènes sonores qu'elles paraissaient produire. Elles en étaient arrivées à n'avoir des raps que dans ces conditions. Elles ne m'ont jamais donné un rap à la table et cependant je suis porté à penser qu'elles avaient, ou que l'une d'elles au moins avait la constitution nécessaire à l'émission de la force psychique.

L'insuccès de mes essais avec les jeunes médiums agenais n'a pas été sans avoir son intérêt ; l'expérience ne s'acquiert qu'avec le temps, la patience et la multiplicité des observations. Il est utile de pouvoir comparer entre elles des séances bonnes, douteuses et mauvaises.

Parmi les expériences très douteuses dont le récit peut être également instructif, je choisirai une récente série de séances que j'ai faites ici. Certains des phénomènes que j'y ai observés me paraissent malaisément explicables par la fraude, notamment les lumières qui flottaient dans l'appartement ; mais la plupart des phénomènes moteurs y ont été fraudés. La personnification avait l'habitude de demander l'obscurité et comme j'étais surtout intéressé par l'apparition des phosphorescences, je ne voyais aucun inconvénient à l'extinction des lumières. La personnification qui les demandait n'était probablement que la conscience personnelle d'un des assistants.

Une fois la lumière éteinte, les raps prenaient une intensité marquée. Beaucoup étaient certainement l'œuvre de deux d'entre nous ; je n'ai pu analyser l'état mental de ces deux jeunes gens : l'un d'eux, qui est un sujet très neurasthénique, agissait peut-être inconsciemment. Cependant, bien que j'observasse avec intérêt les fantaisies de mes deux jeunes gens, je remarquai que certains raps se produisaient dans l'*obscurité la plus complète* lorsque je faisais un mouvement imperceptible, par exemple lorsque je soufflais doucement, ou que je pressais la main d'un de mes voisins dont la sincérité m'est connue. Il y avait donc toujours ce synchronisme que j'ai signalé entre le mouvement musculaire et le rap. Sans pouvoir l'affirmer d'une manière absolue, je crois pouvoir dire que mes co-expérimentateurs n'ont pas toujours pu se rendre compte des légers mouvements que faisaient ma main, mon pied ou mon doigt, ou du faible souffle que j'émettais. Il y avait donc, dans ces séances d'ailleurs très suspectes, des faits résiduels qui méritaient une analyse attentive. Je n'ai pu la faire, ayant cessé d'expérimenter avec le groupe où se trouvaient ces jeunes gens : je le regrette à certains égards, car l'observation de ces faits résiduels et celle des fraudeurs eux-mêmes étaient intéressantes à divers points de vue.

Je reviens maintenant aux premières expériences que je racontais, *les seules* sur lesquelles j'ai établi mon opinion. J'ai indiqué aussi complètement que possible les modes les plus fréquents sous lesquels j'ai pu observer les raps. Les plus communs sont ceux frappés, avec contact, sur la table ou sur le plancher ; puis ceux qui sont frappés à distance sur des meubles ou sur le plancher.

Plus rarement je les ai entendus sur des étoffes, soit sur les assistants ou le médium soit sur des meubles ; j'en ai entendu sur des feuilles de papier posées sur la table à expériences, sur des livres, sur des murailles, sur des tambourins, sur de menus objets en bois notamment sur une planchette qui servait à l'écriture automatique. J'en ai observé de forts curieux avec un médium écrivain ; quand elle avait de l'écriture automatique les raps se produisaient avec une extrême rapidité au bout du crayon. Celui-ci ne frappait pas la table ; j'ai à diverses reprises et avec beaucoup de soin mis la main sur le bout du crayon opposé à la pointe et j'ai pu constater que le bruit se produisait au niveau de la pointe sans que celle-ci quittât un seul instant le papier appuyé sur la table ; les raps retentissaient sur le bois, non sur le papier. Dans ces cas, bien entendu, le médium tenait le crayon.

Les raps se produisent donc sur des objets très différents, avec ou sans contact, et même à une certaine distance du médium. J'en ai observé qui éclataient à trois mètres de lui. Je n'en ai pas eu à une plus grande distance et je n'en ai pas souvent observé aussi loin. L'un des cas les plus curieux que j'ai constatés est le suivant : j'expérimentais dans un appartement où se trouvait un paravent. La table était à environ trois mètres de ce meuble. Des coups très nets furent frappés sur le sol *derrière* le paravent. Il faisait grand jour, mais les coups retentissaient du côté obscur.

Il m'est arrivé d'en entendre plus souvent dans le *cabinet* des séances : le médium était assis au devant des rideaux disposés comme je l'ai dit au chapitre II. Dans ce cas, on obtient assez facilement les raps derrière le médium : il peut arriver qu'ils soient frappés sur le plancher, sur la muraille ou sur les objets disposés dans le cabinet. Souvent encore ils sont frappés en dehors des rideaux, sur la chaise du médium ou sur le plancher au-dessous de lui. Quand on obtient des raps, il est très facile de les étudier en faisant varier les conditions de l'expérience de la manière la plus satisfaisante. C'est un des phénomènes dont la réalité m'a été le mieux démontrée.

La variété de la forme des raps n'est pas moindre que la diversité des objets sur lesquels ils sont frappés ou des endroits dans lesquels on les entend. En général le type ordinaire du rap est un coup sec d'intensité variable ; il rappelle la tonalité d'une étincelle électrique, au moins sur les tables ; mais ce n'est que le type ordinaire ; les variations en sont nombreuses.

Il est à remarquer d'abord que la tonalité des raps varie avec la matière de l'objet sur lequel ils résonnent. On reconnaît très bien les raps frappés sur le bois, le papier. l'étoffe. C'est une constatation intéressante parce qu'elle indique que le bruit est produit par des vibrations de la substance matérielle. Il y a donc une mise en mouvement des molécules matérielles. Cependant celles-ci ne sont pas toujours ébranlées de la même manière car la tonalité des raps, frappés sur le même objet, est susceptible d'une très grande variété.

Les coups, au lieu d'être clairs et brefs, peuvent être sourds et imiter le bruit étouffé du choc d'un objet mou ;

ils peuvent ressembler au bruit léger que fait une souris, une scie, à celui des ongles frappant sur le bois ou grinçant sur une étoffe : ils peuvent affecter les modalités les plus variées. Leur rythme a autant de diversité.

Une des remarques les plus curieuses que permette de faire l'observation des raps, c'est leur relation avec ce que j'appelle la personnification. Chaque individualité personnifiée se manifeste par des raps spéciaux. Dans une série d'expériences qui ont duré plus de deux ans, j'ai eu l'occasion fréquente d'étudier les raps, qui ont personnifié diverses entités. L'une d'elles se disait John, le contrôle d'Eusapia, dans la familiarité apparente duquel, je serais depuis mes premières séances avec le célèbre médium napolitain. John se manifeste par des coups rapides, ressemblant tellement à la manipulation d'un télégraphe Morse que mes co-expérimentateurs et moi nous sommes demandés si nous n'étions réellement pas en présence des signes usuels du Morse. Aucun de nous ne pouvait malheureusement reconnaître les lettres au rythme des coups comme le font les télégraphistes exercés. D'autres personnification frappent des coups clairs. Elles forment un groupe de quatre individualités qui s'appellent les *Fées*. Elles se sont montrées particulièrement intéressantes et j'aurai l'occasion de raconter comment l'une d'entre elles s'est fait voir. Elles se mêlent volontiers à la conversation, approuvant ou désapprouvant les idées émises par les expérimentateurs. Elles paraissent prendre un intérêt considérable aux expériences et j'ai souvent remarqué qu'il suffisait, quand les raps tardaient à venir, de mettre la conversation sur les phénomènes psychiques, leur explication probable, leurs conditions de réalisation pour entendre bientôt des raps approbateurs ou non. Quelquefois les raps imitent un éclat de rire, cela coincide soit avec une histoire amusante dite par un des assistants, soit avec une taquinerie. Une autre entité personnifie un homme pour lequel j'ai eu la plus profonde affection. Les coups sont plus graves. Cette personnalité paraît avoir la clairvoyante perspicacité et la bienveillance de l'homme que j'ai connu. Son intervention s'est manifestée dans des conditions très curieuses, mais d'un caractère trop privé pour être rendu publiques. Je citerai encore une autre personnification, d'apparition plus récente. Elle se donne comme l'astronome Chappe d'Auteroche et a raconté exactement les détails de sa vie et de sa mort en Californie. Comme une notice biographique concernant ce savant figure dans divers dictionnaires, notamment dans Larousse, il est impossible d'affirmer que l'irruption de cette personnification soit supranormale. Les raps qui l'annoncent sont sourds et frappés avec une certaine force. Enfin, de petits coups précipités, faibles, mais très abondants, nous ont été signalés par les personnifications comme des trouble-fête : leur intervention gêne beaucoup les expériences.

Si je signale le rapport qui existe entre les personnifications et les raps, cela ne veut pas dire, qu'on ne l'oublie pas, que j'accepte la réalité de celles-là. Je fais un récit, et je le fais complet afin de permettre aux expérimentateurs tentés de reprendre mes observations, de connaître exactement ce que j'ai observé. Les personnifications ne m'ont pas convaincu jusqu'ici de leur identité : il est vrai que je me prête mal à leurs conversations fatigantes et incertaines et que je m'efforce de les ramener aux phénomènes matériels plus importants pour moi parce qu'ils sont plus aisément vérifiables. Mais, si je n'indiquais pas le rôle que les raps jouent par rapport à elles, j'omettrais un de leurs caractères les plus significatifs et ne donnerais pas leur exacte physionomie.

Ils se manifestent donc comme l'expression d'une activité et d'une volonté distinctes de celles des observateurs. Telle est *l'apparence* du phénomène. Il en résulte un fait curieux, c'est que non seulement les raps se révèlent comme les produits d'une action intelligente, mais encore qu'ils consentent généralement à frapper autant de fois qu'on le demande et à reproduire des rythmes déterminés, par exemple certains airs. De même ils imitent les coups frappés par les expérimentateurs, sur la demande de ceux-ci.

Souvent, les différents raps se répondent les uns aux autres et c'est là une des plus jolies expériences auxquelles on puisse assister que d'entendre ces coups clairs, étouffés, secs ou doux retentir simultanément sur la table, le plancher, le bois et l'étoffe des meubles.

J'ai eu la bonne fortune de pouvoir étudier de près ces raps curieux et je crois être arrivé à quelques conclusions. La première et la plus certaine *est leur étroite connexité avec les mouvements musculaires des assistants*. Je pourrais résumer ainsi mes observations sur ce point :

1° Tout mouvement musculaire, même faible, est généralement suivi d'un rap ;

2° L'intensité des raps ne m'a pas paru proportionnelle au mouvement fait ;

3° L'intensité des raps ne m'a pas paru varier proportionnellement à leur éloignement du médium.

Voici les faits sur lesquels s'appuient mes conclusions.

I. — J'ai très fréquemment observé que lorsque l'on avait des raps faibles ou espacés, un excellent moyen pour les produire était de faire la chaîne sur la table, les mains appuyées sur celle-ci, les observateurs mettant leurs doigts en contact léger. L'un d'eux, sans rompre la chaîne, — ce qu'il fait en tenant dans la même main, la main droite de son voisin de gauche et la main gauche de son voisin de droite, — promène circulairement la main devenue libre au-dessus de la table, au niveau du cercle formé par les doigts étendus des observateurs. Après avoir fait ce mouvement, toujours dans le même sens, quatre ou cinq fois, c'est-à-dire après avoir tracé ainsi quatre ou cinq cercles au-dessus de la table, l'expérimentateur ramène sa main vers le centre, à une hauteur variable et fait un mouvement d'abaissement de la main vers la table : puis il arrête brusquement ce mouvement à quinze ou vingt centimètres du plateau. A l'arrêt brusque de la main, correspond un rap. Il est exceptionnel que ce procédé ne donne pas un rap dès qu'il y a dans le cercle un médium capable, même faiblement, d'en produire.

On peut faire la même expérience sans toucher la table, en faisant faire la chaîne aux expérimentateurs, c'est-à-dire en les priant de se donner la main et de former ainsi autour de la table une sorte de chaîne fermée. L'un des assistants opère alors comme dans le cas précédent.

Ce n'est pas la seule constatation que j'ai faite. J'ai remarqué, qu'avec des médiums un peu plus forts, il n'était pas nécessaire de procéder avec autant de soin. Les raps se produisent dès qu'un mouvement est exécuté ou commencé. C'est ainsi qu'il suffit de promener la main au-dessus de la table, d'agiter les doigts, d'appuyer le pied sur le sol pour déterminer la production d'un rap.

Enfin, des sujets plus puissants obtiendront des raps avec de moindres mouvements. Par exemple, il s'en produit quand on parle ou quand on souffle même légèrement, ou quand on touche le médium ou l'un des assistants. Je n'ai pas besoin de rappeler qu'avec certains médiums il s'en produit sans qu'aucun mouvement soit exécuté : presque tous peuvent en obtenir ainsi avec l'immobilité et la patience ; mais on dirait que l'exécution d'un mouvement agit comme cause déterminante. L'énergie accumulée recevrait une sorte de stimulus, l'équilibre se romprait par l'addition à la force en réserve de l'excès d'énergie non employée au mouvement et la décharge neurique se produirait. Ce n'est d'ailleurs là que ce que les Anglais appellent *a working hypothesis*, une hypothèse d'étude.

Le synchronisme entre les raps et les mouvements faits

est très intéressant, car il révèle la connexion qui existe entre l'organisme des expérimentateurs et les phénomènes observés. Cette connexion a déjà été indiquée à propos d'Eusapia par Richet et ceux qui l'ont étudiée avec lui. Eusapia, sans s'en rendre compte peut-être, emploie pour produire ses raps un procédé analogue à celui que je décris plus haut. Le synchronisme qui existe entre le mouvement du médium et le rap peut donner lieu à des équivoques regrettables et faire croire à la fraude. C'est ainsi que M. Hodgson attribue certains raps produits par Eusapia à Cambridge à des coups frappés par la tête du médium sur le plateau de la table. Je ne puis évidemment pas affirmer la réalité des raps de Cambridge puisque je n'ai pas assisté aux expériences du groupe Sidgwick : je ne puis dire qu'une chose c'est qu'il ne ressort pas clairement de la lecture des extraits des procès-verbaux de ces séances, extraits incomplets et parcimonieusement publiés, que le mouvement de la tête du médium italien ait été la cause physique du rap, — en ce sens qu'Eusapia ait frappé la table avec son menton ou son front — ou que ce mouvement n'ait été qu'un phénomène synchrone. Je ne puis m'empêcher de penser que les observateurs de Cambridge n'aient été bien mal dirigés ou bien peu favorisés, car j'ai entendu les raps d'Eusapia en pleine lumière, j'en ai obtenu avec divers autres médiums et c'est un phénomène minimum qu'ils auraient *pu* et *dû* constater s'ils avaient expérimenté comme il convient. Je reviendrai d'ailleurs sur les séances de Cambridge et j'ai à cœur d'y revenir, car le jugement des observateurs anglais a été funeste. Je dois à la vérité et à l'honneur de cette pauvre Eusapia de dire ce que je pense d'elle comme médium. J'y suis intéressé à un autre titre, car j'ai signé les procès-verbaux des expériences de l'Agnélas qui contredisent celles de Cambridge

Il y a donc à tenir compte du curieux synchronisme que je signale, même dans l'appréciation de la fraude.

Une autre observation qu'il me paraît utile de faire connaître, c'est que les raps déterminés par les mouvements synchrones peuvent être produits par les assistants eux-mêmes. Dans beaucoup de circonstances j'ai vu les assistants non médiums obtenir ainsi des raps plus forts que ceux du médium : la présence de celui-ci est cependant nécessaire, car les personnes dont je parle ne produisent seules aucun rap. Il y a là un sujet d'études qui n'a pas encore été effleuré.

Il suffit quelquefois de toucher le médium pour avoir des raps en esquissant un mouvement sur la table ou même en plaçant la main au-dessus, la face palmaire tournée vers le plateau ; j'en ai fréquemment obtenu ainsi, c'est une excellente méthode pour avoir des phénomènes bien nets. On éloigne la table du médium de manière à éviter toute espèce de contact entre le sujet et le meuble. L'observateur se place à côté du médium, lui prend les mains dans l'une des siennes et promène l'autre ou même la laisse immobile au-dessus de la table. Rien n'est plus démonstratif que cette expérience. On n'oubliera pas que je parle d'expériences faites en plein jour.

II. — J'ai en second lieu constaté que l'intensité des raps n'est pas proportionnelle au mouvement fait. Je ne puis affirmer l'exactitude de cette constatation avec la même assurance que pour la précédente mais j'ai observé le fait dans un très grand nombre de circonstances. Ainsi, le mouvement très léger du doigt détermine un rap aussi fort que l'abaissement brusque de la main et du bras.

De même, une simple contraction musculaire amène la réalisation du phénomène sans qu'aucun mouvement apparent soit exécuté.

Cette constatation, si je ne me suis pas trompé, a de l'intérêt car elle tend à faire croire que l'énergie qui sert à la production des raps est indépendante du mouvement exécuté dans l'espace, mais est en relation avec la cause de ce mouvement, c'est-à-dire avec l'influx nerveux. Il serait utile que des expérimentateurs plus compétents que moi en physiologie reprissent ces observations avec soin ; je souhaite sincèrement que cet événement se réalise un jour. Richet pourrait entreprendre ces recherches : personne ne serait mieux à même que lui de faire l'analyse du fait que je signale.

Il me paraît y avoir une étroite connexité entre les phénomènes psychiques et le système nerveux. Ce que je viens de dire de la production des raps par la simple contraction d'un muscle sous l'influx nerveux volontaire est une des raisons qui ont déterminé mon sentiment.

Il y en a d'autres. J'ai souvent interrogé les médiums sur les sensations qu'ils éprouvent lorsque les raps se produisent. Leurs impressions concordent sur un point : les raps déterminent une sensation de fatigue légère. Cette sensation est perceptible pour les observateurs eux-mêmes. J'ai essayé d'analyser mes impressions au moment où les raps se font entendre : je ne suis arrivé à aucun résultat positif. Je ne découvre aucune sensation nette : ma constatation négative n'a de l'intérêt que si on la compare avec la constatation différente que j'ai faite au sujet des mouvements sans contact, comme je le dirai plus loin.

L'un des médiums avec lequel j'ai obtenu les raps les plus nets et les plus certains, m'assure qu'il éprouve une sorte de crampe dans la région épigastrique lorsque les coups sont frappés avec quelque intensité. Ce médium, très intelligent et très instruit, est tout à fait capable d'analyser avec soin ses impressions. Il lui semble que quelque chose émane de lui au niveau de l'épigastre.

III. — La troisième proposition que j'ai énoncée comme exprimant le résultat de mes observations me paraît très probable. J'ai observé des raps dans un cercle maximum de trois mètres environ autour du sujet. Les coups frappés à la plus grande distance étaient aussi nets que les autres. Cette constatation semblerait, au premier abord, impliquer une différence entre l'action de la force psychique et celle de la gravitation, de la lumière, de la chaleur et de l'électricité qui agissent avec une énergie inversement proportionnelle au carré des distances. Une pareille conclusion serait prématurée, car il peut se faire des centres secondaires d'accumulation de l'énergie à distance du médium. L'expression que j'emploie est peut-être impropre, car l'accumulation de l'énergie est un terme bien vague. Je n'ose en donner de plus précis et je me borne à indiquer que les choses m'ont paru quelquefois se passer comme si de pareils centres d'accumulation ou d'émission existaient.

Je n'ai jamais constaté d'effets physiques sérieux à une distance supérieure à celle que j'ai indiquée. J'ajouterai que les phénomènes sont plus fréquents dans le voisinage immédiat du sujet, s'ils ne sont pas plus intenses.

Telles sont les observations que j'ai faites. Il viendra tout naturellement à l'esprit de mes lecteurs de croire que j'ai été la victime d'une illusion ou d'une fraude. Il n'en est rien.

Il n'y a pas d'illusion parce que rien ne me permet de penser que j'en sois la victime. Cette affirmation ne suffirait pas, je le reconnais ; on se juge mal soi-même et je dois dire que si jusqu'à présent j'ai toujours nettement distingué les faits réels et les impressions subjectives, je n'en présente pas moins deux phénomènes qui peuvent me rendre un peu suspect. Le premier est l'illusion hypnagogique et le second l'audition colorée. Celle-ci est peu nette ; le son éveille simplement l'idée d'une couleur, non la sensation visuelle de la couleur. Ma gamme chromo-phonétique est *A*, blanc, *I*, noir, *É*, gris, *E*, *eu*, bleu, *on*, vert, *er*, *air*, jaune, *eil*, orangé, etc. Ce phénomène était assez marqué chez moi dans mon enfance, mais, je le repète, la lecture des voyelles ou diphtongues ou l'audition des sons n'ont jamais éveillé la *sensation* complète de la couleur : l'*idée* en était seule évoquée.

L'illusion hypnagogique est au contraire très nette chez

moi. Je n'ai pas toujours ces sensations mais je les ai assez souvent. L'illusion est exclusivement visuelle. J'ai observé avec soin sur moi-même cette intéressante faculté : elle me paraît être d'origine onirique. C'est un rêve que l'on commence avant que le sommeil ne s'installe tout à fait. L'illusion disparaît dès que la somnolence cesse. C'est avec une extrême difficulté que je puis conserver un instant l'image hypnagogique quand je reprends complétement conscience : malgré mes efforts l'image s'efface ou se déforme dès que mon attention s'y fixe. Je n'ai d'ailleurs que rarement pu maintenir ainsi l'impression illusoire.

Celle-ci se comporte chez moi exactement comme une image onirique. Il ne faut pas conclure de l'existence chez moi des phénomènes subjectifs que je viens de résumer à mon incompétence pour distinguer un phénomène réel d'un autre qui ne le serait pas. J'ai indiqué les résultats de mon auto-observation afin d'être complet et sincère, car j'ai le plus grand souci d'être un témoin exact : je ne crois d'ailleurs pas que les observations que j'ai pu faire sur moi-même soient de nature à faire suspecter mes facultés d'observateur : le contraire me paraît vrai. Mon expérience personnelle me permet de reconnaître les illusions hypnagogiques : j'aurai plus tard à faire connaître certains phénomènes qui m'ont paru avoir une étroite parenté avec elles ; mais les raps ont un caractère tout différent et leur objectivité m'a paru personnellement certaine.

J'ajouterai que toutes les personnes présentes les entendent. Je rappellerai ce que j'ai dit des raps que j'ai entendus dans des salles de restaurant ou dans des endroits publics. Tous ceux qui se trouvaient dans la même salle indiquaient par leur attitude qu'ils entendaient les raps. Cette circonstance suffit à exclure toute hypothèse d'illusion. Je me propose d'ailleurs de recueillir les raps dans un phonographe. Ce sera là l'*experimentum crucis* en ce qui concerne leur objectivité.

Je n'ai aucune espèce de doute sur l'authenticité des raps que j'ai entendus si souvent et dans tant de circonstances différentes ; j'ai, au surplus, pris soin d'étudier les différentes manières de les imiter et il y en a beaucoup.

La plus simple et la plus parfaite est de faire glisser très lentement, d'un mouvement imperceptible, le bout d'un doigt appuyé sur la table. Les résultats sont meilleurs quand le doigt est très sec et bien dégraissé par de la térébenthine ou de la benzine. La colophane est bonne mais peut laisser des traces. Dans ces conditions on obtient des raps légers et clairs. Le mouvement du doigt est si lent qu'une personne non prévenue ne le découvrirait pas ; mais avec quelque attention on aperçoit la légère vibration du doigt quand les raps éclatent. On peut également les imiter avec l'ongle mais cette manière de procéder est facile à démasquer.

Dans l'obscurité ces moyens frauduleux peuvent être employés avec beaucoup plus de sécurité pour le fraudeur ; celui-ci a d'autres ressources encore dans les ténèbres ; il peut imiter les coups qui résonnent sur le plancher ; les coups sourds, en frappant adroitement avec le pied le plancher ou les pieds de la table ; les coups secs en laissant, avec une extrême lenteur, glisser son soulier le long des pieds de la table ou d'une chaise.

Le frottement très lent des vêtements ou du linge, notamment des manchettes, peut faire croire à l'existence des raps. Il y a lieu de prendre garde à cela, car les raps peuvent être ainsi produits par les mouvements inconscients dont la lenteur est souvent très grande, et la bonne foi des expérimentateurs peut être involontairement surprise.

Il existe encore un autre moyen d'avoir des raps frauduleux : c'est d'appuyer avec une force variable sur le plateau de la table : quand celui-ci est mince ou que la table est mal assemblée et que les parties ont du jeu, les variations de la pression de la main déterminent des craquements simulant des raps.

Enfin j'ai vu quelquefois des raps se produire d'une manière qu'il faut connaître ; certaines personnes en appuyant le pied d'une certaine façon et en contractant leurs muscles jambiers ou péroniers peuvent imiter les coups frappés sur le sol. On a signalé ce fait spécialement en ce qui concerne le tendon du long péronier latéral. J'ai observé un étudiant en médecine, fraudeur incorrigible et névropathe, qui obtenait des coups assez semblables aux raps en appuyant le coude sur la table et en faisant certains mouvements de l'épaule. Il existe aussi des gens qui peuvent faire craquer à volonté leurs articulations.

Mais, avec un peu d'habitude on arrive facilement à dépister la fraude quand on opère en plein jour ou avec une bonne lumière. D'ailleurs, la tonalité des raps authentiques est caractéristique et seul, le procédé d'imitation que j'ai indiqué au début de cette partie de mes remarques, permet de reproduire certains d'entre eux avec assez d'exactitude.

Il ne me paraît pas possible d'imiter exactement les raps qui se produisent sans contact sur le plateau de la table. Il est facile de les localiser et même de percevoir les vibrations du bois en auscultant la table. Des précautions faciles à prendre permettent de s'assurer qu'il n'y a aucun contact et aucune communication entre les opérateurs et la table.

En résumé, j'ai la certitude, autant qu'il est raisonnablement possible de l'avoir en pareille matière, que des coups de rythme et de tonalité variables se font entendre en présence de certaines personnes, sans que ces coups frappés ou *raps* puissent s'expliquer par aucun procédé connu. On les entend à des distances diverses ; ils paraissent souvent obéir aux désirs exprimés par les assistants et manifester une certaine intelligence indépendante. D'autre part leur production paraît liée à l'énergie nerveuse du médium et des assistants.

Telles sont les conclusions que je crois pouvoir exprimer avec confiance.

CHAPITRE III

PARAKINÉSIE ET TÉLÉKINÉSIE

§ 1er. — Parakinésie.

J'ai appelé parakinésie la production de mouvements tels que les contacts observés ne suffisent pas à les expliquer. Je désigne spécialement ainsi la lévitation complète de la table, les assistants ayant la main appuyée sur elle, ou le déplacement de gros meubles simplement touchés par le médium seul ou avec les autres expérimentateurs. La lévitation est le soulèvement d'un objet matériel, sans qu'aucune partie de cet objet ne repose ou ne soit en contact avec un point d'appui apparent.

Je n'ai constaté dans de bonnes conditions que la lévitation de la table. Eusapia m'a donné très nettement ce phénomène à diverses reprises, en pleine lumière. On en trouvera des exemples détaillés dans les procès-verbaux de nos séances de l'Agnélas, publiés par les *Annales des Sciences psychiques,* année 1896.

Ces procès-verbaux ne donnent d'ailleurs que la physionomie des séances elles-mêmes. Il nous est arrivé quelquefois d'improviser une expérience dans l'après-midi et je me souviens d'avoir observé dans ces conditions une lévitation bien intéressante. Il était cinq heures du soir environ, en tout cas il faisait grand jour dans le salon de l'Agnélas. Nous nous plaçames debout autour de la table : Eusapia prit la main de l'un de nous, l'appuya sur l'angle de la table à sa droite ; le meuble se souleva jusqu'à la hauteur de notre front, c'est-à-dire que le plateau de la table s'éleva jusqu'à 1m,50 au moins au-dessus du sol.

De semblables expériences sont très convaincantes, car il est impossible qu'Eusapia ait pu dans les conditions où nous nous trouvions, soulever la table par un procédé normal. Il suffit de songer qu'elle touchait seulement l'angle de la table pour comprendre la lourdeur du poids qu'elle aurait eu à soulever si elle avait fait un effort musculaire. Elle n'avait aucune prise suffisante d'ailleurs. Elle ne pouvait évidemment, étant données les conditions de l'expérience, employer un des procédés de fraude signalés par ses critiques, courroies ou crochets quelconques.

Dans les séances ordinaires la table se soulevait à une hauteur moindre ; nous étions assis et ne pouvions l'accompagner aussi loin. En général des oscillations étendues annonçaient la lévitation. La table se soulevait d'un côté, puis de l'autre et quittait enfin le sol. Très souvent Eusapia, tenant la main de ses voisins, abandonnait tout contact avec la table et faisait quelques passes au-dessus. Le meuble se soulevait.

J'ai, avec ce médium, observé à diverses reprises ce phénomène dans des circonstances très satisfaisantes, et avec une bonne lumière.

C'est avec Eusapia que j'ai obtenu les lévitations de la table dans les conditions les meilleures. J'ai observé des mouvements sans contact plus nets encore avec d'autres sujets, mais ils ne m'ont pas donné des lévitations proprement dites. Celles que j'ai constatées avec divers médiums ont été beaucoup moins bien observées. J'ai obtenu une fois ou deux des lévitations frustes avec un médium appartenant à la bonne société. La table s'approchait d'elle et s'élevait en s'appuyant sur sa robe. Ce fait se produisait avec de la lumière, mais les conditions dans lesquelles je l'ai observé n'étaient pas probantes. J'en dirai autant de celles que j'ai obtenues ici avec une dame, médium professionnel assez intéressant ; ces lévitations se réalisaient dans une obscurité complète, qui rendait impossible tout contrôle certain ; personne ne tenait les mains et les pieds du médium comme nous l'avons fait pour Eusapia.

Dans une série d'expériences qui m'a donné des résultats valant la peine d'être observés avec soin, j'ai obtenu la lévitation de la table dans des conditions un peu meilleures. Mais certains des assistants fraudaient avec une telle inconscience que je ne crois pas devoir tenir compte des mouvements parakinétiques obtenus, bien que j'aie l'impression que ces fraudeurs n'aient pas tout fraudé ; toutefois les conditions peu satisfaisantes dans lesquelles j'ai fait cette série d'expériences m'ont amené à la discontinuer.

Je considère que la lévitation de la table, même avec le contact des mains, est un phénomène assez difficile à obtenir dans de bonnes conditions d'observation. Eusapia est je le répète, le seul médium qui m'ait permis de le constater jusqu'à présent d'une manière satisfaisante.

Sa méthode ne diffère guère de celle que j'ai indiquée. Elle procédait comme j'ai recommandé de le faire. Il lui arrivait souvent de provoquer le phénomène en élevant la main au-dessus de la table. Ce procédé m'a paru réussir dans certaines circonstances, douteuses cependant. Bien que je ne me croie pas autorisé à affirmer la réalité des lévitations obtenues par son emploi, je l'indiquerai parce que les résultats certains que des pratiques semblables m'ont donnés dans les expériences de télékinésie me font penser qu'il est bon. Le voici : quand les expérimentateurs ont les mains sur la table et que celle-ci oscille et se balance comme si elle essayait de se soulever, l'un des assistant met la main au-dessus de la table, la face palmaire en dessous et l'approche jusqu'à deux ou trois centimètres du plateau. Puis il la soulève très doucement : quelquefois la lévitation se produit comme si la main attirait le meuble.

Je recommande d'expérimenter avec autant de lumière que possible. Il ne faut pas oublier que *rien n'est plus facile à frauder qu'une lévitation de la table*. Avec un peu d'habitude on peut arriver aisément à reconnaître les phénomènes frauduleux de ce genre, mais il est important de connaître les principaux moyens de tromperie.

La position que les expérimentateurs sont obligés de prendre autour de la table, lorsqu'il sont assis, a pour conséquence de rendre quelquefois peu visible la position de leurs pieds. Dès que la lumière est baissée il est même impossible de s'assurer du contrôle mutuel qu'il est indispensable d'exercer. Or, quand les mains appuient avec un peu de force sur le plateau de la table, il est très facile, avec une table légère, de glisser la pointe du soulier sous l'un des pieds de cette table et de la soulever au-dessus du sol. Cette manœuvre est d'autant plus aisée, que les balancements de la table, dont les pieds quittent alternativement le plancher, permettent de la réaliser sans que personne s'en aperçoive. Je n'ai pas besoin d'ajouter que des crochets attachés au poignet, des bracelets de forme spéciale permettent aussi de soulever et de maintenir en l'air la table d'expériences. Mais il est facile de prendre des précautions contre cette fraude. Un moyen à employer est de se tenir tous debout autour de la table et de réunir les mains les unes au-dessus des autres au milieu du plateau ; le genre de fraude que je signale est impossible dans ce cas. J'ai ainsi souvent obtenu de belles lévitations, malheureusement dans l'obscurité.

Je signalerai cependant encore un genre de fraude que l'on observe chez certains professionnels ; il consiste dans la manœuvre suivante. Le médium se place du petit côté de la table, provoque des oscillations diverses et lorsqu'il a réussi à soulever le côté de la table en face duquel il est assis, il écarte ses jambes de manière à exercer une forte pression sur les pieds de la table entre lesquels il est placé. Une fois cette pression exercée, il n'y a plus qu'à appuyer très fort les mains de haut en bas sur le plateau de la table, du côté où se trouve le médium pour obtenir une lévitation. On comprend aisément que la table, maintenue par les genoux du fraudeur, exécute un mouvement de rotation autour d'un axe passant par les points fixés par la pression des genoux et que son plateau devienne parallèle au sol. Elle paraît alors en lévitation. On peut réussir cette fraude en plaçant sur la table une personne assise sur une chaise. Sous prétexte de contrôle, le médium prend les mains de cette personne et trouve sur elle le point d'appui nécessaire à provoquer la rotation de la table autour de l'axe. Il est bon d'avoir ce genre de fraude présent à l'esprit lorsqu'on opère; dans l'obscurité surtout, cette tromperie est facile à réaliser.

Je ne saurais encore une fois mettre trop en garde les expérimentateurs contre les séances sans lumières; elles ne valent rien pour l'observation des phénomènes de mouvements paranormaux. On doit les obtenir en pleine clarté: dans ces conditions, que j'ai quelquefois réalisées avec Eusapia, la lévitation de la table était un phénomène net. Je me demande comment les expérimentateurs de Cambridge qui ont été si durs vis-à-vis de ce médium expliquent les fraudes qui lui sont attribuées *pour les cas de lévitation*. Le rapport de M. Hodgson est muet à cet égard et ne discute qu'un phénomène: celui des attouchements. Il est plus facile de le frauder que tout autre, comme j'aurai à l'indiquer. Les interminables discussions que le contrôle des mains d'Eusapia a provoquées n'ont rien à voir avec les lévitations en pleine lumière que le médium peut donner et qu'il m'a effectivement données. Je demande d'ailleurs à mes lecteurs de me permettre de renvoyer la discussion des fraudes d'Eusapia: je les examinerai avec tout le soin possible, mais je le ferai dans un chapitre spécial.

§ 2. — Télékinésie.

J'arrive maintenant au récit de mes observations de télékinésie, c'est-à-dire de mouvements sans contact. La télékinésie correspond à l'extériorisation de la motricité du colonel de Rochas. C'est un des phénomènes que j'ai observés avec le plus de soin et de certitude. Les faits de ce genre dont j'ai été le témoin sont très nombreux.

Je les ai d'abord constatés avec Eusapia. Il nous est souvent arrivé de voir, avec ce médium, la table d'expériences se soulever sans contact. Généralement, Eusapia faisait former la chaîne autour de la table, sans la toucher. Au bout de quelques instants elle faisait des passes au-dessus de la table avec sa main droite tenant celle de son voisin du même côté. La table quittait alors le sol et restait suspendue dans l'air pendant quelques secondes. Elle retombait en général assez lourdement. L'expérience que je raconte a été faite plusieurs fois devant moi, avec une lumière suffisante.

Ce n'est pas seulement la table qui se mouvait avec Eusapia : les rideaux du cabinet étaient souvent projetés sur la table comme si un vent violent les eût poussés. Ce phénomène a été particulièrement intéressant à l'Agnélas où nous expérimentions devant les rideaux d'une fenêtre du salon. Ces rideaux étaient faits d'une lourde étoffe de soie et rien n'était plus curieux que de les voir se gonfler et s'étendre brusquement sur nous. La manière dont ils étaient jetés sur nos têtes était singulière : on eût dit, je le répète, qu'ils étaient soufflés sur nous. Je ne crois pas qu'il soit possible au médium d'arriver à produire frauduleusement ce phénomène avec l'aide de ses mains sans instrument approprié. J'ai obtenu avec un autre médium ces soufflements caractéristiques du rideau.

Les chaises des observateurs étaient fréquemment déplacées, secouées, soulevées et portées sur la table. Je ne puis concevoir comment Eusapia aurait pu obtenir normalement de pareils résultats étant données nos conditions de contrôle à l'Agnélas. Nous avions été courtoisement mis au courant des résultats des séances de Cambridge et notre attention avait été spécialement attirée sur les fraudes du médium. L'un d'entre nous tenait les pieds et la taille de notre italienne, et deux autres, assis à côté d'elle, avaient mission d'observer attentivement ses mains. Il est relativement facile de s'assurer si la main que l'on tient est une main droite ou une main gauche : il suffit pour cela de déterminer avec soin la position du pouce qui doit toujours être du côté de l'observateur quand la main est tournée la paume en l'air, et qui doit être du côté du sujet quand la face palmaire appuie sur la table. Il n'est pas nécessaire de tenir fortement la main du médium pour se rendre compte de cela. Il suffit d'un contact intelligemment surveillé; il faut bien entendu que le contact simultané des doigts et du pouce soit senti. Or, dans un certain nombre de cas, le contrôle du médium était bon au moment où la chaise de l'un de nous était portée sur la table. Il est à noter d'ailleurs qu'Eusapia aurait été obligée de se pencher d'une manière très marquée pour saisir la chaise de son voisin et pour la porter sur la table : l'inclinaison de son corps aurait été bien facilement perçue, alors surtout que la chaise était d'abord retirée sous l'expérimentateur puis soulevée, ce qui prenait un certain temps.

D'ailleurs d'autres phénomènes du même genre se sont produits d'une façon plus concluante. Je me souviens d'avoir vu la porte d'un bahut placé derrière celui des expérimentateurs qui était à gauche d'Eusapia, s'ouvrir et se fermer.

Enfin, j'ai obtenu avec ce médium un phénomène probant, que M. de Gramont avait déjà constaté avec les expérimentateurs de l'Agnélas après mon départ. C'est le mouvement à distance du plateau d'un pèse-lettres. J'ai repris l'expérience chez moi, à Bordeaux, en présence de quelques personnes, instruites et intelligentes. Nous avons opéré avec une lumière assez forte pour nous permettre de lire les divisions faiblement marquées du pèse-lettres. Cet objet venait d'être acheté par moi et je l'ai tiré de sa boîte pour le placer sur la table. Sous nos yeux, Eusapia l'a fait à plusieurs reprises baisser en abaissant et relevant diverses fois ses mains, face palmaire en dessous. Les mains d'Eusapia étaient à douze ou quinze centimètres du plateau du pèse-lettres ; les mouvements étaient faits sans qu'Eusapia eût abandonné les mains de ses voisins de droite et de gauche. Il est à remarquer que nous avons obtenu plusieurs fois l'abaissement du plateau de la balance en faisant varier la position des mains du médium, en les plaçant en avant du pèse-lettres de manière à former un triangle dont le plateau était le sommet et en rapprochant l'une de l'autre les mains du médium de manière que l'angle du sommet fût très aigu. Cette manière de procéder avait pour objet d'éviter que le médium pût produire le phénomène en tendant un cheveu, par exemple, entre ses mains. J'ajouterai, pour être bien complet, qu'un cheveu eût été visible.

En retournant ses mains, c'est-à-dire en les mouvant avec la face palmaire en dessus, Mme Paladino a relevé le plateau du pèse-lettres préalablement chargé d'un portefeuille. Nous avons pu constater, en mesurant les oscillations de l'index, que la force développée le poussait quelquefois jusqu'à la limite de sa course, et qu'elle était par suite supérieure à 90 grammes.

Les faits que j'ai constatés avec Eusapia ont été reproduits par d'autres médiums, non professionnels. J'ai eu l'occasion d'observer des faits curieux. J'ai eu la bonne fortune de me trouver avec un médium très intéressant dans des salles de restaurant. J'ai constaté deux fois des phénomènes télékinétiques qui méritent d'être signalés. La première fois, je me trouvais à déjeuner avec lui ; nous étions assis à une table assez grande, près de laquelle se trouvait une petite table ronde. La nappe qui couvrait la table du déjeuner touchait la petite table. Nous entendîmes quelques beaux raps, puis la petite table se rapprocha graduellement de la grande et vint la toucher. Elle se déplaça ainsi d'environ 30 centimètres. Il faisait grand jour et les conditions dans lesquelles j'ai observé ce fait excluaient, à mon avis au moins, toute hypothèse de fraude. Une autre fois, c'était au moment du lunch. J'étais cette fois assis à côté du médium, homme cultivé mais peu au courant des expériences psychiques. Nous étions seuls à notre table. Deux chaises étaient en face de nous ; une troisième était à gauche du sujet, faisant face au côté de la table perpendiculaire à celui où nous avions pris place. La chaise placée à droite de mon voisin se rapprocha de la table puis s'en éloigna sur notre demande. La chaise placée *en face de moi* reproduisit ensuite les mêmes mouvements. Il faisait encore grand jour et je pouvais observer à mon aise les pieds et les mains du médium.

Ces faits, très nets, très bien observés et très facilement observables sont restés au nombre des plus convaincants que j'aie vus. La position du médium, l'abondante lumière, l'entière liberté de contrôle qui m'était permise ont rendu ces observations très probantes pour moi. J'ajouterai que la mesure des distances entre la table fixe et l'objet en mouvement excluent d'une manière absolue toute possibilité d'erreur hallucinatoire.

Je dois dire, pour donner aux faits leur signification exacte, que j'avais établi le contact entre la table et la chaise placée en face de moi au moyen de l'un de ces supports en bois qui servent à fixer les journaux dans les cafés et les restaurants. La chaise en s'approchant poussait vers nous les journaux dont le support la touchait et nous pouvions ainsi suivre des yeux la progression horizontale de la chaise. Le mouvement était très lent et se produisait par à-coups. Il n'était pas uniforme et régulier. La distance parcourue par la chaise a été de 20 à 25 centimètres.

Dans un très grand nombre de circonstances et toujours en plein jour, j'ai pu observer les mouvements télékinétiques d une table, glissant sur le sol. Le plus curieux que j'aie vu est peut-être le suivant. Deux personnes me firent l'honneur de vouloir bien me faire assister à certains phénomènes qu'elles obtenaient ensemble. D'après leur récit, ces phénomènes consistaient en légers déplacements d'une table. Elles reproduisirent ces mouvements sans contact en ma présence. Je les priai alors de faire avec moi la chaîne autour de la table. Celle-ci, léger meuble monté sur un trépied central, à plateau rectangulaire mesurant 60 centimètres sur 30 environ, n'était en contact avec aucun de nous, sauf avec la robe d'une dame. Après avoir exécuté divers mouvements de glissement s'éloignant ou se rapprochant au commandement, la table se mit à se soulever et à frapper le plancher. Nous épelâmes l'alphabet et nous eûmes une communication par coups frappés, avec le seul contact de la robe de la dame qui expérimentait avec nous. La robe ne recouvrait pas les pieds de la table, le contact était simplement latéral et le meuble se détachait dans son intégralité. Il faisait grand jour, et il eût été facile de voir le moindre mouvement de la robe. Celle-ci ne bougeait pas. D'ailleurs, la table levait un de ses pieds qui était sans aucun contact. Je n'ai pas voulu que la robe fût éloignée, car j'ai souvent observé ce gonflement de la robe des médiums du sexe féminin : le vêtement s'approche du meuble et le mouvement se produit quand le contact s'établit. J'ai souvent contrôlé les pieds du médium pendant le mouvement et j'ai pu constater que le léger contact était exclusivement dû aux vêtements. Ce fait curieux a déjà été observé par Richet et par d'autres avec Eusapia. J'ajouterai que j'ai souvent obtenu des mouvements sans aucune espèce de contact, même celui du vêtement.

Un autre médium m'a fait constater les mouvements du rideau d'une fenêtre dans des conditions moins violentes qu'avec Eusapia, mais plus nettes, car j'ai pu faire quelques observations qui ne sont pas sans intérêt. J'expérimentais avec le médium dans une demi-obscurité, contre mon habitude. Il faisait jour, mais nous avions fermé les contrevents de la fenêtre et tiré les rideaux, pour constituer une sorte de cabinet. Nous cherchions à obtenir des phénomènes lumineux qui ne se produisirent d'ailleurs pas. Le médium tournait le dos à la fenêtre. Je remarquai que le rideau s'agitait légèrement quelquefois : j'attirai l'attention d'un expérimentateur et nous attribuâmes d'abord le mouvement du rideau à un léger courant d'air. Nous rapprochâmes complètement les deux rideaux et constatâmes que seul le rideau voisin du sujet remuait. Il faisait assez clair pour voir les pieds et les mains de notre médium et nous nous convainquîmes que les mouvements du rideau n'étaient pas produits par lui. Nous remarquâmes ensuite que l'agitation du rideau correspondait avec nos propres mouvements : l'expérience fut vingt fois répétée avec le même succès. Nous variâmes les mouvements et pûmes observer que le maximum d'agitation des rideaux se produisait quand le médium frottait la chevelure de l'un d'entre nous.

Le rideau n'était pas soufflé sur la table, il avait une sorte de trépidation ondulatoire dont l'amplitude ne dépassait pas une quinzaine de centimètres. Ce mouvement rappelait les ondulations sinusoïdes d'une corde secouée par l'une de ses extrémités.

Tels sont les principaux faits que j'ai pu observer. Je n'aurai pas grand'chose à dire du procédé opératoire : j'ai suffisamment indiqué déjà comment je procède d'habitude. Je crois cependant utile de faire deux remarques.

La première, c'est que la présentation de la face palmaire de la main vers le meuble que l'on veut déplacer détermine souvent le mouvement. Je procède de la manière que j'ai indiquée pour la lévitation parakinétique de la table, mais au lieu de présenter la paume de la main au plateau de la table et de la soulever doucement, je la dirige vers le côté du meuble, et je fais comme si je voulais l'attirer ou le repousser. J'ai cru remarquer que cette pratique avait de bons effets.

La seconde, c'est qu'il est, je crois, utile de faire la chaîne autour de la table quand on veut obtenir des mouvements sans contact. Je ne crois pas cependant que cette précaution soit nécessaire, car j'ai observé des mouvements télékinétiques sans cela ; il me semble cependant que c'est un procédé à employer, surtout dans les séances de début. Pour faire la chaîne, il suffit de se donner la main les uns aux autres, en formant le cercle.

Je viens de dire qu'il n'est pas indispensable de faire la chaîne. Je me souviens, en effet, d'avoir constaté dans une circonstance des mouvements sans contact qui m'ont bien intéressé. Je causais avec un médium non professionnel, je le répète, comme tous ceux d'ailleurs avec lesquels j'ai observé les phénomènes télékinétiques que je viens de résumer, et nous prononçâmes dans la conversation le nom d'une personnification dont l'irruption dans notre cénacle avait été aussi brusque qu'imprévue. Cette personnification a l'allure d'un expérimentateur avisé et se conduit comme je me conduirais moi-même, il me semble, si je coopérais, de l'autre côté, aux expériences que je fais. A peine eus-je prononcé le nom de cette personnification que la table se mit à glisser légèrement sur le plancher. Nous l'interpellâmes aussitôt, et sur notre demande elle s'éloigna ou se rapprocha du médium. Il faisait grand jour dans l'appartement où nous nous trouvions : les mouvements de la table alternaient avec des raps. Je signale ce fait curieux, sans me permettre d'en rien conclure ; il m'a paru offrir un exemple frappant de l'apparente spontanéité que présentent quelquefois les phénomènes psychiques.

De l'exposé que je viens de faire de quelques-unes de mes expériences de parakinésie et de télékinésie, on peut déduire les propositions suivantes qui me paraissent résumer assez exactement les points de fait que j'ai pu déterminer : 1° il y a une certaine corrélation entre les mouvements opérés par le médium ou les assistants et le mouvement des objets avec lesquels on expérimente ; 2° certaines sensations particulières accompagnent l'émission de la force employée ; 3° cette force a une connexion probable avec l'organisme des assistants.

I. — Rien n'est plus facile à constater que la corrélation existant entre les mouvements du médium ou des assistants et ceux de l'objet avec lequel on expérimente. Je puis dire que, presque sans exception, les mouvements des opérateurs sont en quelque sorte répercutés par la table. J'ai déjà indiqué, en examinant les procédés opératoires qui m'ont paru les meilleurs, que les mouvements d'attraction ou de répulsion attiraient ou repoussaient le meuble. J'ai remarqué cette particularité à maintes reprises. Quand, dans une séance, on constate la production d'une certaine énergie, se manifestant par des raps ou par des oscillations sans contact, il suffit souvent que l'un des assistants dirige sa main vers la table pour déterminer son déplacement. J'ai observé, en procédant comme je l'ai plus haut indiqué, que l'on pouvait obtenir des lévitations complètes par cette méthode, mais il faut que les assistants appliquent leurs mains sur le plateau de la table pendant que l'un d'eux place une des siennes au-dessus du milieu du meuble, la face palmaire tournée vers la table, et soulève doucement cette main avec une extrême lenteur. On peut obtenir encore des lévitations sans contact par le même procédé en formant la chaîne autour de la table, sans la toucher ; mais les résultats sont moins difficiles lorsque les mains s'appuient sur la table.

La lévitation m'a paru plus malaisée à réussir que le simple glissement. J'ai très fréquemment obtenu des glissements sans contact en présentant la paume de la main à la table et en essayant de l'attirer comme si un fil élastique unissait ma main au meuble. Dans ces conditions, la table semble obéir à une sorte d'attraction.

Je crois avoir fait à ce sujet quelques remarques, mais je ne puis les formuler avec beaucoup de certitude et je ne les signale que pour provoquer, si c'est possible, l'examen de personnes plus compétentes que moi. D'abord, ce n'est pas toujours le médium qui obtient les meilleurs résultats dans la manœuvre que j'ai indiquée. J'ai vu certains assistants réaliser des mouvements plus marqués que le sujet lui-même. Il n'en est pas ainsi en général, mais le fait ne m'a pas paru rare. Il est assez déconcertant, car les personnes qui manifestent cette force relativement plus grande ne peuvent obtenir seules aucun fait supranormal : la présence d'un médium est nécessaire pour que l'énergie de leur action se manifeste. Je me demande si ce n'est pas dû à l'inexpérience du médium. Je n'ai pas observé cette particularité avec Eusapia, bien que les assistants pussent, en sa présence, déterminer certains phénomènes eux-mêmes ; je l'ai observée avec les médiums non professionnels qui m'ont marqué assez de confiance pour expérimenter avec moi. Ils n'avaient, presque tous, aucune notion des expériences psychiques : la plupart ignoraient même les pratiques du spiritisme, et beaucoup s'effrayaient aux premiers phénomènes. Ces médiums n'ont pas le sang-froid et le calme que mes amis et moi, dégagés de tout préjugé, pouvons avoir. Ils n'opéraient peut-être pas dans des conditions aussi bonnes que nous. Quoi qu'il en soit, je note le fait observé.

Une seconde remarque intéressante est l'inégalité des

radiations ou émanations qui paraissent provenir du dos ou de la paume de la main. L'action de la face palmaire est décidément plus énergique que celle de la face dorsale ; je rappellerai, à titre d'exemple, l'expérience du pèse-lettres : Eusapia pour le faire baisser remuait légèrement les mains de haut en bas, la paume en dessous ; elle tournait la main dans le sens inverse pour obtenir le mouvement opposé. Il y a dans cette curieuse inégalité des particularités assez obscures à élucider : il serait désirable qu'elle fût étudiée, car c'est une des rares matières où l'expérimentation soit vraiment possible dans les études du genre de celles que j'expose. Il est à remarquer, et c'est là, je crois, une considération très importante, que l'innervation de la face palmaire de la main est beaucoup plus abondante que celle de la face dorsale.

En ce qui concerne les mouvements sans contact, je n'ai pas remarqué d'inégalité d'action entre les deux mains ; la gauche m'a paru agir aussi bien que la droite.

En troisième lieu, je signalerai une corrélation entre l'intensité de l'effort musculaire et le mouvement anormal obtenu. C'est une constatation intéressante car, en matière de raps, je ne l'ai pas observée. Comme exemple de cette corrélation je citerai l'expérience suivante que j'ai souvent faite : quand l'énergie libérée est insuffisante pour provoquer des mouvements et que cependant on constate l'existence d'une certaine quantité de cette force, quand la manœuvre d'attraction ne réussit pas, on parvient quelquefois à provoquer le mouvement de la table en agitant rapidement la main à une certaine distance au-dessus du plateau. Ce mouvement rapide et violent de la main et du bras m'a paru développer le maximum de télénergie.

Du reste, le frottement des pieds sur le sol, le frottement des mains, le frottement du dos ou du bras, toute espèce de mouvement rapide et un peu violent paraît libérer cette force. Les manœuvres que je viens d'indiquer amènent souvent la réalisation du phénomène cherché. Il est évident qu'il ne faut pas les employer sans discernement : certaines d'entre elles peuvent gêner l'observation, par exemple le frottement des pieds sur le parquet si l'on cherche le mouvement télékinétique d'une table, car il rend impossible le contrôle des pieds.

Le souffle paraît avoir une très grande action ; les choses paraissent se passer comme si les assistants dégageaient en soufflant une somme d'énergie motrice comparable à celle qu'ils dégagent en remuant rapidement les membres. Il y a là une particularité curieuse et difficilement explicable en apparence.

Une analyse plus complète des faits permet de penser que la mise en liberté de l'énergie employée dépend de la contraction des muscles et non du mouvement exécuté. Le fait qui révèle cette particularité est facile à observer. Quand on forme la chaîne autour de la table, on peut déterminer un mouvement sans contact en se serrant mutuellement les mains avec une certaine force ou en appuyant fortement les pieds sur le sol ; le premier de ces deux moyens est de beaucoup le meilleur. Les membres n'ont exécuté qu'un mouvement insignifiant et l'on peut dire que la contraction musculaire est à peu près le seul phénomène physiologique observable ; il suffit cependant.

Ces constatations tendent toutes à démontrer que l'agent qui détermine les mouvements sans contact a quelque connexion avec notre organisme et probablement avec notre système nerveux.

D'autres raisons tendent encore à le persuader. C'est ainsi que le nombre des expérimentateurs influe dans une certaine mesure sur les phénomènes. La lévitation de la table est plus facile à obtenir avec cinq ou six personnes qu'avec une ou deux. Il est très difficile d'arriver à une conclusion précise sur ce point, car les observations que j'ai lues sont contradictoires ; en ce qui concerne mes expériences personnelles, j'ai l'impression que, dans certaines limites, la quantité de force libérée varie en proportion directe avec le nombre des expérimentateurs. Il ne faut pas cependant dépasser un certain chiffre lorsque l'on veut expérimenter dans de bonnes conditions ; mais je crois que la diminution des résultats tient à d'autres causes que la multiplication des assistants. Si l'on pouvait réunir une assemblée de personnes bien homogène on obtiendrait des résultats très marqués. Cette circonstance expliquerait les soi-disant miracles opérés dans certaines congrégations primitives, aux croyances fortes et aux convictions profondes. Cette unité de croyances et d'idées, les règles de la vie en commun, le régime matériel et moral identique sous lequel vivent les membres de la communauté déterminent cette harmonie dont je constatais la nécessité pour obtenir des phénomènes nets. C'est ainsi que pourraient s'expliquer d'apparents miracles historiques ou même contemporains (Shakers, par exemple). Mais, actuellement, dans notre société, il est difficile de réunir plus de six à huit personnes ayant les mêmes idées et s'astreignant à la même discipline : or, l'harmonie du cercle m'a toujours paru un facteur plus important encore que le nombre de ses membres.

Il ne faut jamais perdre de vue l'importance relative des conditions morales et intellectuelles du groupe lorsqu'on expérimente. C'est là un des faits les plus difficiles à saisir et à comprendre. Je viens d'indiquer avec détail certains procédés purement physiques pour déterminer la production des phénomènes paranormaux. Ils donnent de bons résultats lorsque la force est faible ; mais dès que celle-ci est abondante, la simple manifestation de la volonté peut quelquefois déterminer le sens du mouvement. Par exemple, sur le désir exprimé par les assistants, la table se dirigera dans le sens demandé. Les choses se passent comme si cette force était maniée par une intelligence distincte de celles des expérimentateurs. Je me hâte de dire que cela ne me paraît être qu'une apparence et qu'il me semble avoir observé certaines ressemblances entre ces personnifications et les personnalités secondes somnambuliques. Mais je ne donnerais pas une physionomie exacte des faits observés si je n'insistais pas sur ce curieux trait de leur caractère.

Il y a, dans ce lien apparent entre la volonté *indirecte* des assistants et les phénomènes, un problème dont la solution m'échappe complètement encore. Je pressens que ce lien n'a rien de surnaturel ; je me rends compte que l'hypothèse spirite l'explique mal et n'y est pas adéquate : mais je ne puis formuler aucune explication. C'est un de ces points de fait que je me borne à signaler.

L'observation attentive des rapports existant entre le phénomène et la volonté des assistants permet d'ailleurs d'autres constatations. C'est d'abord l'effet mauvais que produit le désaccord entre les expérimentateurs. Il arrive quelquefois que l'un d'eux exprime le désir d'obtenir un phénomène déterminé : si le fait tarde à se réaliser, le même expérimentateur ou un autre demandera un phénomène différent : quelquefois plusieurs des assistants demandent plusieurs choses contradictoires en même temps. La confusion qui règne dans la collectivité se manifeste généralement dans les phénomènes qui deviennent eux-mêmes confus et vagues.

Cependant les choses ne se passent pas absolument comme si les phénomènes étaient dirigés par une volonté qui ne serait que l'ombre ou le reflet de celle des assistants. Il arrive souvent qu'ils manifestent une grande indépendance et refusent nettement de déférer aux désirs exprimés. En admettant même l'hypothèse de Janet sur les personnalités secondes des médiums et en l'étendant des cas de somnambulisme à ceux de télékinésie, on constaterait un fait bien curieux au point de vue psychologique pur. La personnalité seconde se manifesterait en même temps que la personnalité normale et l'on assisterait à un conflit entre elles ; ce que j'ai vu d'ailleurs avec Eusapia. Celle-ci voulait boire et la table s'y opposait avec violence.

Je résumerai donc mes observations sur la première des conclusions que je viens de formuler en disant qu'il y a une relation étroite et certaine entre les mouvements effectués par le médium ou les assistants et les déplacements du meuble à expériences : qu'il y a également une relation certaine entre ces déplacements et les contractions musculaires des expérimentateurs ; qu'il existe probablement une relation entre la volonté des expérimentateurs et les mouvements paranormaux, mais je ne puis préciser la nature de ce dernier rapport.

II. — Certaines sensations particulières accompagnent l'émission de la force employée. J'ai hésité à formuler cette conclusion parce que, malgré le grand nombre des observations que j'ai faites, je ne puis la présenter qu'avec beaucoup de réserves. Les sensations que je vais décrire sont entièrement subjectives et peuvent par conséquent prêter à toutes sortes d'erreurs ou d'illusions. Certaines d'entre elles peuvent s'expliquer par la fatigue ou l'immobilité prolongée. Malgré ces causes d'erreurs qui sont très nombreuses et très réelles, il me semble cependant que l'analyse impartiale des faits observés porte à reconnaître que l'illusion, l'erreur, la fatigue et l'immobilité prolongée n'expliquent pas tous ces faits.

Je laisserai de côté les sensations visuelles, auditives, olfactives, tactiles et gustatives : ces dernières sont d'ailleurs très rarement observables. Je me bornerai à l'examen de certaines sensations mal définies qui paraissent dépendre de la sensibilité générale et non des organes sensoriels proprement dits. Les remarques que j'ai faites me portent à distinguer cinq sensations principales : 1° la sensation de souffle froid, généralement sur les mains ; 2° celle d'un léger fourmillement dans la paume de la main et à l'extrémité des doigts du côté de la pulpe ; 3° celle d'une sorte de courant qui traverserait le corps ; 4° celle d'une sorte de toile d'araignée qui serait en contact avec les mains ou même avec d'autres parties du corps, notamment le dos et les reins ; 5° la sensation de fatigue qui suit les phénomènes marqués.

1° La première est très fréquemment accusée par les assistants. C'est une impression de fraîcheur ou même de souffle froid qu'ils ressentent ordinairement sur les mains. Je n'ai pu déterminer avec certitude si cette sensation est purement subjective ou s'il s'y mêle un élément de réalité objective. Elle est quelquefois tellement nette que j'ai peine à croire qu'elle soit tout à fait imaginaire. Elle précède d'ailleurs souvent la production de quelque phénomène moteur. Cependant il arrive plus souvent encore que les assistants l'éprouvent sans qu'aucun fait paranormal se réalise.

Cette sensation particulière est à rapprocher de celle qu'on éprouve, dans les séances d'Eusapia, en approchant la main de la cicatrice qu'elle porte sur le cuir chevelu ; on sent très bien ce qu'elle appelle « *soffio freddo* », le souffle froid. Il semble qu'une sorte de courant d'air frais s'échappe de sa tête. La réalité de la sensation qu'on éprouve dans ces conditions avec le médium napolitain me fait croire que le souffle froid perçu dans d'autres séances a quelque objectivité. Il est à remarquer que ce phénomène a été observé par moi avec divers médiums n'ayant aucune familiarité avec les séances spirites.

Quelquefois la sensation de fraîcheur ou même de froid s'étend à tout le corps : les médiums y sont plus particulièrement exposés que les autres expérimentateurs. Cette sensation peut déterminer de véritables frissons. Elle coïncide souvent avec un phénomène.

2° La sensation de fourmillement peut paraître uniquement due à l'immobilité ou à des causes aussi ordinaires, comme le contact prolongé des doigts avec la table. Je reconnais que cette explication est vraie neuf fois sur dix ; mais dans certains cas elle m'a paru insuffisante, soit qu'elle se produisît trop rapidement pour être due à la fatigue, à l'immobilité ou au contact prolongé, soit que sa coïncidence avec certains phénomènes bien observés fût trop fréquente pour être fortuite. Il me paraît donc probable qu'elle a une relation quelconque avec l'émission de la force utilisée. Je ne serais pas complètement exact si je ne la signalais pas.

Quelle est sa nature précise ? J'ai interrogé avec soin les personnes qui l'éprouvent — presque tous les expérimentateurs arrivent à l'éprouver plus ou moins rapidement — et j'ai comparé leurs impressions aux miennes. Les descriptions données concordent entre elles ; c'est une sensation de picotement léger, ayant son siège sur la surface palmaire de la main et son intensité maxima au niveau de la pulpe des doigts. Certaines personnes la comparent à la sensation que l'on éprouve en touchant doucement des pointes d'épingles, ou une brosse dure ; d'autres disent qu'il leur semble que leurs mains sont percées de petits trous par où ils sentent quelque chose s'échapper. Cette sensation paraît plus rare que la première. Elle ne ressemble pas au fourmillement que produit l'engourdissement d'un membre.

Les expérimentateurs éprouvent les impressions décrites ci-dessus au début des séances. Ces sensations n'indiquent pas toujours que la séance sera bonne, mais j'ai remarqué que, si des phénomènes doivent être obtenus, ces impressions sont généralement perçues ; cependant elles peuvent l'être sans qu'aucun phénomène se produise.

3° La sensation d'un courant traversant le corps est moins facile à décrire. Elle est beaucoup moins précise que la précédente. La plupart des personnes que j'ai interrogées la comparent à l'impression que leur produirait le passage d'un courant électrique. Cette assimilation m'a généralement paru très approximative : j'ai quelquefois éprouvé cette sensation et je ne puis la comparer qu'à un très léger frisson, à une sorte de vibration très faible, parcourant le dos et les bras, surtout perceptible pour moi dans le bras droit. Cette sensation n'est pas continue, mais se présente sous la forme d'ondes se succédant rapidement. Elle est extrêmement faible chez moi et je ne la perçois qu'avec beaucoup d'attention : il m'est arrivé, mais dans de rares circonstances, d'en avoir la perception très nette.

Je crois que dans un grand nombre de cas, cette sensation est purement subjective, mais, comme la précédente, elle ne m'a pas toujours paru l'être. Elle accompagne généralement la production de certains phénomènes relativement faibles et continus, spécialement les raps et les glissements légers. Cependant, je ne l'ai pas toujours éprouvée dans des cas où certains phénomènes très nets se sont produits, mais alors je ne me trouvais pas en contact avec le médium, et ce dernier accusait une sensation particulière que je décrirai dans un instant. D'autre part, il faut que la chaîne soit formée pour que cette sensation soit perçue avec les caractères que je viens d'indiquer, mais il n'est pas nécessaire pour cela que le médium soit dans la chaîne : il résulte des faits observés par moi, que cette sensation se produit encore, sans que la chaîne soit formée par le contact des mains, lorsque les assistants appuient celles-ci sur la table. Ce cas peut être facilement rattaché au précédent, si l'on suppose que la table, susceptible de servir de condenseur à l'énergie émise, peut suffire pour rétablir une sorte de contact indirect entre les expérimentateurs. Les choses m'ont paru se passer comme s'il en était réellement ainsi.

On voit dès lors immédiatement le rapport qui paraît exister entre le contact médiat ou immédiat *des mains* des observateurs et la sensation « de courant » que je signale. Il y a là un fait très obscur, très délicat à analyser mais qui me paraît, s'il est réel, d'une grande importance, car il semble indiquer la circulation de quelque chose. Il me paraît probable que cette chose qui circule est justement l'énergie employée à la production des faits anormaux que je raconte. Ce n'est là qu'une hypothèse : je m'excuse encore de me laisser entraîner à en formuler et je reviens aux faits.

Si la sensation de « passage du courant » est faible, il n'en est pas de même de sa brusque interruption : lorsque pour une cause quelconque, légère discussion entre les opérateurs, émotion du médium, rupture de la chaîne, la sensation de passage du courant est interrompue, l'interruption est facilement perceptible. Elle peut même donner une sensation de brusque malaise si l'interruption coïncide avec un phénomène en cours. Il y a là un fait curieux et d'une observation aisée pour peu qu'on y prête quelque attention. La sensation de « rupture du courant » est très nette et c'est son existence qui me détermine à penser que la faible impression du passage du courant n'est pas entièrement imaginaire.

Il faut remarquer que la sensibilité des différents observateurs varie beaucoup. Les uns sont très susceptibles à ces influences, les autres le sont peu. Je me souviens d'avoir récemment assisté à une séance à laquelle prenait part un de mes amis, homme honorable et bien connu dans le monde de l'escrime. Mon ami a été frappé il y a quelques années d'un ictus apoplectique, bien qu'il soit encore jeune. Il s'est remis à peu près complètement et n'a conservé qu'un peu d'hémiparésie droite. Médicalement il rentre dans la catégorie des hémiplégiques. Il paraît très sensible à l'impression que j'appelle « passage du courant ». Il la compare à celle que lui cause le passage d'un courant électrique. Il m'a assuré que son bras malade en était affecté et comme engourdi. Il me disait qu'il éprouvait un effet semblable en passant près de puissantes dynamos. Il me racontait qu'il ne pouvait pas, par exemple, demeurer longtemps dans la galerie des machines à l'exposition, à cause du voisinage des générateurs d'électricité qui s'y trouvaient. Il avait une sensation désagréable dans le bras droit, qui paraissait s'engourdir : la gêne remontait du bras à la nuque et il était obligé de s'éloigner des machines électriques. Il déclarait, au cours de la séance, d'ailleurs très peu intéressante à laquelle j'assistais avec lui, éprouver une sensation identique et dut quitter le cercle. Je raconte cette observation, car celui qui l'a faite est un homme intelligent et capable de se rendre un compte exact de ses impressions. Il est inutile d'ajouter qu'il était de sang-froid et observait sans parti pris.

Les sensations du médium sont ordinairement beaucoup plus vives que celles des assistants. Les sujets assurent qu'ils sentent très nettement le passage et l'interruption du courant ; leurs impressions ne m'ont paru différer qu'en degré de celles des autres expérimentateurs. Il y a cependant une certaine catégorie de sensations que le médium éprouve presque exclusivement lorqu'un mouvement un peu fort se produit : c'est l'impression d'une brusque émission de force. L'un des médiums les plus intelligents que j'aie rencontrés, la décrivait comme une sensation de crampe dans la région épigastrique : il lui semblait quelquefois qu'il allait défaillir. J'ai indiqué une sensation de ce genre éprouvée par moi-même à l'occasion d'une lévitation d'Eusapia. J'en ai ressenti une semblable dans d'autres occasions, mais pas avec la même intensité. Je me souviens par exemple d'une expérimentation faite dans les conditions suivantes : nous tenions une séance dans la soirée, en hiver, avec une lumière faible mais suffisante. Nous avions recouvert la table d'une couverture de laine qui nous retombait sur les jambes et nous abritait du froid. Sur la table, nous avions placé, les pieds en l'air, une table plus petite : nous touchions les bords de cette petite table ainsi renversée : ayant remarqué que la petite table paraissait se soulever d'un côté, j'essayai d'augmenter l'amplitude du mouvement en contractant violemment les muscles des bras et des jambes. Nous vîmes, pendant que je faisais l'effort intense que je viens d'indiquer, la petite table se pencher lentement et se renverser sans contact. Lorsqu'elle fut renversée, je sentis une brusque fatigue. Il est possible qu'elle n'ait eu pour cause que le violent effort que j'ai fait pour contracter mes muscles ; je signale cependant cette observation, que d'autres du même genre me paraissent confirmer, parce que la corrélation entre l'effort et la brusque sensation de fatigue que je décris est moins régulière que la connexion entre cette sensation et le phénomène. Quelle que soit l'intensité de l'effort, la fatigue se produit avec moins de brusquerie et d'étendue lorsque le phénomène ne se réalise pas. J'ajouterai que cette sensation ne m'a paru accompagner que les phénomènes de télékinésie et certains phénomènes lumineux. Elle ne se produit pas avec les raps, l'écriture automatique et les manifestations du même genre. La fatigue que déterminent ces derniers faits se montre progressivement et apparaît beaucoup plus tardivement. J'y reviendrai d'ailleurs.

4° Les expérimentateurs, le médium surtout, accusent quelquefois une sensation qu'ils comparent à celle que détermine le contact d'une toile d'araignée. Elle paraît plus rare que les deux premières et je n'ai pas remarqué qu'elle se manifestât avec certains phénomènes plutôt qu'avec les autres.

J'ai indiqué qu'elle était éprouvée aux mains et quelquefois dans le dos et dans les reins.

Je ne puis donner aucune autre indication sur cette curieuse sensation que je me borne à signaler.

5° J'ai déjà dit quelques mots de la sensation de fatigue brusque, qui se manifeste lorsque un phénomène important survient. J'ai observé avec soin l'état des assistants avant et après les séances, et j'ai constamment remarqué que la plupart des expérimentateurs étaient fatigués après une séance réussie. Cette fatigue paraît assez exactement proportionnelle aux résultats obtenus. Je parle des résultats télékinétiques ou parakinétiques, car il faut remarquer que la fatigue que déterminent ces mouvements anormaux n'est pas identique, au moins chez le médium, à celle que d'autres phénomènes paraissent occasionner.

Les mouvements sans contact entraînent une lassitude comparable à celle que peut causer une longue course ou un exercice physique prolongé.

III. — Cette constatation m'amène à l'examen de la troisième des propositions que je formulais, page 98. C'est que la force employée à la production des phénomènes, para ou télékinétiques, est probablement en connexité avec l'organisme des assistants. L'analyse que je viens de faire permet déjà de pressentir les raisons très sérieuses qui m'ont amené à préciser ma conclusion sur ce point. C'est d'abord la corrélation signalée entre les mouvements, les contractions musculaires des assistants et les mouvements paranormaux. J'ai indiqué que cette connexion paraissait exister en réalité avec la contraction musculaire plutôt qu'avec le mouvement libre du membre : c'est là une première constatation. Une seconde constatation est encore à faire : c'est que le mouvement paranormal provoqué est en apparence approximativement proportionnel au mouvement exécuté par l'expérimentateur et à l'effort par lui fait.

Ces deux premiers points me paraissent acquis et la corrélation observée entre l'effort musculaire et le mouvement indiquent une dépendance réciproque entre ces deux phénomènes : on peut aller plus loin et essayer de rechercher si la relation signalée existe entre le mouvement et le fait même de la contraction musculaire ou le fait physiologique qui la provoque, c'est-à-dire la décharge nerveuse. L'observation semble montrer que c'est avec l'influx nerveux que le rapport signalé paraît se manifester. J'indiquerai, à l'appui de cette opinion : 1° les attractions ou répulsions que détermine la présentation de la face palmaire de la main à l'exclusion presque absolue de la face dorsale ; 2° les sensations diverses que j'ai analysées ;

3° l'influence de l'état mental et des dispositions des assistants ; 4° enfin la fatigue caractéristique qui suit les séances réussies, fatigue qui rappelle celle que déterminent les exercices violents ou prolongés, c'est-à-dire exigeant une dépense nerveuse considérable. Je ne puis, dans un livre d'où je cherche à exclure toute espèce de théorie et dans une matière d'ailleurs où les hypothèses théoriques me paraissent en général prématurées, je ne puis insister plus longtemps sur ces considérations ; je me borne à les signaler à l'attention de ceux qui auraient le désir d'expérimenter à leur tour.

Les mouvements télékinétiques sont plus difficiles à frauder que les lévitations de la table avec contact. En opérant en plein jour comme je l'ai fait et avec des médiums non professionnels on a toute espèce de garantie. D'ailleurs, il est bien difficile à un médium professionnel de « truquer » les phénomènes télékinétiques en pleine lumière ; il faudrait être un bien mauvais observateur pour se laisser prendre. Le moindre lien entre le médium et l'objet en mouvement est aisément perceptible et il est très facile de s'assurer qu'il n'en existe aucun. Je recommande aux expérimentateurs de s'efforcer de diriger les phénomènes dans le sens des mouvements sans contact. Ces faits sont les plus convaincants que l'on puisse observer. Je ne conseille pas de rechercher, même au début, les lévitations avec contact ; c'est une manifestation facile à frauder et j'engage les personnes qui n'ont pas l'habitude des séances et qui ne sont pas familières avec les procédés d'imitation à ne chercher que les faits de télékinésie. Ils sont plus longs et plus difficiles à obtenir, mais leur constatation ne fera pas regretter la peine prise pour les réaliser et le temps passé à les attendre. Quand on y verra bien clair, quand on pourra passer la main dans tous les sens autour du meuble, quand on opérera avec des objets n'appartenant pas au médium, n'ayant pu être truqués par lui, l'hypothèse de la fraude ne sera pas admissible. Je ne parle pas de l'honorabilité du sujet et de sa bonne foi : ce sont d'importants éléments d'appréciation, mais j'ai pour principe de n'en tenir aucun compte pour le jugement d'un fait paranormal. Je vérifie et tout le monde doit pouvoir vérifier les conditions dans lesquelles l'observation est faite pour que celle-ci ait une valeur sérieuse.

En résumé, les observations que j'ai très souvent faites avec divers médiums m'ont convaincu de la réalité des mouvements d'objets sans contact. Je crois avoir constaté une relation entre eux et l'organisme des expérimentateurs. Il y a de la *synergie* entre leurs mouvements et leurs contractions musculaires et les mouvements obtenus. J'ai déjà noté cette coïncidence pour les *raps*.

Une différence est à signaler : j'ai fait remarquer que, dans un certain rayon, l'intensité des raps était indépendante de la proximité du médium. Les raps entendus à trois mètres de lui m'ont paru aussi retentissants que ceux qui éclatent sous ses mains ou tout près de lui. Je n'ai pas fait la même constatation pour les mouvements sans contact et je crois avoir observé que l'éloignement avait une certaine influence sur eux. Je n'en ai pas vu se produire à plus d'un mètre, sauf peut-être les mouvements des rideaux du cabinet. Je n'ai pas pu me rendre compte des conditions dans lesquelles l'accroissement de la distance influait sur l'intensité de la force. J'ai seulement observé que l'action paraissait maxima à une certaine distance qui ne m'a pas parue constante. Par exemple, il m'est souvent arrivé d'obtenir le glissement de la table en éloignant lentement la main : le glissement se produisait quand mes doigts étaient à 30 ou 35 centimètres, non quand ils étaient plus près de la table. Plusieurs circonstances peuvent intervenir d'ailleurs pour modifier l'action de la distance, l'accumulation possible de la force par exemple, au bout d'un certain temps.

J'ai observé assez souvent que la direction intentionnelle du mouvement effectué par l'observateur influait sur celle de la table. Je n'ai pas pu m'assurer que la détermination du sens du mouvement paranormal était due à celui des mains de l'expérimentateur ou à la manifestation de sa volonté. Ce qui ne m'a pas permis de résoudre le problème c'est qu'il arrive, lorsque la force est suffisante, que les mouvements se produisent dans le sens demandé par les assistants. Les mouvements semblent produits par un être intelligent.

J'ai déjà signalé ce curieux aspect des choses en analysant le phénomène des raps. Les mouvements télékinétiques se présentent de la même manière à l'observation. Ils tendent à la manifestation d'une personnification comme les raps eux-mêmes. J'ai raconté l'une des observations que j'ai faites dans des circonstances très intéressantes : hors séance, en plein jour, au cours d'une conversation relative à une personnification déterminée, la table à côté de laquelle nous étions assis glissa d'elle-même sur le sol quand je prononçai le nom pris par la personnification. La conversation continua avec celle-ci au moyen des glissements de la table. J'ai raconté aussi la conversation typtologique, sans contact, que j'ai eue avec la même personnification.

Ces personnages qui paraissent se dire les auteurs du phénomène télékinétique ont tous les caractères de ceux qui s'attribuent les raps. Je n'ai rien de particulier à en dire ici.

L'observation des faits résumés dans le présent chapitre révèle encore une circonstance qui mérite d'être signalée. C'est l'apparente conductibilité de certains corps pour la force employée. J'en ai cité des exemples, le linge de table, le bois des porte-journaux, l'étoffe des robes. J'ai raconté que j'avais très souvent vu la robe des médiums se gonfler et s'approcher de la table au moment du phénomène : les pieds du sujet restaient visibles et l'hypothèse d'une main ou d'un pied artificiels imaginée par Hodgson, pour expliquer ce fait chez Eusapia, était absurde dans les conditions où j'ai observé ce fait. J'ajouterai que j'ai obtenu fréquemment des mouvements sans le contact des étoffes, mais j'ai certainement remarqué que ce contact facilitait la réalisation du mouvement.

L'obscurité la favorise aussi beaucoup. Cela n'est pas douteux. Je laisse bien entendu de côté la facilité plus grande qu'elle offre à la fraude ; bien que je n'aie dans le présent livre fait état que de phénomènes obtenus en pleine lumière, j'ai souvent expérimenté dans l'obscurité et il me paraît certain que les ténèbres sont au nombre des conditions de développement maximum de l'énergie libérée.

L'action de la lumière est intéressante à retenir. J'ai déjà indiqué à diverses reprises que l'agent des phénomènes psychiques me paraissait analogue à l'influx nerveux, et que la table me semblait faire l'office d'un condensateur. Dans cette hypothèse la lumière agirait comme certains rayons d'origine cathodique qui déchargent les condensateurs électrisés placés dans leur champ. L'étude de l'influence de la lumière sur les phénomènes télékinétiques nous fera certainement connaître leur cause ; elle permet déjà de soupçonner que la force télergique doit avoir quelques rapports avec la lumière et l'électricité, au moins en ce qui concerne l'amplitude des vibrations.

L'étude de ces rapports ne peut être abordée que par un physicien expérimenté. Elle exigera une méthode délicate et des instruments spéciaux et je souhaite vivement qu'elle soit sérieusement entreprise.

Quant à ceux qui se bornent à rechercher, comme moi, simplement si les faits sont réels ou non, ils devront éviter d'opérer dans l'obscurité. La lumière peut gêner la production des mouvements télékinétiques, mais elle ne l'empêche pas. Les expérimentateurs devront s'habituer à tenir leurs séances au grand jour ou avec une lumière assez vive pour permettre la lecture de caractères très fins Il faut, avant tout, se convaincre de la réalité des faits que je signale à mon tour; cette conviction n'est pas aussi facile quand l'expérience se fait dans l'obscurité.

On ne saurait s'imaginer jusqu'où va l'audace de certains fraudeurs. J'ai assisté à une série d'expériences qui m'ont intéressé beaucoup à ce point de vue. Le groupe avec lequel j'opérais comprenait trois jeunes gens dont l'un est le médium le plus remarquable que j'aie rencontré. Les deux autres, garçons instruits et intelligents, m'ont paru avoir quelques facultés médianiques, mais je suspends mon jugement sur eux parce qu'ils ont tellement essayé de tromper qu'il ne serait pas prudent de tenir compte des faits où la fraude ne m'a pas paru exister; elle était possible. Ces jeunes gens n'avaient aucun intérêt à tromper; en tout cas, je n'ai pas encore compris le but qu'ils voulaient atteindre: ils avaient une audace vraiment amusante. Les lévitations de la table étaient superbes, dans l'obscurité seulement, et tous les meubles de la pièce où nous étions étaient plus ou moins bousculés. Cela était fort bien fait et des expérimentateurs novices y eussent été pris. Les « esprits » caressaient ou frappaient les assistants et j'ai vu des personnes sincères, mais inexpérimentées, être convaincues de la réalité des faits que l'adresse seule de ces jeunes gens produisait.

L'un d'eux, étudiant en médecine, présente des troubles nerveux divers et deviendra hystérique s'il ne l'est déjà. Malgré mes reproches et mes exhortations, il ne pouvait s'empêcher de tricher et j'ai l'impression que la fraude est, chez lui, presque impulsive. Je ne me suis pas cru autorisé à prendre son observation au point de vue médical, mais j'étais curieux de l'examiner avec soin. Il a confectionné des photographies spirites très habilement faites et qu'un œil exercé pouvait seul reconnaître pour fausses. Il procédait par la double exposition.

Dès qu'on éclairait la pièce, les phénomènes qui étaient

d'une extrême violence dans l'obscurité, cessaient presque complètement. Cette circonstance suffisait seule à faire suspecter la fraude, car l'action de la lumière n'est pas telle qu'elle fasse complètement obstacle à la production des mouvements télékinétiques. Toutes les fois que les phénomènes sont très intenses dans l'obscurité, on doit pouvoir en obtenir de plus faibles avec la lumière. Cette règle est presque sans exception connue de moi. Toutes les fois qu'elle ne s'appliquera pas, il faudra penser à la fraude.

Inutile d'ajouter que la table, sous l'impulsion très normale que lui donnaient ces jeunes gens, réclamait avec insistance l'obscurité. Dans les séances vraiment bonnes j'ai toujours vu la table demander au contraire la lumière pour les phénomènes purement moteurs. Il en est autrement pour les phénomènes lumineux que je vais maintenant exposer.

CHAPITRE IV

PHÉNOMÈNES LUMINEUX

On ne peut, par définition, obtenir les curieuses lueurs que je vais décrire, sans une obscurité complète. Elles sont en général très faibles et me paraissent ordinairement à la limite de la visibilité.

Je commencerai cependant par signaler un phénomène assez curieux, qui est très facilement observable. Je ne suis pas très persuadé de sa réalité objective, mais je le signalerai cependant en indiquant les raisons pour lesquelles je crois devoir le faire.

Un certain tour de main est nécessaire pour le mettre en évidence ; il est utile de procéder de la manière suivante :

1° Se placer en face de la source de lumière autant que possible ;

2° Mettre entre soi et la source lumineuse, lampe ou fenêtre, un objet foncé et mat. Il ne faut pas le placer comme un écran, entre la lumière et les opérateurs. Il faut simplement le placer entre les expérimentateurs et, par exemple, la fenêtre. Le moyen le plus commode est de rouler un fauteuil tendu de velours foncé de manière à faire présenter le dos du fauteuil à la lumière.

3° Présenter ses mains, la face palmaire tournée vers la poitrine, de manière à les projeter sur le fonds sombre préparé. Il faut écarter légèrement les doigts étendus de la main : on rapproche ensuite les mains de façon à ce que les extrémités des doigts se touchent et on écarte très lentement les mains en tenant toujours les doigts légèrement en extension ;

4° On fait placer derrière soi la personne avec laquelle on veut expérimenter de telle sorte que sa tête soit à peu près au niveau de la tête de l'opérateur, et dans une position à peu près normale au milieu du plan qu'occupent les mains.

Dans ces conditions, sept ou huit personnes sur dix verront, quand les doigts s'écartent, une sorte de buée grisâtre en réunir les extrémités d'une main à l'autre. Il faut avoir grand soin de ne pas prévenir la personne avec laquelle on expérimente de ce qu'elle doit voir, car on vicierait l'expérience en y introduisant un élément suggestif ou imaginatif.

J'ai dit que les trois quarts des personnes avec qui j'ai expérimenté apercevaient une légère buée aller de l'extrémité d'un doigt à celle du doigt symétrique de l'autre main ou même à l'extrémité d'un autre doigt de cette main. Je perçois moi-même très bien cette impression et je ne puis que la comparer à la fumée de la cigarette exhalée de la bouche. C'est la même couleur grise, la même apparence, mais avec beaucoup plus de ténuité. C'est ordinairement de cette manière que la plupart des gens la voient, mais j'en ai rencontré un certain nombre que lui trouvaient une coloration différente. Les personnes qui voient l'effluve coloré sont en général douées de facultés psychiques : je n'ai pu arriver à des conclusions certaines sur ce point, mais j'ai quelques raisons de croire que la perception colorée de ce que, faute d'autres termes, j'appelle l' « effluve digital » indique un tempérament très psychique. Un jeune médecin, médium très remarquable, le voit *rouge*. C'est le seul qui l'ait perçu de cette couleur. J'ai trouvé deux personnes qui le voient jaune : j'ai bien des raisons de penser que l'une d'elles est un médium ; mais il refuse d'expérimenter et déclare, *a priori*, que les phénomènes psychiques dont je m'occupe sont « de la blague » pour employer son expression familière. L'autre était un magistrat éminent. J'ai trouvé un certain nombre de personnes qui le voient bleu. Étant donné le nombre des expériences que j'ai faites, je compte que sur trois cents personnes de l'un et l'autre sexe, 240 à 250 perçoivent l'effluve : 2 à 3 pour 100 le voient coloré en bleu ; j'en ai trouvai 2 le voyant jaune ; 1 le voyant rouge.

Je n'ai pas remarqué que la couleur de l'effluve de la main droite leur parût différer de celle de la main gauche ; il est vrai que je redoute tellement la possibilité de la suggestion que je ne pose que des questions incapables de provoquer une réponse déterminée. Je n'ai donc pas provoqué d'explication sur la différence possible des colorations : mais je crois qu'elle m'eût été indiquée si elle avait été perçue.

Habituellement, l'effluve paraît réunir entre elles les extrémités des doigts symétriques. Il n'en est pas toujours ainsi cependant. Souvent deux ou trois effluves digitaux convergent vers un des doigts de la main opposée au lieu de réunir les doigts symétriques.

J'ai remarqué que les conditions météorologiques et les variations de la température avaient une certaine influence sur la visibilité des effluves. Lorsqu'il fait froid, ils sont très peu nets. Je parle de la température ambiante de l'appartement. De même, lorsque le temps est mou et pluvieux l'effluve est faible. Il m'a paru avoir un maximum d'intensité en été, quand la température est très chaude et spécialement les jours d'orage. Quand le temps est très orageux, l'effluve est épais et très visible pour moi et pour les personnes à qui je le fais voir. Lorsque l'orage a éclaté, son intensité décroît.

Il varie aussi suivant les personnes. Certaines gens ont un effluve plus visible que certaines autres. Je n'ai pu saisir aucune relation entre le sexe, l'âge, le tempérament des différentes personnes avec qui j'ai expérimenté et l'apparence de l'effluve ; une relation paraît exister au contraire entre l'état de santé ou de fatigue et l'émission de cette buée ; elle est très peu visible quand le sujet qui l'émet est fatigué ou malade.

Telles sont les principales remarques que l'observation de ce curieux phénomène m'a permis de faire. Je les ai résumées avec soin, mais je dois dire que la réalité de cette apparence ne me paraît pas démontrée. Elle peut être due à un effet de contraste. Les conditions dans lesquelles on l'observe commodément sont telles que les mains se détachent en clair sur le fond obscur. En les éloignant l'une de l'autre, l'image du doigt relativement clair persiste sur la rétine et peut donner lieu à une illusion ; mais cette explication n'est pas satisfaisante.

En effet, il y a une certaine distance entre les mains qui semblent être la distance *optima* pour la réalisation de l'effluve. En général celui-ci paraît d'autant plus dense que les doigts sont plus rapprochés : lorsqu'ils s'éloignent la densité de l'effluve diminue : il devient plus ténu et moins épais ; mais, si le mouvement des mains s'arrête, l'effluve ne persiste pas. Les choses paraissent se passer ainsi tant que l'éloignement des doigts ne dépasse pas deux à trois centimètres : quand on arrête le mouvement de séparation des doigts à la distance de dix à quinze centimètres, l'effluve reste visible plus longtemps. Je dois dire que les choses se passent en général ainsi, mais que les faits n'ont pas toujours la même régularité. Il y a, dans les phénomènes psychiques toute la diversité et la variabilité que l'on observe dans les autres phénomènes biologiques.

Ordinairement, comme je viens de le dire, l'effluve persiste plus longtemps quand les doigts sont à une dizaine de centimètres les uns des autres. Dans ces conditions, le mouvement d'éloignement des mains étant arrêté, la légère buée que j'ai décrite persiste quelques secondes. Il arrive quelquefois que la visibilité de cette apparence reste nette quand les doigts sont à plus de vingt-cinq ou trente centimètres les uns des autres.

Ce fait que j'ai souvent constaté me porte à penser que l'effluve n'est pas un phénomène complètement imaginaire : il me paraît au moins exclure l'hypothèse de la persistance de l'image rétinienne : cette fausse image ne dure pas aussi longtemps que persiste l'apparent effluve dans les conditions que je viens de préciser.

Il reste une autre explication, c'est que l'œil prolonge automatiquement l'impression claire des doigts sur le fond sombre qui les sépare. Il y aurait là quelque chose d'analogue à l'agrandissement des images claires sur fond sombre par irradiation.

Mais d'autres raisons me font écarter cette nouvelle hypothèse. En premier lieu, pourquoi certaines personnes voient-elles la fausse image colorée vivement et non blanche? En second lieu, si le phénomène est d'origine purement rétinienne, pourquoi l'image ne reproduit-elle pas la forme du doigt mais est-elle plus mince? Pourquoi est-elle gris-bleuâtre au lieu d'être noire comme devrait l'être l'image complémentaire du doigt qui paraît blanc?

Pourquoi ce phénomène ne se produit-il pas avec certains objets colorés en blanc? on a beau les éloigner l'un de l'autre comme on le fait des mains, ils ne laissent entre eux aucun effluve. Il faut ici opérer d'ailleurs avec prudence : si l'on se sert de linge ou de bois tenu dans les mains, *on aura souvent l'effluve*. On ne l'a pas, autant que j'en ai pu juger, avec des objets en métal. Il semble résulter de ce fait, que je n'affirme d'ailleurs pas, car je n'ai pas fait d'expériences très concluantes sur ce point, que le bois et le linge conduiraient l'effluve comme la chair elle-même. Cela me paraît probable pour le linge : en tenant dans la main un mouchoir chiffonné et en le présentant sur un fond sombre comme j'ai recommandé de le faire pour les doigts, on constate autour du linge une buée très légère qui en estompe les contours.

Enfin, une raison plus sérieuse encore me porte à considérer comme probablement objectives les apparences de l'effluve décrit ci-dessus. C'est l'absence fréquente de parallélisme entre les effluves des différents doigts. J'ai souvent observé des convergences déterminées : il m'a même semblé quelquefois que la volonté pouvait, dans une certaine mesure, influer sur la direction des effluves, et en amener la convergence. Lorsque l'on observe ces effluves convergents il arrive ordinairement que les expérimentateurs les voient sous le même aspect. Le phénomène peut avoir une grande variabilité d'apparence, le médius ou l'annulaire d'une main, par exemple, se trouvant reliés avec deux, trois ou quatre doigts de la main opposée.

Comme l'aspect des effluves paraît ordinairement le même aux observateurs, il y a lieu de présumer que leur existence et leur direction ne sont pas des phénomènes illusoires. Il faudrait dans le cas contraire supposer une hallucination collective ou une transmission d'impression bien improbables et que mes observations personnelles ne me disposent pas à admettre.

Le phénomène que j'ai appelé visibilité de l'effluve digital pour le bénéfice de mon récit est très facile à observer. Je fais, je le répète, toutes réserves sur son objectivité, bien que je croie que sa réalité soit plus probable que son inexistence. Il serait très désirable que des expérimentateurs compétents contrôlassent mes observations que je ne présente que comme incertaines.

Je n'aurais pas de doutes si les personnes avec qui j'ai expérimenté avaient toujours vu les effluves se diriger de la même manière au cas où elles convergent ou divergent ; mais il n'en est pas ainsi. J'ai souvent observé des contradictions entre les descriptions qui m'étaient faites. Cependant, elles sont beaucoup plus fréquemment concordantes.

Bien que l'effluve digital ne me paraisse pas encore démontré, il me paraît intéressant de signaler les analogies qu'il présente avec les phénomènes signalés par divers auteurs, notamment par Reichenbach et de Rochas. Ces deux expérimentateurs ont opéré dans des conditions très différentes de celles où je me suis mis ; l'un plaçait ses sujets dans une obscurité profonde et les y laissait un certain temps ; il leur faisait ensuite observer des êtres vivants, des fleurs, des aimants, l'extrémité de cordes ou de fils métalliques dont l'autre bout était au soleil. Ses sensitifs voyaient une buée lumineuse ou une sorte de flamme entourer les objets ou en sortir, notamment des mains humaines, des cristaux, des pôles d'un aimant. De Rochas a surtout expérimenté avec des sujets plongés dans le sommeil hypnotique : tout le monde connaît le récit de ses expériences, la coloration bleue et rouge que ses sujets prêtent à la lueur qu'émettent les pôles de l'aimant ou les côtés droit ou gauche du corps. J'ai expérimenté avec les premières personnes venues, en plein jour, et par conséquent dans des conditions très différentes de celles où s'étaient placés Reichenbach et mon ami M. de Rochas ; cependant mes observations tendent à confirmer les leurs au moins en ce qui concerne la radiation de quelque chose par l'extrémité des doigts de la main.

Une autre observation non moins intéressante est à faire encore à ce sujet. J'ai indiqué que le linge très probablement, et peut-être le bois s'imprégnaient facilement de la chose qui constituerait l'effluve. Ce fait est à rapprocher de ceux que j'ai déjà signalés à l'occasion des mouvements télékinétiques, notamment le rapprochement d'une petite table que touchait la nappe de la table où je déjeunais avec un médium ; le rapprochement de la chaise que touchait un porte-journal en bois placé sur une table, et enfin le curieux gonflement de la robe des médiums qui vient frôler les pieds de la table dans certains cas de télékinésie.

Sans faire d'hypothèses prématurées, il est permis de considérer l'effluve digital comme ayant quelque connexion avec l'agent qui détermine les mouvements sans contact.

L'effluve est visible dans d'autres conditions qui méritent d'être signalées en passant. Il arrive quelquefois qu'il est perceptible lorsque l'on fait des passes sur une personne ou sur un objet. L'apparence est semblable à celle que je viens de décrire : c'est un buée grisâtre qui paraît prolonger les doigts de celui qui fait les passes.

L'effluve, dans les circonstances ci-dessus résumées, n'est pas lumineux : je l'ai décrit pour être complet, et pour ne pas omettre un fait intéressant à plus d'un titre. Il peut cependant devenir visible dans l'obscurité pour beaucoup de sujets. Voici une intéressante expérience que j'ai quelquefois réalisée, mais qui présente quelques difficultés.

Un des médiums avec qui j'expérimentais paraissait avoir une acuité visuelle très grande relativement à l'effluve. Il le voyait sur la table d'expériences sortir des doigts des assistants et s'étendre sur le plateau. Désireux de me rendre compte de ce que verrait ce médium dans l'obscurité, je fis éteindre toutes les lumières et invitai le médium à toucher ma main si elle la voyait. L'expérience, sans réussir à tout coup, donna une proportion de succès supérieure aux probabilités ; mais comme le médium pouvait se guider par d'autres sens que la vue, par l'oreille notamment, j'imaginai de toucher la table. Le sujet reconnaissait facilement l'extrémité du doigt prétendant apercevoir une sorte de phosphorescence laiteuse à l'endroit où était la main. Pour rendre l'expérience plus probante, je formai des lettres sur la table avec l'extrémité de l'index, en prenant la précaution de ne faire aucun bruit. Le médium lut les lettres ou presque toutes les lettres que je dessinai. J'écrivis alors des mots : il les lut encore. Je pus ainsi lui faire lire des mots de cinq caractères : il ne put pas lire des mots plus longs ; il reconnaissait les dernières lettres, mais déclarait que les premières étaient effacées. Presque tous les mots de trois à quatre lettres furent lus correctement et les erreurs commises furent quelquefois significatives. Par exemple, le mot *foi* fut lu *loi*. Dans l'écriture cursive anglaise il suffit de supprimer la partie inférieure de l'*f* pour que la lettre ainsi amputée prenne l'aspect d'un *l*. Je ne puis dire si le sujet voyait réellement ce qu'il prétendait voir ou s'il se guidait par le bruit de mon doigt : je suis obligé de me fier à sa sincérité sur ce point ; mais j'ai lieu de penser que ce médium est sincère. Ce n'est pas un professionnel, il est intelligent, instruit, exerce une profession libérale et ne veut pas être connu. J'ai pour lui beaucoup d'estime. D'autre part, il aurait fallu que ses sens aient une sensibilité extraordinaire pour lui permettre de reconnaître le mouvement de mon doigt au bruit qu'il faisait. J'ai indiqué qu'aucun bruit ne me paraissait perceptible. J'écrivais sur un guéridon en bois noir verni sur lequel le doigt glissait facilement et silencieusement. Enfin, l'erreur du médium lisant loi au lieu de foi semble indiquer qu'il voyait les lettres et ne se guidait pas sur un bruit perceptible pour lui seul.

Il arrive quelquefois que ce n'est plus l'effluve qui s'aperçoit, mais que la main devienne, en apparence, phosphorescente ; quelquefois ce sont des lueurs rapides qui se montrent sur le dos de la main, ou sur les doigts : très rarement sur la figure ou sur le corps des assistants. Ces phénomènes me paraissent du même ordre. Le plus fréquemment ce sont de courtes lueurs qui se montrent au bout des doigts lorsque les mains sont appuyées sur la table. J'ai souvent constaté cette apparence, et ceux qui expérimentent avec moi l'ont aussi constatée, mais j'ai des doutes sur sa réalité ; dans l'obscurité, l'œil se fatigue vite et des phosphènes apparaissent : cependant, il m'est presque toujours arrivé de constater que les lueurs étaient aperçues par les autres personnes à l'endroit où je les avais vues.

Les lueurs qui apparaissent sur les vêtements ou la figure des expérimentateurs m'ont été souvent signalées, mais personnellement je les ai rarement observées.

La phosphorescence des mains, dans les séances ordinaires, n'a jamais été constatée par moi d'une manière certaine, bien que des observateurs en qui j'ai confiance m'assurent l'avoir remarquée : il faut tenir compte de la fatigue des yeux : lorsque l'obscurité n'est pas complète, on aperçoit vaguement les mains blanches qui reposent sur la table plus foncée. L'œil lassé accentue le contraste entre les deux teintes et la plus claire a une tendance à paraître un peu lumineuse.

Quelquefois, mais bien rarement, il m'a été donné d'observer des sortes d'étincelles coïncidant avec les raps. Ce phénomène m'a paru avoir une réalité objective. Je n'étais pas seul à voir ces rapides lueurs que les autres expérimentateurs observaient aussi : leur apparition au moment des raps était constante. Ces circonstances nous ont permis de penser qu'il devait y avoir un substratum quelconque objectif à ce phénomène.

J'ai d'ailleurs observé des phénomènes lumineux certainement objectifs. A Choisy nous en avons obtenu dans des conditions particulières que de Rochas a indiquées et qui sont assez significatives. Ces lueurs, très brillantes ont présenté l'aspect de grosses gouttes phosphorescentes glissant sur le corsage d'Eusapia après avoir flotté dans l'air quelques instants. Ce phénomène m'avait paru peu probant, parce qu'une forte odeur de phosphore s'était répandue dans l'appartement. Après le départ d'Eusapia, je revins dans la salle des séances où je retrouvai MM. de Gramont et de Watteville qui étaient aussi curieux que moi. Nous ne trouvâmes rien sur le plancher.

Nos soupçons avaient été éveillés par l'odeur phosphorée qui s'était répandue. Je l'ai remarquée depuis, dans des séances qui m'ont paru difficilement fraudables ; cette odeur est moins celle du phosphore que celle de l'ozone : elle ressemble à l'odeur ozonée qu'on respire près des machines d'électricité statique en activité. Cette odeur est caractéristique.

Les rapides lueurs qui se montrent ainsi peuvent être aisément imitées : un expérimentateur prudent ne doit jamais perdre de vue qu'il est possible d'employer diverses substances pour obtenir des effets de phosphorescence. L'huile phosphorée, par exemple, permet des imitations frauduleuses de phénomènes lumineux. Je me rappelle avoir assisté à une séance où se trouvait l'étudiant en médecine dont j'ai parlé. Je remarquai que l'extrémité de l'un de ses doigts brilla un instant. Je sus que ce jeune homme avait un flacon d'huile phosphorée dans les poches. Dans une autre occasion, des lueurs étroites et allongées se montrèrent de temps en temps sur ce jeune homme. Elles étaient produites, je crois, par des allumettes ou des brins de paille plongés dans le liquide lumineux. Les préparations phosphorées présentent l'avantage de ne devenir bien lumineuses que lorsqu'on les agite à l'air, car les lueurs que répand le phosphore qu'elles contiennent ne se produisent que lorsqu'il y a des phénomènes d'oxydation.

Les objets enduits de sulfure de calcium, de strontium ou de baryum deviennent lumineux dans l'obscurité lorsqu'ils ont été exposés un certain temps à la lumière. C'est le principe des cadrans de montre, des boites d'allumettes, des bougeoirs lumineux. Il y a d'autres substances encore qui permettent la fraude.

J'ai assisté à des séances très curieuses au point de vue des phénomènes lumineux que j'ai observés. Ces séances faisaient partie de la série dont j'ai déjà parlé : les deux jeunes fraudeurs dont j'ai raconté quelques méfaits y assistaient et comme l'un d'eux est un excellent chimiste il est possible que les superbes phénomènes que j'ai observés soient douteux. En tout cas, je ne vois pas comment la fraude aurait été commise ; mais, étant données les conditions dans lesquelles j'ai expérimenté, je crois devoir m'abstenir de porter un jugement sur la réalité des faits observés. Je les décrirai sommairement en indiquant les phénomènes que l'on peut imiter et ceux qui ne m'ont pas paru tels.

Le médium est un jeune homme de 24 ans, d'une bonne famille, ayant fait ses classes jusqu'à la seconde : il est très bien élevé et ses manières sont aisées. Il est employé de commerce. Physiquement il est de haute taille, bien pris, fort et paraît jouir d'une bonne santé. Il est intelligent, mais ne paraît pas avoir une volonté bien forte : il subit facilement l'influence de ses camarades. Il en était particulièrement ainsi du jeune étudiant en médecine dont j'ai signalé l'irrépressible tendance à la tromperie. Cet étudiant avait pris un grand ascendant sur le médium et malgré mes conseils, lui faisait faire des expériences trop fréquentes, presque quotidiennes. Le résultat en était facile à prévoir : l'étudiant et le médium imprudents présentèrent au bout de quelques semaines des troubles nerveux visibles. Les séances se faisaient le soir autour d'une table ronde à double plateau. On les commençait avec de la lumière, mais sur la demande de la table on arrivait vite à une obscurité presque complète. J'ai toujours pensé que l'obscurité était demandée par les deux fraudeurs qui pouvaient s'en donner à cœur joie dans le milieu trop confiant où ils opéraient. Je ne raconterai pas les mouvements désordonnés de la table et des meubles une fois l'obscurité faite : ces mouvements gagnaient jusqu'aux meubles d'une alcôve contiguë et je ne pouvais me défendre contre un sentiment d'amusement à voir le zèle malfaisant de ces deux jeunes gens. Ils avaient convié à ces séances quelques-uns de leurs amis, étudiants ou médecins, et j'étais fort peu content de voir à quelles séances suspectes on faisait assister ces nouveaux venus.

Je dois dire pour être exact que si j'ai eu la conviction

de la fraude, je ne l'ai pas toujours directement constatée. Je me plaçais d'ordinaire à côté du plus turbulent des deux et sa main que je tenais n'a pas bougé. Mais l'autre main et l'autre fraudeur avaient plus de liberté. Certains de nos coexpérimentateurs ont constaté la fraude.

Je la soupçonnais d'ailleurs à cause de l'allure des phénomènes qui étaient d'une grande brutalité. La table, soulevée de sol, était quelquefois lancée contre les observateurs avec tant de force qu'elle leur a quelquefois fait mal ce qui n'arrive presque jamais avec les phénomènes vrais. Le mince plateau de la table a été brisé, ce qui n'a pu être amené que par une pression exagérée ou des coups de poing violents destinés à imiter des raps retentissants. Jamais les raps ne brisent la table ; les pieds de celle-ci se démolissent quelquefois lorsque la table soulevée retombe brusquement : mais c'est l'unique dommage que les séances sérieusement faites m'aient laissé constater.

Malgré les conditions plus que suspectes dans lesquelles nous opérions, je ne suis pas sûr que tous les phénomènes aient été imités. Il m'a paru y avoir dans ces séances un mélange de beaucoup de faux et d'un peu de vrai. Une observation plus longue m'aurait permis d'avoir une opinion certaine, mais les séances durent être interrompues.

Parmi les phénomènes dont l'authenticité m'a paru probable, je signalerai les raps. Beaucoup d'entre eux, obtenus à la lumière et sans contact apparent avaient l'aspect des raps authentiques que j'ai souvent observés. Mais le contrôle insuffisant ne me permet pas d'affirmer leur réalité.

Quant aux phénomènes lumineux j'en suis à me demander comment certains d'entre eux ont pu être imités. Pour donner une physionomie précise des conditions dans lesquelles on les observait, je vais raconter sommairement une des séances les plus curieuses de cette série.

Il y avait une douzaine d'assistants environ ; cinq ou six

se mirent à la table et l'on obtint des raps, tantôt sur la table, tantôt sur le plancher. L'obscurité fut demandée et on l'amena progressivement. Les phénomènes augmentèrent d'intensité à mesure que l'obscurité devint plus grande : quand on n'y vit plus les lévitations habituelles, les coups frappés violemment, les déplacements de meubles suivirent leur cours ordinaire. On suspendit la séance quelques minutes et on le reprit vers onze heures du soir. La table demanda que le médium fût placé dans le cabinet qui était formé dans un coin de la pièce avec des rideaux blancs. Le médium fut installé dans un fauteuil : la table demanda aux assistants de s'éloigner du cabinet. Elle paraissait frapper toute seule le plancher : elle nous fit placer à deux mètres au moins du réduit où se trouvait le médium et nous demanda de chanter. On psalmodia l'air de « frère Jacques, dormez-vous ». Au bout de dix à quinze minutes des lueurs laiteuses et phosphorescentes se montrèrent sur les rideaux du cabinet : puis des mains lumineuses apparurent. Une main très lumineuse monta rapidement à l'extérieur des rideaux et alla saisir une sonnette qui avait été accrochée à un clou à environ 2m,50 de hauteur. Cette main fut visible pour tous les assistants.

Puis les lueurs laiteuses se montrèrent de nouveau, plus grandes et plus brillantes. L'une d'elles, aux contours très indistincts, se promena dans la chambre et s'éloigna du cabinet d'environ 3 mètres, le long du mur opposé à celui près duquel les assistants étaient groupés. Cette lueur semblait être à 1m,50 au-dessus du sol ; elle pouvait avoir 1 mètre environ de hauteur sur 25 à 30 centimètres de large, et paraissait flotter dans l'air. Elle resta visible plusieurs secondes.

Ensuite, d'autres lueurs se montrèrent près du cabinet ; enfin, l'une d'elles extrêmement brillante, apparut au-dessus du cabinet, près du plafond. Cette lueur pouvait avoir 50 centimètres de hauteur sur 40 de largeur. Les contours parurent plus nettement définis que ceux de la lueur qui s'était promenée dans l'appartement.

Ces phénomènes étaient nettement visibles pour tout le monde. Certains d'entre nous crurent y voir des formes fantômatiques. Je n'y distinguai pour ma part aucune apparence humaine. La première de celles que j'ai décrites me fit l'effet d'une colonne lumineuse : la seconde, plus précise dans ses contours, n'éveilla l'idée d'aucune forme définie. Nous cessâmes nos expériences bientôt après ces phénomènes.

Sont-ils réels? Je n'en suis pas sûr, mais je me demande comment ils auraient pu être imités. Il y a des distinctions à faire entre ces apparences dont je n'ai décrit que les principales. La main lumineuse qui décrocha la sonnette avait des contours très nets : elle était très brillante et très reconnaissable. Je comprends que l'on puisse soupçonner le médium, dont la taille est élevée, de s'être enduit la main d'une substance phosphorescente et d'avoir lui-même décroché la sonnette. Il reste à trouver quelle est la substance qu'il aurait pu employer. Il faut écarter je crois l'huile phosphorée. Elle aurait laissé des traces sur la main, les vêtements ou le linge du médium, ou sur les rideaux du cabinet, ou sur la sonnette, ou sur la tapisserie de la muraille à l'endroit où la sonnette fut décrochée : or rien de pareil n'existait. Les mains et les vêtements du médium ne portaient aucune trace d'huile. D'ailleurs la lumière que produisent les préparations à base de phosphore n'a ni la durée ni l'uniformité de celles que j'ai observées.

Est-ce une préparation à base de sulfures alcalino-terreux? Les sulfures pour être phosphorescents doivent être à l'état sec. Habituellement on les réduit en poudre et on colle cette poudre sur la substance qu'on veut rendre lumineuse. L'apparence d'une main pourrait être produite par un gant enduit de poudre de sulfure de strontium ou de calcium. Mais je n'ai pas à indiquer combien il serait difficile de mettre ce gant. Il est vrai que le gant peut être bourré de crin, trempé dans la colle et saupoudré de sulfure dans la position voulue; le phénomène que j'ai observé pourrait s'expliquer de la manière suivante : le médium aurait promené le gant lumineux d'une main et aurait pris la sonnette de l'autre. C'est possible : cependant cela ne me paraît pas probable.

En tous cas cette explication cesse d'être satisfaisante dès qu'on envisage le cas des lumières flottant dans l'appartement. Je ne connais aucun procédé permettant d'imiter avec une substance phosphorescente l'apparence légère, diaphane, immatérielle de ces curieuses lueurs. Mes connaissances chimiques, il est vrai, sont très rudimentaires et l'un des deux jeunes gens dont j'ai parlé est un habile chimiste : peut-être connaît-il des procédés plus parfaits que ceux décrits ci-dessus pour produire la phosphorescence : il me semble cependant qu'une étoffe enduite d'une préparation lumineuse n'aurait pas eu l'aspect de la lueur qui a flotté dans la chambre. Il est très difficile il me semble de reproduire ces clartés vagues et mal limitées qui ressemblent plus à une nuée lumineuse qu'à un objet matériel phosphorescent.

La dernière apparence que j'ai décrite avait des contours plus précis, rappelant les plis d'une étoffe dans sa partie supérieure. Certains de mes compagnons d'expérience ont cru y reconnaître une tête masculine barbue, couverte d'une sorte de turban ou de burnous. Si nous avions été en présence d'un phénomène truqué, l'aspect de l'objet lumineux aurait été le même pour tous les observateurs. Il n'en a pas été ainsi dans la réalité puisque certains d'entre nous n'ont distingué aucune forme reconnaissable dans la lueur. Je sais que l'imagination peut être la cause de beaucoup d'illusions visuelles. Elle nous fait compléter des images imparfaites et voir des figures et des formes dans des jeux d'ombre et de lumière qui ne rappellent que de loin ces formes et ces figures. Je n'ai pas observé, dans des conditions assez précises pour en affirmer l'objectivité, les curieux phénomènes que je décris et ne puis que répéter ce que je disais tout-à-l'heure c'est que leur réalité m'a paru probable malgré les fraudes que je connaissais et celles que je soupçonnais ; malgré la prévention de mon esprit, j'ai été favorablement impressionné.

J'ajouterai que la luminosité qui a flotté dans l'appartement s'est déplacée de long en large et a duré plusieurs secondes. La partie de la pièce où elle flottait était encombrée de chaises abandonnées, des meubles qui avaient été traînés de l'alcôve voisine à la salle d'expériences et de la table elle-même. Tous les assistants étaient groupés dans une partie de l'appartement ; seul le médium aurait pu sortir du cabinet et faire flotter l'objet lumineux dans l'endroit où nous l'apercevions : mais il aurait dû se déplacer pour cela et il aurait heurté les meubles épars. Nous faisions silence au moment où ce phénomène lumineux se produisait et nous eussions entendu les mouvements du médium en marche ; or nous n'entendîmes aucun bruit, pas plus celui des pas qu'aurait dû faire le sujet que celui des meubles qu'il aurait dû heurter à moins d'être remarquablement nyctalope.

Telles sont les observations que j'avais à présenter sur cette curieuse séance. Un de mes amis, savant éminent et familier avec ce genre de phénomènes, a eu comme moi l'impression que ceux que j'ai dépeints étaient réels.

Dans d'autre séances d'ailleurs ce médium nous a montré des luminosités semblables. J'indiquerai même que l'un des expérimentateurs suspects ayant été éliminé et les expériences ayant lieu chez un médecin de mes amis, nous observâmes des lueurs rondes sur les rideaux du cabinet où se trouvait le médium. Ces lueurs étaient beaucoup plus petites que celles que je viens de décrire, elles avaient la grosseur d'une noix mais étaient bien observables.

J'espère pouvoir reprendre mes expériences avec le médium dont je viens de parler. Car il me paraît être l'un des plus puissants que j'aie jamais vus. Il est vraiment regrettable qu'il soit tombé entre les mains de jeunes gens ignorants et imprudents qui ont abusé des séances, l'ont fatigué et rendu malade. Bien dirigé il aurait été extraordinaire : il reste à savoir si les conditions mauvaises dans lesquelles il s'est développé n'ont pas eu pour effet de détruire chez lui la rare faculté qu'il possédait. J'aurai d'ailleurs à revenir encore sur ces considérations.

Les lumières produites par ce jeune homme étaient les plus brillantes que j'aie observées. Leur couleur a été très justement comparée par l'un de mes compagnons d'expérience, astronome amateur distingué, à la lueur des nébuleuses. Cet expérimentateur avait un bon spectroscope, mais il n'a jamais pu réussir à analyser spectroscopiquement les lumières que nous avons vues. Elles étaient trop mobiles et trop fugitives.

J'arrive maintenant à des phénomènes visuels qui n'ont plus le caractère de luminosité de ceux que je viens de rappeler mais qui en présentent un bien curieux : celui d'être des représentations de formes humaines ou d'objets.

Je n'ai pas vu de formes humaines phosphorescentes comme certains observateurs affirment en avoir vu. J'ai dit que le médium bordelais en présence duquel j'ai vu les beaux phénomènes lumineux ci-dessus décrits, nous avait fait voir une fois une main lumineuse. J'ai vu à Choisy avec Eusapia la même apparence. Il y avait une lumière assez grande dans la pièce pour que les mains d'Eusapia fussent visibles. Dans ces conditions, les mains du médium étant non seulement tenues par ses voisins mais visibles sur la table, nous aperçûmes au-dessus de la tête d'Eusapia et à environ 60 à 75 centimètres, une main légèrement phosphorescente qui s'agita dans l'ouverture des rideaux. Cette apparence était très nette et fut aperçue par la plupart des observateurs qui étaient en mesure, par leur position, de l'apercevoir à leur aise.

Ce n'était pas la première fois que je voyais la forme d'une main. En 1895, à l'Agnélas, j'avais vu une main et un bras nu jusqu'au niveau du coude, se profiler au-dessus de M. Sabatier qui était en face de moi et lui toucher le sommet de la tête. M. Sabatier accusa au même moment un attouchement à la tête. Ma perception avait été très nette et j'étais certain d'avoir vu ce que j'indiquais. Je me souviens que mes co-expérimentateurs, deux d'entre eux au moins hésitaient à admettre mon observation parce que j'avais été seul à la faire. Je n'avais pas en 1895 l'habitude des expériences que j'ai plus tard acquise à force d'en faire et j'étais tout disposé à écouter avec déférence les remarques de mes aînés, mais j'étais si certain de la réalité de mon observation qu'elle fut insérée au procès-verbal. Les expériences ultérieures ont multiplié les observations du même genre. Elles rappellent d'ailleurs la tête ronde vue à Carqueyranne chez Richet.

La main et le bras que j'ai vus à l'Agnélas étaient opaques et noirs. Ils se projetaient sur le fond éclairé de la pièce où nous expérimentions et j'étais placé de telle sorte que seul je pouvais les apercevoir.

A Choisy, en 1896, je n'ai rien vu de semblable, mais nous avons vu autre chose. Je me souviens qu'un jour, M. de Gramont étant dans le cabinet derrière Eusapia, celle-ci nous dit de souffler : à ce moment M. de Gramont vit dans l'air la forme d'un soufflet.

A Bordeaux, en 1897, nous revîmes les formes opaques et noires dans des conditions excellentes. On trouvera, vers la fin de ce livre, quelques extraits du compte rendu de nos séances ; je m'y réfère pour le détail des conditions matérielles dans lesquelles nous opérions : je me bornerai à indiquer ici que la pièce où nous tenions nos séances est éclairée par une très large fenêtre à trois corps. Les contrevents, à claire-voie, en étaient fermés, mais quand le gaz était allumé au rez-de-chaussée, dans une dépendance de la cuisine en retour d'équerre sur le jardin, une lumière faible pénétrait dans la pièce et éclairait les vitres de la fenêtre. Celle-ci constituait de la sorte un fonds clair sur lequel, pour une moitié des expérimentateurs, se profilaient certaines formes noires.

Nous avons tous vu ces formes, ou plutôt cette forme, car c'est toujours la même qui s'est montrée : un profil allongé, barbu, aves un nez fortement busqué. Cette apparence disait être la tête de John, qui est la personnification habituelle avec Eusapia. C'est un phénomène très extraordinaire. La première idée qui se présente à l'esprit est celle d'une hallucination collective. Il resterait à dire pourquoi elle se manifestait dans les conditions très spéciales que j'ai indiquées. D'ailleurs le soin avec lequel nous observions ce curieux phénomène — et il me paraît inutile d'ajouter le calme avec lequel nous expérimentions — rend bien invraisemblable l'hypothèse d'une hallucination.

Celle d'une fraude est encore moins admissible. La tête que nous apercevions était de grandeur naturelle, et atteignait une quarantaine de centimètres du front à l'extrémité de la barbe. On ne s'explique pas comment Eusapia aurait pu cacher dans ses poches ou sous ses vêtements un carton quelconque découpé. On ne s'explique pas davantage comment elle aurait pu extraire à notre insu cette découpure, la monter sur un bâton ou sur un fil de fer et la faire manœuvrer. Eusapia n'était pas endormie, elle voyait quelquefois elle-même le profil qui se montrait et manifestait sa satisfaction d'assister, éveillée et consciente, pour la première fois je crois, aux phénomènes qu'elle produisait. La faible clarté que répandait la fenêtre éclairée était suffisante pour que l'on aperçût les mains d'Eusapia : je n'ai pas besoin d'ajouter que ces mains étaient d'ailleurs tenues avec soin par les contrôleurs de droite et de gauche. Il lui était impossible de faire manœuvrer ces profils s'ils eussent été fabriqués par elle. En effet, le profil observé paraissait se former au sommet du cabinet, à une hauteur de $1^m,25$ environ *au-dessus* de la tête d'Eusapia; il descendait assez lentement et venait se placer au-dessus et en avant d'elle; au bout de quelques secondes il disparaissait pour reparaître quelque temps après dans les mêmes conditions. Nous nous sommes toujours assuré avec soin de l'immobilité relative des mains et des bras du médium et l'étrange phénomène que je relate est l'un des plus certains que j'aie jamais constatés, tant l'hypothèse de la fraude était incompatible avec les conditions dans lesquelles nous observions.

Deux ou trois fois seulement le phénomène a paru légèrement lumineux : il s'est formé le long des rideaux, du côté où se trouvaient un de mes amis, M. de Pontaud et moi, une tache blanchâtre, laiteuse, visible pour tout le monde, au moins pour ceux qui étaient placés de manière à pouvoir commodément l'apercevoir. Cette tache a paru s'abaisser assez rapidement et s'est évanouie au niveau de nos têtes.

Je n'ai évidemment aucune explication à donner. L'apparition de ces formes humaines soulève un problème beaucoup plus compliqué que les raps et les mouvements sans contact et j'estime qu'on ne peut pas en aborder avec fruit l'étude actuellement. Rien ne m'autorise à considérer ces curieux phénomènes comme démontrant l'exactitude de l'hypothèse spirite : je leur soupçonne une cause autre que l'intervention de l'esprit d'un mort, mais je ne suis pas encore en état de formuler une opinion raisonnée à cet égard : je signalerai toutefois les relations étroites qui me paraissent exister entre la production de ces formes et celles des mouvements sans contact et des raps. Ces rapports tendent à me persuader que tous ces phénomènes sont du même ordre et dépendent d'un agent unique et d'une cause semblable : avant d'analyser sommairement les observations sur lesquelles je fonde cette opinion, je dois cependant décrire une série d'expériences qui m'a donné les plus curieux résultats. Ces expériences ont été faites avec un médium instruit, intelligent, appartenant à un milieu social cultivé.

J'ai obtenu avec lui : 1° des raps faibles mais très nets et bien contrôlés, avec et sans contact ; 2° des mouvements sans contact de faible amplitude mais très bien observés ; 3° des phénomènes lumineux très faibles ; 4° enfin la production de formes diverses. Je ne décrirai que ces deux dernières catégories de faits, les seuls qui confirment dans une certaine mesure les expériences racontées dans le présent chapitre.

La première fois que des phénomènes lumineux se sont montrés, nous n'étions pas autour de la table. Les expérimentateurs étaient assis : la pièce où ils se trouvaient avec moi était de petite dimension. Le médium aperçut diverses lueurs et même des visages sur la muraille en face de lui. Ces lueurs et ces formes n'étaient pas visibles pour moi. Dans d'autres circonstances j'ai cru apercevoir des lueurs, mais extrêmement faibles et à la limite de la visibilité. J'ai tout lieu de penser que ces lueurs sont subjectives, et cependant il m'est souvent, mais pas toujours, arrivé de demander au sujet l'endroit où la lueur était vue par lui ; la forme qu'elle avait, la direction qu'elle suivait, au cas où elle était en mouvement et j'ai constaté que les indications du médium concordaient avec mes propres observations ; mais chose curieuse et qu'il est de mon devoir de témoin de signaler, ces lueurs se montraient souvent à moi dans les mêmes conditions lorsque j'avais les yeux fermés. Cette considération me paraît décisive et me détermine à penser que ces lueurs sont subjectives. Je ne crois pas en effet que l'on puisse admettre que la lumière émise par elles soient de telle nature que les rayons en traversent les paupières fermées. Cette visibilité de la lueur devrait exister dans tous les cas ; or il n'en est pas ainsi, et je n'ai observé cette visibilité interne qu'avec le médium dont je parle. Je l'ai cependant une ou deux fois soupçonnée dans une série d'expériences antérieures.

Je ne puis d'un autre côté tenir ces visions comme hallucinatoires, à moins d'admettre encore que cette hallucination entoptique est collective. Mais alors, pourquoi ces illusions ne se rencontrent-elles pas dans toutes les séances ? Pourquoi la manifestation des lueurs ou des formes s'accompagne-t-elle d'abondants raps sans contact sur une table ? Ces raps précèdent immédiatement l'apparition de la forme et se comportent comme des signaux destinés à attirer l'attention des observateurs. Il y a là une coïncidence qui n'est pas fortuite car elle est presque constante.

La première fois que j'ai vu des formes définies avec ce médium, nous n'étions pas en séance. Le médium vit sur la muraille une apparition connue et vit le mot *rideaux* se dessiner en lettres brillantes sur le mur. Le médium ne comprenait pas la signification de ce mot, car il n'avait jamais assisté à des séances de spiritisme. Je lui dis de continuer à observer car je croyais comprendre le sens de ce message. J'organisai immédiatement alors avec des rideaux noirs une sorte de cabinet dans un coin de la pièce et nous fîmes une obscurité complète après nous être assis autour d'une table, le médium tournant le dos aux rideaux. Au bout de quelques temps, nous entendîmes des raps sur la table, sur la chaise du sujet, sur le plancher et sur la muraille dans le cabinet. Intéressé, le médium s'était à demi retourné vers les rideaux. Tout à coup, après la production de quelques lueurs très faibles et très mobiles, j'aperçus une ravissante figure de femme, pâle, les yeux levés au ciel dans l'attitude de la prière. Les yeux et les cheveux étaient noirs ; la coiffure était formée par deux bandeaux égaux, dans le genre de celle qui était à la mode il y a cinquante ou soixante ans. La figure était enveloppée d'un voile blanc qui recouvrait la tête et l'encadrait complètement. La physionomie était très douce et d'une rare beauté. L'apparition paraissait légèrement lumineuse, d'un ton blanc laiteux. Elle se produisit au-dessus et à gauche du médium, à une assez grande hauteur près du plafond. La durée de cette apparition a été extrêmement courte. Interrogé prudemment par moi, le médium me donna le signalement exact de la figure que je venais d'apercevoir. Les détails concordèrent de la manière la plus complète. Les raps indiquèrent que c'était la figure d'une fée.

Je n'ai pas souvent eu de vision aussi nette : je n'ai que très rarement obtenu ce curieux phénomène, mais cependant je l'ai observé nettement trois fois avec le médium dont je parle. La seconde fois les figures se sont incomplètement formées pour moi : je n'ai vu que des portions de faces inconnues. Le médium a reconnu l'une de ces figures. La troisième fois, nous n'étions pas à la table. Le médium voyait des apparitions : je ne voyais que des lueurs quand brusquement je vis un front, des yeux et un nez qui représentaient les traits d'un ami très cher que j'avais perdu récemment. Le médium vit la figure complète. Elle ne connaissait pas l'homme de son vivant mais elle en avait eu de curieuses et très étranges apparitions posthumes dans des conditions qui seraient intéressantes à indiquer. Malheureusement je ne suis pas autorisé à le faire complètement.

Ce n'est pas seulement des figures humaines que j'ai vues dans des conditions semblables, j'ai aperçu quelquefois des figures d'animaux plus ou moins extraordinaires et que je ne puis m'empêcher de considérer comme imaginaires. Le fait curieux est la concordance entre les visions du médium et les apparences perçues par les assistants.

Enfin j'ai vu, toujours dans les mêmes conditions, une fois, une lanterne de cuivre, d'une forme déterminée, dans une position spéciale ; cette vision fut également perçue de la même manière par le médium.

Je ne puis, ici encore, formuler aucune opinion qui me satisfasse. Je suis disposé à croire que j'ai été victime d'illusions, bien que les circonstances se prêtent mal à cette hypothèse. La vision d'une lanterne est à rapprocher de celle du soufflet vu par M. de Gramont avec Eusapia. Je me réfère à ce que j'ai dit plus haut de la concordance entre les raps et l'apparition : cette simultanéité existait pour les apparitions de formes animales ou d'objets matériels, comme pour celles de figures humaines. C'est une constatation qui est de nature à faire écarter l'hypothèse d'une illusion pure. Mais alors ?

J'ai indiqué ces expériences étranges pour être sincère et complet. Je ne cacherai pas qu'il m'en coûte beaucoup, car je n'y trouve pas les conditions de précision que mes expériences de télékinésie par exemple m'ont paru présenter. J'ajouterai que je ne cherche pas à obtenir ces phénomènes de matérialisations plus ou moins complètes. Je les subis car les faits ne se dirigent pas au gré des expérimentateurs. Je ne puis dire que ces apparitions me laissent indifférents : elles m'intéressent au contraire beaucoup, mais j'ai l'impression d'être devant un fait trop compliqué pour être utilement observé. Il n'en est pas de même des raps et de la télékinésie : je fais tous mes efforts pour cantonner à leur étude les recherches que je continue et j'ai le sentiment que l'on peut espérer d'arriver à déterminer les conditions de leur production. Je m'imagine, à tort peut-être, que l'on peut dès à présent les soumettre à la discipline scientifique ; je pense que leur étude est le préliminaire nécessaire de l'étude des autres faits moins compréhensibles, aussi est-ce à leur observation que je m'attache presque exclusivement : mais je n'ai pas cru pouvoir me dispenser de dire tout ce que j'avais vu. J'ignore entièrement la signification de ces apparences diverses, j'ai pu me tromper, quoique je ne le pense pas, mais je n'ai pas, il me semble, le droit de faire un choix dans mes expériences, de taire les unes et de raconter les autres. Il appartient à ceux qui me liront de se placer dans les conditions où je me suis moi-même placé et d'observer à leur tour. Je me borne à dire ce que j'ai vu : j'ajoute que certains faits m'ont paru plus certains que les autres : mon rôle de témoin ne va pas au-delà.

Les constatations que j'ai faites en ce qui concerne les phénomènes lumineux me permettent toutefois de donner quelques indications utiles. Les premières sont relatives aux procédés opératoires : les autres aux conclusions que j'ai tirées de mes expériences.

Lorsqu'on cherche les phénomènes lumineux simples, on procède comme je l'ai indiqué pour les mouvements parakinétiques ou télékinétiques. Les assistants se groupent autour de la table, en appuyant les mains sur le plateau, ou bien formant la chaîne autour de la table, sans la toucher. Il est inutile d'ajouter que l'obscurité doit être aussi complète que possible. Dans ces conditions on peut obtenir des lumières : c'est ainsi que j'ai observé la figure féminine que j'ai décrite.

Les belles lueurs que j'ai vues avec le jeune médium bordelais ont été obtenues d'une autre manière qui me paraît meilleure encore. C'est du reste le procédé adopté par les médiums professionnels, peut-être parce qu'il favorise la fraude encore plus peut-être que le phénomène. Ce procédé consiste à placer le médium dans le cabinet et à former la chaîne soit autour de la table, soit en s'asseyant en demi-cercle ; dans ce cas la chaîne n'est pas fermée.

J'ai remarqué que le chant en commun et la musique avaient une action favorable à la production du phénomène. Cette circonstance est cependant aussi une cause de suspicion parce que le bruit du chant ou de la musique peut couvrir celui que le médium fait en s'agitant.

Quoique je ne puisse considérer la réalité des phénomènes lumineux observés par moi comme aussi bien établie que celle de certains autres phénomènes, je n'en donnerai pas moins le résultat des constatations que j'ai cru faire. Je ne les indique ici que sous réserves, mais l'analogie qu'elles présentent avec les constatations faites par moi relativement aux raps et aux mouvements sans contact me paraît utile à signaler. C'est une des raisons qui me font croire à leur probabilité d'abord, et ensuite c'est l'indication de l'existence présumable de quelque loi générale régissant tous ces phénomènes si différents en apparence.

Les constatations les plus importantes sont encore ici : le synchronisme entre l'action musculaire et le phénomène ; la tendance à la personnification ; la fatigue physique qu'une séance réussie cause aux assistants.

Les raisons pour lesquelles je conclus à l'existence de ce synchronisme sont établies sur un grand nombre d'observations faites avec Eusapia et avec d'autres médiums. Il m'a semblé, dans mes expériences avec Mme Paladino que celle-ci préférait le souffle aux autres mouvements pour la production des lueurs. Cette conclusion est incertaine parce que je n'ai pas eu l'occasion d'observer beaucoup de phénomènes lumineux avec le médium napolitain.

Mes observations ont été plus précises avec le médium bordelais. Le frottement des mains, celui des pieds sur le sol, le souffle, le fait de se serrer les mains fortement quand la chaîne était formée déterminaient l'apparition des curieuses luminosités que j'ai signalées : celles-ci se produisaient aussi spontanément, mais les mouvements que nous exécutions m'ont paru avoir une action sur leur manifestation.

Ici encore, la relation avec la contraction musculaire plutôt qu'avec le mouvement lui-même m'a semblé exister, mais je n'ai pu vérifier ce point avec la même certitude que pour les raps ou les mouvements sans contact.

En tous cas, réserves faites d'une fraude que je reconnais possible quoique improbable, le chant en commun m'a paru avoir une influence favorable sur le phénomène. J'ai eu l'occasion de constater cet effet de la parole chantée : je ne puis songer à en donner l'explication, bien qu'on puisse soupçonner quelle elle peut être. Je me bornerai à faire remarquer le rôle que le chant joue dans les cérémonies religieuses et celui qu'on lui prêtait dans les opérations magiques : les mot *incantation, enchantement* sont à cet égard très significatifs. Les lettrés se rappelleront les chants magiques de la IIe Églogue de Théocrite et de la VIIIe de Virgile. Les magiciens indous chantent leurs mentrams. Rien n'est plus répandu que cette croyance à la vertu surnaturelle du chant, de la parole cadencée et modulée. Comme les faits supranormaux que je raconte me paraissent avoir été de tout temps connus, quoique mal interprétés, je suis disposé à croire que les superstitions relatives à la puissance magique du chant ne sont pas complètement fausses : elles doivent comme beaucoup de croyances, reposer sur un fonds de vérité. Cela paraît invraisemblable et personne n'est plus étonné que moi-même de me voir admettre cette possibilité. Je l'admets cependant : je suis disposé à penser que la plupart des croyances populaires ont quelque fondement : cette part de vérité qu'elles contiennent est souvent très faible parce que l'ignorance, la crainte, l'imagination la masquent sous des croyances accessoires déraisonnables qui l'étouffent. Il y aurait d'intéressants rapprochements à signaler sur ce sujet si je ne m'étais pas systématiquement interdit toute espèce de commentaire théorique. Je ferai toutefois remarquer que les spirites les plus dignes de foi recommandent de chanter ou de faire de la musique pendant les séances. Je m'arrête, car je ne pourrais que répéter ici les considérations que j'ai présentées déjà au sujet de la relation entre l'énergie nerveuse quelle qu'elle soit et les phénomènes lumineux. Ceux-ci paraissent avoir une étroite connexité avec elle.

L'allure de ces phénomènes est la même que celle des phénomènes sonores ou moteurs : ils tendent à la personnification et il me paraît probable que les apparences lumineuses imparfaites ne sont que les ébauches d'une forme. Cette forme n'est pas toujours humaine bien qu'elle paraisse l'être généralement. J'ai donné des exemples où l'apparence était celle d'un animal ou d'un objet. Je n'ai jamais pu converser avec la forme elle-même lorsqu'elle était humaine : j'ai cependant expérimenté avec des médiums qui croyaient converser avec les formes. Toutes ont prétendu être des esprits humains. Ce qui rend cette unanimité particulièrement intéressante, c'est que l'un des médiums avec qui j'ai obtenu les plus beaux phénomènes d'apparences humaines n'est pas spirite le moins du monde.

Est-il victime d'une hallucination? C'est possible, mais alors comment expliquer le fonds de vérité qui existe dans ses hallucinations? Je sais bien que la mémoire impersonnelle est une source inépuisable de renseignements inconnus de la personnalité normale, mais il y a des cas où l'hypothèse d'une hypermnésie est peu acceptable. En voici un exemple. Le médium dont je parlais tout à l'heure a eu à diverses reprises l'impression qu'une personne décédée, inconnue d'elle mais bien connue de moi, pénétrait dans sa chambre. L'apparition était précédée d'un bruit de pas se rapprochant, la porte paraissait s'ouvrir et la forme entrait. Elle s'asseyait au pied du lit, caressait le bras du médium et lui prenait la main. Le sujet a été très effrayé de ces visions qu'il considère comme hallucinatoires et il a fait son possible pour s'en débarrasser : au bout de deux ou trois visites la forme a cessé de se montrer, à mon grand regret, car j'avais là l'occasion d'une observation du plus haut intérêt ; je n'ai malheureusement pas assez d'autorité et d'influence sur ce sujet remarquable pour obtenir de lui qu'il prête la main au développement de ce phénomène. Je l'ai beaucoup regretté je le répète, parce que certains détails de ses visions m'ont paru intéressants. La personne qui était censée apparaître avait une démarche très caractéristique ; il me suffirait de la décrire pour qu'elle soit reconnue par ceux qui ont approché cette personne. D'autre part elle portait la barbe rasée d'une façon spéciale. La vision s'est montrée avec une courte barbe ; vérification faite auprès du médecin qui a soigné mon ami, sa barbe n'avait pas été rasée dans les derniers temps de sa vie.

Le médium habitant la même ville a pu connaître cette personne ; mais s'il l'a connue, comment l'a-t-il vue avec une coupe de barbe différente de celle qu'avait adoptée la personne apparue ? Détail intéressant, puisque l'apparition portait la barbe telle que le défunt l'avait au moment de son décès.

Enfin, l'apparition manifestait le désir de dire quelque chose. Elle essaya de rassurer le médium effrayé, mais celui-ci se levait et allumait l'électricité avant que le fantôme pût s'expliquer. Or, à ce moment, un événement que j'avais intérêt à connaître se préparait. Cet événement s'est réalisé et l'apparition ne s'est plus montrée. C'est là un ensemble de circonstances de nature à éveiller l'attention. Je n'ai pas pu soumettre le cas à une analyse complète et je ne le donne qu'avec réserves. C'est un des cas les plus approchés du spiritisme classique qu'il m'ait été donné de rencontrer, mais il ne me semble pas probant dans les conditions où je l'ai observé. Le fait lui-même que j'avais intérêt à connaître pouvait être facilement prévu par le médium.

D'autres personnifications se sont manifestées mais avec un caractère d'identité apparente moins certain. L'une d'elles s'est affirmée avec une curieuse énergie. C'est celle d'un savant du siècle dernier ; son nom figure dans le dictionnaire de Larousse. C'est Chappe d'Auteroche qui a indiqué exactement son nom, la date et le lieu de sa mort. Il a indiqué un prénom qui ne figure pas dans Larousse. *Adhémar* au lieu de *Jean* que donne le dictionnaire. Il serait curieux de rechercher si ce prénom est mentionné dans d'autres dictionnaires. J'ajouterai que l'apparition s'exprime en vieux français et a l'accent normand : le médium l'entend dire moué pour moi, étoué pour était, etc. Or, Chappe est né à Mauriac en Auvergne. Je ne m'explique pas son accent normand. Je n'ai d'ailleurs pas analysé avec soin cette personnification.

J'aurais désiré pouvoir expérimenter plus que je ne l'ai fait avec le médium qui m'a permis d'observer ces faits curieux. Peut-être la publication de ce livre l'intéressera-t-il et le décidera à se prêter avec plus de régularité à un examen attentif.

Il ne faut pas conclure de ce que je viens de raconter que l'intervention de mon ami et celle de Chappe d'Auteroche me paraissent réelles. Rien dans mes expériences ne m'autorise à avoir cette opinion. Je n'ai pas pu soumettre à une discussion sérieuse ces faits que je n'ai pas observés moi-même et que je ne tiens que de la confidence d'un tiers. Je les ai racontés parce que l'émergence de ces deux personnifications s'est produite à l'occasion de séances auxquelles je prenais part et qu'elles se sont étroitement associées à des phénomènes observés directement par moi. Mais, une première constatation me paraît pouvoir être faite : on remarque dans la manière dont se produisent ces visions certains traits qui rappellent le symbolisme et la dramatisation du rêve. Cette indication n'est que provisoire et je n'ai pas assez d'éléments d'appréciation pour la formuler avec quelque certitude, mais je signale ce trait aux expérimentateurs qui, plus heureux que moi, auraient l'occasion d'observer avec plus de commodité et pendant plus de temps des phénomènes analogues.

Je terminerai ces remarques par le récit d'un autre fait

du même genre dont j'ai été le témoin chez Mme Agullana. J'assistais à une séance dans l'après-midi, chez elle. Elle était assise les mains sur un guéridon avec deux ou trois personnes que je ne connaissais pas. L'une de celles-ci est un propriétaire aisé habitant une commune voisine de Bordeaux ; ce visiteur venait pour la première fois chez le médium ; il avait été accompagné par un garde-champêtre ancien gendarme, que je connaissais. Mme A... dit tout à coup au visiteur nouveau : Je vois quelqu'un qui dit être votre oncle : il est coiffé d'un béret, a la figure colorée, porte toute la barbe, il est roux, il fume une courte pipe. Il a l'air d'être infirme du bras droit : il le porte replié sur la poitrine. Elle donna encore quelques détails. Le visiteur ne parlait pas, ainsi que j'ai eu soin de m'en assurer.

Ces détails une fois donnés, le visiteur prit la parole et dit que si l'apparition vue par le médium se prétendait son oncle, il lui demandait d'indiquer comment on l'appelait en famille. La table se mit alors à dicter typtologiquement « Touton-L.-P. ». L'étranger fit alors connaître que Mme A... lui avait donné le signalement exact d'un oncle à la mode de Bretagne mort depuis quelques mois, qu'à cause de ses habitudes de fumeur invétérées on appelait *Touton la Pipe*. Je connais quelques récits du même genre, et j'ai vu plusieurs personnes sincères qui ont été l'objet de faits semblables produits par Mme Agullana. Il y a notamment l'histoire de la découverte d'une obligation perdue qui est bien curieuse et qui m'a vivement intéressé car j'ai assisté aux différentes phases de cette découverte. L'indication paraissait émaner du mari défunt de la propriétaire du titre. Je ne puis, malgré l'intérêt que présentent ces observations, les analyser sérieusement car elles sont insuffisamment prouvées. Le caractère du médium m'a toujours paru respectable et sa bonne foi me semble à l'abri du soupçon, mais ces circonstances ne sauraient permettre un jugement exact. Je ne puis en aucune façon me croire autorisé à penser que la personnalité de « Tonton la Pipe » fut inconnue du médium. La découverte de l'obligation est peut-être elle-même l'effet d'une coïncidence. J'ai toutefois raconté ces faits pour indiquer la possibilité d'un ordre de recherches d'une nature particulièrement suggestive. Les membres les plus influents de la *Société anglaise de recherches psychiques*, Meyers, Sidgwick, Lodge, Hodgson, Hyslop, Mlle Johnson ont abordé ces études dans d'excellentes conditions d'observation et considèrent qu'ils ont été en communication avec leurs amis prédécédés. Je n'ai pas eu la même fortune et mes propres expériences tendent à me faire adopter une manière de voir différente. Il est très possible que ce soient mes collègues qui aient raison et moi qui aie tort.

Enfin la troisième constatation que mes observations me permettent de faire c'est que la production des phénomènes lumineux et des formes s'accompagne de beaucoup de fatigue chez la plupart des assistants. J'ai déjà signalé cette circonstance à diverses reprises. J'ai remarqué à l'occasion des faits décrits dans le présent chapitre certaines particularités que je signale à l'attention des expérimentateurs. La fatigue n'est pas également ressentie par tous les assistants. Certains semblent n'en éprouver aucune. Ceux-ci, en général, ne sont pas de bons auxiliaires. On dirait que les choses se passent comme si quelques personnes n'étaient pas capables de dégager la force employée. D'autres au contraire l'émettent avec une grande facilité et se lassent vite. Je n'ai pas pu étudier le rapport qui peut exister entre le tempérament des uns et des autres et la production des phénomènes, mais j'ai l'impression que ce rapport doit exister. Il me paraît en fonction de l'organisme plutôt qu'en rapport avec l'état mental ou les dispositions d'esprit. Cela fait songer à cette croyance que les spirites professent à l'égard des incrédules. Dans plusieurs groupes spirites on attribue l'échec des séances à la présence d'incrédules ; je suis persuadé que les croyances des expérimentateurs n'ont rien à voir avec la production des phénomènes observés ; il est cependant nécessaire d'expérimenter sérieusement et sans parti pris. J'ai déjà mentionné le résultat de mes remarques à cet égard en parlant de l'harmonie du cercle. L'influence du parti pris s'expliquerait si la conscience apparente de la personnification pouvait être considérée comme composée par les consciences élémentaires des assistants. Cette hypothèse ne me paraît pas démontrée mais certaines expériences m'ont fait songer à sa possibilité et elle me paraît devoir être soumise à la vérification. Les choses semblent se passer comme si l'influx nerveux des assistants créait une sorte de champ de force autour des expérimentateurs et plus spécialement du médium : chaque expérimentateur se comporterait comme un élément dynamogénique et entrerait, pour une part variable, dans la production de l'énergie libérée. Cette énergie agirait au delà des limites apparentes du corps, dans des conditions analogues à celles qui régissent son action intracorporelle ; c'est-à-dire qu'elle demeurerait dans une certaine mesure en connexion avec les centres nerveux supérieurs ou inférieurs, conscients ou non. On comprendrait, dans ce cas, comment elle paraît dépendre dans une certaine mesure de la volonté des assistants et du médium ; on s'expliquerait même qu'elle parût manifester un volonté indépendante si sa production était due à l'activité des centres nerveux dont l'action est ordinairement inconsciente. Dans cette hypothèse, aucun des assistants ne reconnaîtrait la trace de sa personnalité normale dans l'évolution des phénomènes ; c'est ce qui se passe généralement. Quelquefois cependant le médium ou un des assistants a la conscience plus ou moins précise qu'un phénomène va se produire. Eusapia annonce par exemple souvent celui qui se prépare. L'énergie nerveuse employée à le réaliser serait alors en relation avec les centres nerveux conscients du médium seul ; elle paraîtrait aux assistants soumise à une volonté personnelle étrangère. Le médium lui-même la rapporte à l'action de « John » qui paraît avoir les caractères d'une personnalité seconde. Telle me paraît être la genèse des personnifications dans le plus grand nombre des cas observés par moi : il y en a d'autres cependant où cette explication est moins satisfaisante.

Je ne me dissimule pas combien l'hypothèse que je viens de formuler est difficile à admettre. Nous sommes mal préparés à considérer la *force psychique* comme identique, dans son essence au moins, avec celle qui circule dans nos nerfs ; nous ne sommes pas mieux préparés à croire que cette force puisse servir de véhicule à une partie de notre conscience personnelle ou subliminale, ou à penser qu'elle puisse tout au moins conserver quelque connexion avec nos centres psychiques alors qu'elle agit au delà des limites du corps. Les choses pourtant semblent se passer comme s'il en était ainsi dans la plupart des cas.

Ces données suffisent pour faire comprendre le mécanisme possible des raps et des mouvements d'objets. Il n'est même pas nécessaire de supposer que la force nerveuse agit au delà des limites du corps si nous admettons que les expérimentateurs arrivent à créer autour d'eux une sorte de champ analogue à un champ magnétique. La force nerveuse atteindrait un maximum de potentiel dans les expérimentateurs ou dans le médium ; les objets placés dans le champ auraient un potentiel différent : suivant les conditions, on aurait des phénomènes d'attraction ou de répulsion.

On se rendrait compte ainsi des phénomènes moteurs. Les raps sont moins aisément explicables à moins de les concevoir comme des faits analogues aux décharges électriques. Le rap serait l'équivalent du bruit de l'étincelle : celle-ci serait invisible bien que dans certains cas elle puisse être aperçue.

Les lueurs et les formes soulèvent des problèmes plus ardus. Une des explications dont ils seraient susceptibles est la suivante : des particules d'une substance très ténue, l'éther par exemple, ou toute autre matière très raréfiée, seraient en état de subir l'influence de la force nerveuse. Elles se chargeraient et se disperseraient suivant les lignes de force. Ces lignes seraient déterminées par l'action des centres nerveux et présenteraient des formes en relation avec ces centres ; elles auraient une certaine *plasticité* si je puis m'exprimer ainsi, et cette plasticité serait en connexion avec les centres dont l'activité physiologique serait prépondérante. Si cette connexion existe avec les centres supérieurs idéogènes, on aurait des formes intelligibles et définies, figures d'hommes, d'animaux, d'objets ; si la connexion s'établit surtout avec les centres inférieurs on aurait des formes non définies.

Leur luminosité dépendrait de l'état de condensation de cette matière raréfiée qui les constitue. Les moins condensées seraient les plus lumineuses ; il peut arriver que la forme plus condensée soit entourée d'une atmosphère lumineuse moins condensée.

On s'expliquerait ainsi l'indépendance relative de la forme et de la phosphorescence des images.

Telles sont les hypothèses que l'on peut faire. Je les indique avec les plus grandes réserves et simplement pour montrer la voie théorique dans laquelle mes expériences tendraient à m'engager. Je ne les énonce que très sommairement, sans les discuter en détail. Je ne me dissimule pas que mes idées sont encore mal définies et que l'hypothèse que j'exprime timidement résisterait mal à une analyse rigoureuse. Je n'en ai pas trouvé de meilleure et j'ai l'impression que celle que j'indique doit contenir une part de vérité.

Je m'excuse d'avoir encore une fois enfreint la règle que je m'étais imposée et d'avoir présenté des considérations purement théoriques, alors que je suis le premier à les tenir pour prématurées. Qu'on me pardonne de m'être laissé entraîner à exprimer mes idées personnelles. Je n'ai pas vu les faits curieux que je raconte sans m'efforcer d'en pénétrer la cause et je n'ai pas su résister au désir de faire connaître, non ce qui est une opinion définitive, mais ce qui est pour moi une hypothèse méritant examen.

A côté des phénomènes décrits jusqu'ici dans les précédents chapitres, j'en ai observé d'autres qui peuvent en être rapprochés, car ils me paraissent avoir avec eux une certaine connexion. Je veux parler des sensations tactiles, contacts, attouchements, empreintes. Je les décrirai brièvement.

I. — Les sensations tactiles n'ont été éprouvées par moi d'une façon certaine qu'avec Eusapia. Avec ce médium, certains assistants, et plus spécialement ceux qui sont assis à côté de lui, éprouvent l'impression d'attouchements divers, sur la tête, sur le tronc et généralement dans le dos, sur les bras et les mains. Le phénomène se produit d'ordinaire dans les conditions suivantes : les mains d'Eusapia étant, ou paraissant être, tenues par ses voisins ceux-ci voient le rideau s'approcher d'eux et se sentent touchés. L'attouchement a quelquefois lieu sans mouvement du rideau. La sensation d'attouchement est très variable c'est tantôt celle d'un doigt qui s'enfonce dans le flanc, tantôt celle d'une large main qui s'appuie sur le dos, tantôt enfin celle de doigts qui vous pincent ou vous saisissent à la tête, au cou, à la nuque, au menton. On trouvera de nombreux exemples de ces faits dans le compte rendu des expériences de l'Agnélas (*Annales des Sciences psychiques*, année 1896).

Dans nos séances à Choisy en octobre 1896, le même fait s'est très souvent reproduit. Nous avons eu soin, dans cette série, d'avoir autant de lumière que possible et nous nous étions arrangés pour pouvoir obtenir divers éclairages colorés. L'une des lumière qui nous a donné les meilleurs résultats était celle d'une lanterne dont le verre était remplacé par du parchemin. La lumière était jaunâtre et tamisée. J'extrais du compte rendu privé de ces séances les indications suivantes : séance du 8 octobre : « Les deux mains d'Eusapia sont encore tenues et vues sur la table. Le colonel perçoit alors à son tour de nombreux attouchements et une grosse main vient lui frotter le dessus de la tête à travers le rideau. » Un fait plus curieux s'était produit auparavant, mais l'une des mains du médium était seule visible : « Sur la demande du médium on tourne un peu la lampe de manière à diminuer la lumière qui reste suffisante pour distinguer les têtes et les mains par leur blancheur. M. de Rochas et M. de Gramont changent de place. Les deux mains d'Eusapia sont alors tenues séparées et vues par le général Thomassin à gauche et le comte de Gramont à droite. Eusapia dégage un instant sa main gauche, amène sur la table un pan des rideaux et glisse dessous pour la mettre à l'abri de la lumière cette main *que le général tient de nouveau et n'abandonne plus* ; l'autre main, tenue par M. de Gramont reste visible pour tout le monde. Presque aussitôt le général perçoit à hauteur des flancs et à travers le rideau qui se gonfle en conséquence, des contacts d'abord flous puis donnant la sensation d'une pince ; ensuite il distingue le contact d'une petite main de femme puis d'une grosse main d'homme. Après cela, il est frappé hors du rideau, avec force, soit sur les épaules, soit sur la tête par une grosse main. Tous nous entendons également le bruit des coups, mais la vision de la main n'est pas la même pour chacun de nous. M. de Rochas la distingue à peine ; le général Thomassin la voit vert grisâtre, MM. de Watteville et de Gramont, grisâtre, M. Maxwell, gris jaune. Eusapia détermine les divers mouvements de la main *fluidique* en les mimant avec sa main droite tenue par M. de Gramont et vue de tous ».

Cette observation est intéressante mais elle paraît au premier abord suspecte à cause du soin pris par le médium d'abriter sa main gauche sous le rideau. Le général Thomassin a bien tenu une main. Je ne doute pas que ce soit celle d'Eusapia, mais acceptons un instant l'hypothèse d'une *fausse main* artificielle qu'Eusapia aurait adroitement donnée à tenir au général. C'est l'explication de M. Hodgson. Dans ce cas, comment la main qui a touché le général Thomassin a-t-elle pu se promener sur son dos et sur sa tête et le frapper sans qu'aucun mouvement du bras gauche ait été perçu ? Il est à noter qu'il y avait une lumière suffisante et que la main qui produisait les attouchements a été vue par presque tous les observateurs. Elle était hors du rideau. Enfin, je me souviens d'une séance, tenue dans l'après-midi, au cours de laquelle les attouchements furent prodigués à tous les expérimentateurs, même ceux les plus éloignés du médium.

J'ai eu, dans les trois séries d'expériences faites en 1895, 1896 et 1897 avec Eusapia l'occasion de constater maintes fois le phénomène des attouchements. Il m'a paru dans un grand nombre de cas certain ; mais il prête à la suspicion, car il est extrêmement facile à frauder.

Je me souviens d'une série d'expériences frauduleuses au cours de laquelle divers attouchements se sont produits. Les premiers faits à travers le rideau rappelaient les contacts obtenus avec Eusapia, mais l'obscurité était complète et celui qui m'a probablement touché était le *voisin de gauche* du médium ou peut-être mon voisin de droite. J'ai été touché également au genou, mais c'était par une main bien naturelle, qui appartenait à l'un des expérimentateurs, de mentalité inférieure d'ailleurs. Il est à remarquer que les gens inexpérimentés se laissent facilement tromper ; cependant, quand on a l'habitude de ces phénomènes, on perçoit vite la différence marquée qui existe entre les phénomènes frauduleux et les autres. Je ne conseille pas aux expérimentateurs de se placer dans les conditions où ces faits s'observent, car elles sont très défavorables à l'examen du phénomène. Ces conditions, autant que j'ai pu les déterminer, sont : 1° La formation de la chaîne autour de la table, le médium étant placé le dos tourné aux rideaux. 2° Une lumière extrêmement faible ou l'obscurité. Ce n'est qu'avec Eusapia que j'ai obtenu ces attouchements avec un peu de lumière.

Ces contacts, outre qu'ils ont l'inconvénient d'être peu probants dans les conditions où on les obtient, ont encore le désavantage d'impressionner les personnes faciles à l'émotion et à la peur. J'ai vu des personnes très courageuses être très désagréablement affectées par ces attouchements. Il ne faut donc essayer de les avoir que lorsque l'on est déjà familiarisé avec l'observation des phénomènes psychiques.

Il est à remarquer d'ailleurs qu'ils présentent les caractères signalés dans ceux que j'ai déjà examinés. C'est d'abord la corrélation qui existe entre les mouvements du médium et le contact perçu. J'en ai donné un exemple tout à l'heure en racontant les phénomènes dont le général Thomassin a été l'objet. Les mouvements de la main droite qui le touchaient étaient mimés par la main droite d'Eusapia qui était visible et vue de tous.

En voici un autre exemple, dans lequel les mouvements synchroniques furent exécutés par l'un des expérimentateurs. « John (la personnalité seconde) dit alors à M. de Rochas qui tient avec sa main droite la main gauche d'Eusapia, de poser sa main gauche sur le cou de celle-ci, les doigts étendus comme pour magnétiser ; puis il lui dit de baisser les doigts. M. de Rochas exécute le mouvement à diverses reprises, et à chaque fois M. Maxwell qui tient la main droite du médium, perçoit sur l'épaule, à cinquante centimètres de distance, des attouchements synchrones. » On trouvera de nombreux exemples de ce genre dans les comptes rendus de séances tenues avec Eusapia. Ce fait est à rapprocher de ceux que j'ai indiqués déjà pour les raps et les phénomènes moteurs ou lumineux. On aperçoit combien la relation que j'ai signalée, après bien d'autres et notamment après Richet, entre les mouvement du médium et les phénomènes, est constante : il y a là une première constatation générale ; si j'osais employer l'expression, je dirais que nous sommes en présence d'une première loi de ces phénomènes paranormaux. Je ne les ai pas observés assez souvent pour pouvoir indiquer que la relation indiquée existe entre la contraction musculaire et les phénomènes plutôt qu'entre celui-ci et le mouvement exécuté ; mais, quelques faits trop peu nombreux encore me permettent de penser qu'il en est ainsi.

Enfin, la fatigue des assistants et celle surtout du médium s'observent après les attouchements décrits.

L'influence de la lumière paraît très défavorable. Je n'ai pas eu l'occasion d'observer des attouchements en plein jour comme je l'ai si souvent fait pour les raps ou les mouvements sans contact ; avec Eusapia, une demi-obscurité était nécessaire. Cette circonstance rapproche le phénomène des *attouchements* de celui des *formes*. Elle est intéressante, car si les attouchements sont dûs à des condensations d'une matière quelconque, comme les formes, il y a lieu de penser que les deux phénomènes sont étroitement connexes et que c'est la même substance qui en se condensant produit les uns et les autres. C'est ce que j'ai observé, notamment à l'Agnélas où j'ai vu une main et un bras toucher la tête de M. Sabatier au moment où ce dernier accusait un contact à la tête. J'ai donné un exemple de ce fait observé à Choisy par MM. de Gramont, de Watteville et moi.

On voit combien l'examen calme et impartial des faits révèle de conditions communes pour leur production et de similitudes entre certains d'entre eux.

II. — Les empreintes nous mettent en présence d'une catégorie de phénomènes du même genre. La pression paraît exercée sur une substance matérielle et non sur les assistants.

Si la substance est suffisamment molle, l'empreinte de la forme qui a exercé la pression peut s'y imprimer. Je n'ai observé que deux fois ce phénomène avec Eusapia : c'est à Choisy, en 1896. La première fois nous obtînmes l'empreinte de la pulpe de doigts sur du noir de fumée. Les conditions d'observation n'étaient pas bonnes. La seconde fois, l'empreinte fut marquée dans l'argile. « On apporte, dit notre compte rendu, au milieu de la table le plat contenant l'argile plastique. Presque immédiatement le plat qui pèse près de deux kilogrammes est soulevé et posé en équilibre sur le bras gauche de M. de Rochas dont la main gauche continue à tenir la main droite d'Eusapia. M. de Rochas sent trois pressions successives et bien nettes du plat sur son avant-bras, puis une pression amicale sur son arrière-bras semble le prévenir que le phénomène est accompli. Aussitôt on emporte le plat et on constate au jour, des empreintes de doigts comme enveloppés d'un tissu fin dont la trame se distingue sur l'argile. » Je n'ai pas observé ce fait avec assez de précision pour pouvoir le retenir comme démontré : je le signale cependant parce qu'il permet de conserver la trace matérielle du phénomène. D'autres observateurs ont obtenu de meilleures empreintes avec Eusapia. J'en ai qui représentent, très défigurée, la face de ce médium. Je considère que ce phénomène doit être observé avec soin si on a l'occasion de rencontrer des médiums susceptibles de le produire. Je signalerai à l'attention des observateurs éventuels : 1° La présence presque constante d'une sorte de trame sur l'empreinte comme si l'objet qui la formait était entouré d'une gaze légère. Cette circonstance est de prime abord suspecte : mais, ici encore, comme toutes les fois que nous sommes en présence de ces manifestations peu familières, il ne faut pas se hâter de conclure à la fraude et de dire que le médium se met une gaze humide sur la figure ou les mains pour éviter de se souiller de glaise et de porter les traces évidentes de sa tromperie. C'est là, je le reconnais pourtant, l'explication qui doit se présenter la première à l'esprit et il ne faut l'écarter que si on a de justes raisons de le faire : mais l'unique raison de conclure à la fraude ne doit pas être tirée du fait curieux que je signale. Il y a quelque chose d'intéressant dans la présence de cette gaze légère signalée autour des formes observées. Les figures que j'ai vues étaient toutes encadrées d'une sorte de voile laiteux : j'ai très rarement vu des figures dépouillées de ce léger tissu. Je ne l'ai pas observé autour des objets matériels ni autour des figures d'animaux. Je ne l'observe pas davantage dans certaines formes qui se rattachent à l'illusion hypnagogique. Je signalerai à ce sujet l'observation suivante du baron Brincard et de M. Béchade : « M. de Rochas se sent toucher à la figure comme par une barbe et voit se détacher en noir sur le fond de la pièce le mieux éclairé par la fenêtre, une longue mèche ondulée. MM. Brincard et Béchade ont la sensation d'une gaze noire très légère et transparente qui envelopperait leur tête et tomberait jusqu'aux épaules ; elle se dissipe avant qu'ils aient pu la saisir. »

Je n'ai pas remarqué cette trace de tissu sur des empreintes certainement frauduleuses qui m'ont été montrées ou qui ont été faites en ma présence. Je vais donner un exemple de chaque pour montrer comment un examen attentif peut révéler la fraude. Dans un groupe, il me fut montré un jour une petite tête de mort imprimée sur une substance plastique : un jeune homme l'avait présentée comme une empreinte authentique. Cela me paraissait anormal, car une tête de mort n'est pas une chose commune dans les séances et pour ma part je n'ai jamais vu de phénomène répugnant ou impressionnant dans les séances sérieuses auxquelles j'ai assisté. Un examen attentif me montra la trace de l'extrémité des doigts qui avaient tenu l'objet pendant qu'on l'imprimait sur la matière plastique.

Une autre fois j'assistai à une séance où l'un des expérimentateurs prépara des assiettes de mastic. Il les plaça lui-même sur le *haut d'une armoire*. A la fin de la séance on y constata des empreintes de doigts. Ces empreintes avaient été faites pendant que l'expérimentateur plaçait l'assiette et bien entendu faites par lui très normalement. Dans ces cas l'empreinte était nette et ne portait aucune trace de tissu. Ces traces ne sont donc pas nécessairement liées à la fraude, puisque les fraudeurs ne se servent généralement pas d'un tissu quelconque pour se préserver de toute tache au moment où ils font l'empreinte frauduleuse.

Quant aux photographies, je n'en ai jamais obtenu de paranormales. Il est vrai de dire que je ne me suis pas occupé de ce genre d'expériences. Je n'en dirai donc rien puisque je n'ai aucun fait personnel intéressant à signaler. L'existence de photographies paranormales est affirmée par des hommes sincères et respectables et leurs expériences méritent d'être reproduites. Le procédé opératoire est simple. On photographie le médium *en trance* à la lumière du jour; les photographies au magnésium ne sont pas à recommander pour diverses raisons. Plus que toutes autres elles rendent la fraude aisée. Je n'ai pas besoin de recommander les précautions à prendre. Ne jamais employer que ses propres plaques, ne pas s'en dessaisir un instant, charger les chassis, les exposer et les développer soi-même.

Je me rappelle qu'un de mes amis, officier supérieur, me montra un jour des photographies extraordinaires sur lesquelles se voyaient des formes anormales, figures étranges, ou formes humaines à côté du médium. Je déclarai à mon ami qu'il avait été trompé : trop honnête pour admettre qu'il avait été victime d'une tromperie déloyale, l'officier n'ajouta pas foi à mes critiques et m'assura que la photographie avait été prise par lui, avec son appareil et me déclara qu'il n'avait pas perdu celui-ci de vue un instant. Ses affirmations ne modifièrent pas mon sentiment. Plus tard, en discutant avec soin les conditions de l'expérience, l'officier reconnut qu'il avait interrompu la séance pour aller déjeûner et avait laissé son appareil chez le médium. Celui-ci en avait profité soit pour changer les plaques et y substituer des plaques exposées, soit pour faire sur les plaques mêmes de mon ami une première exposition frauduleuse.

L'auteur de la fraude dut d'ailleurs la reconnaître. Je me demande à quel mobile a pu obéir ce jeune homme en trompant. Je crois qu'il agissait par enfantillage : il a d'ailleurs une tendance à l'hystérie.

Il y a plusieurs procédés de fraude : le plus usité est la double exposition. L'emploi sagace du sulfate de quinine permet certaines opérations curieuses, paraît-il. Je n'ai pas vérifié ce fait.

CHAPITRE V

PHÉNOMÈNES PSYCHOSENSORIELS ET INTELLECTUELS

Sous ce titre un peu vague je réunis un ensemble de phénomènes particuliers qui diffèrent sensiblement de ceux que j'ai examinés jusqu'ici. En effet, les faits racontés par moi se rapportent à des manifestations matérielles et ce n'est qu'accessoirement que j'ai indiqué le caractère intelligent que présentaient certaines de ces manifestations. J'aborde maintenant l'exposé des moyens propres à obtenir non plus les phénomènes *physiques* mais les phénomènes *intellectuels* proprement dits, c'est-à-dire ceux qui ne présentent de l'intérêt qu'à raison des *idées exprimées ou de la signification des images produites,* et nullement à cause des conditions dans lesquelles on les obtient.

Je dois déclarer que j'ai étudié ce genre de phénomènes avec moins d'intérêt que les phénomènes sonores, moteurs ou lumineux. Ces derniers sont d'une observation plus simple : les autres ne peuvent être étudiés qu'indirectement et il faut en général se fier au récit d'une tierce personne pour les constater. Cela me paraît être de mauvaises conditions d'observation. Cette réserve faite, je diviserai ces phénomènes en deux grandes classes : 1° les automatismes sensoriels ; 2° les automatismes moteurs.

§ Ier. — Automatisme sensoriel.

Je désigne sous ce nom les phénomènes produits par

l'activité spontanée de nos sens et qui ne paraissent pas dus à une excitation extérieure. Ce sont des phénomènes voisins de l'hallucination. On les observe dans les différents domaines sensoriels. Je n'examinerai que les sensations olfactives, auditives et visuelles : les impressions tactiles ont été étudiées dans le dernier chapitre. Quant aux sensations gustatives, elles sont très rares et sans intérêt.

I. Sensations olfactives. — Elles consistent en une odeur déterminée. Je n'en ai jamais éprouvé dans les séances auxquelles j'ai assisté. Dans une série j'ai cependant vu le médium associer l'odeur du jasmin à la manifestation d'une personnification. Cette sensation m'a paru entièrement subjective, elle était constante.

Après les phénomènes lumineux, l'odeur de l'ozone est généralement perçue. J'en ai donné des exemples. Ce fait est à retenir et à rapprocher de l'odeur d'ozone que l'on sent dans le voisinage des fortes machines statiques, qui donnent de l'électricité à *un très haut potentiel*. Il y a là une analogie qui n'est peut-être pas fortuite : ces faits n'ont d'ailleurs rien d'intelligible.

II. Sensations auditives. — Je ne parle pas des phénomènes sonores. J'aborde directement ici l'étude des phénomènes *intellectuels*, c'est-à-dire ayant une signification plus ou moins précise et intelligible.

Les phénomènes auditifs peuvent se diviser en deux grandes classes : les automatismes provoqués et les automatismes spontanés ou clairaudience. Les premiers peuvent être considérés comme des sortes d'hallucinations déterminées par divers procédés. Le plus simple consiste dans l'emploi de certains coquillages ou d'une trompe renversée, de tout objet renforçant en un mot les bruits externes ou internes que ne perçoit pas ordinairement l'oreille et en permettant la perception. C'est ce que l'on constate particulièrement avec certaines coquilles marines. Lorsqu'on les applique contre l'oreille, on entend un bruissement ou un léger grondement. Cette sensation est commune à tout le monde et les enfants ont coutume d'écouter par jeu « le bruit de la mer dans les coquillages ».

Certaines personnes ne perçoivent pas ce bruit, ou plutôt, il disparaît vite pour elles et fait place à des mots et à phrases. J'ai connu un sujet chez lequel cette faculté existe, mais les circonstances ne m'ont malheureusement pas permis de l'étudier avec soin. Je me bornerai à signaler à l'attention des observateurs l'intérêt que présente cet automatisme ; la rapidité des communications est très grande : on peut par ce moyen obtenir plus de rendement qu'avec l'écriture automatique, et l'on fatigue moins le médium. La seule précaution à prendre est de sténographier les paroles répétées par lui. Il faut l'habituer à les redire immédiatement parce que les paroles entendues sont très vite oubliées. C'est un caractère qui les rapproche des rêves auxquels cet automatisme ressemble sous d'autres rapports encore que l'amnésie. Il a beaucoup d'analogie avec l'automatisme visuel. Mais il présente sur ce dernier un avantage bien intéressant : les images visuelles sont celles qui offrent le plus haut degré de symbolisme : elles sont vagues, imprécises et demandent à être interprétées. Les hallucinations auditives ont au contraire plus de précision. Cela tient peut-être au mode habituel par lequel les images auditives se révèlent : le langage. D'autre part, elles sont beaucoup moins riches et détaillées.

L'allure des messages est toutefois rarement très nette ; mais il y a des cas où elle l'est beaucoup. Tels sont les principaux caractères des phénomènes d'automatisme auditif provoqué. J'ai trop peu étudié ce genre de manifestation pour me permettre une analyse plus complète.

La *clairaudience* est plus fréquente ; peut-être est-ce dû à la négligence des expérimentateurs qui ne songent pas à employer les procédés d'induction que je viens de décrire.

J'ai très rarement constaté l'existence d'hallucinations

auditives isolées : je crois les avoir toujours observées associées à des hallucinations visuelles et je les étudierai après celles-ci en examinant les automatismes mixtes.

III. SENSATIONS VISUELLES. — Les phénomènes observables sont ici très nombreux et ont été déjà l'objet d'études complètes. Je les distinguerai encore en phénomènes provoqués et phénomènes spontanés. Je parle bien entendu des hallucinations éprouvées par les médiums en dehors des séances. Je remplacerai dans cette partie de mon analyse le mot *médium* par celui de *sensitif* qui me paraît mieux définir le caractère distinctif des personnes qui ont les facultés que je vais décrire. Ce mot exprime bien que les faits observés sont du domaine de la *sensibilité*.

L'un des moyens les plus anciennement connus est l'emploi d'une boule de cristal. Je n'ai pas besoin de rappeler la pratique des anciennes devineresses, ni l'histoire de John Dee, ni les nombreux récits qui nous ont été faits par les chroniqueurs ou les romanciers. La boule de cristal est le procédé perfectionné, de même que le miroir noir ; mais le miroir ordinaire, le verre d'eau, la carafe ronde, la boule des savetiers, l'ongle du doigt, le verre de montre, toute surface polie enfin peut servir à induire l'hallucination. Je ne recommanderai que les premiers procédés : ils sont les meilleurs ; l'ongle, le verre de montre, les surfaces polies comme celles d'une table vernie ou cirée ne sont pas à recommander.

La boule de cristal est je crois le procédé de choix : j'ai étudié avec quelque soin la vision dans le cristal, et bien que j'aie remarqué des différences individuelles chez les sujets, je crois pouvoir dire que d'une manière générale je suis arrivé, en ce qui concerne le processus opératoire, aux constatations suivantes :

La matière de l'objet n'est pas indifférente. Les boules en *cristal de roche* m'ont donné les meilleurs résultats : j'ai vu des personnes incapables d'avoir des visions dans le verre ordinaire qui en obtenaient dans une petite boule de cristal naturel. Les objets en cristal de roche ont l'inconvénient d'être très coûteux.

Le verre ordinaire donne de très bons résultats, mais il faut éviter que la boule contienne des bulles d'air ou d'autres défauts. Il faut qu'elle soit aussi homogène que possible.

La forme de la boule peut être sphérique ou ovoïde. Je crois que la forme elliptique est peut-être la meilleure, car elle permet d'éviter plus aisément les reflets.

La dimension de la boule est indifférente, mais je préfère les boules un peu grosses. J'ai cependant obtenu d'excellents résultats avec des boules d'un centimètre aussi bien qu'avec des boules de 6 à 7 centimètres de diamètre.

La boule peut être blanche, bleue, violette, jaunâtre, verte ; elle peut être opaline ou transparente, mais je crois que les meilleurs résultats s'obtiennnent avec les boules blanches transparentes, les boules bleues et les boules couleur améthyste. Ces deux dernières fatiguent moins l'œil.

Comme l'étude de la vision dans le cristal me paraît bien l'un des phénomènes les plus curieux à étudier, je me permets d'indiquer que l'on trouvera des boules de cristal bien faites chez Leymarie, 42, rue Saint-Jacques, à Paris, ou à Londres, au siège de la *Society for Psychical Research*, 20, Hanover square, London, W., ou chez Mrs Venman, Sugden road, Lavender hill, London, S. W. Le prix des globes en verre varie de 6 fr. 75 à 11 fr. 25 ; celui des ovoïdes, de 10 fr. à 12 fr. 85. Le mieux serait encore de chercher une boule en cristal de roche, mais le prix varie alors entre 5 et 200 francs. Il faut les faire tailler sur commande, car il est extrêmement difficile d'en trouver de toutes faites. M. Servan, joaillier à Bordeaux, en fournit de bonnes.

Pour regarder dans la boule, il faut la placer à l'abri de tout reflet, de façon qu'elle offre une teinte uniforme sans points brillants. Pour cela, on peut l'envelopper d'un foulard ou d'un velours foncé, ou la tenir dans le creux de la main, ou même la tenir au bout des doigts pourvu que les conditions indiquées plus haut soient remplies. L'objet doit être placé à la distance de la vision normale ; le regard doit être porté non sur la surface de la boule, mais *dans la boule elle-même* : avec un peu d'habitude on y arrive aisément.

Les miroirs donnent aussi de très bons résultats. Ils peuvent être fait comme les miroirs ordinaires ou être noirs comme les fameux miroirs de Bhatta qui ont une composition spéciale. Je n'ai pas expérimenté avec ces derniers. J'ai remarqué qu'il fallait, au dire des sujets, que le miroir ne reflétât aucun objet et présentât une teinte uniforme, celle du ciel par exemple, bleu ou gris, mais sans mélange de ces couleurs comme l'est par exemple un ciel nuageux, où les vapeurs blanches se détachent sur le fond azuré : dans un appartement on peut faire refléter le plafond s'il est monochrome.

Enfin, un verre d'eau, une carafe d'eau si elle présente une forme globulaire ou cylindrique, un syphon d'eau de seltz, l'ongle du pouce notamment peuvent servir d'inducteurs à l'hallucination ; mais ces procédés, sauf les deux premiers ne réunissent qu'avec des sujets très sensibles.

Dans ces conditions d'opération j'ai observé des résultats quelquefois extraordinaires et qui confondent l'imagination. Ils m'ont paru tendre à démontrer la vérité de l'idée kantienne sur la relativité et la contingence du temps et de l'espace. Il est bien difficile d'admettre que ces deux ordonnées de nos perceptions soient exactement ce qu'elles nous paraissent être, à moins de pousser la théorie des coïncidences jusqu'à l'absurde comme je l'ai vu faire par un professeur de mes amis. C'est alors fermer la porte à toute discussion et à tout examen intelligent d'un fait en apparence anormal.

Mes observations ont été faites avec différentes personnes

et l'on m'en a signalé un grand nombre que je n'ai pas personnellement faites. Les sujets doués de la faculté de voir dans le cristal (c'est sous cette forme abrégée que je désignerai ce phénomène) ne sont pas rares. L'analyse des faits observés par moi ou que je tiens de première main, c'est-à-dire des personnes qui les ont elles-mêmes observées, permet de ranger ces « hallucinations » (?) dans six catégories d'intérêt croissant :

1° Vision de faits imaginaires, hallucinations ordinaires ;

2° Souvenirs oubliés rappelés à la mémoire sous forme de vision ;

3° Faits passés que le sujet affirme avoir toujours ignorés ;

4° Faits actuels certainement inconnus du sujet ;

5° Faits futurs ;

6° Faits d'interprétation douteuse.

Ce groupement montre la curieuse gradation qu'on observe dans les visions. D'abord une activité désordonnée et illogique comme celle du rêve, puis une activité plus coordonnée : connaissance de faits oubliés, connaissance de faits passés ignorés du sujet, connaissance de faits actuels ignorés du sujet, connaissance apparente d'événements futurs. Je n'ai eu l'occasion d'observer nettement que les faits classés sous les numéros 1, 2, 3, 5 et 6. Je vais en donner des exemples :

I. — La vision de faits imaginaires est de beaucoup la plus fréquente. Ce phénomène est analogue à l'hallucination visuelle ordinaire et me paraît présenter tous les caractères du rêve. Ce n'est pas ici le lieu de discuter l'état de la conscience dans le rêve : la forme que je donne à mon récit ne comporterait pas de longues analyses psychologiques. Je me bornerai à résumer les conclusions de l'analyse détaillée que j'en ai faite dans un autre livre.

La conscience qui fonctionne habituellement chez nous,

celle qui se manifeste dans la vie courante est la *conscience personnelle*. C'est autour d'elle que se groupent les souvenirs accessibles à notre personnalité, à ce que nous appelons *moi*. Cette conscience personnelle s'affirme dans les actes les plus élevés de la vie psychique, dans la comparaison des images entre elles, dans l'abstraction, le jugement, la sélection volontaire des actes qui nous paraissent également possibles. Cette sélection est l'expression de notre activité volontaire personnellement consciente, elle se détermine par la comparaison des actes entre eux, par l'examen de leurs conséquences probables avantageuses ou non, par l'appréciation de leur moralité ou de leur immoralité d'après les règles admises par notre société actuelle, etc. La conscience personnelle est le fondement de toute notre vie intelligente : pratiquement elle paraît seule exister et sa disparition nous semble anéantir notre propre personnalité.

En réalité il n'en est rien. Nous pouvons observer chez certains malades des modifications complètes ou partielles de la conscience personnelle. Quelquefois, la notion de la personnalité disparaît. On connaît des malades qui subitement oublient jusqu'à leur nom. Toute leur vie antérieure s'efface et ils semblent revenir à l'état où ils étaient au moment de leur naissance. Ils doivent réapprendre à parler, à s'habiller, à manger eux-mêmes. Quelquefois l'*amnésie* n'est pas aussi complète. J'ai pu observer un malade qui avait oublié tout ce qui avait un lien quelconque avec sa personnalité. Il ignorait absolument tout ce qu'il avait fait, ne savait plus ou il était né, quels étaient ses parents, ne se rappelait pas son nom ni son prénom. Il avait une trentaine d'années.

La mémoire organique et les mémoires organisées en dehors de la personnalité subsistaient. Il pouvait lire, écrire, dessiner un peu, jouer grossièrement d'un instrument de musique. L'amnésie chez lui était limitée à tous les faits connexes à sa personnalité antérieure ; elle présentait le type des pertes de mémoire *systématisées*. C'est ce qu'en langage médical on appelle l'*amnésie de dépersonnalisation*.

A un degré moindre, l'amnésie ne porte que sur des périodes limitées de la vie. Les épileptiques et les hystériques présentent souvent de l'*ecmnésie*, terme choisi par l'éminent professeur de clinique médicale de l'Université de Bordeaux, M. Pitres, qui a le premier signalé ce phénomène chez les hystériques. Le malade oublie une partie de sa vie, se croit revenu à 10 ans, 15 ans, 30 ans en arrière et vit comme s'il était encore à l'âge auquel il croit être. Les souvenirs de sa vie ultérieure cessent d'être accessibles à sa personnalité consciente qui se trouve ramenée exclusivement aux éléments qui la constituaient à l'époque où l'ecmnésie reporte le malade. Toute idée étrangère à cette personnalité diminuée lui demeure inintelligible. Pour que le malade comprenne, il faut ne lui parler que de ce qu'il connaissait à l'époque où il est ramené.

A côté de ces disparitions ou de ces amoindrissements de la *personnalité*, de la *conscience personnelle*, qui peuvent être permanentes ou passagères, on observe aussi des altérations *qualitatives* et non plus *quantitatives* de la conscience personnelle. Ce sont les changements ou variations de la personnalité qui ont été bien étudiés chez les hystériques, mais qui existent chez d'autres malades, notamment chez les épileptiques et certains intoxiqués. Ces faits sont trop connus pour que je les décrive. Les lecteurs curieux en trouveront l'analyse complète dans le célèbre ouvrage d'Azam (*Hypnotisme et double conscience*, 1 vol., F. Alcan): dans le livre de Pitres (*Leçons sur l'hystérie*, 2 vol., F. Alcan) et dans celui de Janet (*L'automatisme psychologique*, 1 vol., F. Alcan). Ces trois livres au moins sont essentiels à connaître si l'on veut observer avec fruit les délicats phénomènes, dont j'aborde ici l'exposé.

En résumé, la conscience personnelle est susceptible de disparaître en totalité ou en partie, ou d'être remplacée par une autre conscience, qui peut être absolument étrangère à la conscience personnelle normale ou conserver avec elle des rapports plus ou moins étroits : par exemple, le malade qui change de personnalité peut avoir tous les souvenirs de la personnalité normale A et ceux de la personnalité nouvelle B. Mais d'une manière presque absolue, la personnalité normale A, ignore tout ce qui touche à B. C'est le type de l'*amnésie périodique*.

Tels sont les faits que l'étude clinique des maladies de la personnalité permet d'observer. Je dois dire qu'ils ne présentent pas la simplicité, en pratique, du schéma que je viens d'en donner. De curieux problèmes se posent sur la nature même de l'amnésie, sur son degré, sur son mécanisme, questions qu'il n'est pas possible de traiter ici.

Mais, les faits que je viens d'exposer sommairement révèlent déjà cette chose importante à retenir, que les amnésies passagères, curables, temporaires, démontrent clairement : c'est que les souvenirs peuvent exister à l'état latent dans la conscience générale, et être inaccessibles à la conscience personnelle. Supposez que A oublie les 10 dernières années de sa vie à la suite d'une chute ou d'une crise nerveuse. Cette amnésie durera six mois pendant lesquels il se croira revenu à 15 ans alors qu'il en a 25. Tous les événements de sa vie entre 15 et 25 ans auront entièrement disparu de sa mémoire, pendant six mois, puis il reparaîtront plus ou moins brusquement. Leur disparition temporaire montre bien que ces souvenirs ont été conservés quelque part et qu'ils n'étaient pas perdus. On ne peut pas toujours affirmer qu'ils étaient accessibles à la conscience générale et impersonnelle, dans tous les cas : mais cependant on peut l'affirmer pour l'hystérie d'après les observations de Pitres, de Janet et d'autres, et pour certaines intoxications d'après Régis. Les faits étudiés par ces savants montrent que les souvenirs inaccessibles à la personnalité normale, étaient connus de la conscience générale. Par exemple, un malade amnésique peut retrouver tous ses souvenirs quand on l'endort : c'est ce que Régis a démontré même pour certaines amnésies toxiques. Janet a de son côté établi que ces souvenirs oubliés de la conscience personnelle normale étaient évocables par certains automatismes (l'écriture automatique notamment) et étaient par suite à la disposition de la conscience impersonnelle, c'est-à-dire à cette conscience générale dont la conscience personnelle ne paraît être qu'une partie.

Ce fait, que l'étude de la pathologie nerveuse a démontré, est certainement général. Les troubles de l'hystérie et des autres névroses ne font qu'exagérer un phénomène normal. Notre personnalité ne s'encombre pas de tous les souvenirs que notre conscience générale paraît posséder : la plus grande partie des choses que nous avons vues, apprises, entendues, etc., s'oublie, mais cet oubli est probablement relatif et ne s'étend qu'à la conscience personnelle. Il est aussi variable, et suivant les circonstances, les souvenirs accumulés dans la conscience générale, sont tantôt plus accessibles à la conscience personnelle, et tantôt le sont moins. Si la mémoire personnelle est exaltée on a de l'*hypermnésie*. Les faits qui surgissent dans la conscience personnelle ont été si bien oubliés par elle qu'ils paraissent quelquefois nouveaux ; les souvenirs se présentent à la conscience sans être identifiés par elle et l'on commet des erreurs sur la localisation de l'image mnésique dans le temps ou dans l'espace : ce sont des *paramnésies*.

Les variations de la conscience personnelle relativement à la *mémoire*, dont le rôle dans la constitution de la personnalité, du *moi*, est prépondérant, se traduisent donc cliniquement par des amnésies, des hypermnésies, des paramnésies, mais, les variations signalées ne se limitent pas à la mémoire : elles s'étendent aux autres opérations de l'esprit.

J'ai indiqué tout à l'heure que la conscience personnelle

n'était qu'une facette de cette conscience plus générale existant en nous-mêmes, conscience où tous les souvenirs s'accumulent, où toutes les expériences passées s'entassent, où toutes nos sensations s'enregistrent, que notre conscience personnelle les ait perçues (aperceptions) ou les ait ignorées (perceptions). Cette conscience générale est par elle-même impersonnelle par rapport tout au moins à notre personnalité normale. Celle-ci n'est qu'un des courants qui circulent dans cette conscience : sa prépondérance, comme l'a indiqué Myers, n'est probablement qu'une conséquence de son utilité pratique plus grande dans la vie quotidienne, et non un indice de sa supériorité absolue ; mais il y a une chose à constater, c'est que nous sommes habitués à rattacher à cette conscience personnelle toutes les opérations de notre intelligence usuelle. Nos raisonnements, nos volitions, nos jugements quelconques se groupent autour de notre personnalité consciente ou plutôt se fondent sur son activité apparente. Il en résulte cette conséquence importante que, toutes les fois que le sentiment de la personnalité dans la conscience variera, nos raisonnements, nos volitions, nos jugements varieront dans la même proportion. Les pensées qui se présenteront à nous cesseront d'être choisies par nous et viendront en apparence d'elles-mêmes : leurs associations échapperont à toute logique, leur succession sera rapide et incohérente pour notre personnalité qui assistera, impuissante à la diriger, à leur évolution. L'affaiblissement du sentiment de la participation personnelle aux actes de la vie psychique se traduit donc par la diminution de notre faculté de choisir les images évoquées dans la conscience, par la diminution de notre pouvoir de contrôle sur leur évolution, par l'impuissance où nous sommes non seulement de les juger suivant les règles de la raison, mais encore de rejeter les interprétations les plus illogiques qui s'offrent ou s'imposent à nous. En un mot, l'affaiblissement de la volonté, du jugement s'associent à celui de la conscience personnelle.

On constate aussi une atténuation correspondante dans la faculté d'abstraire. Les idées s'accompagnent de leur représentation imagée ou motrice ; quelquefois elles ne s'expriment que par des images et se présentent sous une forme symbolique ou se dramatisent. L'idée de la mort d'un parent par exemple ne s'exprimera pas avec précision comme elle l'est quelquefois dans les hallucinations verbales ou dans celles du langage écrit, mais par un tableau représentant le parent dans un cercueil, ou peignant son enterrement.

Telles sont les expressions psychologiques de l'affaiblissement de l'élément personnel dans la conscience.

Il ne faut pas en conclure que la conscience impersonnelle soit incapable de toute opération intelligente. Il n'en est rien, et les événements montrent que la conscience impersonnelle ou *subconscience*, comme on l'appelle ordinairement, est capable d'accomplir avec une grande perfection les actes intellectuels les plus compliqués sans que la conscience personnelle en soit avertie. Dans ces cas, lorsque le résultat de l'opération est transmis à la conscience personnelle, celle-ci la perçoit sous la forme symbolique ou dramatique que j'ai signalée.

L'observation montre que tous les caractères, que je viens de décrire comme se rencontrant dans les cas où la participation de la conscience personnelle à notre activité mentale ou physique est diminuée, se trouvent dans l'hallucination et le rêve. Les lecteurs curieux de connaître mes idées sur ce point les trouveront plus complètement développées dans mon livre : *L'Amnésie et les troubles de la conscience dans l'épilepsie*. Je ne puis songer à les reprendre ici en détail et me borne à indiquer les principaux résultats auxquels conduit l'analyse des états de conscience pathologiques ou simplement oniriques.

Je m'excuse d'avoir fait cette digression : elle était indispensable pour que je puisse développer d'une manière compréhensible les analogies que présentent les hallucinations provoquées par la vision dans le cristal avec le rêve, et le caractère transcendantal que ces visions peuvent présenter sans être pour cela surnaturelles. Ces considérations exposées, j'aborde le récit des faits observés par moi.

La façon dont les hallucinations purement imaginaires s'induisent chez la plupart des sujets que j'ai examinés est à peu près la même. Je la décrirai en faisant remarquer que la formation de l'image hallucinatoire est la même dans tous les cas : que l'impression visuelle soit imaginaire ou qu'elle contienne l'expression d'un fait vrai, passé, présent ou futur.

J'ai dit comment il fallait orienter la boule et la regarder. Le sujet, après avoir fixé le globe pendant quelques instants, — le temps varie beaucoup suivant les sensitifs, — voit une teinte opaline et laiteuse envahir la boule. J'ai trouvé un sujet, dame du meilleur monde, intelligente et instruite, qui compare cette impression à celle que font sur l'œil, des brouillards ou des nuages blancs qui passent rapidement sur le ciel. Pour elle la teinte laiteuse serait en mouvement. Elle se déchirerait comme une nuée ou comme un brouillard pour laisser voir l'image hallucinatoire toute formée. Un autre sujet, également instruit voit le brouillard immobile d'abord, se condenser en formes grises puis peu à peu colorées et mobiles. Ce sensitif entre tellement dans l'hallucination qu'il lui arrive ordinairement de se croire transporté dans le paysage qu'il voit et il a non seulement une hallucination de la vue, mais une hallucination de toutes les sensibilités. La plupart des autres voient l'image dans le globe, mais croient la voir de grandeur naturelle. La dimension de la boule n'a aucune influence sur la dimension apparente de l'image : c'est du moins ce que j'ai presque toujours remarqué.

Ce que je dis du mode d'induction de l'image dans les boules de cristal s'applique à tous les autres modes d'induction, miroir, verre d'eau, carafe, etc.

La vision a quelquefois pour cause une association d'idées ou d'images aisément perceptible. En voici un exemple : je me trouvais dans un groupe spirite et parmi les assistants se trouvaient divers médiums, à automatismes nettement subconscients ou paraconscients et présentant les caractères du somnambulisme ordinaire. Je priai une jeune fille d'environ 15 à 16 ans de regarder dans une boule de cristal blanc de 4 centimètres de diamètre. Elle vit, presque sans transition des *poissons rouges* dans la boule. Tout le monde connaît les coupes sphériques où l'on enferme des cyprins ; il y avait justement une boule de ce genre dans la salle où nous étions. L'idée de boule transparente s'associait naturellement à celle de poissons rouges : cette association subconsciente a provoqué l'image visuelle des poissons. Les faits de ce genre sont les plus simples ; leur mécanisme psychologique est facile à pénétrer : les associations d'images sont presque logiques et leur caractère onirique est à peine marqué. Dans le cas cité, l'impossibilité de placer des poissons dans une boule de cristal pleine n'est pas perçue par la conscience ; elle subit la succession des images associées empiriquement : le globe plein d'eau où se trouvaient les poissons ressemblant par sa forme et son aspect à la boule de verre transparent, celle-ci a évoqué l'image de celle-là et des poissons qu'elle contient. Cette association est très intelligible.

Voici un autre exemple, emprunté à des expériences faites avec un sensitif remarquable. Ce sujet est celui chez lequel l'hallucination se généralise. Cette personne aperçut une gare de chemin de fer, et vit des valises dans la salle des bagages. Elle entra alors dans le rêve et s'imagina qu'elle allait retirer sa valise ; elle pénétra dans la salle des bagages, prit sa malle et l'ouvrit. Elle contenait un cadavre particulièrement horrible qui sauta hors de la valise et se plaignit amèrement d'être ainsi dérangé. Il se précipita sur le sensitif qui prit aussitôt la fuite, poursuivi par le cadavre ;

après une poursuite acharnée, le sensitif se lança dans une route qui traversait un parc. Ce parc en réalité est situé à plus de mille kilomètres de la gare où elle croyait avoir vu les valises. Cette distance disparut dans la vision. Le cadavre prit une route symétrique : ces deux routes se rejoignaient au milieu d'un coteau et le sensitif s'aperçut que son persécuteur arrivait sur lui à fond de train ; il tomba et le cadavre s'arrêta et se baissa pour le frapper. Le visionnaire lui donna alors un violent coup de pied dans le ventre, et l'étendit sur le sol. L'hallucination cessa brusquement alors et le sensitif se retrouva dans sa chambre, en face de son cristal. La vision avait eu une telle intensité qu'il était encore ému de sa frayeur et haletant de sa course.

Cette hallucination est de nature onirique et rappelle certains délires. J'ai interrogé avec soin le sensitif pour essayer de reconstituer les éléments psychologiques de ses hallucinations et, pour celle-ci, puisque je la raconte, j'indiquerai les résultats de mon enquête :

1° Le sensitif a eu souvent l'occasion de voir des cadavres. Il n'en a pas peur ; il n'éprouve pas de répugnance même à les toucher ;

2° Il a beaucoup voyagé, mais n'a aucun souvenir d'une relation quelconque entre sa valise et des cadavres, sauf les associations que peuvent évoquer les histoires du genre de l'affaire Gouffé ;

3° La poursuite a eu lieu dans un site déterminé, connu du sensitif, qui avait, justement là, fait un jour une course avec un de ses amis dans des conditions rappelant celles de l'hallucination, notamment le choix par chacun des coureurs d'une route différente : les deux routes étant d'ailleurs symétriques et se réunissant comme dans la vision ;

4° Il n'est pas tombé, et n'a aucun souvenir conscient pouvant expliquer sa lutte avec le cadavre.

Cette hallucination curieuse nous montre un mélange

d'images vraies et d'images fantastiques, celles-ci composées toutefois d'éléments réels. La durée de cette hallucination si remplie d'événements paraît avoir été très courte. C'est un caractère que l'on constate dans le rêve. On voit dans le récit que j'ai fait la trace d'associations bizarres, les unes explicables, les autres non. L'idée de gare et de valises s'enchaînent. — Celle de cadavre dans une valise est déjà anormale, mais compréhensible, le sujet étant assez au courant de la littérature criminelle contemporaine pour être informé de l'affaire Gouffé. Le saut du cadavre hors de la valise, la fuite du sujet et sa poursuite par le cadavre sont des associations anormales. La première est difficilement explicable. La fuite et la poursuite s'expliquent mieux : la première de ces idées évoquant naturellement la seconde. L'idée de poursuite éveille l'idée de course, celle-ci éveille l'idée du paysage dans lequel le sensitif a réellement fait une course, et malgré son illogisme cette association est acceptée, bien que la gare où la scène commence soit à plus de 1 000 kilomètres du parc où la poursuite a lieu.

Toutes ces associations portent l'empreinte caractéristique du rêve.

II. — La vision de faits passés et oubliés présente une apparence différente. En voici un exemple : le sensitif dans la conversation fut prié de chanter une chansonnette de Delmet. Il ne put se rappeler deux vers d'un des couplets, et dut les passer. J'eus alors la curiosité d'improviser une expérience et je priai le sensitif de regarder dans une boule de cristal. Les deux vers oubliés furent lus par lui dans le globe. On s'explique encore très bien les faits de ce genre — ils sont très nombreux dans la littérature spéciale — par l'action de la conscience impersonnelle ou subliminale. Le souvenir oublié par la conscience personnelle existe dans la conscience générale et celle-ci a besoin d'une mise en scène pour transmettre son message à la conscience personnelle ; de là l'activité sensorielle automatique visuelle, et la lecture des mots oubliés qui paraissent imprimés. Je n'insisterai pas sur les faits de ce genre qui sont bien connus.

III. — La troisième catégorie des visions comprend la perception des faits passés que le sujet affirme avoir toujours ignorés. Il est bien évident que ces faits peuvent, dans le plus grand nombre des cas, rentrer dans la catégorie précédente et n'être que des souvenirs oubliés. J'ai toutefois lieu de penser qu'il n'en est pas toujours ainsi et qu'il existe un certain nombre de cas dans lesquels la connaissance du passé paraît acquise d'une manière supranormale. Ce n'est là qu'une impression que je tire de la réalité des faits de prévision observés par moi.

Comme exemple des faits que je décris présentement, je citerai les suivants :

Un sensitif regardait un jour dans une boule de cristal : il vit tout à coup les lettres suivantes « Salon de 1885 » et vit défiler sous ses yeux une série de tableaux, annoncés par leur titre. Les tableaux ainsi vus par lui ont bien réellement figuré au salon de 1885. Le sujet n'a certainement pas eu une connaissance personnelle du Salon de 1885, il était trop jeune à cette époque, mais rien n'est plus facile que de lire des descriptions des Salons anciens ou de se procurer des reproductions des tableaux y ayant été exposés. Le sujet, dont je n'ai pas lieu de suspecter la bonne foi, affirme n'avoir aucun souvenir conscient d'une lecture de ce genre. Il croit n'avoir jamais rien vu ou lu concernant le Salon de 1885, mais il se borne à affirmer l'inexistence d'un souvenir conscient. Il est possible cependant, il le reconnaît, qu'il ait parcouru un ancien catalogue ou un article de critique sans se le rappeler.

Les faits de ce genre ne sont jamais probants, car il est très difficile de savoir exactement si le sensitif n'a jamais eu connaissance du fait qui émerge dans la vision. Je cite le cas ci-dessus raconté à titre d'exemple et sans me prononcer sur sa signification.

IV. — Je n'ai pas eu l'occasion d'observer d'hallucination induite représentant une scène se passant réellement. En tous cas, je n'ai jamais pu le constater d'une manière satisfaisante.

V. — Les faits de prémonition sont au contraire relativement nombreux en ce sens que j'ai observé quelques-uns d'entre eux et que j'ai obtenu de première main le récit de certains autres.

Voici les cas les plus intéressants :

J'avais donné une boule de cristal à M. X..., homme honorable qui s'intéresse beaucoup aux recherches psychiques. Mme X... a la faculté de voir dans le cristal, mais je n'ai jamais eu l'occasion de l'interroger sur ses visions. Le fait que son mari m'a raconté concerne une dame qui est caissière dans un des grands restaurants de Bordeaux. M. X..., qui déjeunait quelquefois dans ce restaurant, montra un jour la boule de cristal à cette dame : celle-ci regarda dans le globe et y vit la figure d'un petit chien. Ce chien lui était absolument inconnu et la vision ne parut avoir aucun intérêt.

Quelque temps après, M. X... revint déjeuner au restaurant. La caissière l'interpella et lui dit qu'elle était très étonnée. On venait de lui faire cadeau d'un petit chien pareil à celui qu'elle avait vu dans le cristal.

Une autre dame aurait eu certaines visions dans le miroir; ces visions se forment sur la glace de son armoire : celle-ci est placée en face d'une fenêtre et satisfait en partie aux conditions que j'ai indiquées plus haut. Le récit qui m'a été fait de ces visions m'a été confirmé par la dame elle-même.

Elle vit une fois un homme assis sur le trottoir d'une rue déterminée ; cet homme portait au front une blessure d'une forme également déterminée ; un lambeau de peau était arraché et retombait sur l'œil. L'homme avait entre autres détails de costume, un sac enroulé autour du cou : sur ce sac étaient imprimés deux initiales V. L. La dame se vit dans sa vision aborder le blessé, le conduire à l'hôpital et l'y faire panser.

Le lendemain, elle sortit dans la matinée, elle rencontra le blessé à l'endroit où elle l'avait vu la veille et sa vision se réalisa intégralement, jusqu'au détail du sac autour du cou et des lettres qui y étaient imprimées.

Une autre fois, cette dame aperçut, toujours dans les mêmes conditions, c'est-à-dire dans la glace de son armoire, une de ses amies mariée à un fonctionnaire qui réside à l'étranger, où il est consul d'une puissance voisine de la France. Cette dame, dans la vision, paraissait remonter le cours de Tourny à Bordeaux, à l'endroit où cette belle voie débouche dans le square Gambetta. Les détails du costume de cette dame furent notés par l'observatrice : c'était un léger mantelet, une blouse écossaise avec un galon d'or brodé autour du cou.

Deux ou trois jours après, la percipiente se trouvait en tramway. Au moment où la voiture arrivait à la jonction du cours de Tourny et du square Gambetta, elle aperçut son amie dans les conditions exactes de la vision antérieure.

Voici un dernier exemple encore plus significatif que les précédents, car la vision m'a été racontée huit jours avant que l'évènement se réalisât et j'en ai fait moi-même le récit à diverses personnes avant cette réalisation. Un sensitif aperçut dans un globe de cristal la scène suivante : un grand steamer, ayant un pavillon à trois bandes horizontales, noire, blanche et rouge, et portant le nom *Leutschland*, naviguait en pleine mer ; le bateau fut soudain entouré de fumée ; des marins, des passagers et des gens en uniforme coururent en grand nombre sur le pont et il vit le bateau sombrer.

Huit jours après, les journaux annonçaient l'accident du *Deutschland*, dont une chaudière éclata, obligeant ce paquebot à faire relâche, je crois. Cette vision est très curieuse et comme les détails m'en ont été donnés avant l'accident, je l'analyserai avec quelque soin.

En premier lieu une chose frappe : c'est que la prémonition ne s'est pas exactement accomplie. Le *Deutschland* a bien éprouvé un accident, il a du être entouré de vapeur, l'équipage et les passagers ont dû courir effrayés sur le pont, mais heureusement ce magnifique paquebot n'a pas sombré. D'autre part, le sensitif a lu *Leutschland* et non *Deutschland*, mais ce détail n'a pas grande importance, le mot étranger ayant pu être mal lu. Enfin, une chose digne de remarque c'est l'absence complète d'intérêt que cette vision pouvait présenter au sensitif qui n'a aucune relation avec l'Allemagne et ignorait, au moins consciemment, l'existence de ce bateau, bien qu'il en ait certainement eu des images sous les yeux. Il ne faut pas évidemment attacher trop d'importance à cette prévision, mais ce sensitif m'en a donné quelques autres exemples curieux : ces cas rapprochés de ceux que j'ai observés par ailleurs ou dont j'ai eu le récit de première main rendent très improbable l'hypothèse d'une coïncidence sans cependant l'exclure d'une manière absolue. Tels qu'ils sont, ces faits sont assez intéressants, il me semble, pour que l'observation systématique des phénomènes visuels que je signale soit entreprise par des gens compétents et avec des sensitifs véritables, non avec des hystériques qui donnent rarement de bonnes observations.

Je terminerai ce paragraphe en signalant une vision qui s'est reproduite déjà deux ou trois fois depuis quelques semaines. C'est encore la vision d'un accident en mer et j'espère que la prévision ne s'accomplira pas plus complètement que celle de l'accident du *Deutschland*. Je ne nommerai ni le bateau ni la Compagnie à laquelle il appartient, mais j'ai confidentiellement écrit sur carte postale le nom du paquebot à deux de mes amis, gens d'une grande notoriété et d'une honorabilité reconnue. Le sensitif voit un grand steamer dans les mers d'Australie, avec le flanc largement ouvert. Il a été sans doute abordé par un autre paquebot qu'il voit auprès du navire abordé. Les canots des vaisseaux sont mis à l'eau, passagers et marins s'y jettent. Le commandant du paquebot entr'ouvert reste sur sa passerelle et s'enfonce avec le bateau. La mer est houleuse. Cette vision à la date où j'écris (6 avril 1903) ne s'est pas encore réalisée et j'ai heureusement assez de familiarité avec les phénomènes psychiques pour avoir de bonnes raisons d'espérer que cette prémonition ne se vérifiera pas. Je le souhaite en tous cas vivement.

Les faits de prémonition que j'ai observés ou contrôlés et dont je viens d'indiquer quelques exemples ne sauraient raisonnablement, il me semble, être de pures coïncidences. J'ai déjà dit que cette hypothèse, sans être inadmissible, n'était pas suffisante. Songez à l'immense proportion des probabilités qui s'accumulent en faveur de la réalité d'un fait dès que les détails s'accumulent eux-mêmes. Les visions relatives à la dame étrangère et au blessé sont instructives à ce point de vue, étant donné le grand nombre des circonstances vues à l'avance : localité exacte, détails exacts de la blessure, du costume, etc. Il est fâcheux que ces faits n'aient pas été observés dans de bonnes conditions. Celui du *Deutschland* est beaucoup moins démonstratif à cause de l'inexactitude de l'issue prévue.

Si l'on rapproche ces faits de ceux qui ont été déjà enregistrés par la *Sociétés des recherches psychiques*, on arrive à une conclusion qui confirme la simple impression que mes propres observations ont fait naître dans mon esprit. Quelle peut être la cause de ces prévisions ? Quelle signification ont-elles à l'égard de la réalité du temps ? Pourquoi ces visions s'adressent-elles à des gens qui n'ont souvent aucune espèce d'intérêt à les avoir ? Autant de questions que je pose sans me permettre d'en indiquer la solution. Il faut observer avec le plus grand soin les faits qui se présentent, les accumuler en aussi grand nombre que possible, et avant de raisonner sur leurs causes être d'abord bien certains de leur réalité.

J'ai indiqué plus haut l'analogie de la plupart de ces visions avec le rêve : j'en signalerai en dernier lieu une dernière, qui n'est peut-être pas la moins intéressante. C'est que ces visions s'oublient rapidement. Il faut obtenir des sensitifs observés qu'ils écrivent immédiatement leurs visions : dans la plupart des cas, une rapide amnésie en brouille les détails et les fait disparaître. Ces visions réagissent donc sur la mémoire comme les songes.

VI. — Certaines visions sont d'un caractère douteux. En voici des exemples : un sensitif a vu à plusieurs reprises dans le cristal une longue procession de personnages vêtus de blanc qui entrent dans une sorte de crypte ayant l'apparence de l'entrée d'un tunnel. La vision ne présente aucune incohérence, mais ne paraît avoir aucune signification, soit comme souvenir évoqué inconsciemment, soit comme image subconsciente symbolique comportant une interprétation.

Enfin, je vais raconter une dernière vision qui intéressera sans doute plus particulièrement les occultistes. J'opérais avec un sensitif qui ignorait, je crois, leurs théories et celles des spirites et n'avait aucune notion sur les larves et les formes que leur prête la littérature spéciale des sciences occultes. Or, le sensitif eut à deux reprises la vision d'un arbre qui était isolé dans une forêt. La terre semblait blanche, l'arbre lui-même était blanc et paraissait couvert de poires blanches suspendues aux branches. Dans sa vision, le sensitif s'approcha et constata que les poires étaient en réalité des bêtes à l'apparence hideuse, blanches ; c'étaient comme des têtes sans corps, se terminant en queues allongées. Ces êtres étaient suspendus aux branches par la queue. Cette vision me paraît être purement imaginaire, mais je l'ai contée parce que les curieuses formes décrites concordent avec ce qui est, je crois, l'aspect prêté aux larves par les écrivains occultistes. Je ne puis évidemment pas, je dois le dire pour être exact, affirmer l'ignorance absolue du sensitif en matière de littérature mystique, mais j'ai les plus sérieuses raisons de l'admettre. Faut-il simplement voir une association morphologique entre les différentes formes des larves, des larmes brodées sur les appareils funéraires et des poires! Cette explication serait possible au cas où le sensitif connaissait la signification du mot larve et la forme prêtée à ces êtres fabuleux.

J'abrège le récit de ces observations et je me borne à résumer la conclusion à laquelle je suis arrivé: c'est que les automatismes sensoriels et spécialement les hallucinations de la vue ont les caractères du rêve : même affaiblissement du pouvoir de contrôle de la volonté et du jugement sur la sélection des images, sur leur cohérence, sur leur vraisemblance, même amnésie rapide. Ce sont là des traits caractéristiques qu'on observe dans tous les cas où le sentiment de la personnalité s'affaiblit. On le constate aussi bien dans les hallucinations purement imaginaires que dans celles qui paraissent avoir un fondement réel. Cette constatation me paraît avoir une grande importance, car elle permet de penser que l'une des conditions de la perception transcendantale des faits présents, passés ou même futurs est la disparition de l'activité volontaire et personnelle de la conscience. Moins apte, à agir activement elle serait mieux disposée à être passivement impressionnée par des influences indéterminables encore; la transmission à la conscience normale de ces impressions perçues par la conscience impersonnelle paraît se faire de la même manière que dans le rêve, c'est-à-dire par une dramatisation, une mise en scène, un tableau qui exprime l'idée d'une manière concrète et symbolique.

Je rapprocherai donc de ces automatismes sensoriels le rêve et la télépathie. J'ai eu l'occasion d'entendre raconter des rêves prémonitoires survenus à des personnes d'une bonne foi parfaite et je vais en donner deux exemples que des magistrats m'ont contés. Le premier concerne un haut magistrat. Il avait vendu une coupe de bois à un prix assez avantageux, mais le marché n'était pas définitif et devait être conclu dans une entrevue fixée entre le propriétaire et l'acquéreur. La veille du jour où le magistrat devait aller à la campagne, sa femme rêva qu'elle assistait à la visite du marchand de bois : celui-ci offrait un prix inférieur au prix convenu primitivement et entourait son manque de bonne foi de toutes sortes de périphrases, essayant de prouver que le marché restait excellent pour le propriétaire. Il se tourna en finissant vers Mme X... qui assistait à l'entrevue et lui dit : N'est-ce pas, Madame, que ce sont là de belles paroles? Mme X... raconta le rêve à son mari en lui disant que le marché ne se réaliserait pas. Son rêve s'accomplit exactement et la phrase entendue en rêve fut dite par le marchand. Je tiens le récit du magistrat lui-même, homme éminent et l'un des plus brillants esprits que j'aie connus.

Le second rêve est peut-être plus curieux encore et je le tiens d'un de mes collègues, homme calme, positif, n'ayant aucune espèce de tendance au mysticisme et s'occupant, à ses heures de loisir, de chasse plutôt que de métaphysique. C'est d'ailleurs un magistrat expérimenté et il occupe de hautes fonctions dans une Cour du centre de la France. A l'époque où il fit le rêve que je vais raconter, il était juge d'instruction dans une petite ville près de laquelle se trouvent d'importantes usines. Il était intimement lié avec un grand industriel et avait l'habitude d'aller le voir presque tous les jours. Il connaissait le personnel de l'usine et notamment un contremaître, originaire du Nord, qui, après de longues années de bons services, désira rentrer dans son pays et quitta son patron, dans les meilleurs termes d'ailleurs.

Quelques mois après, mon collègue rêva qu'il faisait sa promenade habituelle et sa visite à son ami : qu'il apercevait le contremaître et manifestait sa surprise de le voir ; que ce dernier lui répondait : « Oui, Monsieur, c'est moi. Je n'ai pas trouvé de travail au pays et, ma foi, je suis revenu ici. » Mon collègue n'attacha aucune importance à ce rêve ; le lendemain, il alla, selon sa coutume, voir son ami et trouva dans la fabrique le contremaître qu'il avait vu en songe. Il échangea avec lui à peu près les mêmes propos que dans son rêve.

Les faits de ce genre sont très nombreux. Ils peuvent n'être que de simples coïncidences, mais, comme pour les automatismes sensoriels déjà décrits, je ne puis m'empêcher de penser que la coïncidence n'explique pas tout. Les détails concordants sont souvent si nombreux que les probabilités sont, dans une proportion extrêmement grande, contre le pur hasard. Richet a étudié avec soin cette question des probabilités et je n'ai pas à la discuter. J'indique mon impression, persuadé que tous ceux qui étudieront sans parti pris ces faits constateront comme moi que le hasard n'explique pas tout.

Les deux rêves que j'ai pris pour exemple nous offrent des cas de télépathie, c'est-à-dire d'impression perçue d'une manière que les sens ordinaires n'expliquent pas. La télépathie a été étudiée avec soin par Myer . Gurney et Podmore, Sidgwick, Ermacora, et il n'est pas permis de discuter cette question si l'on n'a pas étudié l'œuvre de ces savants. Elle me paraît établie d'une manière définitive, mais je n'ai pas d'exemple personnel à citer. J'ai cependant entendu un très grand nombre de récits faits par les personnes qui avaient éprouvé l'impression télépathique. Le nombre des faits de ce genre est très considérable et je connais une quantité de gens qui ont eu des hallucinations véridiques, pendant leur sommeil ou à l'état de veille. En voici des exemples empruntés au cercle de mes parents ou de mes amis.

Un de mes grands oncles avait épousé à la Martinique une femme de couleur. Cette dame, d'une très grande honorabilité, fut victime du préjugé tenace des familles blanches créoles et le mariage de mon grand oncle fut mal vu de sa famille. Il quitta Saint-Pierre et vint habiter Bordeaux. Sa femme fut atteinte d'aliénation mentale ; elle avait des accès de fureur dangereux, mais l'union entre mon grand oncle et sa femme était trop étroite et leur affection réciproque trop vive pour que mon parent consentît à se séparer de sa femme et à la faire soigner dans une maison de santé. Il fut victime de son dévouement, sa femme le tua dans un accès de fièvre chaude. Une de mes grandes tantes habitant Paris, sœur du mort, fut éveillée au milieu de la nuit par la voix de son frère qui l'appelait. Cette hallucination coïncidait avec la mort de mon grand oncle.

Une amie intime de ma mère, créole habitant Bordeaux, avait assisté à l'embarquement d'une famille de la Martinique qui rentrait à Saint-Pierre. Quelque temps après elle vit en songe un navire qui sombrait ; la poupe du vaisseau s'éleva au-dessus des flots et elle put y lire le nom du bateau ; c'était celui sur lequel ses amis s'étaient embarqués. Ce navire s'est perdu corps et biens.

Voici encore un fait intéressant, dans lequel : 1° un sentiment d'anxiété, de cause inconnue à la personnalité consciente, correspond avec la maladie grave d'une proche parente ; 2° l'hallucination télépathique prémonitoire d'un appel téléphonique précéda de 2 heures et demie l'appel réel. Ce fait m'est communiqué par un de mes amis, homme d'une culture et d'une intelligence supérieures :

« Voici très, très exactement la relation du fait que je vous ai signalé.

« Je me couchai le soir du 17 octobre 1901, un peu troublé et angoissé par une cause non définie, étant en parfait état de santé. Ce trouble persista et mon sommeil fut hanté de cauchemars douloureux.

« A 4 heures et demie très exactement, je me réveillai en sursaut, ayant nettement perçu le son de la sonnerie de mon téléphone. Je courus à l'appareil et répondis à l'appel.

L'opérateur de nuit me répondit qu'il n'avait pas attaqué mon domicile et qu'il ne se passait rien d'anormal. J'avais donc été sous le coup d'une hallucination provoquée par une hantise spéciale.

« A 7 heures du matin, la sonnette retentit de nouveau et je fus mis en communication téléphonique avec mon beau-frère résidant à Biarritz. Il m'apprit que ma sœur, Mme V..., avait été, la nuit, frappée de congestion cérébrale et me signalait son état très grave. »

Tous ces faits peuvent être considérés comme des coïncidences : seules, leur étude attentive, leur analyse approfondie et leur comparaison réfléchie peuvent faire soupçonner que le hasard n'est pour rien dans leur production.

J'assimilerai à ces cas de télépathie les faits d'extériorisation de la sensibilité et de vision à distance. J'ai peu étudié ces faits, qui ne rentrent pas dans le cadre habituel de mes recherches ; il m'est quelquefois arrivé de les observer dans des conditions qui, je le reconnais toutefois, ne sont pas satisfaisantes pour moi. Mes observations, pour incomplètes qu'elles soient, tendent cependant à me faire penser que le phénomène décrit par de Rochas sous le nom d'extériorisation de la sensibilité est réel. J'ai rencontré deux sujets qui l'ont présenté d'une façon assez nette à l'état de veille. J'ai été amené à faire l'expérience suivante avec l'un d'eux, sensitive remarquable. Dès qu'elle arrivait dans la salle des séances et qu'elle ôtait son manteau, je m'emparais de ce vêtement et en pinçais la doublure. La sensitive accusait une sensation, assez faible d'ailleurs, dans la partie du corps que recouvrait le vêtement. La première fois que j'ai essayé cette expérience, le sujet n'était pas prévenu et fut fort surpris de la sensation qu'il éprouvait. Inutile d'ajouter que je prenais mes précautions pour que cette dame ne remarquât pas la partie de la doublure que je pinçais. J'ai constaté que cette sensibilité particulière disparaissait très rapidement ; au bout de quarante ou cinquante secondes, elle n'existait plus.

J'ai prié une dame, amie du sujet, d'essayer la même expérience avec des vêtements en contact plus intime avec le corps, notamment avec le corset. La sensibilité serait plus grande.

Je crois que l'observation de ce fait, que je n'indique qu'avec réserve, ne l'ayant pas soumis à une étude suivie, est plus facile qu'on ne pense en employant la méthode que j'indique, c'est-à-dire en pinçant ou piquant un vêtement que le sujet vient d'ôter.

J'ai eu l'occasion de constater également ce phénomène dans les conditions techniques indiquées par celui qui l'a découvert, le colonel de Rochas. Peu de sujets le présentent nettement et il m'a semblé qu'il était nécessaire de pousser le sommeil artificiel *assez loin*. Cette expression peut paraître bien démodée à ceux qui ont fréquenté nos savantes cliniques neurologiques ; je ne puis cependant m'empêcher de penser qu'il existe une différence réelle entre les différents somnambulismes que l'on peut observer. Je parle d'une différence de degré. Il m'a semblé que l'action répétée des passes, une fois le sujet endormi, déterminait un état particulier, signalé par les anciens magnétiseurs et exposé en détail par de Rochas, dans lequel le sujet paraît perdre la notion de sa personnalité et être sous la dépendance étroite de son « magnétiseur ». J'ai peu expérimenté dans cet ordre de recherches et je ne puis me permettre de donner que des indications sans pouvoir affirmer personnellement une conviction ; mais les expériences peu nombreuses que j'ai faites me portent à croire que de Rochas a parfaitement raison de décrire des états superficiels et profonds. Je ne suis pas convaincu que le passage des uns aux autres se fasse avec la régularité que mon éminent ami aurait observée, mais le fait signalé par lui est, il me semble, vrai d'une manière générale. Je vais appuyer mon opinion d'un exemple.

J'ai déjà parlé de Mme Agullana, sujet très sensible. Ceux qui n'ont assisté qu'à ses séances ordinaires ne sauraient se rendre compte des facultés curieuses que présente cette dame. Un manipulateur un peu expérimenté peut obtenir d'elle, à condition d'opérer avec tranquillité et en petit comité, des phénomènes très intéressants dans le domaine de ce que l'on appelle le magnétisme animal. J'eus l'occasion de me trouver un soir chez elle avec M. B... Nous attendions un instituteur, médium dont on m'avait raconté des merveilles. Cet instituteur, que des préjugés particuliers retiennent, ne vint pas, mais, en l'attendant, j'endormis Mme Agullana et je voulus faire voir à M. B..., qui ne paraissait pas les connaître, les effets du sommeil profond. Je prolongeai mes passes, faites longitudinalement, du front à l'épigastre, pendant plus de vingt-cinq minutes. Je demandai de temps en temps à Mme A..., toutes les 7 ou 8 minutes, comment elle s'appelait. Elle me disait son nom. Vint enfin un moment où elle parut ne plus s'en souvenir et avoir perdu la conscience de sa personnalité. Je fis quelques passes encore et fis remarquer à M. B... que si Mme A... paraissait avoir de l'anesthésie cutanée, elle semblait percevoir les piqûres à deux ou trois centimètres au delà de la peau. Les passes furent continuées encore pendant assez longtemps, un quart d'heure environ ; à ce moment, Mme A... parut présenter les deux particularités suivantes : 1° Sa sensibilité semblait localisée derrière elle, à environ un mètre en arrière d'elle et à soixante centimètres au-dessus du niveau de sa tête. Elle tressaillait quand, précaution prise pour qu'elle ne s'en aperçût pas, on pinçait l'air à l'endroit ci-dessus indiqué. 2° Seules les personnes *en rapport* avec elles, — dans le sens donné à ce mot par de Rochas, — pouvaient l'impressionner ; le contact et le pincement des autres personnes n'étaient pas perçus. Ces deux particularités n'ont pas été observées par moi dans des conditions assez précises pour que je puisse, je le répète, affirmer que mon observation est bonne; mais je les indique, car elles m'ont paru probables : puis les phénomènes se développèrent; Mme Agullana prétendait être hors de la maison. Je lui dis alors d'aller voir ce que faisait un de mes amis, M. B..., bien connu d'elle. Il était 10h,20 du soir. Le médium, à notre grande surprise, nous dit qu'elle voyait « M. B... à demi déshabillé, se promener pieds nus sur de la pierre ». Cela ne nous parut avoir aucun sens. Cependant j'eus l'occasion de voir mon ami le lendemain. Bien qu'il soit très au courant des phénomènes du spiritisme, M. B.,. se montra fort étonné et me dit textuellement : « Hier soir, je n'étais pas bien : un de mes amis, M. S..., qui habite chez moi, me conseilla d'essayer la méthode Kneipp et me pressa avec tant d'insistance, que pour lui donner satisfaction j'essayai pour la première fois hier soir de me promener nu-pieds sur la pierre froide. J'étais en effet à demi déshabillé quand j'ai fait ce premier essai; il était 10h,20 et je me suis promené quelque temps sur les premières marches de l'escalier qui est en pierre. »

Peut-être est-ce encore une coïncidence; mais ce fait qui a eu divers témoins, en présente de bien étranges toutefois. L'heure, le costume, l'opération insolite, sont des circonstances trop spéciales pour que le simple hasard suffise, il me semble, à les expliquer. J'ai cité ce cas, parce qu'il a été observé par moi, et qu'il montre une variété des phénomènes de télépathie; c'est ce que les anciens magnétiseurs appelaient la lucidité, la clairvoyance, ou plus exactement la vision à distance. Il me paraît être un développement des faits signalés par de Rochas : les choses se passent comme si la sensibilité tout entière était extériorisée à des distances variables. C'est la *télesthésie*, phénomène analogue dans le domaine sensitivo-sensoriel à la *télékinésie* motrice.

Les expérimentateurs qui seraient désireux de contrôler ces faits ne devront pas oublier : 1° qu'il faut un sujet souvent *magnétisé* — je ne dis pas *hypnotisé* ; — 2° qu'il faut pousser le sommeil très loin, et continuer les passes plus d'une demi-heure après que le somnambulisme s'est déclaré. Ce temps se réduit pour les sujets très entraînés.

Il serait d'ailleurs facile de multiplier les exemples de ce genre, particulièrement ceux des cas de télépathie bien observés.

Les publications de la *Société des recherches psychiques*, de Londres, le livre de Flammarion sur *L'inconnu et les problèmes psychiques*, les *Annales des Sciences psychiques* de Dariex en contiennent un grand nombre. On trouvera toujours ce symbolisme, cette mise en scène que j'ai indiqués comme les procédés ordinaires par lesquels la conscience générale transmet ses informations à la conscience personnelle. Ces faits me paraissent rendre très probable l'assimilation que je fais des automatismes sensoriels entre eux, rêve, télépathie, vision dans le cristal. Ces phénomènes sont du même ordre et ont vraisemblablement pour siège les mêmes strates de la conscience. Ils paraissent étrangers à la conscience personnelle ordinaire.

Je n'essaierai pas d'en rechercher la cause : je dois redire encore ce que j'ai déjà souvent répété, la question est encore trop peu connue pour que l'on puisse utilement aborder l'étude de la cause apparente des faits psychiques examinés dans le présent chapitre. Il faut multiplier les observations, constater l'existence indiscutable des faits, avant de tenter de les interpréter.

§ 2. — Automatisme moteur.

Les observations que je viens d'exposer sont relatives à des faits survenant dans le domaine de la sensibilité ; les centres moteurs n'échappent pas à l'automatisme et l'on peut constater toute une série d'automatismes moteurs simples ou mixtes. Je les diviserai pour plus de clarté en quatre classes :

1° Automatisme musculaire simple. Typtologie. Planchettes alphabétiques diverses. Ouija, etc.

2° Automatisme musculaire graphique. Écriture et dessins automatiques. Planchettes, corbeilles, guéridons, boule à manches.

3° Automatisme phonétique. Discours automatiques.

4° Automatismes mixtes. Incarnations.

Je ferai tout d'abord remarquer que le mot automatisme que j'emprunte à la terminologie de Myers n'est pas tout à fait exact. On ne peut parler d'automatisme en effet que lorsque l'on est en présence d'actes mécaniques, excluant l'intervention de toute volonté. En réalité il n'en est pas ainsi ; ces actes, qui semblent automatiques si l'on envisage uniquement l'intervention de la conscience personnelle, sont en réalité déterminés par une conscience quelconque, parasitaire ou non et offrent tous les caractères des actes volontaires. Ces réserves faites, je continuerai, faute de mieux, à me servir du mot consacré par l'usage.

I. Automatisme musculaire simple. — Je désigne ainsi les actes qui ne demandent aucune association de mouvements compliqués comme l'exigent les mouvements de l'écriture ou du langage. Le moyen le plus simple de provoquer cet automatisme est le procédé spirite ordinaire de la typtologie.

Les assistants se groupent autour d'une table et appuient légèrement les mains sur le plateau. Au bout d'un temps plus ou moins long la table frémit, oscille, s'agite, tourne quelquefois, mais le plus souvent lève un de ses pieds et frappe des coups sur le plancher. On convient de signaux pour oui, non, douteux (trois, deux et quatre coups par exemple) : on convient encore de la manière de désigner les lettres de l'alphabet, soit que la table frappe autant de coups que le rang de la lettre le comporte, 1 pour A,

2 pour B, 15 pour O, 20 pour T, etc., soit qu'elle ne frappe qu'un coup lorsque la lettre choisie apparaît au cours de la récitation de l'alphabet.

Je range ce phénomène dans les automatismes parce que presque toujours il me paraît dû à des mouvements involontaires et inconscients. Je n'aime pas ce genre d'expériences, car il me paraît très peu probant. Gasparin et après lui Chevreul en ont donné l'interprétation exacte.

Il ne prend un certain intérêt que lorsque le contenu des communications obtenues révèle des faits en apparence inconnus des expérimentateurs. Le phénomène n'est plus explicable par une action automatique pure : les mouvements musculaires sont déterminés par la conscience impersonnelle des assistants ou du médium et deviennent le mode de transmission des messages que celle-ci adresse à la conscience personnelle. On conçoit enfin, que si, ce que j'ai dit de la parakinésie est exact comme j'ai lieu de le croire, les mouvements de la table peuvent être quelquefois parakinétiques. J'ai assisté à beaucoup de séances de typtologie, mais je n'ai jamais constaté de faits intéressants sauf celui que j'ai déjà raconté relatif à *Touton la Pipe*. Quand les expériences se font dans les conditions que je juge indispensables, je prends soin de ne pas encourager les manifestations typtologiques.

Il existe d'autres moyens d'induire l'automatisme musculaire simple. Les meilleurs sont des instruments du genre du psychographe. Les lettres de l'alphabet, les chiffres, les mots OUI, NON, JE NE SAIS PAS, sont inscrits sur un cadran au centre duquel est placé une aiguille. Les déplacements de l'index indiquent les lettres comme le fait l'aiguille du cadran d'un télégraphe Bréguet. On fabrique de ces cadrans de différentes dimensions et en différentes substances. Il vaut mieux cependant les construire de la manière suivante : on prend une planche carrée de bois blanc non résineux, de cinquante à soixante centimètres de côté. On y trace une circonférence de 20 centimètres de diamètre et on inscrit autour les lettres de l'alphabet, les chiffres, les mots *oui, non, je ne sais pas* et toutes autres indications. On place au centre du cercle un pivot d'os ou d'ivoire, axe autour duquel se mouvra l'aiguille. On fabrique celle-ci en bois, et on lui donne assez d'épaisseur et de solidité pour que les mains puissent s'appuyer sur elle. Il n'est pas nécessaire de donner une très grande mobilité à l'aiguille si on doit y appuyer les mains : dans ce cas il suffit de la percer d'un trou par lequel passera le pivot d'ivoire.

Les cadrans en métal ne sont pas à recommander. On trouve tous les instruments de ce genre : à Paris, chez Leymarie ; à Londres, Office of Light, 110 St Martin's lane, W. C.

J'ai entendu dire que l'aiguille pouvait se mouvoir toute seule, mais je n'ai jamais constaté ce fait. Si l'on voulait essayer d'obtenir ces mouvements sans contact il conviendrait de donner à l'aiguille une suspension plus parfaite : on y arrive en la soutenant sur de petites roulettes mobiles en tous sens comme celles dont sont munies les planchettes à écriture automatique.

J'ai très rarement expérimenté avec des psychographes, pour les raisons qui m'ont fait écarter la typtologie.

J'en dirai autant d'un autre genre d'appareil : le *ouija* fabriqué en Angleterre et dont le nom est composé des mots oui et ja, l'un et l'autre équivalents français et allemand de yes, oui. C'est une planche sur laquelle sont inscrites les lettres de l'alphabet et diverses autres mentions. Une petite planchette mobile montée sur trois ou quatre pieds se place sur la première ; les assistants posent la main sur la planchette mobile qui vient marquer avec un pied la lettre ou le chiffre qui convient. Ce procédé est fastidieux.

Il existe d'autres moyens encore d'induire l'automatisme

musculaire. J'indiquerai, par exemple, le procédé si ancien de divination par l'anneau. On suspend une bague en métal, ou mieux un anneau d'ivoire à un fil de soie, un cheveu, un fil léger quelconque. On prend le bout du fil ou du cheveu dans les doigts et l'on tient ainsi l'anneau suspendu au centre d'un petit cercle de 10 à 12 centimètres de diamètre sur la face interne duquel sont inscrites les lettres de l'alphabet.

Au bout d'un certain temps l'anneau se balance et vient frapper les lettres de l'alphabet construisant quelquefois ainsi des mots. En plaçant l'anneau dans un verre on obtient des coups frappés sur le verre. Je n'ai employé qu'une fois ou deux ce procédé qui ne m'a paru présenter qu'un intérêt médiocre. C'est le pendule explorateur de Chevreul.

II. Écriture automatique. — L'écriture automatique est un des phénomènes les plus intéressants et je n'ai pas besoin de rappeler les études importantes que Myers, Hodgson, Hyslop, Sidgwick et d'autres y ont consacrées. J'ai eu l'occasion de faire des observations d'un très grand intérêt, mais les limites de ce livre ne me permettent pas d'en donner le compte rendu détaillé. L'examen très complet que j'ai fait d'un cas, assez fruste d'ailleurs, d'écriture automatique m'a clairement révélé le jeu des souvenirs inconscients de l'écrivain.

Les procédés qui permettent d'obtenir l'écriture automatique sont très nombreux. On peut faire écrire un guéridon en attachant un crayon à l'un de ses pieds ; on fait écrire un chapeau, une corbeille, un tamis en fixant un crayon à ces objets. Mais il existe des procédés plus perfectionnés ; voici les meilleurs.

D'abord la planchette : instrument en forme de planchette ovale, montée sur trois roulettes d'ivoire très mobiles et portant à l'une de ses extrémités une petite monture en cuivre où l'on peut insérer un crayon, qu'on fixe avec une vis. Avec la planchette deux ou trois personnes peuvent écrire en même temps.

Un autre moyen, également bon, est le suivant. On fixe deux, trois ou quatre manches dans une grosse boule en bois, de 10 centimètres de diamètre environ, selon le nombre de personnes qui veulent essayer d'obtenir ensemble l'écriture automatique. On fixe un crayon dans un trou foré dans cette boule, dont chaque expérimentateur tient un manche. On place une feuille de papier sous le crayon et celui-ci se meut fréquemment en écrivant des mots et des phrases.

Enfin le procédé de choix est d'écrire naturellement sans aucun instrument. Le médium s'installe comme il en a l'habitude et attend.

Il est rare, quel que soit le procédé employé, que l'écriture automatique se manifeste d'emblée. Généralement une ou plusieurs séances se passent en griffonnages illisibles, en la confection de bâtons, de zigzags, en répétitions indéfinies de la même lettre. Il ne faut pas se décourager, il faut au contraire continuer à expérimenter pendant un certain temps avant de se persuader de l'impossibilité du succès. Que l'on essaie d'obtenir l'écriture collective ou l'écriture ordinaire, il est bon de consacrer chaque jour dix ou quinze minutes, toujours à la même heure, à ces essais. Le phénomène est très long à évoluer et des gens qui ont obtenu de très curieux résultats avec l'écriture automatique ont mis des mois à développer chez eux cette faculté.

Comme je l'ai dit, j'ai surtout dirigé mes expériences vers l'observation des mouvements sans contact : j'ai donc peu cherché à obtenir avec mes sujets l'écriture automatique. La plupart des cas qui se sont présentés à mon observation offrent peu d'intérêt si on les compare aux curieuses hallucinations visuelles que j'ai racontées tout à l'heure. J'en excepterai un que je suis entrain d'étudier, actuellement et qui me fait concevoir quelques espérances, le sujet ayant écrit en anglais, langue qu'il ne connaît pas, j'en suis certain. Ce médium, comme beaucoup de ceux que j'ai rencontrés, se prête mal aux expériences et n'a pas encore consenti à s'entraîner régulièrement à l'écriture automatique. Puissé-je réussir à l'y décider.

Malgré le peu d'intérêt relatif que mes observations présentent, je vais donner quelques exemples des résultats auxquels je suis arrivé. Je les donnerai à titre d'indication seulement, car je le répète, aucun des faits observés par moi, n'a présenté jusqu'ici un intérêt véritable, sauf celui que j'ai pu analyser et qui n'a rien de transcendantal.

J'ai, notamment, souvent essayé d'écrire avec la planchette. J'ai facilement obtenu des mots et des phrases cohérentes, mais d'une banalité désolante. L'écriture a été obtenue par moi seul ou avec d'autres personnes ; seul je l'obtiens de la main droite comme de la main gauche. Celle-ci ne me donne pas toujours l'écriture renversée (en miroir, spiegelschrift) ; avec la planchette, elle produit même plutôt l'écriture ordinaire de gauche à droite. Un trait à noter de l'écriture avec la planchette, c'est la dissociation des éléments graphiques qu'on y constate. Les lettres sont assez grandes, en général, variant d'un demi à deux et même trois centimètres. C'est surtout dans les grandes lettres que la dissociation signalée est curieuse. Les caractères graphiques de mon écriture ne sont pas altérés. J'ajouterai que cette manifestation ne présente pas beaucoup d'intérêt, car j'ai parfaitement conscience de ce que j'écris seul, et quand j'écris avec une autre personne, le mouvement de la planchette m'indique les lettres qui se forment.

Avec la boule à manches dont j'ai donné la description, il m'est arrivé d'observer un fait plus curieux. J'expérimentais avec une dame et son mari, gens d'une grande honorabilité. Cette dame est d'ailleurs un médium dont les facultés dépassent la moyenne. L'écriture annonça pour le lendemain l'arrivée d'une lettre de Hendaye. La lettre arriva en effet ; mais pour me démontrer le caractère prémonitoire de ce fait, je n'ai que l'affirmation de mes coexpérimentateurs : c'est insuffisant pour établir d'une manière certaine, la réalité de la prévision. Aussi ne donné-je ce fait que comme spécimen de ceux que l'on peut obtenir avec l'écriture automatique.

L'écriture ordinaire a été très souvent observée par moi, mais je n'ai jamais constaté de fait vraiment paranormal. J'ai, comme je l'ai dit, étudié un cas d'écriture semi-automatique, dont j'ai pu analyser complètement les caractères psychologiques. L'écrivain était ce que les spirites appellent un médium *intuitif*, c'est-à-dire ayant conscience de ce qu'il écrit. Il était âgé de 35 ans, ne s'était jamais adonné antérieurement aux pratiques du spiritisme, bien qu'il en connût la littérature, notamment les livres d'Allan Kardec. Au moment où le phénomène s'est manifesté chez lui, il était cérébralement surmené, ayant travaillé avec excès. Il passait pour instruit et intelligent, et occupait une situation importante. Pas de tares nerveuses apparentes : santé bonne, sauf des céphalées fréquentes. Je n'ai pas pu étudier ses réflexes ni procéder à son examen somatique.

Il a commencé à écrire avec la planchette : il éprouvait la sensation d'être guidé, mais avait la connaissance des mots qu'il écrivait et de ceux qu'il allait écrire. Il y avait donc un commencement de dissociation entre les images mentales proprement dites et leur action motrice. C'est un fait à noter, car il me paraît avoir une signification intéressante en ce sens qu'il démontrerait que l'image idéo-motrice n'est pas simple, mais que ses éléments sont complexes, que notamment les éléments purement idéaux et les éléments moteurs peuvent se dissocier. Dans l'exemple cité, le sujet avait la conscience complète des *idées* qui se formaient dans sa conscience ou qui s'y présentaient. Il n'avait au contraire qu'une conscience incomplète des mouvements que sa main opérait. La perception stéréognostique et le sens musculaire étaient intacts, seule la conscience de l'origine du mouvement accompli était obnubilée : l'affaiblissement de cette conscience se traduisait par l'impression que la main suivait une impulsion étrangère ; il n'y avait donc, dans la conscience personnelle, que la sphère de la motricité volontaire qui commençât à être atteinte.

Les premières manifestations de l'écriture pseudo-automatique, prétendirent émaner d'un parent mort. Ce parent se montra disposé à communiquer les faits connus du sujet, mais manifesta peu d'empressement à satisfaire aux questions dont la conscience de l'écrivain ne pouvait donner la réponse. Invitée à justifier son identité, la personnalité se montra incapable de donner la moindre preuve.

Sur ces entrefaites, le sujet essaya l'écriture ordinaire et l'obtint. Elle présenta les mêmes caractères que l'écriture avec la planchette. Au parent défunt, s'adjoignit bientôt une personnification nouvelle qui n'était rien moins qu'un mahatma de l'Inde. Vérification faite, le sujet lisait les œuvres de Mme Blavatsky et de M. Sinnett, notamment le livre de ce dernier « *Occult World* ». Les communications étaient signées *Hymtaladar*. Ce mahatma n'avait rien de transcendantal et fut prodigue de promesses. Il déclara être prêt à entreprendre l'éducation ésotérique du sujet, qui eut la naïveté de se soumettre aux conseils du mahatma. Ce dernier devait le transporter astralement dans l'Inde, précipiter des lettres, etc. Les promesses ne furent jamais tenues.

D'autres personnes se manifestèrent ; le sujet essaya d'obtenir quelques justifications. Il n'en obtint aucune. En revanche, sur les thèmes généraux, les personnifications se montraient verbeuses, et faisaient preuve d'une vive imagination. Voici quelques spécimens de leur style et de leurs idées.

Sur un livre mystique, un guide signant *Memnon*, s'exprime ainsi :

« ... Ne vous laissez pas séduire par les descriptions qu'il fait : elles s'appliquent à tous ceux qui, dans n'importe quelle religion, se vouent à la vie contemplative, qui est assurément un bien, mais qu'il faut conquérir par la patience et l'effort après avoir rempli les devoirs qui sont communs à tout homme né(?) de l'œuvre de chair. L'abstention de l'impérieux devoir de la procréation peut — et réellement il le fait — favoriser les facultés de projection de l'âme et rend l'extase plus aisée, mais c'est une chose condamnable et un développement artificiel que d'arriver à cette vie contemplative, sans avoir fondé une famille conformément à la loi imprescriptible de la nature. De là le vice originel de toutes les communautés religieuses qui froissent les vues de la création et dont il suffit de généraliser les doctrines pour en découvrir immédiatement la fausseté. L'homme a des devoirs physiques comme il en a de moraux : il est composé d'un corps et d'une âme ; il est coupable lorsqu'il subordonne entièrement l'un de ses composants à l'autre. Les sens n'ont pas plus le droit de commander au corps que l'âme seule n'a celui de faire souffrir le corps dans ses fonctions physiques. La suppression de toute fonction naturelle est criminelle et tous les ordres religieux le font. Là est leur erreur capitale. Il appartient à celui qui a élevé des enfants et satisfait à l'évolution physique de se retirer dans la vie contemplative lorsque le corps, usé par la vieillesse, a fini son rôle actif ici-bas. La préparation n'est utile qu'alors. »

Le crayon paraît avoir été prolixe toutes les fois qu'il s'agit d'idées générales et de lieux communs. Chaque fois que l'écrivain le presse sur un point déterminé, il se dérobe au contraire. On s'en rend d'autant mieux compte que les demandes sont écrites aussi bien que les réponses. Il y a des conversations amusantes : l'esprit y joue un rôle autre que celui d'interlocuteur. Par exemple je lis le dialogue suivant :

D. — Me voyez-vous ?

R. — Oui, mais MAL, nous ne voyons pas clairement le MATÉRIEL ; il nous faut un apprentissage assez long et nous ne travaillons avec la matière que depuis peu de temps.

D. — Y a-t-il longtemps que vous avez quitté notre plan ?

R. — Il y a huit ans.

D. — Qui donc êtes-vous ?

R. — M. A...

D. — Et ?

R. — Et Manie Beaupuyat.

D. — Vous m'avez connu ?

R. — Oui, je suis un de vos amis de collège.

D. — Où ?

R. — A N...

D. — Quel collège ?

R. — Collège de Z.

D. — Voulez-vous écrire encore votre nom ?

R. — Maurice B, (ici un nom de rue).

D. — Je ne me rappelle pas vous avoir connu mon ami. Remarquez que vous me donnez deux noms différents. Beaupuyat et B.

R. — Au PARADIS on oublie bien des détails (*sic*).

D. — O ambassadeur étrange ! Vous venez me voir sans lettres de créances !

R. — Adieu.

D. — Bonsoir.

L'excuse subconsciente de la contradiction relevée ne manque pas d'humour.

En voici un autre exemple :

D. — Est-ce vous mes guides ?

R. — Nous sommes toujours prêts à vous aider, toujours.

D. — Vous montrerez-vous à moi ?

R. — Devez-vous nous demander quelque chose sans nous donner d'abord des gages ?

...

D. — Est-ce X... qui m'influence ?

R. — Oui.

D. — Mais il est mort ?

R. — Oui.

D. — Mais vous me défendez d'évoquer les morts ?

R. — Nous sommes des esprits de morts.

D. — Mais vous vous êtes dits Mahatmas ?

R. — Nous sommes des *mahatmas*, mais les *mahatmas* ne sont pas vivants.

D. — Encore un tour de mon subliminal ?

R. — Oui, votre subliminal est la volonté.

D. — Oui c'est vrai, mais la volonté est surtout supraliminale.

R. — Vous avez raison.

D. — Pourquoi toujours vous moquer de moi !

R. — Nous le faisons pour être agréables à notre SEIGNEUR.

D. — C'est dur. Je suis de bonne foi et votre seigneur, s'il est juste, sera sévère pour vos farces.

R. — Oui, il nous donnera le fouet.

D. — Je n'aime pas ces plaisanteries, laissez-moi.

R. — Toujours... (illisible).

D. — Quoi ?

R. — Magicien.

D. — Suis-je magicien ?

R. — Oui.

D. — Je ne m'en doutais pas.

R. — Faites toujours votre bien et vous serez heureux.

D. — Le bonheur n'est pas si facile à obtenir.

R. — Adieu.

D. — Qui êtes-vous ?

R. — Un ami.

Cela n'a pas le sens commun. J'ai cité ces trois exemples pour montrer l'analogie croissante que l'on y trouve avec le délire onirique. Il est à peine visible dans la première citation. Tout est cohérent et logique, la forme est même élégante. Mais, vérification faite, les idées qui y sont exprimées ont leurs sources dans des souvenirs subconscients : on les trouvera dans *Spirit teachings, Higher aspects of spiritualism*, *Occult World* et *Esoteric Buddhism*.

La seconde citation révèle des associations nettement oniriques. Le nom Beaupuyat n'éveille aucun souvenir ; un nom de rue ayant à peu près la même assonance, y est alors substitué : il y a là une association illogique, formée par des éléments phonétiques. L'explication de la contradiction entre les noms donnés successivement est très illogique, mais c'est ce que les Anglais appellent « a good hit ». C'est une raison de la nature de celles que nous avons coutume de nous donner dans le rêve.

La troisième citation nous montre un degré d'incohérence plus marqué encore. Les premières réponses sont des essais de conciliation de contradictions impossibles à faire disparaître : ce sont des affirmations qui ne sont guère que l'écho des questions posées. Je ne me rends pas compte du lien associatif entre subliminal et volonté : mais l'émergence de l'idée de volonté donne lieu à un phénomène curieux, l'évolution d'une association parasitaire d'idées rappelant le phénomène psychologique que A. Pick décrit sous le nom de « *Vorbeidenken* ». On a les stades non exprimés, de volonté à volonté de Dieu, mots souvent associés dans le langage religieux : faire la volonté de Dieu, être agréable à Dieu. La réponse incohérente qui consiste à dire que les mahatmas se moquent du sujet pour être agréables à Dieu, est donc la dernière série d'une chaîne d'associations latentes : ce dernier terme est seul exprimé. De même l'idée incongrue d'êtres qui se disent des esprits et des sages et qui déclarent devoir être fouettés, est le résultat d'une association évidente entre l'idée d'être sévère, consciemment exprimée et l'idée de sévérité, châtiment, fouet, les termes moyens restant latents. L'analyse psychologique nous révèle donc des processus mentaux connus et classés. Elle nous montre que le caractère onirique des messages subsconscients ne diffère pas de celui qu'on observe dans les opérations mentales de la conscience dès que l'activité personnelle et volontaire de celle-ci s'affaiblit et cède progressivement la place à l'idéation spontanée. Les trois exemples que j'ai choisis montrent bien, il me semble, cet affaiblissement progressif, et l'accentuation correspondante des caractères oniriques dans les messages obtenus. Le cas que j'ai examiné est à la limite des faits paranormaux ; mais, le lecteur curieux pourra se reporter aux volumineuses analyses des cas transcendantaux que donnent les *Proceedings of the Society for psychical Research* (résumé dans le bon livre de Sage : *Mme Piper et la Société anglo-américaine des Recherches psychiques*) pour constater l'exactitude de ma conclusion, et voir que les processus mentaux dans les cas simples, comme dans les cas les plus complexes, sont identiques.

Je reviens à l'histoire du cas observé par moi. L'obstination de ces personnalités, même les plus bienveillantes et les plus morales à ne jamais s'exposer à un contrôle quelconque, quelques mensonges qu'elles eurent l'imprudence de laisser passer, l'esprit critique du sujet lui-même, mirent ce dernier en défiance. Il s'observa et le premier résultat de son observation des conditions dans lesquelles l'écriture se produisait, fut de faire disparaître petit à petit la sensation d'entraînement qu'il éprouvait : son crayon, m'a-t-il dit, semblait suivre un aimant ; en même temps que cette sensation s'atténuait et disparaissait, les personnifications devinrent, les unes tristement susceptibles, les autres dignes et froides, d'autres franchement insolentes ; toutes déploraient l'incrédulité du sujet. Le parent lui dit adieu et ne reparut plus ; Hymaladar lui-même cessa de s'intéresser à son chéla. Ce dernier se rendit compte bientôt de la futilité de ses essais et l'écriture cessa complètement de présenter la curieuse particularité qu'elle avait offerte pendant quelques semaines.

Ce cas a été instructif parce qu'il est à la frontière des phénomènes conscients et inconscients. J'ai pu, grâce aux indications claires et complètes du sujet, reconstituer la genèse de toutes les personnalités qui sont survenues. Celle des parents s'explique aisément, mais Hymaladar était plus rebelle à l'analyse. Recherches faites, il m'a paru être la synthèse des mots Hymalaya et Damodar. L'un, qui évoque tout naturellement la pensée de l'Inde : c'est le séjour des sages qui président d'une manière très secrète, paraît-il, à l'évolution du mouvement théosophique ; le disciple ou le *chela* de l'un d'eux fut le gourou, le maître de Blavatsky. C'est Damodar. Ces idées associées, Blavatsky, Inde, Hymalaya, Damodar, ont amené le mot *Hymala*(ya Damo)*dar* dont la genèse est ainsi aisément compréhensible.

J'observe en ce moment un cas plus complexe et dans lequel des phénomènes paranormaux accompagnent l'écriture automatique. Le sujet, qui est en voie de développement, se prête malheureusement mal à l'observation. Il ne connaît pas l'anglais et cependant il a automatiquement écrit certaines phrases en anglais. Il ne faut pas en conclure que ces messages sont d'origine transcendantale. Ce sensitif est un esprit cultivé et a une instruction générale supérieure à la moyenne. Il est très probable qu'il a eu des textes anglais sous les yeux et l'irruption de phrases anglaises dans les messages qu'il obtient peut s'expliquer par l'émergence de souvenirs subsconcients. Le contenu des messages est encore vague : l'écriture est souvent difficile à lire : aucun fait précis et susceptible d'être analysé et contrôlé ne s'est encore indiqué. Il me paraît inutile, en l'état, de donner des exemples de ces messages, mais je signalerai une particularité intéressante que je n'ai observée qu'avec ce sujet. C'est la coexistence des raps et de l'écriture automatique. J'ai étudié avec le plus grand soin ces raps et ils m'ont paru éclater au niveau de la pointe du crayon. Le phénomène se produit en plein jour et dans d'excellentes conditions d'observation. Il résulte d'un examen attentif que la pointe du crayon ne quitte pas le papier. Les raps se produisent même quand je mets le doigt sur l'extrémité supérieure du crayon et que j'en presse la pointe contre le papier. On sent vibrer le crayon, mais il ne se déplace pas. Comme ces raps sont très sonores, j'ai calculé qu'il fallait donner un coup assez fort pour les reproduire artificiellement : le mouvement nécessaire exige un soulèvement de la pointe de 2 à 5 millimètres suivant l'intensité des raps. Or, la pointe ne paraît pas se déplacer. De plus, quand l'écriture est courante, ces raps se succèdent avec une grande rapidité et l'examen de l'écriture ne manifeste aucun temps d'arrêt : le texte est continu, aucune marque de coup n'y est perceptible, aucun épaississement des traits ne se laisse apercevoir. Les conditions d'observations me paraissent exclure la possibilité d'une fraude. J'ajouterai que pendant l'écriture automatique, le bras et la main du sujet sont anesthésiés.

III. Automatismes phonétiques et mixte. — Je réunis ces deux catégories d'automatismes parce qu'il est rare que l'automatisme soit purement phonétique. Le médium fait toujours quelques gestes appropriés au personnage qu'il représente et l'automatisme est compliqué : les muscles qui règlent l'émission de la voix ne sont pas seuls en activité.

Ce genre d'automatisme est très facile à observer : il fait le fond des séances spirites ordinaires : c'est l' « incarnation » et le médium qui produit ce genre de phénomènes est dit « médium à incarnations ».

Sa condition nécessaire est la trance ou le somnambulisme. Le médium s'endort spontanément, ou est endormi artificiellement par des passes. Au bout d'un temps plus ou moins long et après des mouvements divers dont les plus ordinaires me paraissent être quelques contractions des muscles de la face et des muscles pharyngiens, le sujet entre en somnambulisme et passe à l'état second. Chez certains sujets, le sommeil est très prompt. Il n'est pas rare, dans les séances spirites, de voir deux ou trois personnes entrer en somnambulisme à la fois. La perfection du jeu des médiums qui personnifient des individualités diverses est frappante lorsqu'ils ont connu les personnes qu'ils imitent. L'observation en est extrêmement intéressante. Dans les séances de spiritisme, ces personnalités représentent naturellement toujours des esprits.

Je n'ai rien vu, dans ce genre de phénomène, qui m'ait paru digne d'être noté. Tout s'explique aisément par le jeu de la mémoire impersonnelle et par l'imitation. Beaucoup de faits transcendantaux m'ont été racontés : je n'en ai observé personnellement aucun. J'ai très rarement d'ailleurs provoqué moi-même les phénomènes d'incarnation. Ils ne me paraissent pas présenter le même intérêt que les phénomènes physiques. Les plus intéressants que j'aie vus m'ont été donnés par Mme Agullana, mais dans des séances privées. La personnalité la plus curieuse est celle d'un médecin mort il y a 80 ou 100 ans : il n'a jamais voulu donner de renseignements sur son identité : la raison qu'il donne, — l'existence de sa famille dont les membres vivent dans le midi de la France — pour garder l'incognito ne me satisfait pas, je soupçonne qu'il tait la meilleure. Son langage médical est archaïque : Il donne aux plantes leurs noms médicinaux anciens ; son diagnostic, accompagné d'explications extraordinaires, est généralement exact, mais la description des symptômes internes qu'il aperçoit est bien faite pour étonner un médecin du XXe siècle. Les humeurs, le fluide, les molécules du sang y dansent une étrange sarabande. Pourtant mon confrère d'outre-tombe, peu loquace d'ailleurs, garde une sérénité que rien ne peut troubler et reconnaît avec modestie qu'il y a beaucoup de choses qu'il ignore. Depuis dix ans que je l'observe, il n'a pas varié et présente une continuité logique frappante. Les personnes, peu au courant des caractères des personnalités secondes peuvent aisément s'y tromper et croire à sa réalité objective. Qu'il soit ce qu'il dit ou qu'il soit ce qu'il me semble être, c'est-à-dire une personnalité seconde du médium, mon confrère Hippolyte est un intéressant interlocuteur et l'on ferait, avec sa conversation, un livre peu ordinaire de clinique hypermédicale. Ce n'est pas ici le lieu de l'étudier, car son examen ne soulève que des problèmes de psychologie pure. Dans ces phénomènes d'automatisme mixte, d'incarnation, on observe le développement complet des *personnifications*. Ces personnifications sont le trait commun de tous les phénomènes psychiques. Les raps se prétendent faits par une personnalité déterminée, les mouvements paranormaux ont la même prétention, l'écriture automatique assure en provenir : l'incarnation affirme être la personnalité elle-même qui s'empare du corps du médium et le dirige à son gré.

Le problème posé par ces personnifications est peut-être le plus intéressant de ceux que l'on rencontre dans le genre d'étude auquel ce livre est consacré. J'ai indiqué que le caractère général de ces personnifications est de figurer un être humain vivant, ou plus ordinairement mort. Mes observations ne me portent pas à penser que cette prétention soit exacte. Il n'entre pas dans le plan de mon travail d'analyser les différentes hypothèses qui ont été émises par les différentes écoles mystiques. Les occultistes y voient des coques astrales, débris, organisés encore, du double astral du corps que les principes supérieurs ont abandonné. Les théosophes ont à peu près la même théorie et désignent sous le nom d'élémentaires ces débris. Les spirites attribuent leurs phénomènes aux esprits des morts. Les catholiques y voient l'intervention du diable ; la plupart des savants n'y voient que fraude ou chimère. Toutes ces opinions sont trop absolues. Il y a quelque chose, mais ce ne sont pas, il me semble, des esprits, des coques, des élémentaires ou des démons. Je n'ai pas à formuler en détail ma manière de voir : je n'en ai pas à proprement parler. J'observe sans préjugé, sans parti pris et la seule indication que je puisse donner est la suivante : dans la presque totalité des cas étudiés par moi, j'ai cru trouver la mentalité des assistants et du médium dans la personnification. Il y a des cas que je n'explique pas complètement ainsi, c'est vrai : mais l'hypothèse spirite les explique encore moins complètement. Il faut chercher.

Les exemples que j'ai donnés des phénomènes intellectuels montrent que dans tous les cas dont j'ai pu faire l'analyse complète, on retrouve l'action de la conscience impersonnelle. Cela s'explique naturellement puisque la conscience personnelle et volontaire exclut par définition la coexistence d'une personnalité seconde. Cependant cela n'est pas absolument vrai. Le médium, dont j'ai déjà parlé, écrit automatiquement en parlant d'autre chose. Il n'écrit même bien qu'à la condition de distraire son attention et de ne pas s'occuper de sa main. Dès qu'il a conscience du mouvement exécuté, celui-ci cesse. Les choses se passent comme si la conscience normale perdait tout contact avec les centres moteurs du bras et de la main. Une conscience spéciale se développerait dans ces centres.

§ 3. — La psychologie de l'automatisme.

La difficulté que soulève l'interprétation des faits du genre de ceux exposés ci-dessus, est considérable. Notez que le sujet dont je viens de parler ne paraît subir aucune diminution de sa personnalité normale : il cause avec facilité, conserve l'intégralité de ses souvenirs personnels normaux et de son intelligence. Seul, le bras et la main, celle-ci spécialement, sont soustraits à la conscience aussi bien dans la sphère sensitive que dans la sphère motrice. Janet voit dans ces faits une désagrégation psychologique et dans beaucoup de cas son explication est vraie. Elle est inexacte dans le cas que je cite, car on ne constate aucune diminution dans la mémoire, l'intelligence, la vivacité d'esprit du sujet. D'ailleurs, Janet me semble n'avoir aperçu qu'une des faces du curieux phénomène qu'on peut observer. J'attache trop d'importance à l'établissement du *point de fait* pour ne pas, avant toute analyse, le préciser au fur et à mesure de la discussion.

La première circonstance de fait que l'observation du cas que j'examine révèle est celle que je viens d'indiquer : c'est une dissociation apparente de la personnalité normale, à la conscience cénesthésique de laquelle une partie du corps est soustraite. La seconde circonstance est la connaissance relative de l'anglais — avec orthographe correcte sauf une faute unique — que montre le membre en apparence autonome. Notez que j'ai la persuasion que cette connaissance de l'anglais est probablement subconsciente et que j'ai supposé, bien que cela ne soit pas démontré, que l'écrivain a eu des textes anglais, contenant les phrases écrites par lui, sous les yeux. Ces deux circonstances sont pour moi des faits observés.

Il en résulte ce troisième fait, conséquence des deux premiers, que la conscience qui dirige le membre soustrait à la personnalité paraît avoir des ressources plus considérables, au point de vue de la mémoire tout au moins, que la conscience normale. S'il est exact de parler de désagrégation apparente en ce qui concerne la personnalité normale consciente, il me semble que cette expression cesse de représenter les faits dès qu'il est permis de constater que la conscience manifestée par l'automatisme a une étendue plus grande que la conscience normale. Si l'on doit attacher un sens précis au langage, — et celui de Janet est trop clair et trop net pour que l'on se permettre d'accuser cet élégant et remarquable écrivain d'imprécision, — l'idée de désagrégation implique la division de la conscience personnelle en parties élémentaires, par définition moins grandes que le tout. Ce phénomène s'observe fréquemment : l'écriture automatique se montrant incapable de coordination logique. J'en ai donné des exemples. Quelquefois il n'y a aucune trace de pensée proprement dite, lorsque le médium se borne à répéter indéfiniment la même lettre ou ne trace que des lignes, des barres ou des ronds. Mais peut-on, je le répète, considérer comme une *désagrégation* véritable le cas où la main soustraite à la consciente normale paraît disposer d'une masse de souvenirs plus considérable ?

Janet lui-même a vérifié le fait et en donne des exemples dans le livre qu'il a publié sous ce titre : *Névroses et idées fixes*, vol. I. Dès lors, n'est-il pas contradictoire de dire (*Automatisme psychologique*, p. 452) : « Nos études ont eu pour résultat de ramener les phénomènes si variés de l'automatisme à leurs conditions essentielles : la plupart dépendent d'un état d'anesthésie ou de distraction. Cet état se rattache au rétrécissement du champ de la conscience et ce rétrécissement lui-même est dû à la faiblesse de synthèse et à la désagrégation du composé mental en divers groupes plus petits qu'ils ne devraient l'être normalement. Ces divers points sont faciles à vérifier ; l'état de distraction, d'incohérence, de désagrégation en un mot des individus suggestibles a été bien souvent constaté. » Comment un groupe plus petit que le composé mental dont il forme une des parties peut-il être plus considérable que ce composé ? C'est cependant un fait très facile à vérifier dans le domaine de la mémoire, et quelquefois dans celui de l'intelligence. La théorie de Janet n'explique qu'une partie des faits observables : elle n'est que partiellement vraie. Il suffit de comparer la citation que je viens de faire avec ce qu'il écrit lui-même dans son livre *Névroses et idées fixes*, t. I, p. 137 : « Le souvenir n'existe, même pendant le somnambulisme que si la malade ne se rend compte de rien et répond automatiquement aux questions par association mécanique des idées sans réfléchir, sans avoir la perception personnelle de ce qu'elle fait.

« ... Le souvenir en un mot ne se manifeste qu'à l'insu de la personne : il disparaît quand la personne doit parler ou écrire en son propre nom en sachant elle-même ce qu'elle fait. » Pour Janet c'est le signe de la désagrégation de l'esprit.

Les citations que je viens de faire précisent la pensée de Janet et montrent bien son erreur et sa contradiction. Ce qui se désagrège, c'est la *personnalité*, c'est la *conscience personnelle*. Mais elle ne se résout pas en groupes plus petits qu'ils ne devraient l'être normalement, puisque ces groupes se montrent souvent plus compréhensifs que le composé mental. Il est donc illogique de les considérer comme une partie qui s'en serait dissociée.

J'ai eu l'occasion d'exprimer déjà ma manière de voir dans d'autres écrits : qu'on me permettre cependant d'indiquer la voie dans laquelle l'interprétation psychologique doit s'engager pour n'être pas démentie par les faits.

La conscience personnelle n'est qu'une des modalités de la conscience générale. L'observation clinique révèle que dans un grand nombre de cas, il a été constaté que les souvenirs emmagasinés dans la conscience générale sont infiniment plus nombreux que ceux dont la conscience personnelle a la libre disposition. Myers a très heureusement exposé les idées suivantes dans des termes que je traduis mot à mot (The subliminal consciousness, *Proceedings S. f. Ps. Res.*, VII, 301) : « Je propose de considérer, dit-il, le courant de conscience dans lequel nous vivons d'habitude comme n'étant pas l'unique conscience qui soit en relation avec notre organisme. Notre conscience habituelle ou empirique peut ne résulter que d'une sélection entre une multitude de pensées et de sensations, dont quelques-unes, au moins, sont aussi conscientes que celles dont l'expérience nous révèle l'existence. Je n'accorde aucune supériorité à ma personnalité ordinaire, sauf qu'elle s'est montrée plus apte à satisfaire aux besoins ordinaires de la vie que mes autres personnalités potentielles. Je pense qu'elle n'a pas d'autres titres; qu'il est possible que d'autres pensées, d'autres sentiments, d'autres souvenirs, soit isolés, soit en association continue, peuvent être actuellement conscients, comme nous le disons, « au dedans de moi, » ordonnés d'une manière quelconque, selon mon organisme, et former une partie de mon individualité totale. Je conçois qu'il puisse survenir dans l'avenir des conditions nouvelles qui me permettront de tout me rappeler. Je pourrai réunir ces personnalités variées dans une conscience unique, conscience définitive et ultime dont la conscience empirique, qui dirige aujourd'hui ma main, peut n'être qu'un des nombreux éléments. »

Il me paraît plus près de la vérité que Janet : je ne sais si nous arriverons jamais à cette conscience unique qu'il espère, mais ce qui me paraît probable c'est que notre conscience personnelle n'est qu'un élément de notre conscience générale. Celle-ci se concrète, se précise, mais s'amoindrit en devenant personnelle. La suprématie apparente de la conscience personnelle peut n'être qu'un effet des circonstance dans lesquelles nous évoluons : si les idées de Darwin sont vraies, on comprend que les nécessités de la vie aient favorisé le développement de la conscience active, volontaire, personnelle : on peut imaginer d'autres conditions — que la vie monastique réalise quelquefois — où les faces actives et volontaires de la conscience générale soient moins évoluées que ses faces réceptives et passives.

Aussi, l'étude de l'hagiographie est-elle féconde en enseignements pour le psychologue.

La désagrégation de Janet n'est que l'affaiblissement du sentiment de l'activité personnelle consciente et volontaire, de ce que j'ai appelé le sentiment de la participation personnelle aux phénomènes psychologiques intercurrents. Ce n'est pas une désagrégation véritable c'est la disparition d'une modalité de la conscience, d'une de ses *expressions limitées* si je puis ainsi parler. Je reconnais toutefois avec Janet que ce mode d'expression de la conscience est le fondement nécessaire de notre activité *dans la vie ordinaire* et qu'il est légitime de considérer comme des malades ceux chez lesquels il manque normalement. Mais, le fait même de sa disparition a plutôt les caractères d'une *intégration* que d'une *désintégration*, puisque la conscience personnelle se révèle à un examen attentif comme une limitation et une détermination spéciale de la conscience générale, dont elle est en quelque sorte un démembrement. Si j'osais employer le langage de la métaphysique, je dirais que l'activité rationnelle et volontaire est en réalité une désagrégation : la personnalité n'est qu'une manifestation contingente et limitée de l'être ou plutôt de l'individualité. Celle-ci, pour employer l'expression d'un éminent philosophe de mes amis serait supérieure à la raison elle-même et d'essence irrationnelle. C'est là une idée qui contient en germe toute une philosophie. Je ne fais cette incursion dans la métaphysique que pour montrer combien les théories de Janet sont étroites et quelles différentes conséquences entraîne une manière de voir aussi spéciale que la sienne et une conception plus générale dont cette manière de voir n'est qu'un cas particulier.

Les faits d'ailleurs la condamnent. J'ai trop de considération pour l'homme distingué dont je critique les idées mais dont j'admire sincèrement les travaux pour ne pas être convaincu qu'il n'a observé que des sujets incomplets.

Ce qui le démontre à mes yeux, c'est son affirmation timide pourtant, que « presque toujours (je ne dis pas toujours pour ne pas préjuger une question importante) ces médiums sont des névropathes quand ce ne sont pas franchement des hystériques ». Il est difficile de combattre une opinion exprimée avec autant de réserve, et je ne puis que louer Janet de sa circonspection, car mes observations personnelles contredisent les siennes. J'ai vu beaucoup de de médiums : les meilleurs n'étaient pas des névropathes au sens médical du mot. Les plus belles expériences que j'ai faites ont été obtenues avec des personnes ne paraissant présenter aucun des stigmates de l'hystérie. Janet ne semble avoir jusqu'ici opéré qu'avec des malades et je ne suis pas surpris qu'il assimile les phénomènes automatiques des médiums à ceux de ses sujets hystériques. Il serait surprenant qu'il en fût autrement. Je n'ai pas à prendre la défense des médiums spirites qui m'ont paru présenter un intérêt médiocre, au moins dans les séances ordinaires, mais j'ai le devoir de protester contre la généralité du jugement que porte Janet sur les phénomènes automatiques. Les faits dignes d'être observés avec soin diffèrent essentiellement de ceux que présentent les hystériques ordinaires. Ils n'indiquent pas une misère psychologique, au contraire; voici pourquoi :

La discussion, pour être claire, doit être divisée.

1° Les phénomènes observables avec de bons médiums ne sont pas ceux que l'on constate chez les hystériques. J'ai dit que j'avais obtenu des raps et des mouvements sans contact dans des conditions de contrôle qui m'ont paru convaincantes. J'ai ajouté que j'avais obtenu par raps, ou par coups frappés par une table, sans contact, des mots et des phrases très cohérentes. Ce n'est pas le genre de faits auxquels les sujets des hôpitaux nous ont accoutumés. Que dit Janet à cet égard : « Le point essentiel du spiritisme c'est bien, croyons-nous, la désagrégation des phénomènes psychologiques et la formation en dehors de la perception personnelle d'une seconde série de pensées non rattachée à la première. Quant aux moyens que la seconde personnalité emploie pour se manifester à l'insu de la première, mouvement des tables, écriture ou parole automatique etc..., c'est une question secondaire (*sic*). D'où proviennent les bruits entendus dans les tables ou dans les murs et répondant à des questions ? Est-ce d'un mouvement des orteils, de cette contraction du tendon péronier supposée par Jobert de Lamballe... Est-ce d'une contraction de l'estomac et d'une véritable ventriloquie comme Gros-Jean le suppose ou bien d'une autre action physique encore inconnue ? Sont-ils produits par des mouvements automatiques du médium lui-même, ou bien comme cela me paraît probable dans certains cas, *au milieu de l'obscurité réclamée par les spirites* (!) par des actions subconscientes de quelqu'un des assistants qui trompe les autres et se trompe lui-même et qui devient compère sans le savoir. Cela importe peu maintenant. » Je ne saurais partager l'avis de Janet et je trouve au contraire que cela importe beaucoup. Je suis sûr que tout expérimentateur sincère et patient observera comme je l'ai fait en plein jour, en pleine lumière et non dans l'obscurité, des bruits et des mouvements qui ne paraîtront explicables par aucune cause connue. Ceux qui auront constaté comme moi ces faits ne pourront songer à les attribuer à des mouvements inconscients et involontaires, au claquement d'un tendon, à de la ventriloquie. Les cas observés par moi ne comportent pas cette explication. Les choses se passent comme si une force quelconque était produite par le médium et les assistants et pouvait agir en dehors des limites du corps. Si ce fait est exact, peut-on le considérer comme secondaire et sans importance ? N'ouvre-t-il pas au contraire à la psychologie future la voie de l'observation directe et de l'expérimentation, si comme je l'ai constaté cette force conserve certaines relations avec notre conscience générale ? Cela ne fait-il pas penser à cette sentence de Proclus disant des âmes : Τρίτη δὲ αὐταῖς πάρεστιν ἡ κατὰ τὴν ἰδίαν ὕπαρξιν ἐνέργεια, κινητικὴ μὲν ὑπάρχουσα τῶν φύσει ἑτεροκινήτων. Les âmes ont une troisième force inhérente à leur essence, celle de mouvoir les choses qui par leur nature sont mises en mouvement par une énergie étrangère à elles-mêmes.

N'est-ce pas une singulière façon de raisonner que celle de Janet ? Il fait une réserve sur l'existence d'une « autre action physique encore inconnue » mais l'oublie vite et raisonne comme si cette action était parfaitement connue. « Cette action quelle qu'elle soit est *toujours* une action involontaire et inconsciente de l'un ou de l'autre ; la parole involontaire des intestins(!) n'est pas plus miraculeuse que la parole involontaire de la bouche ; c'est le côté psychologique du phénomène qui est le plus intéressant et qui doit être étudié davantage. » J'ai la persuasion que ceux de mes lecteurs, dont la patience n'aura pas été rebutée par ma longue analyse de faits observés, ne trouveront pas acceptable la conclusion de mon distingué confrère. Le côté le plus intéressant du phénomène est, il me semble, celui qui nous révèle un mode d'action, en apparence nouveau, de l'influx nerveux sur la matière.

2° Ces phénomènes ne sont pas l'indice d'une misère psychologique, comme le pense Janet :

Raisonnons sur les cas observés par moi après bien d'autres. Pour suivre mon raisonnement, il faut être familier avec les travaux de Gurney, Podmore, Sidgwick, Myers, Barrett, Hodgson, Lodge, Hyslop, du Prel, Perty, Hellenbach, Aksakow, Richet, de Rochas. Il n'est plus possible aujourd'hui de ne pas tenir compte de l'œuvre de pareils savants français ou étrangers et de traiter une question de la nature de celle qui préoccupait Janet en disant simplement comme lui « qu'il n'a pas eu l'occasion de lire la *Philosophie der Mystik* » d'un homme comme du Prel. Il aurait dû lire ce livre... et bien d'autres. Il me paraît établi aujourd'hui que la conscience impersonnelle est susceptible de percevoir des impressions exactes indépendamment des sens. Elle traduit ces impressions de diverses façons pour les transmettre à la conscience personnelle, mais ces traductions sont concrètes et symboliques. C'est une hallucination visuelle, auditive, tactile. La forme de ces messages *subliminaux*, pour employer l'expression de Myers, est toujours la même, que le fait transmis ainsi soit vrai ou faux, qu'il soit une réminiscence ou une prémonition. C'est déjà une constatation psychologique d'une grande importance, car elle nous met sur la voie qu'il faut suivre pour découvrir le processus mental de ce phénomène psychologique. Mais il y a autre chose. L'hystérique qui simulera automatiquement un ivrogne, un général, un enfant, nous donne un spectacle bien différent de celui que nous offre un sujet qui verra télépathiquement un événement éloigné ou aura la prémonition d'un événement futur, ou révèlera des faits inconnus du sujet et des assistants. On en a des milliers d'exemples et j'en ai cité quelques-uns observés ou recueillis par moi de première main.

Est-il possible de considérer comme une « désagrégation » cette faculté extraordinaire ? Est-il possible de ramener les cas de ce genre aux phénomènes banaux de somnambulisme et d'incarnation que Janet a seuls observés ? Il suffit de poser la question pour que la réponse s'offre immédiatement à l'esprit. Le mécanisme psychologique de ces faits si dissemblables entre eux est probablement le même, mais la cause de l'automatisme apparent, moteur ou sensoriel, n'est certainement pas la même. Le sujet, dont j'ai conté l'histoire, qui voit dans un miroir vingt-quatre heures à l'avance des scènes qu'elle vivra exactement le lendemain, nous présente un phénomène d'une importance considérable. Il permet de pressentir que le temps et l'espace sont des formes de la conscience et de la pensée personnelles, mais qu'elles n'ont pas peut-être, pour la conscience impersonnelle, la même signification. Il démontre expérimentalement, s'il est vrai que la théorie kantienne sur la contingence de ces « catégories » nécessaires de toute perception consciente et personnelle est exacte.

Je sais bien d'ailleurs ce que l'on me répondra. J'ai mal observé : et ceux qui ont affirmé avant moi les mêmes faits se sont également trompés. Cela simplifie la discussion. L'histoire de la science nous offre maint exemple de la manière dont on accueille les faits qui contredisent les idées reçues. Kant (*Traüme eines Geistersehers,* I, 1), a dit il y a plus de cent ans : « Das methodische Geschwätz der hohen Schulen ist oftmals nur ein Einverständniss durch veränderliche Wortbedeutungen eine schwer zu lösenden Frage auszuweichen, weil das bequeme und mehrentheils vernünftige « Ich weiss nicht », auf Akademien nicht leichtlich gehört wird. » (Le babillage méthodique des hautes écoles n'est souvent qu'une entente pour esquiver, par des mots d'acception variable, une question difficile à résoudre, car on n'entend pas facilement dans les académies ces mots commodes et ordinairement intelligents « Je ne sais pas »).

La discussion de Janet m'a rappelé la phrase de Kant. Son expression « misère psychologique » est un de ces mots à double entente, vrai si l'on ne considère qu'une partie des faits et qu'un aspect du phénomène, celui qui concerne la conscience personnelle ; inexact si l'on étudie les faits dans leur totalité et le phénomène qu'ils révèlent dans sa généralité. L'être qui serait capable de percevoir à distance, dans l'espace et dans le temps, aurait des facultés supérieures à la normale ; ce ne serait pas l'être inférieur qu'imagine Janet.

Une observation attentive et patiente lui montrera, j'en suis sûr, la réalité des faits que je signale : qu'il n'en nie pas la possibilité sans s'être placé dans les conditions requises pour les observer.

Il appartient d'ailleurs à l'avenir de décider la question : je n'ai pas de doute sur le sens de son verdict.

Que l'on me permette encore une incursion sur le terrain scientifique ; il est nécessaire de répondre aux objections qui sont faites, de bonne foi sans doute, mais par des savants mal ou incomplètement informés. Le Pr Grasset, homme pour le talent et la sincérité duquel j'ai le plus grand respect, vient de publier dans le dernier volume de ses *Leçons de clinique médicale* (t. IV, 1903, p. 374) une longue leçon sur *Le spiritisme et la science*. Il débute par déclarer qu'il prendra Janet pour guide parce que ses idées lumineuses « sont et restent pour lui la seule base scientifique actuelle de toutes ces questions ». On croit rêver en lisant cela et c'est cependant imprimé. Grasset va donc prendre pour guide Janet qui n'a rien vu. Cela fait songer à la fable de La Fontaine, mais cette fois c'est l'aveugle qui grimpera sur le paralytique. De sorte que Grasset va traiter un sujet aussi grave, aussi fécond en conséquences imprévues et nouvelles, sans avoir consulté ceux qui ont décrit les phénomènes qu'il va étudier ! Il en cite cependant ! C'est Jules Bois, Papus, Péladan, Mme de Thèbes et Léo Taxil ; le lecteur informé peut prévoir l'argumentation facile du professeur. Qu'il permette à un écrivain indépendant, qui l'admire beaucoup et très sincèrement, de lui dire que son devoir de maître était de ne pas donner des idées aussi incomplètes à ses élèves. Il commet d'abord une erreur préliminaire qui montre combien il est peu au courant de la question. Parlant des phénomènes de hantise, il classe leurs explications en trois groupes ; la sceptique, qui n'y voit que jonglerie ; la mystique qui admet l'évocation des morts, des anges ou des démons, et la spirite, acceptant des émanations extériorisées de force, « qui deviennent pour elle l'objet d'une vraie science spéciale ». Or, les spirites, s'ils admettent l'existence de ce qu'ils appellent le *fluide*, attribuent aux esprits des morts tous les phénomènes soi-disant occultes. *C'est la caractéristique de leur doctrine*, c'est ce caractère qui sert même à la désigner et non pas celui qu'indique Grasset. Il oublie en outre qu'il y a des gens, qui sans parti pris se demandent si tant de récits concordants sont faux et s'il n'y a pas quelque chose à en retenir. Je signale l'erreur et l'omission du savant professeur pour montrer simplement combien il est mal informé.

Sa clinique porte, je le répète, sur un fait de hantise. Tout homme un peu au courant de la question verra que les faits sont incomplètement observés et que, d'après le récit qu'en donne Grasset, la supercherie paraît établie. S'il avait lu de Rochas, *Extériorisation de la motricité*, il aurait pu comparer son cas avec celui que j'ai donné à mon éminent ami ; l'observation de de Rochas — la maison hantée d'Objat — est très détaillée et donne le récit des témoins oculaires des mouvements qui se sont produits sous leurs yeux. Mais pour Grasset, de Rochas est sans doute un auteur moins recommandable que Léo Taxil ou le sar Péladan.

Je fais grâce au lecteur de la théorie du polygone que Grasset expose dans sa leçon ; c'est une ingénieuse hypothèse sur l'action réciproque des centres nerveux supérieurs et inférieurs : mais ce n'est qu'une hypothèse. Il y a cependant quelque saveur, pour l'humoriste, à voir l'éminent professeur de Montpellier se défendre contre l'accusation infamante de mysticisme que Wundt porte contre les partisans de la théorie du double psychisme et justifier son centre O des insinuations malveillantes dont il a été l'objet. Serait-on toujours le mystique de quelqu'un ?

Pour résumer les idées de Grasset, je me bornerai à dire qu'il distingue dans les centres corticaux :

1° Les centres supérieurs, le centre O, présidant à l'intellectualité supérieure, « à la volonté libre et responsable, à la conscience entière ; c'est le centre aperceptionnel, Apperceptionscentrum de Wundt » ;

2° Les autres polygonaux présidant aux actes automatiques supérieurs ou psychisme inférieur. « Ce sont les centres de la conscience subliminale de Myers » (qu'il ne cite que d'après Mangin).

Je relève là encore une erreur de citation. Myers dit expressément (*Human Personality*, I, 194): « I have chosen this point in my argument for a brief analysis of the intelligence involved in the vasomotor effects of suggestion, just because we are now going on to suggestions more directly affecting central faculty and in which, as I have said, *highest-level* centres begin to be involved... » et page 74: « automatic script, for instance, may represent highest level subliminal centres, even when no extraneous spirit but the automatist's own mind, is alone concerned. It will then give us... messages of high moral import surpassing the automatist's conscious powers. » Je traduis ces mots: « Je choisis ce point de ma discussion pour analyser sommairement l'intelligence impliquée dans les effets vaso-moteurs de la suggestion parce que nous allons arriver à des suggestions affectant directement les facultés centrales et dans lesquelles, comme je l'ai dit, les centres les plus élevés commencent à être en jeu. » ... « L'écriture automatique peut représenter les centres subliminaux les plus élevés, même lorsque aucun esprit autre que celui de l'écrivain n'entre en activité. Elle nous donnera alors des messages d'une haute valeur morale surpassant ce que peuvent donner les facultés conscientes de l'automatiste. » Myers établit entre les centres conscients et les centres subliminaux la même *hiérarchie*, qu'il emprunte à Hughlings Jackson : il se garde bien de limiter aux centres psychiques inférieurs l'activité subliminale. J'espère que mes citations démontreront à M. Grasset lui-même qu'il a mal interprété les idées de Myers. Voy. aussi *Proceedings*, VII, 306, etc.

Telle est la conception de Grasset ; elle donne la conscience *entière* aux centres supérieurs, et n'accorde que le psychisme inférieur aux centres polygonaux ou inférieurs.

Ce que j'ai déjà dit montre combien je suis éloigné d'admettre dans ces termes les idées de Grasset qui sont cependant très justes à certains points de vue. Pour moi, comme pour Myers d'ailleurs, la conscience volontaire et personnelle, loin d'être la conscience entière n'en est qu'une partie spécialisée.

J'aborde la partie la plus intéressante de l'œuvre de Grasset : c'est l'application aux phénomènes, qu'il appelle spirites, de ses théories personnelles.

Il raconte ses expériences avec des tables tournantes : elles sont faites avec contact et ne signifient absolument rien, comme je l'ai dit, au point de vue *télékinétique*, car quelquefois l'analyse interne des messages typtologiques peut avoir un grand intérêt, si des événements inconnus aux assistants sont indiqués. C'est une question de fait à établir : mais dans ce cas, le problème est reculé. Si ce sont bien les mouvements des assistants qui font remuer le meuble, pourquoi leurs mouvements combinent-ils des réponses logiques, exactes et témoignant d'une information supérieure à la leur? Ce côté de la question a échappé complètement à Chevreul comme à Janet.

Il en est de même du pendule explorateur et de la baguette divinatoire. Grasset cite Janet « qui se demande si l'usage de la baguette ne persiste pas encore quelque part (*sic*) ». Encore ce manque d'informations exactes. Barrett, professeur de physique expérimentale au Collège royal des sciences pour l'Irlande, a publié dans les *Proceedings of the Society for Psychical Research* (t. XIII, p. 2-282; t. XV, p. 130-315) un long rapport sur ce sujet qu'il a étudié en homme compétent et sincère. Il reconnaît le caractère probablement automatique des mouvements de la baguette — dont l'usage est très répandu en France, en Angleterre et ailleurs — mais ajoute que ses expériences le portent à penser (t. XIII, p. 255) « qu'il paraît y avoir des preuves que l'art du chercheur de sources est en connexion avec la couche la plus profonde de notre personnalité, fait dont nous trouvons des indications dans d'autres parties de nos *Proceedings* : cette dernière circonstance semble fournir un nouvel et frappant exemple que des informations obtenues par des moyens automatiques sont souvent plus sûres que celles dues à l'observation consciente et à l'inférence : qu'elles sont inaccessibles à celles-ci ». Je ne trouve pas trace du rapport de Barrett dans le livre de Grasset, qui s'en tient à une théorie vieillie et indéfendable aujourd'hui, si l'on tient compte des faits — ce qui paraît chose plus difficile qu'on ne croit.

La vision dans le cristal, que Grasset trouve admirablement analysée par Janet, est encore une hallucination polygonale. Je l'admets, mais comment expliquer le caractère prémonitoire de cet automatisme sensoriel ? Là est le problème ; comment expliquer que le « polygone » donnera des hallucinations véridiques, montrera une mémoire supérieure à celle du centre sus-polygonal, de la conscience *entière* ? Singulière partie qui est plus vaste que le tout.

Enfin, Grasset, amené à examiner le contenu des messages automatiques, aborde les célèbres expériences de Mme Piper. Croyez-vous qu'il les analysera ? Qu'il se donnera la peine de discuter les énormes rapports de Hodgson — pour ne parler que des derniers, *Proceedings*, VI, p. 436-650 ; VIII, 1-167 ; XIII, 284-582 ; de Hyslop, *id.*, XVI, 1-643 ? Non, il se bornera à citer M. Mangin et à dire : « Quatre mois après sa mort, Mme Piper, étant en trance chez un ami intime de ce Robinson (inexact, la séance eut lieu chez Mme Piper), P... (la personnalité seconde) déclara que Georges Robinson était prêt à communiquer. A partir de ce moment, cet esprit assista à la plupart des séances de Mme Piper comme un second esprit familier. Cet exemple nous montre bien comment se font les incarnations polygonales chez le médium en trance. » Pas un mot des patientes observations de Hodgson et de Hyslop. On peut combattre les conclusions de ces savants, mais paraître ignorer leur œuvre quand on en parle est un procédé de discussion trop facile quand on a la valeur de Grasset. Hodgson et Hyslop citent des faits : ils sont résumés très clairement dans un livre de M. Sage, *Mme Piper et la Société anglo-américaine des recherches psychiques* (Paris, Leymarie, 1902). Ils tendent à démontrer que le médium a connaissance de faits que seul le défunt savait. *Voilà le problème.* Le mode de constitution de la personnalité seconde lui est accessoire.

Je laisse de côté le cas de Mlle Smith que Flournoy a admirablement étudié sans l'expliquer complètement, car en voulant écarter l'explication supranormale, il pousse à l'extrême invraisemblance l'hypothèse de la mémoire subconsciente (*Des Indes à la planète Mars* et *Nouvelles observations sur un cas de somnambulisme avec glossolalie*, Genève et Paris, 1902). Il explique, insuffisamment il me semble, l'intervention du sanscrit, les signatures du curé Burnier et du syndic Chaumontet.

En résumé, on ne trouve pas chez Grasset la discussion d'un fait sérieusement observé et posant nettement le problème d'une force nouvelle à étudier ou de modes de connaissance supranormaux à élucider. Les phénomènes de télépathie ne lui paraissent pas démontrés, la télékinésie ne lui paraît pas davantage établie et il conclut :

« Le spiritisme est une question dont le médecin n'a pas le droit de se désintéresser. Il appartient à la biologie humaine en fait et en droit. « En laissant de côté tout ce qui a trait à la jonglerie et au supranaturel, il y a une grosse partie du spiritisme qui rentre dans un chapitre aujourd'hui bien connu de physiopathologie des centres nerveux : le chapitre du psychisme inférieur ou automatique, de l'automatisme supérieur, de l'activité polygonale.

« Le spiritisme scientifique est à la fois une application de cette doctrine biologique et le point de départ de nouvelles études dans ce domaine. Il appartient donc bien à la biologie.

« Cette étude scientifique laisse de côté certaines questions intéressantes dont l'existence n'est pas encore scientifiquement démontrée comme la suggestion mentale, la clairvoyance, la télépathie et l'extériorisation de la motricité.

« Ce sont là des terrains livrés aux investigations de la science de l'avenir. »

Si j'ai bien compris la pensée de l'éminent professeur, il ne considère comme scientifique dans le spiritisme que ce qui en constitue les phénomènes frauduleux conscients ou inconscients, c'est-à-dire ce qui en forme la partie non spirite. Ce qui constitue l'essence même du spiritisme, n'est pas scientifique. Mais alors pourquoi étudier sous ce nom des faits connus et classés et qui ne sont pas du tout ceux que le spiritisme affirme?

Et puis, pourquoi parler de spiritisme? Le spiritisme est une religion, non une science. C'est l'*explication systématique* de tout un ensemble de faits encore mal connus, mais ce n'est pas l'affirmation simple de ces faits. Il y a, dans le langage de Grasset, et dans celui de Janet lui-même, une confusion fâcheuse entre le vrai sens du mot *spiritisme* et celui qui leur est prêté. Les faits allégués sont-il vrais? Telle est la question que les sciences biologiques doivent examiner. — Le spiritisme, au contraire, c'est-à-dire l'ensemble de doctrines métaphysiques fondées sur les révélations des esprits, ne saurait, actuellement au moins, être considéré comme appartenant à la biologie.

M. Grasset me pardonnera la vivacité de ma critique : je considère ce savant comme un des esprits les plus ouverts et les plus élevés que la médecine française possède et je le conjure d'opérer comme je l'ai indiqué, avec les précautions que je recommande. Il constatera ce que j'ai constaté, ce que tant d'autres ont constaté. Mais qu'il se renseigne, qu'il ne cite pas de cas mal étudiés par lui, comme le cas Piper, comme le cas d'Eusapia elle-même. Qu'il ne fasse pas comme je ne me rappelle plus quel médecin étranger qui, critiquant dans une revue illustrée les expériences de l'Agnélas, nous reprochait d'opérer toujours dans l'obscurité! Il n'avait pas lu les expériences dont il parlait. De telles imprudences, pardonnables chez un jeune médecin, sont indignes de Grasset. Qu'il ne confonde pas surtout avec le *spiritisme*, la recherche impartiale et sans parti pris de la vérité scientifique.

Le peu d'influence que les critiques des savants les plus respectables ont eue sur la pensée contemporaine, dont elle n'ont pas arrêté les recherches sur le domaine des sciences psychiques, tient justement à l'absence d'informations exactes de ces savants. Ils ont toujours raisonné à côté de la question : n'analysant que très imparfaitement les faits, n'admettant que ceux qu'ils peuvent aisément expliquer et rejetant les autres comme frauduleux ou douteux. Pour ceux qui les ont étudiés personnellement, ces faits ne sont ni douteux, ni frauduleux et les dénégations obstinées de certains savants n'ont qu'un effet : ôter à l'expression de la pensée de ceux-ci toute valeur et toute influence sérieuse. C'est fâcheux pour ces savants d'abord et pour le public ensuite qui, mal éclairé, devient la proie des charlatans ou la victime d'illuminés.

En résumé, une observation attentive des faits montre que dans les phénomènes psychiques on constate l'émergence de personnifications qui peuvent être des personnalités secondes, mais qui, dans les cas véritablement nets, présentent des caractères particuliers et semblent avoir des informations inaccessibles à la personnalité normale. Elles peuvent coexister avec celle-ci sans qu'aucun trouble ne se manifeste dans les sphères sensitive ou motrice; dans d'autres cas, elles empiètent sur la personnalité normale qui peut soit ne perdre que l'usage et la sensation d'un membre, soit être dépossédée de plusieurs. Enfin, la personnification peut envahir tout l'organisme et aboutir à l'incarnation qui est un phénomène d'apparente possession. Quand elle atteint ce développement maximum, la personnification manifeste une autonomie remarquable et paraît beaucoup moins suggestible que dans les stades intermédiaires de son évolution.

Que sont exactement ces personnifications? Je n'en sais rien. Le problème qu'elles soulèvent dans certains cas est extrêmement difficile à résoudre. Elles ne me paraissent pas être ce qu'elles se prétendent être. Est-ce une conscience collective? Est-ce une illusion? Est-ce un esprit? Tout est possible, rien n'est certain pour moi, sauf cependant une chose, c'est qu'il ne faut pas s'y fier.

Je dis ceci pour les spirites qui ont une tendance à croire aveuglément tout ce que disent certains de leurs bons esprits. Ils peuvent se tromper s'ils ne nous trompent pas. Il ne faut jamais s'abandonner à leur direction : il faut toujours ne se laisser guider que par la raison et le jugement critique. Il ne faut pas être trop crédule. Je dois à l'obligeance de M. Braunschweig une histoire bien instructive à cet égard. Les phénomènes dont se porte garant l'auteur de ce récit, homme connu, cultivé, intelligent, rompu aux affaires, n'ont pas été observés par moi; mais les conséquences funestes de sa trop grande confiance dans « l'esprit » comportent une leçon si sérieuse et si utile qu'il me paraît bon de la faire connaître. Je ne la donne que dans ce but, car je ne saurais attester personnellement les faits extraordinaires dont on va lire l'intéressant récit. Que M. Braunschweig et M. Vergniat, dans la famille desquels les faits se sont passés, et qui m'autorisent à les publier, reçoivent ici mes remerciments. Je donne ce récit *in extenso*, sans y rien changer, pour n'en pas altérer la physionomie :

Ces notes écrites à la hâte, en quelque sorte au courant de la plume, n'ont d'autre prétention que de rapporter des faits étranges, tout en laissant à chacun le soin de les apprécier.

Un instant, une préoccupation m'a dominé. J'hésitais, en présence de l'incrédulité qui repousse systématiquement tout ce qui n'est ni chiffre, ni matière, à dévoiler des phénomènes que les de Mirville, les G. Lamotte, les Alex. Bellemare et tant d'autres ont déjà constatés; mais le devoir de préserver mes enfants des épreuves que j'ai subies l'emporte, et je dirai la vérité sans crainte qu'eux du moins soupçonnent leur père d'avoir menti.

UN MYSTÈRE

> Canius Junius en marchant au supplice dit à ses amis : « Vous me demandez si l'âme est immortelle, je vais le savoir, et si je le puis, je reviendrai vous le dire. »

En écrivant ces lignes j'obéis à la pensée que le témoin de faits mystérieux doit, dans l'intérêt de l'humanité ou de la science, une narration scrupuleusement exacte de ce qu'il a vu. Et, il la doit doublement lorsque ses révélations peuvent préserver l'inexpérience des embûches d'un pouvoir occulte dont il serait aussi insensé de nier l'existence, que de douter de sa puissance à faire le mal ou le bien suivant sa volonté.

J'accomplis donc ce que je crois un devoir. Cette conviction suffit pour braver l'esprit fort toujours disposé à nier ce qu'il ne peut expliquer.

La crainte d'être accusé de rechercher des sympathies, en racontant des faits dont je fus victime, pouvait aussi m'arrêter; mais la perte de quelques biens ici bas est amplement compensée dans mon esprit, dans mon âme, par la certitude d'une vie future qui résulte des faits dont le maître a bien voulu me rendre témoin.

C'était en 1867. Attiré par les sons d'une trompette, je traversais la place Saint-André pour m'engager dans la rue sombre et étroite qui longeait alors la cathédrale, et où s'étalaient les vieilles défroques des marchandes à la toilette. Une foule nombreuse stationnait au coin de la rue des Palanques où le commissaire-priseur procédait à la vente d'un fonds de mouleur statuaire.

J'allais passer outre, lorsque fut mise en vente une statuette dont les contours et la pose gracieuse fixèrent mon attention.

Était-ce une Vierge? Une « mater dolorosa »? Je ne sais. Mais je vois encore ce beau visage tout empreint de douleur, les yeux levés vers le ciel, laissant échapper deux grosses larmes, qui semblaient me supplier d'arrêter la profanation. La tête légèrement inclinée et recouverte d'un voile délicieusement drapé révélait un objet d'art.

Je l'achetai, cédant au désir de posséder un travail artistique, et non pour satisfaire un sentiment religieux qui, je l'avoue, n'existait pas.

J'achetai aussi une console pour supporter la statuette et quelques instants après le tout était installé dans ma chambre, rue du Palais Gallien, 147.

Madame Vergniat était en Périgord. A son retour elle fut surprise de voir dans l'endroit le plus apparent de ma chambre un sujet religieux dont j'avais fait moi-même l'acquisition.

Sa surprise était légitime, car des idées bien arrêtées laissaient peu de place dans mon esprit aux préoccupations religieuses.

Rien d'étrange ne se produisit dans cette maison, bien que nous l'ayons habitée longtemps après l'achat de la statuette ; seulement j'éprouvais un plaisir si grand à admirer ma Vierge, que je me suis souvent demandé si cette attraction mal définie, n'était pas le prélude et en quelque sorte une première influence des faits mystérieux qui devaient se produire.

A ce moment nous quittâmes notre domicile de la rue du Palais Gallien pour habiter une maison dont je venais de faire l'acquisition rue Malbec, 116.

Cette maison isolée, au milieu d'un jardin, comprenait seulement deux chambres à coucher, un salon et un vestibule servant de salle à manger.

Quelques détails sur l'ameublement et les dispositions intérieures sont indispensables, pour la bonne intelligence de ce qui va suivre.

Une table de nuit séparait mon lit de la cheminée. Au-dessus du meuble était un bénitier ; au-dessus du bénitier un tableau à l'huile représentant la Vierge ; enfin, près du plafond, la statuette sur son support.

A gauche de la table de nuit, sur l'épaisseur formée par la cheminée, était une panoplie composée de sabres et d'épées.

Notre installation terminée, Mme V... fit un nouveau voyage en Périgord. C'est pendant son absence que devait se produire la première manifestation à laquelle, du reste, je n'attachai pas grande importance.

Voici dans quelles circonstances ce phénomène eut lieu.

Je fus réveillé la nuit par un violent coup de marteau.

J'allumai promptement ma bougie, la pendule marquait une heure.

Cette visite n'avait rien de rassurant, car, pour frapper à la porte de la maison, il fallait avant tout avoir franchi la grille qui en défendait les approches.

J'attendis avant d'ouvrir qu'on frappât une seconde fois, mais ce fut inutilement.

La nuit suivante un coup aussi violent que celui de la veille vint encore me réveiller et la pendule marquait également une heure.

La bonne couchée près des enfants dans une chambre voisine ayant entendu frapper, s'épouvantait. Je crus la rassurer en disant : « *Demain je chargerai mon fusil pour recevoir celui qui se plaît à nous donner des alertes.* »

Je souligne ces mots que nous aurons l'occasion de voir rapportés plus tard d'une façon surprenante.

Quelques mois après, et sans incidents nouveaux, notre bonne fut congédiée et remplacée par une grosse fille des Landes.

La visite nocturne était donc oubliée depuis longtemps, lorsque le 23 janvier 1868, Mme V... et sa bonne occupées dans ma chambre entendirent comme un frôlement courir sur les vitres et virent la statuette s'incliner par deux fois sur son piédestal, comme pour les saluer. Elles crurent d'abord à un tremblement de terre, et ce fut sur les tons les plus effarés qu'à mon arrivée le fait fut raconté.

La statuette n'était plus dans son axe ; mais était-ce suffisant pour me convaincre ? Non.

Je riais du récit persuadé que Mme V... et sa bonne étaient victimes d'une illusion.

Cependant, le lendemain à la même heure, c'est-à-dire vers 11 heures du matin, les mêmes phénomènes s'étant produits, ainsi que les jours suivants, je résolus de rester chez moi pour constater *de visu* ce fait merveilleux.

Je fus servi à souhait, la statuette a tourné ce jour-là, tantôt à droite, tantôt à gauche, 12 à 14 fois. Parfois elle avançait et se mettait en équilibre sur le bord extrême du piédestal.

L'évolution était si prompte et si inattendue que l'œil pouvait à peine la saisir.

Je ne fus pas longtemps à constater que pour exécuter ces mouvements, le pouvoir mystérieux attendait le moment où l'attention fatiguée ne surveillait plus. Alors un coup sec semblable à l'étincelle électrique qui se dégage, annonçait que l'évolution était accomplie.

Le tableau placé au-dessous de la statuette perdait alors son aplomb; la coquille du bénitier se renversait en même temps que les sabres et les épées s'agitaient comme autant de balanciers de pendules.

J'avais remarqué que la présence de Mme V... et surtout de la bonne aidaient beaucoup à ces manifestations; et, même, que l'apparition de l'une ou de l'autre sur le seuil de l'appartement suffisait pour les provoquer.

Je faisais des efforts pour dissimuler la préoccupation que me causaient ces phénomènes et j'affectais de n'y attacher aucune importance, afin de réagir mieux contre l'exaltation et la peur qui s'emparaient de l'esprit de Mme V..., de sa bonne et des deux ouvrières témoins constants de ce désordre.

Mais au lieu de seconder mes efforts, la Vierge ne se contentait plus des évolutions sur place. Elle se laissait tomber sur l'édredon de mon lit et y restait enfouie jusqu'au moment où un coup sec avertissait qu'elle revenait sur son socle.

Bientôt les coups devinrent plus fréquents et n'indiquèrent pas toujours des déplacements. On les entendait sur les portes, dans les armoires, etc., etc., voire même au milieu du jardin.

C'est ainsi qu'un jour, entrant chez moi, un coup retentit si formidable, que les voisins se mettant aux fenêtres dirent : « J'espère M. V... qu'on vous salue. »

A ces faits, déjà extraordinaires, devaient en succéder de plus étranges encore.

L'horloger qui, chaque quinzaine, montait nos pendules (M. Ouvrard), s'étant jadis occupé de somnambulisme, crut reconnaître dans notre bonne un sujet accessible aux influences magnétiques et lui proposa de l'endormir.

Quelques minutes suffirent pour obtenir cet état de prostration et d'insensibilité qui caractérise le sommeil magnétique. Si cette première fois les réponses de Marie furent inintelligibles, elle ne tarda pas après quelques séances à s'exprimer très clairement et même avec volubilité.

En l'état où nous tenaient les évolutions de la statuette, on comprendra aisément que la première question posée à la somnambule devait être celle-ci : « Voyez-vous qui fait remuer la Vierge? »

« Je le vois, répondit-elle, il est près de moi, à genoux en « prières. — C'est un homme vêtu d'une redingote marron « tenant à la main un livre recouvert d'une étoffe noire. Je ne « vois pas sa figure. J'aperçois seulement un peu ses favoris; car « il me tourne le dos. »

Pendant plusieurs jours, les réponses sur ce sujet restaient les mêmes. Mais ayant insisté pour connaître le nom de l'homme en prières la somnambule répondit : « Je suis le père de Madame. »

Cependant cette assertion fut contredite bientôt par une déclaration plus explicite.

Obtenir le sommeil magnétique, chez Marie, était si facile, que m'ayant demandé de l'endormir j'y parvins sans autres notions que d'avoir assisté aux séances précédentes, mais il me fut impossible de la réveiller et je dus envoyer à la recherche de l'horloger espérant qu'il me sortirait d'embarras. Il arriva; mais ses efforts furent inutiles.

La somnambule se moquait de nous et plaisantait sur l'embonpoint de l'horloger.

Ce fait est déjà à remarquer, en ce sens, qu'il contredit l'opinion trop accréditée que le sujet subit la volonté du magnétiseur; mais ce qui va suivre révèle un phénomène bien autrement intéressant.

Marie ne parla plus alors de sa propre autorité. Un esprit s'étant substitué à sa volonté déclara que tous nos efforts pour réveiller la somnambule seraient inutiles.

« Je suis bien ici, disait l'esprit, et il me plaît d'y rester.
« Seulement, à quatre heures, j'ai besoin d'être ailleurs; alors
« la somnambule se réveillera d'elle-même. Ayez la patience
« d'attendre. »

En effet, à l'heure indiquée, au moment même où la pendule disait quatre heures, la somnambule se frottait les yeux et revenait à l'état normal.

A dater de ce jour, la somnambule resta constamment sous l'influence des esprits qui s'emparaient d'elle pendant son sommeil. C'est ainsi qu'aussitôt endormie l'esprit disait : « Je n'ai que quelques instants à rester. » Et, le délai passé, Marie se réveillait sans aucune intervention.

Durant ces conversations, plus ou moins longues, l'esprit affectait de m'appeler son fils. Ses avis, ses conseils étaient empreints d'une grande bienveillance et surtout profondément religieux. Il était incontestable que, par un phénomène inexplicable, les facultés de Marie étaient remplacées, pendant ces communications, par un esprit dont il était impossible de méconnaître la supériorité que révélaient et le niveau de la discussion, et le choix des expressions.

Le pressant un jour de s'expliquer, je lui demandais résolument : « Mais qui êtes-vous donc? »

« Je suis celui que tu voulais recevoir à coups de fusil, lors-
« que je frappais à ta porte à une heure du matin ! »

Notons que la somnambule ignorait absolument ce fait puisqu'elle n'était pas à notre service à l'époque où se produisit l'étrange visite.

De son côté, la Vierge ne chômait pas et continuait à tourner cinq à six fois par jour.

Les bons avis de l'esprit, la pureté de ses principes m'intéressaient certainement ; mais, je l'avoue, la statuette m'occupait davantage. N'étais-je pas en face d'un fait tangible, indéniable et aussi rebelle que voulait se montrer ma raison ; je frappais du pied en répétant : « Et pourtant elle tourne ! »

Toujours en garde, même contre l'évidence, je me donnai la satisfaction d'emprisonner la Vierge, mais de façon à pouvoir constater ses évolutions.

Je fis construire, rue Bouquière, une niche en fil de fer enveloppée d'une gaze très transparente et, la scellant au mur, je cloîtrai solidement la statuette.

Mon travail terminé, je quitte la chambre. Aussitôt un coup formidable retentit. — J'accours ; tout a disparu, seul le piedestal est à sa place. La Vierge, projetée sur mon lit, est retrouvée enveloppée dans l'édredon, tandis que l'armature gît dans la ruelle.

Mes précautions ayant déplu, je me gardai bien de les renouveler. Consultée sur ce fait, la somnambule, ou plutôt l'esprit agissant en elle, dit : « de ne jamais toucher à la Vierge et de la laisser là où elle serait transportée » ; ajoutant « que celui qui l'enlevait de son piedestal, saurait bien l'y replacer ».

La recommandation fut suivie ; mais un jour advint que la statuette disparut. Mme V..., revenue de ses frayeurs premières, se mit activement à sa recherche et, après avoir bouleversé la maison, la retrouva dans un placard, derrière le lit des enfants. Ce placard, dissimulé par la tapisserie, n'avait jamais été utilisé et nous n'en soupçonnions pas l'existence.

Comment la Vierge s'y était-elle introduite ?

Les déplacements devenaient de plus en plus fréquents. Ainsi, la statuette s'avisait de changer d'appartement et le salon était son lieu de prédilection ; mais elle ne passait jamais une journée entière sans reparaître sur son piédestal.

Les portes s'ouvraient ou se fermaient devant elle avec le même bruit qui suivait chaque évolution. Tout cela avec tant de rapidité qu'on était surpris plutôt qu'incommodé.

Sous l'influence de ces phénomènes, le sommeil ordinaire de la somnambule devint plus lourd. On l'entendait, la nuit, parler tout haut. Elle s'éveillait difficilement et après avoir secoué sa torpeur elle ne pouvait encore ouvrir les yeux. — « Je les sens collés »; disait-elle. Mais plaçant les doigts sur les paupières, Mme V... faisait une prière et la difficulté disparaissait aussitôt.

Dans le sommeil ordinaire la conversation n'avait rien de sérieux, c'était le plus souvent des banalités, des plaisanteries, quelquefois même de mauvais goût, tandis que dans le sommeil provoqué on retrouvait constamment un esprit sérieux, professant les maximes les plus pures et donnant des avis empreints de la plus profonde charité.

Je demandai à cet esprit mystérieux s'il était vrai qu'il fût le père de Madame, ainsi qu'il l'avait déclaré une première fois.

Voici sa réponse, que je crois reproduire mot à mot :

« Mon fils, je lis dans ta pensée (car tu ne peux me la cacher) « que, n'ayant pas assez de foi pour reporter à Dieu le bonheur « de la visite que tu reçois dans ta maison, tu en cherches l'expli- « cation dans je ne sais quelles suppositions absurdes. NE CROIS « PAS AU SPIRITISME, mon fils !

« Dieu, qui est essentiellement bon, ne saurait permettre « qu'après avoir subi toutes les épreuves terrestres vos esprits « fussent encore condamnés à assister à toutes les turpitudes, à « toutes les souffrances de ceux qui leur ont été chers. C'est un « supplice que Dieu n'a pas voulu vous réserver.

« Oui, un esprit existe ; mais il est seul, unique, et cet esprit « est le mien. C'est lui qui donne le souffle, qui anime tout ; « enfin qui te fait agir, marcher ou t'arrêter lorsque tu crois que « ta volonté est toute puissante.

« Cet esprit, je le répète, est unique. C'est celui du Maître. »

Disons que cette opinion est celle du P. Malebranche qui prétend, lui aussi, que Dieu est l'auteur immédiat de l'accord que nous admirons entre l'âme et le corps.

« Je le vois bien, tu doutes de mes paroles, ajouta l'esprit (car « je te l'ai dit déjà tu ne peux me cacher ni tes pensées, ni tes « actions), » et tu te dis à toi-même : *Quelle prétention de sup-* « *poser que j'aie pu mériter semblable visite et que l'esprit divin* « *est venu frapper à ma porte !*

« Tu préfères donc, mon fils, douter de mes paroles et t'éloi- « gner ainsi de la vérité. Soit, mais ne l'oublie pas, quelle que « soit ton appréciation sur moi et le but de ma visite, reste per- « suadé que je ne puis être chez toi qu'en vertu d'une volonté

« suprême et que tous tes efforts pour me chasser et même mon « désir de m'en aller avant l'accomplissement de ma mission, « seraient également inutiles.

« Accueille-moi donc comme un bon père qui vient aider son « fils à parcourir le chemin si pénible de la vie.

« Je ne t'ai pas quitté depuis que tu es au monde. Nous avons « traversé ensemble beaucoup d'ennuis, supporté beaucoup de « chagrins; mais des temps meilleurs sont proches et je puis te « révéler, mon enfant, que du moment où il m'est possible de te « faire entendre ma voix, cette bénédiction du maître va t'assurer « désormais le repos du corps, de l'âme et de l'esprit.

« Pour toi plus de soucis, ton père te les évitera tous. Mais en « échange du bien que j'ai mission de te faire, je te demande « d'élever souvent tes pensées vers le Créateur et de le remercier « de l'immense faveur qu'il t'a accordée. Car, sache-le bien, « personne jusqu'à ce jour n'avait reçu dans sa maison semblable « visite.

« Je désire que tu assistes régulièrement aux offices et que tu « fasses la communion.

« Je veux aussi que tu donnes aux pauvres dont je t'indi- « querai l'adresse et les besoins; mais comme je suis un protec- « teur, si je t'impose des charges, je te procurerai les moyens d'y « pourvoir. »

On peut juger déjà de l'influence que ces faits mystérieux exerçaient sur mon esprit, car je promis tout, et en enfant soumis, je communiai avec ferveur à Talence.

Dès ce jour, la bienveillance de l'inconnu s'étendit à tout, aux personnes de la maison, comme aux besoins du service. Sa sollicitude, pour la somnambule surtout, le poussait parfois à m'imposer des missions délicates dont je vais citer un exemple.

Je venais d'endormir Marie, aussitôt l'esprit se manifeste en disant :

« J'ai à t'entretenir de faits personnels à la somnambule et pour « lesquels je te prierai de suivre mes indications.

« Cette fille espère se marier avec un ouvrier menuisier du « nom de Toussaint qui la poursuit depuis longtemps. Mais les « parents de Marie, qui sont d'honnêtes gens, ne consentiront « jamais à ce mariage. D'abord parce que T... est un mauvais « sujet et en second lieu, parce que le frère de T... vient d'être « condamné *hier*, dans son pays, à une peine infamante pour « faits immoraux.

« Il faut donc que Marie cesse de parler à ce jeune homme

« dont le caractère jaloux et violent serait bientôt un danger pour « elle.

« Marie ignore tous ces détails, même la condamnation qui « n'est pas encore connue de tous...

« Ainsi donc, lorsque Marie sera éveillée, tu auras soin de ne « rien dire de notre conversation; mais demain, en venant de « Bordeaux, tu la lui rapporteras comme un renseignement « recueilli en ville.

« Marie niera d'abord; elle prétendra même ne pas connaître « l'individu; mais tu insisteras sévèrement et elle avouera tout. »

C'est en effet ce qui arriva.

Puis continuant, l'esprit ajouta :

« Cet ouvrier s'est fait récemment une blessure à la main qui « l'empêche de travailler : aussi est-il toujours à rôder autour de la « maison et il convient de s'en méfier. »

Souvent le soir à la veillée Marie me demandait de l'endormir. Alors, chose étrange, elle nous disait combien de fois son prétendu passerait le lendemain devant la porte et à quelle heure.

Ces renseignements étaient d'une exactitude parfaite.

Cependant un jour notre homme ne paraissait pas à l'heure fixe — il était en retard de deux minutes. Marie était endormie dans le salon et j'allais alternativement de la terrasse à elle. Je commençais à perdre patience. Il arrive, dit-elle, tu auras à peine le temps nécessaire pour aller à la terrasse. En effet aussitôt à mon poste d'observation le menuisier pénétrait dans la rue Malbec par le chemin de Bègles.

Quelques jours après, l'esprit, que la somnambule appelait son « bon papa », nous prévint que Marie courait un grand danger. Son prétendu se voyant éconduit à cause de la flétrissure qui frappait sa famille et dont il avait eu confirmation par lettre, avait résolu de se venger.

Animé des plus mauvais desseins, il avait coupé sa barbe pour se rendre méconnaissable et après avoir caché un long couteau sous sa blouse, il avait pris le chemin de la maison, avec l'intention bien arrêtée, disait l'esprit, de frapper Marie.

En nous donnant ces avis, par la voix même de la somnambule, l'ami mystérieux ajoutait : « Ne laissez pas sortir cette fille « de la journée. Je vous débarrasserai bientôt de cet homme « dangereux *en faisant naître dans son esprit* le désir d'un voyage « d'où il ne reviendra pas. »

Deux ou trois jours après, Marie apprenait que l'individu était parti pour l'Algérie.

Nous avons vu une première fois par la substitution de l'esprit aux facultés de la somnambule combien notre libre arbitre est subordonné aux influences occultes. Et si on objectait que, dans ce cas, les influences magnétiques ont facilité cette substitution, il nous resterait l'exemple autrement décisif du menuisier dont le libre arbitre a été absolument subjugué avec préméditation, ainsi qu'il résulte de la déclaration de l'esprit qui *fait naître le désir d'un voyage d'où l'individu ne reviendra pas.*

Au fur et à mesure que tous ces faits étranges se succédaient, notre esprit à tous subissait de plus en plus une influence à laquelle il était impossible de se soustraire, je dirai même à laquelle on était heureux d'obéir.

Comment repousser des avis, des conseils toujours profondément honnêtes et auxquels le nom de Dieu était constamment associé ?

Après la somnambule, Mme V... était celle qui, de nous tous, ressentait le plus fortement les effets de cette atmosphère mystique.

Pour ma part, je m'étais borné d'abord à observer les phénomènes et à ne les accepter que comme étude ; mais de surprises en surprises j'arrivai, plein d'admiration, à une soumission aveugle.

Et cependant nous n'étions qu'au début de ces manifestations féeriques.

Si pendant le repas, nous désirions un objet quelconque du service, la bonne (Marie) nous l'apportait avant même de le demander. Une voix qu'elle croyait tantôt la mienne, tantôt celle de Madame lui avait déjà transmis notre désir avant qu'il fût exprimé.

C'était une communication parfaite de la pensée, sans l'intervention de la parole.

Si le travail de la bonne (de la somnambule) laissait à désirer, celui qui surveillait assidûment la maison, l'en punissait immédiatement en lui enlevant avec une dextérité incroyable le foulard qui la coiffait.

Et s'il arrivait à cette fille de s'écarter vis-à-vis de nous des règles de la plus stricte politesse, elle était immédiatement rappelée à l'ordre de la même manière et sans tenir compte du milieu où elle se trouvait.

J'ai vu souvent son foulard jeté à terre, pour lui rappeler qu'elle devait nous laisser monter avant elle en voiture ou en omnibus.

J'ai eu aussi l'occasion de voir une manifestation bien surprenante par la facilité de déplacer un meuble d'un poids relativement considérable.

Souvent après être couchée la somnambule sentait son lit rouler tout doucement au milieu de l'appartement et puis revenir, tout aussi doucement, à sa place. Ce va et vient, qui se renouvelait quelquefois trois à quatre fois dans la soirée, se produisant lentement on pouvait voir à l'aise cette masse s'agiter sous l'impulsion d'une force invisible.

La somnambule, je l'ai dit au début, était une grosse fille venue des Pyrénées ou des Landes. Elle ne savait ni lire, ni écrire et la vue de toutes ces choses surnaturelles la laissait ou ébaubie ou effrayée. J'avais remarqué même qu'elle perdait souvent le souvenir de ce qu'elle avait vu la veille — cela bien entendu, à l'état normal.

Ce qu'elle comprenait bien, c'est que « bon papa » n'était pas satisfait d'elle lorsqu'il lui envoyait à la tête, on ne sait d'où, une croûte de pain ou de fromage, signe certain que quelque chose clochait dans le ménage.

Un petit lustre Louis XV suspendu dans le vestibule, nous servant de salle à manger, s'agitait dès que nous nous mettions à table, et le mouvement que précédait toujours un frôlement sur les chaînes métalliques, était lent ou accéléré selon que Mme V... en témoignait mentalement ou à haute voix le désir.

Si nous avions un invité tout restait dans le calme et rien ne faisait soupçonner les étrangetés qui se produisaient habituellement. On eût dit que ces manifestations étaient réservées aux gens de la maison et aux quelques voisins privilégiés, dont le bruit devait forcément attirer l'attention.

Deux demoiselles, l'une du Périgord, Anna..., l'autre de Bordeaux, Mathilde..., qui travaillaient presque constamment à la maison, assistèrent à toutes ces surprises et « bon papa » leur témoignait même beaucoup d'affection.

J'ai dit, en commençant, que lorsque la statuette tournait sur son socle, sabres et épées s'agitaient en sens inverse. L'une de ces épées fut décrochée et déposée dans l'angle de la muraille, mais presque aussitôt, en présence de M. V..., une force invisible la remit lentement à sa place.

Les oscillations du lustre, le mouvement des épées, les déplacements du lit sont les seuls phénomènes dont l'œil ait pu suivre les mouvements ; tous les autres étaient si prompts qu'ils échappaient à l'attention, même la plus soutenue.

Notre présence dans la maison n'était point nécessaire pour y produire du bruit ou d'autres phénomènes. Et le fait que je vais citer contredit cette opinion, émise par quelques spirites, que les esprits empruntent aux médiums ou aux personnes présentes la force indispensable pour produire des déplacements.

Étant allés à la campagne, la bonne nous suivit et la maison resta abandonnée toute la journée. Le soir, à notre arrivée, les voisins vinrent au-devant de nous pour annoncer que toute notre vaisselle, au moins, devait être brisée; car depuis notre départ un bruit formidable n'avait cessé dans la maison.

Nous pénétrâmes dans les appartements, où tout était parfaitement à sa place, et aucun dégât ne fut constaté.

Où donc l'esprit avait-il pris, dans cette maison inhabitée, la force auxiliaire qu'on assure lui être nécessaire?

J'étais à l'égard de ces faits d'une très grande réserve, ne voulant pas les ébruiter, afin d'éviter des controverses qui certainement n'eussent pas manqué de se produire.

Ce qui m'engageait encore au silence, c'est que, m'étant confié à un membre d'une famille réputée profondément religieuse, la Vierge refusa toute évolution devant ce visiteur. A peine l'incrédule avait-il franchi la porte que la statuette était déplacée.

Le soir même j'endormis Marie et j'essuyais de l'esprit les plus vifs reproches.

« Ce qui se passe ici est pour toi, me dit-il, et ne doit pas « être donné en spectacle. »

Cependant cette déclaration en apparence si sévère fut bientôt enfreinte par lui-même.

Voici dans quelles circonstances :

M. Bossuet, coiffeur, rue Bouffard, à Bordeaux, était occupé dans le salon à coiffer Mme V... lorsque un coup sec vint avertir que la Vierge se déplaçait. Mme V... se lève et sans rien dire se dirige vers la pièce à côté, où M. Bossuet la suit instinctivement,

La Vierge était en équilibre sur le bord de la console. M. Bossuet, comprenant bien vite ce qui venait de se passer, s'écria, plein d'admiration : « Mon Dieu! je me sens heureux d'être témoin « d'un pareil fait ».

M. Bossuet est mort, qui pourrait nous dire s'il a trouvé ailleurs la solution du problème qui nous occupe?

Je saisis, comme une revanche, cette occasion de demander pourquoi la Vierge avait remué pendant la visite de M. Bossuet, puisqu'il est dit que cette faveur est réservée exclusivement aux gens de la maison.

« Je choisis mon monde, répondit l'esprit, et j'avais à récompenser M. Bossuet d'avoir patiemment avec des cheveux reproduit les traits du Christ. »

J'ignore s'il est vrai, comme on me l'a affirmé depuis, que M. Bossuet soit l'auteur d'un pareil travail. Je me suis borné, en narrateur fidèle, à rapporter la réponse qui me fut faite.

Notre habitation avait l'inconvénient, très désagréable en hiver, d'obliger la bonne à traverser le jardin pour ouvrir la grille au laitier, qui carillonnait à la porte avant le jour.

Nous cherchions une combinaison pour éviter ce dérangement lorsque notre bienveillant protecteur nous vint en aide.

Ce fait est un des plus curieux de cette longue série d'aventures surprenantes.

A dater de ce jour, lorsque la charrette du laitier s'arrêtait devant notre porte et avant qu'il eût sonné, une puissance mystérieuse avait fait jouer le pêne de la serrure. Alors le portail s'ouvrait et le laitier déposait sur la fenêtre le pot que la bonne prenait plus tard.

Peut-être le laitier supposait-il qu'un mécanisme particulier nous permettait d'ouvrir ainsi notre porte. Quoi qu'il en soit, son imagination était préoccupée ; car on l'entendait faire tout haut cette réflexion en montant dans son véhicule : « C'est égal, cette maison est bien singulière. »

Il nous arrivait parfois, après avoir assisté aux vêpres soit à Sainte-Croix, soit aux Vieillards, d'entreprendre une longue promenade. Nous rentrions très fatigués et impatients de nous asseoir.

Pour nous éviter d'attendre, une main invisible sonnait avant notre arrivée au portail.

Ce fait ne pouvait se cacher et notre bonne voisine, Mme Pradeau, bien placée pour s'en apercevoir, riait des prévenances dont nous étions l'objet.

Alors eut lieu une substitution bien étrange et qui devait rendre désormais inutile l'intervention de la somnambule. Nous venions, Mme V... et moi, de faire une visite à Talence. Chemin faisant, ma femme se retourne vivement en disant : On vient de m'appeler ; par deux fois j'ai entendu : Héloïse ! Héloïse !

Dès ce jour, Mme V... posa mentalement des questions et une voix étrangère lui donna les réponses.

Bientôt la voix prit elle-même l'initiative des conversations et absorbant les facultés de Mme V... parla par sa bouche.

On ne pouvait s'y tromper et il était aisé de reconnaître la présence du même esprit bienveillant qui en quelque sorte n'avait changé que son domicile.

La première recommandation faite par la bouche de Mme V... fut de ne plus endormir Marie : Tu ne pourrais le faire dorénavant sans encourir des désagréments.

Mon désir de tout voir, de tout observer était si grand qu'il l'emporta sur les conseils donnés et j'endormis la somnambule comme d'habitude. Mal m'en apprit. Aux exordes charitables et bienveillantes avait succédé un langage échevelé auquel je crus pouvoir mettre fin en réveillant la somnambule ; mais il me fut impossible d'y parvenir.

Elle se promenait les yeux fermés dans l'appartement en criant : « Je me réveillerai lorsque cela me fera plaisir. Je suis « bien ici et je veux y rester précisément parce que ma présence « te contrarie. » Puis elle tenta de sortir pour se promener dans le jardin et je dus fermer la porte à clef.

Cette scène, qui dura plusieurs heures, m'enleva le désir de nouvelles expériences.

A dater de ce moment, Marie subissait pendant son sommeil ordinaire des influences mal définies ; s'exprimant tout haut, elle affectait tantôt un langage sérieux ; tantôt elle se montrait d'une gaîté folle. Tout ce qu'il y avait précédemment de profondeur et de bienveillance dans les avis avait disparu.

Au surplus, j'étais amplement dédommagé par la situation nouvelle qui rendait inutile l'intervention de la somnambule et je ne songeais pas à renouveler la scène désagréable dont j'ai parlé. Je puis dire même qu'ici finirent toutes les tentatives et les expériences de magnétisme. Il n'en fut plus question.

Parfois l'esprit consulté ne répondait pas. Mme V... me disait alors : « Je lui parle et il ne me répond pas ». Mais l'attente n'était jamais longue.

Souvent aussi il annonçait son départ. « Si tu as, disait-il, « quelque chose à me demander ou à me dire, hâte-toi, car je « vais m'absenter pour ne revenir que demain à telle heure. »

Jusqu'à l'heure indiquée toute question était inutile. On ne répondait pas.

Cent fois j'avais eu l'occasion de contrôler l'exactitude des renseignements fournis par Marie ; mais il me restait à savoir si ceux qui prenaient l'autre voie avaient la même valeur.

Je n'attendis pas longtemps avant d'être fixé à cet égard.

C'était un soir d'hiver, la nuit était noire, il pleuvait à verse. En rentrant à la maison, la bonne vint m'annoncer qu'une toute petite chienne havanaise qu'une voisine avait eu la gracieuseté de nous offrir, était égarée. Je l'ai dit, le temps était affreux et il ne fallait pas songer à aller à la recherche de cette bête microscopique. Mais, comme je manifestai quelque chagrin, Mme V... qui n'avait encore rien dit, lève la tête et, s'adressant à moi sur un ton particulier qui annonçait une communication officielle : « Tu tenais donc bien à cette petite bête! Hé bien! rassure-toi tu vas la retrouver. Je la vois, un ouvrier la tient sous sa blouse chez le coiffeur de la rue de Bègles (Le petit Bossu). »

Le renseignement était précis; donné par la somnambule je n'aurais pas hésité mais il me fallait maintenant d'autres preuves.

Mes recherches m'ayant conduit jusque chez le perruquier je regardais timidement à travers les vitres lorsque le bossu m'aperçut : « Vous désirez quelque chose, Monsieur Vergniat? — Si vous apprenez qu'on ait trouvé dans le quartier une toute petite chienne havanaise vous voudrez bien nous prévenir.

Un ouvrier qui se trouvait dans le magasin répondit : « Il y a cinq minutes à peine je la tenais sous ma blouse cherchant à la réchauffer. Je l'avais ramassée toute mouillée au coin de la rue où je l'ai déposée de nouveau. »

En effet quelques pas plus loin j'apercevais un point blanc dans l'obscurité. C'était Fleurette blottie sous une porte à l'abri du mauvais temps.

Je rentrai triomphant rapportant à la maison le bonheur des enfants et la confirmation de l'infaillibilité du protecteur.

On comprendra aisément l'influence de ce pouvoir qui se révélait sans bornes. Aussi gagnant toujours du terrain par de nouvelles manifestations de plus en plus surnaturelles, sa volonté se substitua entièrement à la nôtre. Ce qu'il formulait au début comme un désir, devint bientôt des ordres.

Il s'occupait des moindres détails. Il désignait les provisions nécessaires pour la journée et en fixait le prix.

Si une acquisition plus importante était à faire, il indiquait le magasin, toujours en fixant d'avance le prix demandé.

Ces faits donnaient lieu à des incidents curieux. Ainsi, par exemple, lorsqu'une marchande demandait un prix exagéré, « Bon papa » toujours là soufflait à l'oreille de Mme V... : Dis à cette femme que sa marchandise ne lui coûte que tel prix. Tu lui offriras tant. C'est assez gagner.

La marchande restait ébahie, elle ne pouvait nier et le marché était conclu.

Je révélerai, sans hésiter, tous les faits, persuadé que l'étude de manifestations si persistantes et si variées peut aider à soulever le voile mystérieux qui nous environne.

Au surplus pourquoi hésiter ou me taire? N'ai-je donc pas vu? Plus les faits sont surnaturels, plus le devoir de les révéler est grand.

On m'accusera peut-être de faiblesse ou de trop de soumission pour ce pouvoir occulte, qui cependant ne se réclamait que de Dieu et n'invoquait que des sentiments honnêtes. A ceux-là je répondrai : subissez d'abord la même épreuve et alors je vous reconnaîtrai le droit de prononcer.

Quant à la faiblesse elle ne fut jamais un des défauts de mon caractère, si on en excepte pourtant celle que je tiens à conserver et qui me fait incliner devant le Maître.

J'ai dit que nous assistions, ma femme et moi, régulièrement aux offices tantôt à Talence tantôt à Sainte-Croix; mais le plus souvent aux « Vieillards ».

Il me souvient à ce propos que voyant passer ces déshérités que la charité publique soutient, notre hôte mystérieux nous fit cette confidence : « Sans ma visite, mes pauvres enfants, ce sort-là vous était réservé. »

J'ai dit en commençant que j'avais promis de communier ; je le fis avec ferveur, tant les faits mystérieux auxquels j'assistais m'avaient impressionné ; je poussai la soumission à ce point de renoncer au théâtre, à toutes les distractions, sur le désir manifesté par l'inconnu.

En revanche je pouvais être de tous les pèlerinages.

Un matin, au moment de partir pour me rendre à mon bureau, Mme V... me dicta d'un air inspiré l'ordre suivant : « Tu vas faire vendre ce matin à Paris par dépêche six mille francs de rente 3 pour 100 et acheter par contre dix mille de rente italienne. » Puis il ajouta : « Ne te l'ai-je pas dit? Lorsqu'il me plaira de t'imposer l'obligation de donner, cela ne sera jamais à tes dépens. Or j'ai besoin de quelques milliers de francs dont je t'indiquerai l'emploi le moment venu. »

Malgré les choses étranges que j'avais déjà vues, je restai abasourdi. En effet, Mme V..., quoique la femme d'un agent de change, ne s'était jamais occupée d'affaires et elle était absolument ignorante des combinaisons financières.

Les termes mêmes employés pour dicter l'arbitrage indiquaient que l'opération était conçue par un esprit habitué aux affaires de ce genre.

Cette affaire n'étant pas dangereuse et ne pouvant, en cas de non réussite, me mener bien loin, je télégraphiai à Paris sans hésiter.

Le soir en rentrant j'avais déjà la réponse que je voulus communiquer à mon mystérieux client. « C'est inutile, me dit-il, je la connais. »

Je profitai de cette circonstance pour causer affaires avec l'arrière-pensée de savoir jusqu'où pouvaient aller les connaissances de l'esprit en matière de spéculation.

« Savez-vous, lui dis-je, que votre arbitrage est à cheval sur deux liquidations. La rente italienne est en liquidation du 15 et le 3 pour 100 est pour la fin du mois. »

« Je l'ai fait exprès. L'Italien sera liquidé le premier, car le bénéfice qui va en résulter a un emploi pressé. Celui que procurera la rente française pour la fin du mois est destiné à offrir un cadeau à ta fille. Je te donnerai des instructions à ce sujet. »

Je risquai cette question : « Vous croyez donc à la hausse sur l'Italien et à la baisse sur la rente française? »

« Ton père n'est pas celui qui doute, qui croit ou qui seulement espère, il est toujours sûr, parce qu'il est le maître. »

Du jour où cette opération de bourse fut faite, les deux mouvements en sens inverse favorables à l'arbitrage ne se sont pas démentis. Et, un fait important à noter, c'est que tous les matins l'inconnu prédisait avec une précision mathématique la cote que le télégraphe apporterait à 4 heures du soir.

J'insiste, je le répète sur ce fait, parce qu'on semble contester aux esprits la possibilité de prévoir ou de dénoncer l'avenir.

Toujours préoccupé d'étudier les faits, j'ai demandé quelquefois *la veille* quels seraient les cours du lendemain. — « Je ne pourrai te répondre que demain matin. La nuit m'est nécessaire pour me renseigner. »

Il m'arriva un jour de constater une différence de deux centimes et demi entre le cours prédit le matin et l'officiel arrivé à 4 heures. Comme j'en faisais la remarque, « c'est, me dit l'inconnu, une mauvaise tête qui a pesé sur les cours au coup de cloche ». On le voit, l'esprit possédait même l'argot de la corbeille.

En présence de tant de pénétration je demandai timidement s'il pourrait ou voudrait m'être utile dans mes affaires.

Voici sa réponse :

« Je ne suis pas venu pour cela; ma visite a un autre but. Cependant je crois pouvoir t'être utile et à l'occasion je n'y manquerai pas. »

Cette déclaration semble s'écarter un peu de la première. Au début la bénédiction du maître m'assurait le repos de l'âme et de l'esprit : « Pour toi plus de soucis, ton père te les évitera tous ! » Maintenant succède un vague qu'on ne peut s'empêcher de constater.

Revenons à cet esprit de pénétration : il était tel, que consulté sur l'état de ma caisse il m'en donnait le solde instantanément. Pour lui ce n'était qu'un jeu de dire à chacun de nous le contenu de son porte-monnaie.

Durant l'arbitrage je lui demandai quelquefois : « Quel est le bénéfice que vous donne votre opération aux cours de ce soir ? » Il l'accusait aussitôt et sans omettre un centime, car il tenait compte des courtages et du prix des dépêches.

« Tes affaires, disait-il, ne doivent plus te préoccuper, elles « sont les miennes. C'est moi qui m'en charge, tu n'as qu'à « *obéir* et à me satisfaire pour être récompensé.

« Tu peux te convaincre tous les jours que rien ne me serait « facile comme de te combler de richesses ; mais si je te fais atten- « dre, c'est que toi aussi tu m'as fait attendre longtemps avant de « pouvoir te ramener vers moi. »

Voilà qui était plus net que la déclaration de tout à l'heure.

Pendant que l'arbitrage marchait favorablement, la Vierge continuait ses évolutions qui pourtant devaient bientôt cesser.

Une après-midi, la vierge fit des évolutions plus bruyantes que de coutume et sortant de la maison elle vint se placer sur des sarments dans le jardin.

A ce moment une de nos anciennes domestiques nommée Caroline T..., la même qui était à notre service lors de la visite nocturne dont il est question au début, étant venue à la maison, les ouvrières décidèrent de replacer la statuette sur son piédestal.

A peine y était-elle qu'un coup violent retentit et la Vierge tomba brisée sur le plancher.

Grande fut la désolation de Mme V... en apprenant l'accident. J'avoue que pour mon compte j'étais très contrarié. Les débris réunis furent conservés longtemps avec vénération.

Mais le piédestal était toujours vide. Alors me vint la pensée de demander à notre protecteur s'il serait possible de trouver une statuette semblable à la première.

— « Je m'en occuperai cette nuit », me dit-il.

Il arrivait en effet très souvent à l'esprit de se réserver la nuit avant de répondre. C'était pendant la nuit, disait-il, qu'il obtenait les renseignements nécessaires.

Le lendemain fidèle à sa promesse j'eus les renseignements suivants :

« Il n'existe dans Bordeaux qu'une Vierge semblable à celle « qui a été cassée. Tu la trouveras chez un mouleur rue Bouquière « (un petit magasin situé dans un enfoncement). Il n'y a que « ce spécimen et le marchand n'a pas même le moule. »

Vite je prends un des fragments et me dirige rue Bouquière. — En effet, je trouve le magasin indiqué et le marchand me déclare qu'il a une Vierge semblable à celle que je désire ; mais *qu'il ne possède pas le moule.* Je la chercherai et vous pourrez la prendre ce soir.

En effet, le soir même je rentrai à Malbec avec la statuette qui devait faire cesser tous les regrets.

En me voyant arriver une communication officielle s'ensuivit :

« Cette vierge, mon fils, sera déplacée. Je ne te dirai pas où je « l'emporterai ; mais c'est elle qui révélera la visite que tu as « reçue. Or, comme elle ira très loin tu vas mettre dans l'inté- « rieur ton nom et ton adresse. »

Ce qui fut fait.

Placée sur le support, la nouvelle Vierge tourna trois fois le lendemain de son arrivée ; mais depuis elle resta complètement immobile.

Je ne sais si elle effectuera un jour le voyage annoncé. Quoi qu'il en soit, ses préparatifs sont bien longs.

Ici se terminent tous les incidents ayant trait à la statuette que les circonstances de l'année terrible firent passer du reste en d'autres mains.

Nous l'avons dit, l'arbitrage marchait de mieux en mieux. Et, avec sa facilité à prévoir l'avenir, l'inconnu liquida au plus haut cours l'Italien, tandis qu'il attendit quelques jours pour racheter plus favorablement son trois pour cent.

C'était d'une précision renversante et avec un pouvoir pareil à son service, la fortune était sans limites.

Le bénéfice résultant des deux opérations s'éleva à environ trois mille francs.

Sur les premiers fonds provenant de la liquidation du 15, j'eus mission de réserver mille francs pour un père de famille. Et le souvenir de cette bonne action dont je ne fus en quelque sorte qu'intermédiaire, me réjouit encore.

D'autres distributions moins importantes me furent ordonnées.

Enfin, comme couronnement de l'édifice il fallut illuminer notre jardin en l'honneur de la Vierge.

Vinrent ensuite les bénéfices de la liquidation de fin du mois qui donnèrent lieu à un incident curieux.

Le jour des paiements, lorsque le bénéfice fut à la disposition de l'esprit mystérieux, il me pria de revenir à Bordeaux pour acheter un piano qu'il offrait à ma fille. (C'est là le cadeau dont il a été question au début de l'opération.)

« Va, me dit-il, chez M. Caudérès, allées de Tourny, 50, où « tu achèteras un piano d'occasion dont on te demandera « 650 francs. »

Comme je faisais observer qu'il me fallait des indications précises afin d'éviter toute confusion :

« C'est inutile, *je serai là* pour veiller à ce qu'on ne t'offre « que le piano que je désire.

« Tu n'auras même pas à marchander, car le prix est au- « dessous de la valeur de l'instrument. »

Comment résister aux désirs d'un ami si bienveillant et dont le pouvoir semblait n'avoir d'autres bornes que sa volonté?

Au surplus, avais-je à discuter l'emploi d'argent qui ne m'appartenait pas?

J'arrive donc allées de Tourny. Mme C... était seule au magasin. Je suis mes instructions et on m'offre un piano d'occasion pour 600 francs. C'était donc 50 francs au-dessous du prix fixé. J'hésitai à le prendre, mais me rappelant ses propres paroles, *je serai là*, je conclus le marché à la condition expresse que l'instrument me serait livré le soir même, selon la volonté du bienfaiteur.

J'arrivai bien vite à la maison impatient d'avoir une explication au sujet des 50 francs.

C'était la première fois que je constatais une irrégularité et comme ma soumission n'était que le résultat d'une infaillibilité qui ne s'était pas démentie, il fallait la continuation absolue et régulière des faits pour entretenir dans mon esprit cette confiance aveugle qui, déjà portait une si grande atteinte à mon libre arbitre.

Ce fut presque d'un air triomphant que j'annonçais en entrant à la maison que le piano ne coûtait que 600 francs.

Je le sais, répondit l'inconnu, mais *Madame* a fait une erreur.

Le lendemain, en allant régler le compte, le marchand me dit : Vous avez fait hier une bonne affaire, ma femme s'est trompée en vous vendant *pour* 600 *francs* un piano que j'avais *fixé à* 650.

Tout entier aux préoccupations des incidents surnaturels je ne songeai pas à répondre et ce fut tout pensif que je repris le chemin de *Malbec*, où je racontais à l'être mystérieux ce qui venait de m'arriver chez le marchand de pianos.

Si les préoccupations mystiques m'avaient fait oublier un instant mon devoir, il ne fut pas longtemps à me le rappeler.

« Je t'avais prévenu », dit-il.

Je compris et je rapportai 50 francs au marchand ne voulant pas bénéficier d'une erreur.

A ce moment les connaissances musicales de ma fillette se bornaient au bon roi Dagobert et, cependant lorsqu'elle se mit au piano ses doigts subissant une influence mystérieuse se promenèrent involontairement sur le clavier et jouèrent des airs inconnus dont les accompagnements étaient dans toutes les règles de l'harmonie.

Convaincu que l'enfant exécutait des exercices de mémoire, l'accordeur la félicitait sur ses dispositions musicales.

Ce phénomène ne s'est produit que 3 ou 4 fois; il est vrai que j'avais pris soin de faire quitter le piano à l'enfant dès que je soupçonnais l'approche de l'influence.

L'arbitrage liquidé, d'autres affaires patronnées et conseillées par le protecteur réussirent aussi bien que la première. Le but était toujours l'aumône. Ces opérations n'étaient pas importantes; mais, malgré tout, leurs résultats permettaient d'augmenter chaque jour l'importance des secours.

L'esprit s'était réservé (je crois l'avoir dit en commençant), de désigner les personnes à secourir. Quelquefois il indiquait le nom; mais plus souvent il se bornait à la rue, au n° et à l'étage.

Il me souvient qu'un dimanche au moment même du déjeuner j'eus mission d'aller *immédiatement* visiter une famille vivant dans une maisonnette derrière la rue François-de-Sourdis. La course était longue et malgré les indications qui m'étaient données je parcourus inutilement toutes les rues à peine tracées dans les terrains vagues du quartier et je revins sans avoir pu remplir ma mission.

Il faut y revenir, me dit l'inconnu, même avant de déjeuner, *car si tu peux attendre toi, il n'en est pas de même là-bas, où des enfants ont faim!...*

Tous les matins en sortant de chez moi pour me rendre au bureau j'étais chargé d'une bonne œuvre.

Dans telle rue, à tel numéro, à tel étage, la porte à droite, habite une veuve: tu lui remettras 5 francs ou 10 francs, etc.

Au début, craignant de me fourvoyer, ces missions m'embarrassaient surtout lorsqu'il m'envoyait là où il n'y avait aucune apparence de misère ; mais il ne se trompait jamais.

Pour subvenir à ces distributions et exécuter certain projet religieux qu'il m'avouait, tel que la construction d'une chapelle sur le terrain de *Malbec*, afin d'y perpétuer le souvenir de sa visite, pour subvenir, dis-je à tant de frais, il augmentait sensiblement le chiffre de ses opérations.

Il est vrai qu'une affaire engagée par son ordre donnait le soir même un résultat favorable. Et il fallait qu'il en fut rigoureusement ainsi pour maintenir cette confiance aveugle que l'esprit tenait tant à conserver.

C'est alors qu'il changea de tactique dans ses opérations. Au lieu de prendre ses bénéfices à chaque liquidation il s'opposa désormais à toute réalisation.

En présence d'un système aussi dangereux je risquai timidement ces réflexions :

« Vous me guidez on ne peut mieux, et je serais déjà *trop* « *riche* si, comme autrefois, vous profitiez de toutes les fluctua- « tions au lieu de vous opposer à la réalisation des bénéfices. — « C'est vrai, la marge est grande sur vos achats, mais notre « prospérité n'est que factice puisqu'elle n'est que le résultat de « reports et non d'opérations liquidées. C'est-à-dire que par ce « système nous prêtons constamment le flanc aux événements. »

Ce fut aussi sous cette inspiration mystérieuse que je pris alors l'engagement de désintéresser à bref délai mes commanditaires.

Toujours sous la même direction les affaires me créèrent rapidement une position opulente.

Le mouvement ascensionnel des fonds continuait, et s'il survenait parfois une légère réaction, elle ne pouvait enlever qu'une faible parcelle des bénéfices déjà acquis sur les positions continuellement reportées.

On le voit, le système dangereux des non-réalisations n'avait pas été abandonné.

Je m'en plaignais souvent.

C'est ainsi que le 1er janvier 1870 (qui était, je crois un dimanche), la coulisse ayant coté sur le boulevard 75 fr. 05 et ce cours nous assurant un bénéfice de 30 000 francs sur une seule affaire, je le suppliais de consentir à réaliser. Il refusa énergiquement disant : « Les tripotages au jour le jour ne me conviennent pas, je t'ai mis sur une position *qui sera la dernière affaire.* »

De plus, il affectait une aversion grande pour ma profession qu'il désirait me voir quitter au plus tôt.

Il arrivait parfois à l'esprit de laisser échapper quelques exclamations, comme des apartés, dont le plus fréquent était celui-ci : QUELLE LUTTE !

Je n'y prenais point garde et ce n'est qu'après le dénoûment tragique de cette affaire, que le souvenir de ces exclamations, pourtant fréquentes, m'est revenu à la mémoire.

Les circonstances qui vont suivre démontrent douloureusement que pendant deux ans et demi le but, si patiemment poursuivi, était de capter ma confiance à l'aide de révélations étranges et de tenir en échec mon libre arbitre.

Ce résultat acquis, il ne s'agissait plus que d'user d'influence, pour me maintenir sur une position dont l'importance devait être fatale, en présence d'événements prochains et que l'esprit de pénétration de l'inconnu lui permettait d'entrevoir.

Ce fut au milieu de cette prospérité, en quelque sorte d'emprunt, puisqu'elle ne résultait que d'opérations non réalisées, que je pris possession de ma nouvelle habitation, rue d'Enghien, n° 11.

Pendant plusieurs mois, quoique la rente fut impuisante à franchir le cours de 75 francs, fidèle à son système, l'inconnu refusait de liquider. Il fallait donc faire reporter.

Mais pouvais-je me plaindre si les fonds restaient stationnaires ? Est-ce que les bénéfices, entrés en caisse par la plus-value, ne semblaient pas une garantie suffisante contre tout événement ?

De plus, il me semblait indigne de reprocher à qui je devais en quelque sorte une prospérité inespérée, de ne pas me donner davantage.

Ma quiétude était donc absolue lorsque éclatèrent les complications avec l'Allemagne. Cependant, dès le premier jour je voulais tout liquider.

« Voilà tes terreurs qui recommencent comme au moment de « l'incident du Luxembourg. Eh bien, je t'affirme que la guerre « n'aura pas lieu. Crois donc celui qui est le Maître, et qui « depuis bientôt trois ans ne t'a jamais trompé. »

Malgré ces affirmations, deux jours après la guerre était décidée et en s'emparant des lignes télégraphiques le ministre, au cœur léger, acheva ma ruine car il me mettait dans l'impossibilité de communiquer avec Paris et partant de limiter ma perte.

Quel que soit le danger de la lutte on succombe avec moins de regrets lorsqu'on a combattu à armes égales, mais ici, sans parler des circonstances étranges, la suppression des communications télégraphiques me plaçait dans les conditions d'un homme préalablement garroté, qu'on jette à la mer et auquel on ferait le reproche de ne pas nager.

Dans ce moment critique l'inconnu était absolument muet. Il ne répondait à aucune des questions que je lui adressais. Et pourtant la situation était des plus graves, car vingt années de travail disparaissaient dans le gouffre et de plus, à cette perte matérielle s'ajoutait la douleur d'être contraint de me séparer de ma fille très dangereusement malade.

Une dernière explication eut lieu : « Voilà donc, dis-je, où « vous vouliez en venir ! J'ignore qui vous êtes ; je sais seulement « que vous avez fait appel aux sentiments honnêtes pour me faire « votre victime et que vous n'avez pas craint de mêler le nom de « Dieu à vos embûches. »

J'étais trop irrité pour comprendre sa réponse ; aussi je n'ai conservé d'autre souvenir que d'avoir entendu balbutier le mot *d'épreuves*.

Ainsi se termina cette longue et douloureuse « histoire ».

J'ai donné *in extenso* cette curieuse auto-observation. La leçon qu'elle comporte se dégage d'elle-même. La personnification est sujette à des erreurs qui peuvent être dangereuses si l'on s'abandonne aveuglément à sa direction, comme trop de personnes sont tentées de le faire.

Au surplus les faits extraordinaires dont la vie de Mme Vergniat a été remplie ne se sont pas bornés à ceux que je viens de raconter. Elle paraît avoir possédé des facultés supranormales *jusqu'au dernier moment*. Il serait d'un intérêt considérable que sa famille en donnât un récit détaillé.

CHAPITRE VI

LA FRAUDE ET L'ERREUR

Ce livre serait incomplet si je n'examinais pas avec soin la fraude et les erreurs d'observation. Il faut toujours considérer la première comme possible même avec les personnes les plus sérieuses et les plus sûres. Le Pr Bianchi n'a-t-il pas lui-même simulé un phénomène dans l'une de ses séances avec Lombroso et Eusapia ! Les personnes les plus honorables, les plus sages peuvent succomber à la tentation de mystifier le voisin. Les erreurs d'observation sont encore plus nombreuses que les fraudes et les sources en sont diverses. Il faut les étudier, en connaître les causes, et les soupçonner jusqu'à preuve du contraire.

§ 1er. — La fraude.

La fraude est *consciente, inconsciente* ou *mixte*.

Je n'ai bas besoin d'indiquer combien la première est fréquente, surtout avec les médiums payés. La lecture des journaux spirites, notamment la *Revue spirite*, la *Revue morale et scientifique du Spiritisme*, *Light*, *Psychische Studien*, en donnent de nombreux exemples découverts par les spirites eux-mêmes. La seconde n'est pas moins commune : quant à la troisième, la fraude mixte, elle est également très souvent constatée.

La question de la fraude est trop importante pour que je ne donne pas à mes lecteurs, non seulement le résultat de mes propres observations, mais encore mon appréciation des principaux documents publiés sur ce sujet.

La fraude consciente. — J'ai très peu expérimenté avec des médiums payés, si j'excepte Eusapia ; encore faut-il rendre à Mme Paladino cette justice qu'elle ne m'a pas paru intéressée. Les honoraires qui lui ont été donnés pour nos séances sont peu de chose en comparaison des inconvénients qu'ont présenté pour elle ses déplacements. J'ai observé quatre ou cinq médiums professionnels dont trois seulement ont perçu des honoraires. Je ne les nommerai pas.

a) Raps. — Rien n'est plus facile à imiter. J'ai indiqué les divers moyens de les reproduire artificiellement : glissement du doigt ou de l'ongle sur le plateau de la table, avec ou sans colophane ; coups frappés avec le pied ; glissement du pied ou de la robe, surtout les robes de soie, contre les pieds de la table ; glissement de certaines étoffes sur le bord de la table, etc. Ces divers mouvements imitent les raps *faibles* à la perfection, à condition d'être faits avec une extrême lenteur. En pleine lumière, j'en donne facilement l'illusion à des personnes prévenues que je fraude. Il est très difficile d'observer à la fois les dix doigts, le bras, la jambe, le pied. Aussi me suis-je gardé de considérer comme probants les raps faits avec le contact d'une partie quelconque du corps. J'exclus par conséquent des phénomènes qui ont déterminé ma conviction les raps produits sur le plancher. Certaines personnes paraissent pouvoir remuer à volonté leurs tendons dans des conditions particulièrement bruyantes. Je l'ai observé sur un étudiant qui, en appuyant le coude sur la table, produisait des raps sonores : mais le mouvement de son bras était aisément perceptible. J'en ai connu un autre qui faisait craquer à volonté ses articulations.

Le jeu de l'articulation du genou a été notamment incriminé par Mme Sidgwick dans son article « The physical phenomena of spiritualism » (*Proceedings S. f. ps. Res.*, XIII, p. 45). Elle rappelle les interprétations données par les Drs Flint, Lee et Coventry qui ont observé Mmes Kane et Underhill, deux des fameuses sœurs Fox. Mme Sidgwick a expérimenté avec la troisième, Mme Jencken et accepte l'explication des médecins américains. Pour eux, les raps doubles étaient produits par un mouvement rapide de déboîtement et de remboîtement du genou. En plaçant le médium de manière à rendre cette dislocation volontaire impossible (par exemple le médium assis), les jambes en extension et les talons reposant sur un coussin mou, aucun rap ne se produisait. Il est possible que l'explication trouvée par les médecins américains soit vraie pour le cas examiné par eux. Dans ceux que j'ai étudiés, elle n'est certainement pas acceptable. J'ai obtenu des raps frappés sur une table, sans aucune espèce de contact. J'en ai obtenu sur le plancher en plaçant le médium dans des positions excluant le jeu de l'articulation. Le genre de fraude signalé n'était donc pas en cause. J'ai expérimenté même en faisant asseoir certains médiums sur mes genoux et en leur tenant les mains. Enfin je me suis assuré que les raps résonnaient bien dans la table et que celle-ci n'était pas touchée. Cette conclusion est le résultat de près de deux cents observations.

Dans l'obscurité, les moyens de fraude sont inimaginables. J'ai vu un jeune médium qui avait réussi à dissimuler un bâton et simulait avec lui des coups frappés au plafond. J'en ai connu deux autres qui donnaient des coups de poing sur la table, d'autres la frappaient par dessous avec le pied. Tout est possible dans les ténèbres et avec certains observateurs confiants.

b) Parakinésie. — C'est ainsi que j'appelle les mouvements anormaux avec contact. J'ai souvent répété que tous les mouvements avec contact, sauf certaines lévitations, d'ailleurs difficiles à observer avec précision, ne signifiaient rien. J'ai indiqué les principaux moyens de frauder les lévitations, soit avec les mains, soit avec les pieds, soit même avec les genoux. Je n'y reviens pas.

Ces moyens peuvent être difficilement employés en pleine lumière, mais, quand les expérimentateurs sont placés de manière à ne pas pouvoir surveiller réciproquement leurs pieds, le second des moyens indiqués est encore facile à employer.

c) La *télékinésie* est plus difficile à frauder ; il faut un lien quelconque rigide ou flexible pour mouvoir les objets d'une certaine dimension et ayant quelque poids. Je considère ce phénomène comme très convaincant quand il est obtenu en pleine lumière : dans l'obscurité, il est invérifiable d'une manière certaine.

d) Les *phénomènes lumineux* sont aisés à frauder : l'huile phosphorée et certains sulfures permettent d'imiter des mains, des formes. Je connais une photographie faite au magnésium dans une séance, le médium ayant une fausse barbe et une serviette blanche autour du cou, imitant une sorte de vêtement. Les personnes qui ont assisté à cette séance ne peuvent admettre qu'elles ont été trompées ! L'une d'elles, un de mes amis, très au courant des choses psychiques, mais trop honnête pour soupçonner la fraude, n'a pas cru à mon jugement sur cette photographie. Il a fallu qu'il fût confirmé par le célèbre Papus. Quant aux attouchements, Dieu sait s'il est facile de les simuler dans l'obscurité !

L'on sait le rôle que les poupées, les déguisements, les compères jouent dans les séances de matérialisation. L'imagination des escrocs est d'une inconcevable fertilité. Le procès Rothe en fournit actuellement un nouvel exemple.

e) Les *automatismes moteurs ou sensoriels* peuvent être imités avec une extrême facilité et là le contrôle véritable est impossible. Il faut une analyse soigneuse du contenu des messages pour en apprécier la valeur. Les prémonitions bien observées sont au contraire d'une extrême importance.

Tout peut donc être fraudé dans les expériences psychiques : cela ne veut pas dire que tout soit toujours fraudé. Les personnes qui veulent tout expliquer par la fraude commettent presque autant d'erreurs que celles dont la confiance accepte tout sans contrôle.

Il y a, tout d'abord, une observation générale à faire sur les phénomènes que j'étudie dans ce livre. Elle est d'ordre historique, mais elle n'en donne pas moins aux faits une signification beaucoup plus étendue que celle qui leur est ordinairement prêtée. Beaucoup d'auteurs, Janet lui-même, s'imaginent que les phénomènes du *spiritisme,* comme ils le disent, datent des célèbres événements de Rochester, où les sœurs Fox furent vers 1845 l'objet de manifestations diverses. En réalité ces faits sont beaucoup plus anciens. L'un des cas les mieux observés est celui qu'a raconté le Dr Kerner dans son livre « *Die Seherin von Prevorst* » qui a été traduit par le Dr Dusart, probablement sur la traduction anglaise de Mme Crowe. Kerner a observé des raps et des mouvements sans contact dès 1827, quand il avait auprès de lui Mme Hauff. On trouve des phénomènes du même genre dans tous les récits de maisons hantées ; il y en a qui remontent à des époques très éloignées et il existe des arrêts de divers parlements résiliant des baux pour cette cause. On les critiquait à la fin du XVIIIe siècle.

Il n'y a de nouveau ~~que~~ le système métaphysique fondé sur ces faits. C'est en cela, et en cela seulement, que consiste le spiritisme ou spiritualisme : cette dernière expression, qui prête à l'équivoque, est en anglais l'équivalent de la première. Il n'est pas contestable que le corps de doctrine formant l'essence de ces enseignements n'ait pris une extension considérable. J'ai signalé la différence radicale qui existe entre les croyances anglo-saxonnes et celles des spirites des autres races, particulièrement en ce qui concerne la réincarnation. Je n'y reviendrai pas, mais je rappelle, pour préciser le point de fait, que les seuls phénomènes nouveaux qu'offrent les formes spirites du mysticisme contemporain sont leur constitution en un corps de doctrines religieuses et leur rapide extension. Ces phénomènes sont d'ordre sociologique, non biologique. Les faits sur lesquels elles prétendent s'appuyer appartiennent au contraire à la biologie.

Encore, n'est-il pas absolument vrai de dire que les théories métaphysiques établies sur les révélations des esprits soient nouvelles. La vie des saints nous en offre plusieurs exemples, le plus célèbre est la dévotion au Sacré-Cœur de Jésus, culte spécial fondé sur les révélations faites à la bienheureuse Marie Alacoque, religieuse qui vivait au XVIIIe siècle. On en trouverait d'autres, même en dehors du monde monacal. Le commerce avec les esprits paraît être un des éléments des cérémonies religieuses des Shakers ; les Mormons eux-mêmes semblent s'être livrés à des pratiques rappelant celles du spiritisme ; Jérôme Cardan, John Dee, Martinez de Pasqually passent pour avoir été en relations avec des êtres immatériels ; enfin, les Rose-Croix ont été considérés comme ayant des rapports fréquents avec des génies divers. Rien n'est vraiment nouveau, si l'on étudie l'histoire de la pensée humaine, rien, sauf peut-être l'extension contemporaine du spiritisme. A beaucoup d'égards il paraît jouer dans notre société civilisée, sceptique, matérielle, le rôle naïf que le christianisme naissant a joué au IIe et au IIIe siècles de notre ère.

Mais c'est là un problème sociologique ; son examen, quelque intérêt qu'il présente, m'entraînerait au delà des limites que je me suis tracées ; je me bornerai donc à tirer du rapide exposé historique que je viens de faire la conclusion qu'il comporte : les faits étudiés par Janet et Grasset sont antérieurs au spiritisme et ne sauraient être légitimement désignés sous ce nom. J'ai déjà indiqué que ce mot exprimait un ensemble de doctrines métaphysiques et religieuses expliquant les phénomènes psychiques par l'intervention des esprits et puisant ses enseignements dans les révélations attribuées à ces esprits. C'est une erreur terminologique que d'employer pour la désignation des faits un mot qui comporte une signification plus étendue, puisqu'il exprime une hypothèse explicative de ces faits. L'usage a consacré le mot de faits ou phénomènes psychiques : cette expression est imparfaite, mais il me semble préférable de s'en contenter jusqu'à nouvel ordre.

Le problème scientifique n'est donc pas, il me semble, en l'état actuel des recherches, de savoir si le spiritisme est vrai ou faux, mais bien de déterminer si les phénomènes psychiques sont réels ou imaginaires.

J'ai montré combien les représentants les plus autorisés de la science française étaient mal informés, à l'exception de Richet et de quelques autres. L'immense travail qui a été fait aux États-Unis et en Angleterre est négligé par eux ; il est bien difficile par conséquent de discuter avec ces savants, soit qu'ils ignorent, soit qu'ils feignent d'ignorer ce que les autres ont fait. J'ai également montré combien les expériences instituées par eux étaient défectueuses, combien leurs méthodes étaient critiquables. J'ai spécialement indiqué combien les expériences de Grasset étaient inopérantes puisque les mouvements obtenus par lui étaient produits *par contact*. J'ai dit que mes expériences avaient été faites en plein jour (raps, télékinésie), rarement avec des médiums professionnels, ordinairement avec non professionnels. J'ai enfin insisté sur la méthode opératoire qui m'a paru la meilleure. Je souhaite que mes expériences soient contrôlées et reprises, persuadé qu'en prenant les précautions que j'ai indiquées, les résultats signalés par moi soient constatés par ceux qui y mettront le temps et le soin nécessaires.

Si toute discussion sérieuse est impossible avec certains savants, il n'en est pas de même avec ceux qui ont pris la peine de vérifier par eux-mêmes les phénomènes psychiques. C'est le cas des principaux membres de la *Société des recherches psychiques*, Crookes, Lodge, Myers, M. et Mme Sidgwick, Mlle Johnson, Podmore, Gurney, Barrett, Hodgson, Hyslop et bien d'autres. Les deux premiers sont persuadés de la réalité des faits observés par eux, car c'est encore une de ces erreurs communément répandues que de dire que Sir W. Crookes a reconnu qu'il avait été trompé. Son récent discours à l'Association britannique pour l'avancement des sciences dit expressément le contraire. Sir Oliver Lodge maintient aussi la conviction d'avoir observé, avec Eusapia notamment, des phénomènes de télékinésie. Les autres ont déclaré qu'ils avaient été trompés par elle et sauf Myers, revenu à sa première opinion, je crois, avant sa mort, ils ont une tendance à attribuer à la fraude tous les phénomènes *physiques* : ils admettent au contraire la réalité des phénomènes intellectuels et les expliquent soit par la télépathie (Podmore), soit par l'intervention des esprits, comme les spirites eux-mêmes dont ils se sont cependant montrés d'abord les adversaires ; c'est notamment le cas de Hodgson, de Myers, de Hyslop. J'ai trop de respect pour les hommes remarquables qui dirigent la *Société des recherches psychiques* pour ne pas discuter avec soin leurs expériences, car leur jugement a une grande valeur à mes yeux : j'ai en même temps trop le souci de rechercher la vérité pour leur dissimuler les erreurs d'expérimentation qu'ils me paraissent avoir commises.

On trouvera dans le IVe volume des *Proceedings* une série d'articles de Mme Sidgwick, de Lewis, de Hodgson, de Davey, sur la fraude. Les derniers traitent surtout de la production d'écriture sur des ardoises. C'est un phénomène trop facile à frauder pour que j'aie jusqu'à présent essayé sérieusement de l'obtenir ; il suffit de lire les articles cités, notamment celui de Davey, pour comprendre combien le phénomène se produit dans des conditions suspectes.

J'ai moi-même, il y a fort longtemps, produit artificiellement ce genre de manifestation en fixant un crayon dans un trou sous la table et en mettant l'ardoise en mouvement. Avec un peu d'habitude on arrive à très bien écrire et à donner de la régularité à des mouvements en apparence spasmodiques et involontaires : mais on ne trompe que les personnes trop confiantes ou trop inexpérimentées, et pour être un peu plus compliqués les procédés de M. Davey ne sont pas plus difficiles à découvrir.

Je me demande même comment un homme de l'intelligence d'Hodgson a pu sérieusement fonder son argumentation sur des observations aussi superficielles que celles des expérimentateurs qu'il cite. Voilà des gens, honorables et instruits sans doute, qui assistent à des séances pour obtenir de l'écriture sur ardoise avec M. Davey. Au lieu de prendre l'élémentaire précaution de ne jamais abandonner leurs ardoises, ils les laissent manipuler par le médium, permettent à ce dernier de quitter un moment la salle d'expériences, consentent à ce que d'autres ardoises se trouvent sur la table en même temps que celles qui servent à l'expérience et enfin, quand ils examinent une ardoise ne l'examinent que d'un côté. Ce n'est pas mal observer, c'est ne pas observer du tout (voy. R. Hodgson, Mr. Davey's Imitations by conjuring of phenomena sometimes attributed to spirit agency, *Proceedings*, VI, 253).

M. Davey a frauduleusement aussi produit des raps et des matérialisations. Il faut lire dans l'article de Hodgson les conditions dans lesquelles il a opéré pour voir combien ses co-expérimentateurs ont eu en lui une confiance mal placée. Ils ne vérifient pas, bien qu'ils y soient invités, le contenu d'un bahut où se trouvait justement le matériel nécessaire à la fraude ; ils laissent M. Davey fermer la porte de l'appartement : celui-ci donne deux tours de clé, l'un fermant, l'autre rouvrant la porte qui est mise sous un scellé de papier gommé mal collé ; personne ne songe à vérifier si la porte est bien fermée. Les précautions les plus élémentaires sont négligées par les assistants qui, on le dirait vraiment, ont été choisis par M. Davey pour leur crédulité. Des fraudes aussi faciles à empêcher que celles dont M. Hodgson tire argument ne sauraient être considérées comme pouvant tromper un observateur prudent, sagace, habitué aux expériences et sachant conserver un peu de sang-froid. Ne suffirait-il pas même que le médium demandât à un de ces observateurs : « Quel mot voulez-vous que l'esprit écrive dans l'ardoise ? De quelle couleur voulez-vous que l'écriture paraisse ? » pour que ces questions révélassent le truquage. L'argumentation de M. Hodgson est inopérante et les fautes accumulées par les observateurs trompés dont il cite les impressions sont excessives. On penserait qu'il n'a eu affaire qu'à des spirites très convaincus, disposés à admettre *a priori* la réalité des phénomènes produits sans se soucier des conditions précises de leurs observations ; c'est ce que fait penser la lecture des comptes rendus, où je lis textuellement (p. 296) : « It may be interesting to compare the reports given by « spiritualists » of a sitting with Mr. Davey with his account of what actually occurred. » — (Il peut être intéressant de comparer les comptes rendus, écrits par des spirites, d'une séance avec M. Davey et le récit des faits tels qu'ils se sont réellement passés). » — Peut-on tirer argument de ces récits faits par des spirites ? Certains d'entre eux, convaincus de la réalité des faits, se montrent très peu soucieux de toute espèce de contrôle. Raisonner d'après leurs méthodes d'observation, généraliser ce raisonnement et l'étendre à tous les observateurs est un procédé de discussion par trop facile.

D'ailleurs, certains phénomènes se prêtent mal à l'observation : il en est notamment ainsi de ceux qui exigent l'obscurité et une mise en scène de nature à rendre difficile le meilleur contrôle que l'on puisse exercer, celui des yeux. A mon sens, le fait observé n'aura aucune valeur démonstrative, toutes les fois qu'il se passera hors du regard des expérimentateurs, comme c'est le cas pour l'ardoise tenue sous la table. Il n'a pas grande signification non plus, lorsqu'il exige, pour être contrôlé, une observation *longue* et *continue*. Les erreurs sont faciles, la distraction survient presque fatalement. Hodgson (The possibilities of mal-observation and lapse of memory from a practical point of view, *Proceedings*, IV, 381) en donne des exemples : mais son article ne fait que signaler des faits bien connus de ceux auxquels le témoignage humain est familier. Pour observer avec un minimum de chances d'erreur, il faut que le phénomène étudié soit simple et répété assez souvent pour que l'attention ne se lassse pas à l'attendre. A ce point de vue la production des mouvements télékinétiques et des raps à l'aide des manœuvres expérimentales que j'ai décrites, permet, en précisant le moment où le phénomène doit se produire, d'apporter toute son attention à l'examen des conditions dans lesquelles on l'obtient. D'ailleurs les raps et les mouvements sans contact m'ont paru se prêter admirablement à l'observation : avec ces phénomènes, et en opérant comme je l'ai dit, on peut presque expérimenter ; mais il faut chercher un médium véritable.

C'est ce qu'ont fait mes collègues de la *Société des recherches psychiques,* mais ils l'ont fait dans des conditions qui laissaient à désirer. Mme Sidgwick, femme d'une intelligence supérieure, a donné le récit des tentatives faites par elle, son mari et ses amis pour obtenir des phénomènes physiques. Ils se sont adressés à Eglinton, à Slade, pour obtenir l'écriture sur l'ardoise, à Mlles Wood, Fairlamb et à un autre médium nommé Haxby pour les matérialisations. Les deux premières ont donné des phénomènes bien suspects, pour ne pas dire pis : quant à Haxby il fraudrait impudemment. Le récit de Mme Sidgwick est démonstratif sur ce point et il suffit de le lire pour se convaincre qu'un observateur sagace ne pouvait s'y laisser prendre. J'ai eu l'occasion d'assister dans une grande ville d'Allemagne à une séance de matérialisation : il était clair que le médium personnifiait l'unique apparence que j'aie vue. La séance, m'a-t-on dit, a été mauvaise ; je le crois volontiers.

La première erreur commise par les observateurs distingués que je viens de citer a été de supposer que les phénomènes psychiques s'obtiennent à volonté. Toutes les fois qu'un sujet payé donnera des séances régulières, il y aura cent chances contre une d'être en présence d'une escroquerie véritable. S'il est un caractère certain, pour moi, de tous ces faits paranormaux, ce caractère est leur irrégularité apparente. J'ai pu expérimenter avec des médiums instruits et soucieux de la recherche exacte : j'ai fait avec eux de nombreuses expériences et j'ai observé que souvent des semaines entières s'écoulaient sans une bonne séance ; à d'autres moments la force était si abondante que les phénomènes se produisaient sans séance véritable : j'ai raconté des faits curieux à cet égard ; la table par exemple se mouvant spontanément au cours d'une conversation où la question des phénomènes psychiques était agitée.

Quelles sont les conditions qui gênent ou favorisent la production de ce mode d'énergie encore inconnu ? Je ne puis les préciser ; mais je rappelle que je crois avoir remarqué les concordances suivantes ; elles confirment en partie les conclusions d'Ochorowicz (*Ann. des Sc. psychiques*, VI, 115).

1° Action de la température. Le temps froid et sec est le plus favorable. L'humidité, le temps « *mou* » sont très défavorables ;

2° L'état de santé du médium et des assistants. Si le médium est fatigué ou malade, les choses se passent comme s'il n'extériorisait aucune force. Il en est de même des assistants, mais dans une moindre mesure. Il suffit pour obtenir des phénomènes de faire retirer du cercle l'expérimentateur fatigué ou souffrant ;

3° L'état d'esprit du médium ou, même des assistants. La mauvaise humeur, les préoccupations, la tristesse et surtout une tristesse sans cause précise, une sorte de malaise moral, sont nuisibles. La joie, la gaîté sont souvent favorables ;

4° L'épuisement nerveux. C'est là une condition trop souvent méconnue. Il m'est fréquemment arrivé d'assister à plusieurs séries d'expériences à la fois. J'ai généralement observé que les résultats n'étaient pas bons. Je n'ai pu me rendre un compte exact de la cause des insuccès constatés : elle est probablement autre que le simple épuisement nerveux, bien que celui-ci ait une action dans ces séances répétées.

De même, des séances trop fréquentes avec le même médium ne donnent pas de bons résultats : l'épuisement nerveux est certainement à incriminer dans ce cas.

Il y aurait, dans la recherche de ces conditions physiques, physio-pathologiques et psychologiques des études certainement fécondes à instituer, car la relation entre les conditions atmosphériques la santé des assistants et la production des phénomènes psychiques me paraît vraisemblable. J'ai indiqué déjà la remarque faite par moi que les phénomènes avaient de grandes chances d'être obtenus lorsque les roues des tramways électriques donnaient d'abondantes étincelles.

Les expérimentateurs anglais ne paraissent pas avoir tenu compte de ces divers éléments : je suis persuadé que le résultat de leurs investigations eût été différent s'ils avaient fui les « paid mediums » et avaient cherché des sujets neufs, instruits, désintéressés, capables de porter dans ces recherches l'analyse exacte de leurs impressions subjectives. Ces sujets sont rares, mais ils ne sont pas introuvables.

Aucune de ces conditions n'a été respectée par les groupes anglais. Ces expérimentateurs ont, de la meilleure foi du monde, fait fausse route. Eglinton, Slade, Haxby ont été peut-être des médiums authentiques à leurs heures : mais dès qu'ils ont fait métier de donner des séances régulières, ils ne pouvaient être en mesure de produire avec régularité que des phénomènes frauduleux. A Newcastle, le groupe Sidgwick opérait à la fois avec Mlle Fairlamb et avec Mlle Wood. Ces deux séries parallèles d'expériences ne pouvaient que se nuire l'une à l'autre, alors même que ces deux médiums eussent été de bonne foi, ce qui ne paraît pas être le cas d'après le récit de Mme Sidgwick. D'ailleurs je crois que ces deux sujets, et un troisième qui a été plus tard l'objet de discussions assez vives, ont été surpris par divers expérimentateurs au cours d'une séance dans des postures qui permettaient de suspecter leur bonne foi ; à ce sujet, je renvoie à *Light*, 1881 à 1886, et au *Journal of the Society for ps. Res.*, 1885. Les personnes qui ont affirmé leur sincérité manquent peut-être de sang-froid et de perspicacité.

Ces qualités ne font pas défaut aux savants anglais qui faisaient partie du groupe Sidgwick.

Aussi, leurs erreurs d'expérimentation ont-elles une autre cause ; je ne puis songer à discuter en détail leurs expériences ; je viens d'en résumer quelques-unes et j'ai montré qu'ils ne pouvaient vraisemblablement rien obtenir de probant avec les médiums choisis par eux et dans les conditions où ils opéraient ; mais j'étudierai leurs expériences avec Eusapia à Cambridge plus soigneusement, car leur jugement sur ce médium remarquable me paraît injustifié. Mes conclusions sont trop différentes des leurs pour que je n'essaie pas de démontrer leurs erreurs d'expérimentation et la partialité involontaire de leur verdict. Je renvoie d'ailleurs le lecteur curieux aux articles de Richet dans le *Journal of the Society for psychical Research*, VII, p. 178, de Dariex et d'Ochorowicz, dans les *Annales des Sciences psychiques*, VI, p. 65 et 79 ; ces documents contiennent une appréciation intéressante des expériences de Cambridge.

On sait dans quelles conditions Mlle Johnson, M. et Mme Sidgwick, MM. Myers, Hodgson, etc., firent venir Eusapia en Angleterre pour reprendre les expériences antérieurement faites avec le médium italien à l'île Roubaud, chez Richet. Ces expériences avaient motivé un rapport favorable de Lodge, aux conclusions duquel s'étaient associés Sidgwick et Myers. Hodgson, — qui est docteur en droit et non docteur en médecine comme certains auteurs français paraissent le supposer, — critiqua les expériences résumées par Lodge. On lui a fait remarquer avec raison que ses critiques ne contiennent rien de nouveau ; que ce qu'il dit avait été déjà signalé par Richet et par d'autres, et que les expérimentateurs étaient au courant des procédés de fraude possibles ; que la substitution des mains l'une à l'autre, la substition d'un pied artificiel au pied du médium étaient des modes de tromperies connus et contre lesquels des précautions avaient été prises : il n'en reste pas moins à retenir ce fait que des procès-verbaux rédigés par des hommes aussi compétents que Richet, Ochorowicz, Lodge et Myers ont été critiqués avec une apparence de logique et de justesse indéniables par Hodgson : celui-ci leur reprochait de ne pas décrire assez complètement la manière dont les divers contrôles étaient assurés, de ne pas insister sur les précautions prises, sur la description minutieuse des moindres mouvements du médium. Dans son article (*Journal,* VIII, 49) il dit expressément :

« Le Pr Lodge fait la déclaration suivante concernant le soulèvement de la table : « Il me paraît impossible que quelqu'un soulève une table de cette dimension et de ce poids, en se tenant debout contre elle, avec les mains seulement sur le plateau, sans une action considérable de la jambe et une forte pression des mains. C'était tout à fait en dehors des forces normales d'Eusapia. »

« Maintenant, ajoute Hodgson, supposons qu'Eusapia ait employé quelque espèce de support, que je m'imagine n'être pas complètement inconnu, sous une forme ou une autre, de la race italienne(!), supposons qu'elle avait, à toucher son corps, une courroie légère et forte, autour des épaules et de la poitrine, avec un pendant de corde ou de ruban noir auquel un crochet ou un autre moyen de prise était accroché de manière à être caché dans son corsage lorsqu'il n'était pas employé (entre parenthèses, j'ai vu une photographie d'Eusapia, en séance, au moment où la table est supposée en lévitation au-dessus du plancher ; un ou plusieurs boutons de son corsage paraissent défaits).

« Elle a accroché ce moyen de prise, soit en se baissant, soit en courbant légèrement les jambes en dehors, à l'un des côtés de la table, ou à quelque point voisin de la jonction des côtés et du plateau, par exemple ; elle s'est redressée, a tendu en arrière ses épaules et son dos et a fait un mouvement de poussée en avant avec son pied, contre le pied de la table à côté de laquelle elle se tenait. Le léger contact de l'une de ses mains a pu aider à immobiliser la table : le bord du plateau a pu être en contact avec son corps. Cette hypothèse, ou toute hypothèse semblable, a-t-elle été examinée par le Pr Lodge, etc. »

Cette longue citation montre comment Hodgson raisonne. Des savants consciencieux ont omis d'indiquer explicitement dans leur procès-verbal que toutes les hypothèses de fraude avaient été étudiées et écartées et d'insister en détail sur chaque hypothèse, parce que leur affirmation implicite de la réalité du fait leur a paru suffisante et que l'examen détaillé de chaque hypothèse donnerait à leurs comptes rendus des dimensions exagérées. Peu importe. Les analystes comme M. Hodgson ne leur épargneront pas la critique, et n'hésiteront pas à indiquer les hypothèses les moins compatibles pourtant avec les conditions de l'observation. Aussi, ai-je renoncé à donner à mes expériences personnelles l'allure d'un procès-verbal. J'ai raconté ce que j'ai vu, comment je m'y suis pris pour le voir ; ceux qui voudront employer les mêmes procédés réussiront comme moi. C'est là l'unique moyen de contrôle : l'observation personnelle est seule convaincante. Malgré le soin avec lequel les comptes rendus des séances de M. Hodgson lui-même avec Mme Piper sont faits, ils n'ont pas réussi à convaincre tous leurs lecteurs. Il y a cependant quelque chose d'intéressant dans cette conversion de M. Hodgson aux théories les plus franchement spirites : mais c'est un problème psychologique que seuls les familiers de mon savant collègue peuvent aborder : j'ai le sincère regret de ne pas connaître cet homme distingué, dont les qualités d'observateur sont grandes et dont le courage est admirable.

Mais qu'il me permette de le lui dire, ses critiques sont souvent « à côté ». J'ai eu avec Eusapia des lévitations fréquentes de la table, mains et pieds vus, en bonne lumière : il n'y avait ni courroie, ni crochet, ni aucun moyen de tromper. J'ai vu avec d'autres médiums des phénomènes analogues se produire en plein jour, dans des conditions d'observation parfaites, aucun contact entre le sujet et la table n'étant perceptible pour la vue ou le toucher. Richet (*Journal*, VII, p. 73) a d'ailleurs répondu à Hodgson sur ces critiques ; et Ochorowicz, Lodge (*id.*, p. 75) et Myers lui-même les réfutèrent aussi.

Pour trancher le débat, les expériences de Cambridge furent décidées et Hodgson, qui avait cependant nettement pris position, y fut convié. Ces expériences ont donné de mauvais résultats et Sidgwick a pu dire, malgré les observations contraires d'autres expérimentateurs qui étaient ses collègues à la *Société des recherches psychiques* : « On verra qu'à notre dernière réunion une question a été posée au sujet de certains phénomènes obtenus par Eusapia Paladino après la découverte de ses fraudes à Cambridge. Il peut être bon que j'indique brièvement pourquoi je n'ai pas l'intention de rendre compte de ces phénomènes.

« La S. P. R. n'a pas coutume d'attirer l'attention sur les

actions de tout soi disant médium qui a été convaincu de fraude systématique. Or, l'investigation faite à Cambridge, dont les résultats sont donnés dans le *Journal* du mois de novembre 1895, joints à un article du Pr Richet dans les *Annales des Sciences psychiques* de janvier-février 1893, ont mis hors de tout doute raisonnable que les fraudes découvertes (*sic*) par le Dr Hodgson à Cambridge ont été systématiquement pratiquées par Eusapia pendant des années. Conformément à notre règle, je me propose d'ignorer ce qu'elle fera à l'avenir comme j'ignore ce que font les autres personnes adonnées à ce métier malhonnête. »

Richet a dû être bien étonné de se voir ainsi cité par Sidgwick à la page 230 du volume VII du *Journal of the Soc. for psych. Res.*, alors que sa lettre publiée p. 178 dit expressément le contraire.

Un pareil jugement a eu le plus fâcheux retentissement : s'il est exact, il était juste de le porter ; s'il n'était pas complètement exact, il fallait suspendre le verdict. C'est ce que les expérimentateurs anglais auraient dû faire : c'est ce que conseillait Myers, ce que conseillait Lodge, dont la fermeté a été au-dessus de tout éloge, c'est ce que leur conseillait Richet : c'est ce que n'ont pas fait les expérimentateurs qui ont suivi l'entraînement d'Hodgson. Ils se sont trompés et les événements leur ont donné tort.

J'ai dit que leur jugement n'était pas complètement exact ; Sidgwick, dont la bonne foi est pour moi certaine, a dit : « Les investigateurs considèrent que des fraudes systématiques ont été employées au cours de toutes ces séances. Le mode opératoire en sera décrit par le Dr Hodgson : ce dernier, quoique présent pendant une partie des séances seulement, ayant eu de meilleures opportunités pour observer personnellement les moyens de fraude employés. Lorsque cette tromperie eut été découverte, la plus grande partie des phénomènes considérés comme supranormaux dans ces séances est devenue immédiatement explicable ; et, la chose étant ainsi, il était déraisonnable d'attribuer même hypothétiquement à une action supernormale *le reste des phénomènes moins aisément explicables.* » Sidgwick déclarait que ses expériences anciennes étaient non avenues, toutes pouvant être de même expliquées par la fraude.

Hodgson, dans cette même séance du 11 octobre 1895, expliqua les moyens employés par Eusapia, libération frauduleuse d'un pied ou d'une main, ou quelque simple appareil comme un mouchoir ou une pièce de monnaie enduite d'une préparation phosphorée. Hodgson, et Myers le lui a fait remarquer, oubliait de dire qu'il n'avait rien inventé et que ces moyens de fraude avaient été découverts et signalés avant lui par bien d'autres, et notamment par Richet qui a si souvent et si longtemps expérimenté avec Eusapia. Mais passons sur ce point accessoire et retenons pour les analyser les déclarations de Sidgwick et du jurisconsulte américain. Le premier constate déjà qu'une partie des phénomènes n'était pas aisément explicable par la fraude. Il aurait été intéresssant de connaître laquelle. Je soupçonne que certaines lévitations doivent être au nombre de ces phénomènes. Mais les notes publiées dans le *Journal de la Société des recherches psychiques*, VII, p. 148 et suiv., ne parlent guère que des attouchements, et il convient de limiter la discussion à ce fait, bien qu'il m'ait toujours paru peu démonstratif.

Prenons la séance du 1er septembre. On lit, p. 153 : « 7 h. 25. R. Hodgson dit qu'un phénomène se prépare. Une main énorme secoue la tête de Mme Myers : main clairement perçue. Sidgwick contrôle bien la main, mais non tout entière. Hodgson tient la main entière, puis la perd un instant et est repris ensuite. La main tient bien H. Sidgwick. La main droite, pouce et doigts, étreint Hodgson. »

Le lendemain, ce dernier ajoute au texte : « Presque toujours, après les premiers attouchements de mains, j'informais les expérimentateurs de l'imminence d'un phénomène, en peu de mots, comme ceux-ci : « Un phénomène se prépare » et cela avant que le phénomène se produisît : ordinairement même immédiatement avant. Je l'annonçais en règle générale lorsque je sentais que la main droite du médium quittait la mienne, mais quelquefois lorsque je la sentais se préparer à me quitter. Après le phénomène, quand la main était revenue, je décrivais ordinairement ce que j'éprouvais au moment même, de manière que Eusapia ne fût pas informée, — par la compréhension partielle de mon anglais, — que je savais que sa main avait quitté la mienne pendant le phénomène. »

J'avoue ne pas bien comprendre. Hodgson s'est montré si sévère pour les autres qu'il ne m'en voudra pas de lui demander la précision qu'il exige des autres. Or, dans le passage cité, que lit-on : 1° que Mme Myers est touchée par une main énorme, *main clairement perçue.* Ou c'est la main d'Eusapia lâchée par Hodgson et alors elle doit être *petite,* car Eusapia a une très petite main, ou bien Mme Myers n'a pas clairement perçu la main qui la secouait. Si Mme Myers a décrit exactement son impression, Hodgson se trompe en semblant indiquer que c'est la main d'Eusapia qui a touché Mme Myers ; dans le cas contraire, c'est Mme Myers qui s'est trompée. En tous cas, il y a là une contradiction entre les deux observateurs.

Ochorowicz, qui plus heureux que moi a pu obtenir la communication des procès-verbaux originaux de Cambridge, les critique d'une manière décisive et définitive dans son excellent article publié par les *Annales des Sciences psychiques.* Il montre le rôle d'Hodgson, rôle tout à fait néfaste.

Mais, je ne veux pas insister sur cette critique spéciale. J'en reviens à ce que je disais : Sidgwick reconnaît que les trucs d'Eusapia n'expliquent pas tout et il laisse Hodgson s'étendre complaisamment sur des attouchements frauduleux. Le savant avocat a même mimé les trucs d'Eusapia pour libérer ses mains et ses pieds devant les membres de la *Société des Recherches psychiques*. Tout cela était connu des spécialistes continentaux. Hodgson n'avait rien inventé : pourquoi s'est-il borné à ces critiques partielles et n'a-t-il pas discuté chaque fait, et surtout ceux qui ont paru inexplicables ? Voilà qui eût été nouveau et intéressant. Il se montre bien sévère pour Eusapia : pourquoi ne pas la traiter comme il traite Mme Piper dont les erreurs et les efforts pour tirer les vers du nez de ses clients ne l'ont pas détaché ? Il discute avec soin ces erreurs et ces tentatives. Est-ce parce qu'il croit que chez la célèbre américaine il n'y a pas de fraude consciente ni inconsciente, et que seul défunt Phinuit était responsable des inexactitudes et des mensonges, alors que la fraude d'Eusapia était consciente et volontaire ?

Je lui répondrai dans ce cas que ses amis et lui sont en grande partie responsables de ces fraudes, et presque exclusivement responsables de l'échec des expériences. Ils ont oublié qu'un médium n'était pas un instrument mécanique, ils paraissent avoir négligé le côté psychologique de son rôle. Dariex et Ochorowicz ont mis en relief cette erreur capitale. Elle s'est manifestée et affirmée de diverses manières.

Eusapia n'était pas à son aise, et si j'ai gardé bonne mémoire de ses conversations, elle trouvait le milieu cantabrique un peu dédaigneux et hautain, sauf M. et Mme Myers. Elle se sentait isolée et s'ennuyait. Je crois qu'elle n'était pas admise à la table des maîtres, mais je n'affirme pas ce détail : il me semble qu'elle m'a dit qu'elle était d'ordinaire servie à part.

Ensuite, les séances ont été trop nombreuses ; il y en a eu vingt. Je ne crois pas qu'Eusapia ait passé sept semaines à Cambridge : elle y a donné 20 séances, soit une tous les deux jours si l'on tient compte d'une indisposition qui a dû l'immobiliser quelques jours : c'était assurer les pires résultats, alors surtout que les séances duraient quelquefois deux heures et demie ou trois heures. Il était impossible au médium de se refaire physiquement et moralement, surtout dans un pays où les mœurs, les relations, le langage et la cuisine même ressemblent si peu à ceux de Naples ; elle a été un peu souffrante en Angleterre? Sa maladie a-t-elle été longue? Je n'en sais rien, mais je puis affirmer qu'elle n'en est pas revenue contente.

Il paraîtrait cependant que les premières séances ont été assez bonnes : il y a eu des choses suspectes, comme c'est le cas souvent avec Eusapia. L'arrivée de Hodgson a tout changé ; c'est alors que la fraude a été découverte, longtemps après que Richet et Toselli l'eussent spécifiée.

Comment Hodgson s'y est-il pris? Il paraît avoir conçu l'idée singulière de ne pas contrôler du tout Eusapia et de lui laisser la libre disposition de la main qu'il tenait. Chaque fois qu'il sentait le contact de la main cesser, il annonçait un phénomène : celui-ci produit, il racontait ses impressions *en Anglais* à ses co-expérimentateurs. C'étaient deux grosses fautes. La première favorisait la fraude même inconsciente : car la sensation d'un contrôle sévère arrête quelquefois les phénomènes, mais empêche au moins la production des truquages ; la seconde, en éveillant la jalouse susceptibilité d'Eusapia devait l'inquiéter et l'irriter. Ces considérations peuvent paraître secondaires aux personnes qui ne sont pas au courant des difficultés que présente l'observation des phénomènes psychiques : ceux qui sont familiers avec elles ne me démentiront pas.

Si encore les expérimentateurs de Cambridge s'en étaient tenus à ces erreurs, on pourrait les excuser, et considérer qu'ils se sont trompés sur les conditions nécessaires : mais ils ont été plus loin. Ils ont fait participer à quelques-unes de leurs expériences MM. Maskelyne père et fils, les directeurs bien connus de l'Egyptian Hall. Ces messieurs sont les Robert Houdin de l'Angleterre. Ils se sont fait une spécialité de reproduire par prestidigitation les phénomènes dits spirites. Cela date de loin et je me souviens de m'être fait enfermer en 1876, à l'Egyptian Hall, dans l'armoire des frères Davenport. J'ai observé ce qui se passait dans cette armoire aussi bien que j'ai pu et j'ai eu l'impression de m'être trouvé enfermé avec deux adroits compères qui se sont habilement détachés et rattachés. Le procédé est connu.

M. Maskelyne père n'avait pas dissimulé son parti pris si j'en crois le résumé de ses lettres au *Daily Chronicle* (29 octobre 1895 et jours suivants). Cet escamoteur explique d'une bien singulière façon certaines lévitations. Un guéridon aurait été transporté sur la table : Eusapia l'aurait saisi avec les dents en se penchant en arrière et aurait par ce tour de force dentaire apporté elle-même le guéridon. M. Maskelyne a senti ce mouvement tout comme M. Hodgson a senti perdre le contact de la main du médium quand un phénomène allait se produire. De cette constatation négative M. Maskelyne comme Hodgson déduit cette conclusion positive que le phénomène a été normalement et frauduleusement produit. Je ne veux pas reprendre sur d'autres points M. Maskelyne — qui s'est fait une réclame peu ordinaire aux dépens de mes savants collègues, — je pourrais signaler, par exemple, que, dès le début de la séance quand la table oscillait, il en contrariait le mouvement, ce qui mettait Eusapia en fureur. Ce n'est pas là un procédé adroit et il dénote une singulière inexpérience. Mais je reconnais que M. Maskelyne a d'autres soucis que l'étude patiente des faits psychiques et j'aurais mauvaise grâce à lui reprocher son incompétence. Je retiens toutefois son affirmation que le mouvement en arrière qu'Eusapia a fait au moment où la petite table était portée sur la grande lui a révélé son procédé. Il est heureux pour M. Maskelyne qu'il se rencontre sur ce point avec Hodgson ou plutôt, il est fâcheux que Hodgson ait la même impression que l'incompétent prestidigitateur ; car, en concluant comme ils le font, l'un et l'autre oublient cette circonstance souvent constatée avec l'italienne, que des mouvements synchromes de ses membres accompagnent le phénomène. Si M. Maskelyne est excusable de n'avoir pas étudié et examiné cette circonstance, Hodgson, bien au courant des choses psychiques, est impardonnable de l'avoir négligée. Cette omission est une lacune fondamentale dans son argumentation : elle lui ôte, il me semble, toute valeur sérieuse.

Prenons un exemple dans les rares indications données par les expérimentateurs de Cambridge (*Journal*, VII, 153). Eusapia avait à sa droite MM. Hodgson et Sidgwick ; à sa gauche M. Darwin et Mme Sidgwick : en face d'elle Mlle Johnson. Mme Myers, sous la table, lui tenait les pieds. Je dois dire que les passages en italique sont des additions postérieures au procès-verbal faites par M. Hodgson ou Mme Sidgwick.

7 h. 6. Trois coups, *qui résonnèrent comme s'ils étaient frappés sur la table* (H...). La main droite est au-devant de H... et tient trois doigts de la main de S... avec au moins deux de ses doigts. La main gauche tient D... et Mme S... Trois mouvements ont été faits auparavant avec la main gauche. Genoux immobiles, pieds étroitement tenus. *On demanda au médium de recommencer le phénomène.*

7 h. 7. Trois coups plutôt sourds et forts. *Ressemblant aux précédents.* La main droite se meut tenant H... et S... La main gauche bien en dehors de la table ; contrôle satisfaisant ; est tenue par D... et Mme S... Pieds bien tenus, genoux n'ont pas bougé.

Ces deux séries de coups ont sans doute été produits par la tête d'Eusapia. La seconde fois j'ai réussi à placer sa tête partiellement entre moi et un filet de lumière qui passait entre les rideaux derrière et j'ai observé le mouvement de sa tête en partie, à l'aller et au retour. Elle a fait avec sa main droite un mouvement en avant, en dehors et un peu en haut ; elle a peut-être (sic) *fait un mouvement semblable avec sa main gauche, se faisant ainsi la place libre pour le mouvement d'abaissement en avant de sa tête ; en même temps les mains qui tenaient les siennes étaient dans une position telle qu'il était plus difficile de les frôler* (H...) — *Elle avait ainsi mis pratiquement six mains hors de tout contact éventuel avec sa tête* (Mme S...). Tel est le procès-verbal. M. Hodgson est je le répète trop sévère pour les autres pour qu'on ne se montre pas exigeant pour lui. Est-ce une façon admissible de raisonner que de considérer qu'elle a peut-être fait avec la main gauche un mouvement semblable à celui qu'elle effectuait avec la droite et de tenir ensuite comme prouvée cette possibilité? Ne fallait-il pas enfin tenir compte de ce fait qu'un pareil mouvement, chez une femme grosse comme Eusapia, qui n'est plus jeune ni souple, ne peut facilement se faire sans que les bras ne trahissent le mouvement de la colonne vertébrale et des muscles du cou, sans que les genoux ne révèlent le mouvement du tronc? Celui-ci pour se mobiliser prend son point d'appui sur le bassin que fixent les muscles de la cuisse. Or les principaux, notamment le quadriceps crural et les muscles externes de la cuisse s'insèrent au voisinage du genou.

Or, le genou n'a pas bougé. Hodgson ne signale aucun mouvement du bras.

J'ai refait l'expérience et je n'ai obtenu l'immobilité relative des bras que chez des enfants de quinze à seize ans et de petite taille : j'ai donc l'impression qu'un mouvement de flexion de la tête aussi étendu que le suppose M. Hodgson aurait été perçu par cet habile observateur, s'il avait existé.

Le mouvement de la tête a pu être l'un de ces mouvements synchroniques dont j'ai parlé. M. Hodgson a omis d'envisager cette hypothèse.

En résumé, en se bornant simplement aux documents publiés, on constate que les expérimentateurs anglais n'ont tenu aucun compte des conditions dans lesquelles il convient d'opérer, qu'ils ont fatigué le médium, l'ont entouré de soupçons, l'ont, M. Hodgson notamment, encouragé à frauder, et lui ont enfin dissimulé le jugement sévère qu'ils portaient sur elle. Comme l'a dit Richet (*Journal Soc. f. psych. R.*, VII, 179) les expériences de Cambridge ne prouvent qu'une chose, c'est que, dans cette série de séances, Eusapia a fraudé avec ses procédés connus, et qu'il est téméraire de conclure qu'elle a toujours fraudé. Il fait remarquer :

« 1° Que ces soi-disant fraudes ne s'appliquent qu'à un seul phénomène ; et que pour quantité d'autres faits, mouvements de tables, etc., aucune explication (sauf celle de Maskelyne) n'a pu être donnée. Même il paraît prouvé que, malgré toute la perspicacité de M. Hodgson, on n'a jamais pu déceler le moindre instrument et le plus petit appareil lui servant à aider ses manifestations.

« 2° Que dans toutes nos expériences antérieures nous étions parfaitement avertis de la possibilité d'une fraude et que même nous en connaissions exactement la nature, de sorte que les révélations de M. Hodgson ne nous ont absolument rien révélé.

. . . .

« 4° Que souvent sous des influences morales et psychologiques dont la nature nous échappe, pendant un très long temps Eusapia est incapable de pouvoir exercer une action vraie quelconque et que peut-être à Cambridge elle s'est trouvée dans ces conditions.

« 5° Que dans des expériences faites en France peu de temps après celles de Cambridge, des savants d'intelligence certaine et d'honorabilité irréprochable ont eu des phénomènes très nets qui ne leur ont pas laissé le droit de douter.

« 6° Que malgré les apparences qui sont souvent contre Eusapia je ne suis fixé en aucune manière sur ce que j'ai appelé jusqu'ici fraude et qu'il est très possible que, dans l'état de trance ou dans les états voisins, la psychologie d'un médium soit très différente de la nôtre.

« Tous ces points pourraient être discutés longuement, mais j'ai hâte de conclure et voici ma conclusion : c'est qu'il faut réserver son jugement.

« J'en conclus qu'il n'y a encore rien de démontré ni dans un sens ni dans l'autre et qu'il faut courageusement poursuivre la recherche et expérimenter encore. »

Ochorowicz (*Ann. des Sc. psych.*, VI, 123) est plus sévère ; il conclut ainsi :

« 1° Les expériences de Cambridge ont été insuffisantes et l'on n'a pas prouvé la fraude consciente chez Eusapia Paladino.

« 2° On a prouvé la fraude inconsciente dans des conditions beaucoup plus larges que dans toutes les expérimentations précédentes.

« 3° Ce résultat négatif est justifié par une méthode maladroite, peu conforme à la nature des phénomènes.

« 4° Le seul résultat positif de cette série d'expériences sera d'attirer l'attention des savants sur la question de la fraude dans les phénomènes médianiques. »

Enfin Dariex (*id.*, p. 78), dit à son tour :

« Toujours est-il qu'il semble ressortir de l'ensemble de nos expériences qu'Eusapia nous a donné des phénomènes d'autant plus purs qu'elle a été mieux familiarisée avec nous et a eu en nous plus de confiance.

« Pour nous résumer, nous dirons que, si l'on envisage l'ensemble des expériences faites depuis quatre ans avec Eusapia, il en ressort nettement que des phénomènes véridiques se mêlent à des phénomènes frauduleux et que tout esprit impartial qui veut prendre la peine d'examiner consciencieusement la question doit, sans pouvoir peut-être encore aller à une conviction absolue, les considérer comme réels. »

Mon jugement est conforme à ceux de ces savants. Le retentissement des expériences de Cambridge a été considérable et le tort porté à la réputation de Mme Paladino n'a pas été moindre. Il m'a paru nécessaire de faire connaître à mon tour l'opinion que des expériences reprises trois années de suite, m'ont donnée d'elle. J'aurais volontiers gardé le silence, mais en y réfléchissant, et j'y ai réfléchi six ans, j'ai pensé qu'il était de mon devoir d'en appeler à mon tour du jugement trop absolu de mes éminents collègues de la S. P. R.

Je ne ferai pas de reproches au comité de n'avoir pas tenu compte de l'œuvre contradictoire de certains des membres ou associés de la société.

Je comprends parfaitement les raisons qui ont déterminé M. Sidgwick à considérer comme non avenues les expériences faites avec Eusapia : mais ce sont des raisons sentimentales non scientifiques. Notre regretté Président aurait peut-être mieux fait de publier ses propres expériences et celles de ses collègues. La *Société des recherches psychiques* n'aurait pu être compromise par ces publications contradictoires, alors surtout qu'elle accepte dans ses *Proceedings* les travaux actuels de M. Hodgson, lequel vient sans doute de découvrir le spiritisme. La vérité y eût gagné, car M. Sidgwick était un esprit trop élevé pour ne pas admettre que d'autres chercheurs puissent ne pas partager sa manière de voir.

J'aurais été heureux personnellement de voir la *Société des recherches psychiques* tenir plus de compte des travaux de ses membres étrangers et ne pas restreindre presque exclusivement son œuvre aux productions d'un petit groupe de savants assurément du plus grand mérite et de la plus haute valeur, mais auxquels on ne saurait sans quelque injustice attribuer l'exclusif monopole de l'intelligence, de l'expérience et du discernement prudent.

Tout le monde eût préféré, je crois, que cette question de la fraude fût franchement abordée par la Société et que ses publications ne fussent pas fermées à ceux qui ne pensent pas comme le terrible M. Hodgson. L'œuvre accomplie par la *Society for psychical Research* est déjà trop importante pour que mes collègues ne m'excusent pas d'exprimer ce regret.

Il est d'autant plus sincère que j'ai la persuasion que le jugement exprimé par M. Sidgwick, dans les termes absolus que j'ai indiqués, est mal fondé.

Je rappelle ce que l'analyse interne des documents publiés m'a permis de constater : 1° Démonstration dans certains cas très hypothétiques de la fraude ; 2° Omission d'indiquer si Eusapia était consciente ou à l'état second, bien qu'on puisse inférer que le médium était en somnambulisme puisque p. 156 (*Journ. Soc. of psych. R.*, VII) M. Sidgwick lui-même dit : « I had frequently asked Eusapia, or rather John, etc. (J'avais souvent demandé à Eusapia, ou plutôt à John) » ; 3° Omission de discuter les phénomènes non explicable par la fraude ; 4° Contradiction apparente entre les constatations d'Hodgson et celles des autres expérimentateurs, notamment Mme Myers (p. 153, l'*énorme main*) ; 5° Omission d'analyser si les mouvements suspects d'Eusapia ne sont pas des mouvements musculaires synchrones aux phénomènes. Cette omission est capitale et démontre l'inexpérience relative des savants de Cambridge ; 6° Parti pris évident chez M. Hodgson, qui avait déjà pris position dans la question et traité de frauduleuses les expériences d'Eusapia avant d'y avoir assisté : Ochorowicz en a donné des preuves, p. 119 et suiv. de l'article que j'ai déjà cité. J'en ajouterai une à celles que l'on trouvera dans le travail d'Ochorowicz qu'il faut lire avec soin. On lit, p. 151 du *Journal Soc. of psych. Res.*, vol. VII :

6 h. 35. R. H. Chair touched. Hands visible on table. Left foot on both Darwin's ; leg felt up to knee.

(6 h. 35. La chaise de R. Hodgson est touchée. Les mains sont visibles sur la table. Le pied gauche est sur les deux pieds de Darwin ; la jambe est sentie jusqu'au genou).

6 h. 36. Table behind R. H. knocked over. R. H. « perfett ». Right foot, knee, and right leg against R. H (odgson).

(6 h. 36. Une table derrière R. Hodgson est renversée. R. Hodgson dit « parfait ». Pied droit, genou et jambe droite contre R. H).

M. Hodgson le lendemain ou le surlendemain écrit la note additionnelle suivante : « Concerning the previous incidents I called out « perfettamente » without giving detailed description of the right foot doings. E'. right foot was at first pressed very strongly on my left, — slippered — foot working about as if to assure me of its presence. The working gradually ceased and the pressure lightened so that eventually there was a very slight pressure which seemed changeable and I felt pretty confident that the right foot had left my foot entirely, the slight pressure remaining being probably produced by the heel of E'. left foot touching mine, which E. had made me put well under the table.

(En ce qui concerne les incidents ci-dessus je me suis écrié « parfaitement » sans donner une description détaillée des agissements du pied droit. Le pied droit d'Eusapia a d'abord été fortement pressé sur mon pied gauche chaussé d'une pantoufle. Son pied s'agitait comme pour me démontrer sa présence. Son agitation cessa graduellement, la pression diminua, de sorte qu'à un moment donné il n'y eut qu'une très légère pression qui paraissait variable, et *je fus à peu près sûr* que le pied droit avait abandonné complètement mon pied, la légère pression qui subsistait étant *probablement* due au talon du pied gauche d'E. qui touchait mon pied : Eusapia me l'avait fait mettre bien sous la table).

Ainsi, en rédigeant le procès-verbal on constate que Hodgson s'écrie : parfait. Il a, dit-il, le contrôle de toute la jambe et du pied droit à 6 h. 35 ; M. Darwin a le contrôle entier de la jambe et du pied gauche du médium.

Plus tard M. Hodgson se ravise. Il n'a plus eu le contact du pied. Il ne parle pas de la jambe : doit-on supposer que sa note se limite au pied ? C'est ainsi qu'on doit le comprendre si le langage de M. H... est précis et exact. Dans ce cas, on ne comprend pas du tout comment Eusapia a pu renverser une table derrière M. H... sans bouger la jambe. Le pied aurait dû s'éloigner de 50 à 60 centimètres de sa position normale pour cela et la fraude n'aurait été possible que si la jambe droite avait quitté H... ; dans le cas contraire en effet le pied n'avait pas la possibilité de s'éloigner de plus de 10 à 15 centimètres, distance insuffisante évidemment, bien que M. H... n'ait pas indiqué à quelle distance était la table renversée, nouvelle omission inexplicable chez un critique aussi sévère.

Je sais bien que M. H... ne dit pas qu'Eusapia a renversé la table avec son pied, mais sa note donne l'impression qu'elle a pu le faire, et la sévérité des conclusions des savants anglais montre qu'ils croient que ce phénomène a été fraudé comme les autres. Alors le langage de H... est vague, imprécis, inexact, et il faut supposer que le contrôle de toute la jambe a été mauvais. Il n'y a pas d'autre alternative. Dans ce cas, pourquoi, au moment où le procès-verbal a été rédigé, pourquoi dire que le phénomène est parfait, que le contrôle du pied et de la jambe droits est bon, que H... en sent le contact ?

Notez que toute ma discussion porte sur l'unique séance dont le procès-verbal soit donné (1er septembre 1895) ; que l'exemple est choisi pour démontrer la fraude et qu'il est clair que le groupe anglais a dû choisir une séance bien démonstrative pour cela. Voyez cependant toutes les négligences et les contradictions que cette seule séance révèle !

Examinons-les, seulement en ce qui concerne le phénomène analysé.

A. Contradiction entre les affirmations de M. Hodgson au moment de la séance et ses additions subséquentes. Elles sont d'autant plus curieuses que M. Hodgson est justement l'auteur de l'article déjà cité par moi sur la possibilité de l'observation défectueuse et des erreurs de la mémoire. Cette contradiction disparaîtrait en partie si M. Hodgson avait dit « parfaitement » sans penser ce qu'il disait. Je ne le crois pas possible, car M. Hodgson est un très galant homme, incapable de dire ce qu'il ne croit pas vrai.

B. Contradiction entre M. Darwin et M. Hodgson pour le phénomène de 6 h. 35. M. Darwin dit en effet sentir le pied gauche d'E... et sa jambe jusqu'au genou ; le pied gauche est sur *les deux pieds* de M. Darwin, ce qui n'est possible que si le pied d'Eusapia est perpendiculaire à ceux de M. Darwin. S'il se met dans leur axe pour toucher avec son talon le pied de M. Hodgson, M. Darwin s'en apercevra car il ne sentira sur ses deux pieds la pression du pied d'Eusapia qu'au niveau des gros orteils. Tout le monde peut faire l'expérience. En outre il ne sentira pas la jambe d'Eusapia jusqu'au genou, puisque le talon du pied touchera M. Hodgson : par suite l'articulation tibio-tarsienne qui est dans la région du calcanéum et non dans celle des métatarsiens sera près de M. Hodgson et seul le contact du genou pourra être senti, non celui de la jambe jusqu'au genou « leg felt up to knee ». Cela est encore aisément vérifiable.

C. Le travail psychologique de l'esprit de M. Hodgson se manifeste clairement dans la citation faite. Le phénomène parfait le 1 septembre, devient douteux le 2 ou le 3 et plus tard frauduleux. C'est le signe du parti pris le plus incorrigible. M. Hodgson réussit à faire partager son impression à tout le monde et personne, pas même M. Darwin, n'essaye de lui montrer ses contradictions soit avec lui-même, soit avec coexpérimentateurs.

Voilà ce que révèle l'analyse de l'œuvre du groupe de Cambridge. Elle démontre que les observations de ces savants laissent à désirer plus que toutes autres et que M. Hodgson notamment donne l'exemple le plus frappant des erreurs, des contradictions, des omissions les plus flagrantes. Je suis très peiné de juger ainsi un observateur de mérite, et un homme dont les travaux sont de premier ordre, mais que la partialité et le parti pris ont probablement aveuglé.

En un mot, les expérimentateurs de Cambridge ont expérimenté dans de mauvaises conditions : ils ne devaient pas avoir de bons résultats en agissant comme ils l'ont fait. Cependant, même dans ces conditions, ils ont dû avoir quelques phénomènes exacts. La lecture de leurs publications le fait présumer. En tout cas, cette lecture ne démontre pas que tout ait été fraudé et ne suffit pas à justifier le jugement déshonorant qu'ils portaient sur Mme Paladino.

Si maintenant l'on compare les résultats de Cambridge avec ceux qu'ont obtenu les autres expérimentateurs, la conclusion que l'on tire de leurs propres documents se précise. Je renvoie mes lecteurs aux procès-verbaux des expériences de Milan (*Ann. des Sc. psych.*, 1893), à l'article de Dariex, à celui d'Ochorowicz déjà cités, au compte rendu des expériences de l'Agnélas (*id.*, 1896). Pour conserver à mon livre le caractère de document personnel que je veux lui donner, je ne parlerai que de mes expériences avec Eusapia. J'ai eu des séances avec ce médium en 1895, en 1896 et en 1897. J'ai réservé mon jugement et je dois à la vérité de dire que j'ai obtenu avec Mme Paladino des faits certains.

Comme mes coexpérimentateurs de l'Agnélas, comme Richet, comme Ochorowicz, comme Dariex, de Rochas, de Watteville, de Gramont, j'ai cherché à mettre Eusapia à son aise, à gagner sa confiance et sa sympathie. Les résultats de mes séances ont été probants.

A l'Agnélas, j'ai vu hors séance, la table soulevée à la

hauteur de notre front, en pleine lumière. Tout le monde était debout, on voyait et l'on tenait les mains d'Eusapia. Celle-ci appuyait sa main gauche tenue par la mienne à l'angle droit de la table.

A Choisy, en octobre 1897, nous avons eu des phénomènes suspects, notamment l'apport d'un œillet qui nous a paru bien louche; mais nous avons dit nos doutes à Eusapia bien sincèrement. D'autres fois, les phénomènes ont eu une intensité extraordinaire. Une après-midi, le dimanche 11 octobre, tous les assistants, même les plus éloignés du médium ont été touchés.

Mais c'est peut-être à Bordeaux en 1897 que les phénomènes ont été les plus intenses. Je trouve dans mes notes — qui ne sont pas des procès-verbaux et n'ont aucune prétention à la perfection — le récit suivant :

« Pr... est fortement touché. E... lui donne le contrôle de ses pieds et de ses mains. Pr... chaque fois qu'Eusapia lui presse le pied reçoit des claques dans le dos. On en entend très distinctement le bruit. La chaise de Pr... est secouée et tirée sous lui. E... frotte ses pieds sur le plancher, pour se donner, dit-elle, du fluide. Enfin la chaise de Pr... est portée lentement sur la table. Les personnes (Dr Denucé, professeur agrégé à la faculté de médecine, Mme A... et moi) pour lesquelles Pr... est entre la table et la fenêtre éclairée (persiennes) voient la chaise se profiler nettement sur la fenêtre (large baie de 2 mètres). Après avoir été placée sur la table, la chaise est reprise et rapportée à terre puis ramenée une deuxième fois sur la table. Les mouvements s'exécutent avec lenteur; pendant qu'ils se produisent, les mains, la tête et les pieds du médium sont contrôlés. Si une partie du corps du médium avait touché la chaise ce contact aurait été perçu sur la silhouette de la chaise, celle-ci étant découpée sur la fenêtre éclairée. Pendant que sa chaise est en mouvement Pr... est accroupi : il est touché dans le dos, on lui tire les vêtements, on le chatouille; en même temps la table est en lévitation. *Ces trois manifestations se produisent simultanément.*

Ce phénomène est peut-être l'un des plus probants qu'Eusapia m'ait donnés dans la demi-obscurité; il n'était pas possible de produire simultanément avec une main et un pied libre (en admettant qu'il y ait eu substitution) ces trois manifestations; connaissant les fraudes possibles, j'avais indiqué à mes coopérimentateurs quels étaient les « trucs » ordinaires d'Eusapia. D'ailleurs le Dr Denucé et M. Pr..., avocat du barreau de Bordeaux, étaient l'un et l'autre au courant des fraudes usuelles et avaient l'expérience des observations. J'insisterai surtout sur la visibilité de la chaise suspendue dans l'air. On n'en voyait que la silhouette, mais on la voyait nettement.

Voici encore une lévitation obtenue dans des conditions qui excluent les dents, la courroie, le crochet, le pied ou la main tenant la table, la pression des deux genoux, tout ce qui a été indiqué par Hodgson ou Maskelyne:

« Eusapia nous fait ensuite lever. Elle tire la table au milieu de l'appartement (en annonçant que c'est elle-même qui le fait). Elle invite de M... à lui tenir les pieds; de M... se place sous la table. E... s'impatiente et lui dit « dietro » parce que la table lui ferait mal; de M... s'accroupit derrière E... et la saisit par les pieds: son contrôle est bon. Pr... et le Dr Denucé tiennent les mains. E... dit alors qu'elle lèvera la table sans qu'on la touche. Nous faisons le cercle debout autour de la table. Celle-ci après quelques oscillations s'élève verticalement. Le plateau atteint la hauteur de notre front, ce que les personnes placées à gauche d'Eusapia voient facilement, la table se profilant en noir sur la fenêtre éclairée.

« Une seconde fois la table est soulevée dans les mêmes conditions et à la même hauteur. Les assistants sont debout autour de la table qu'aucune main ne touche. »

La table se profilait nettement sur la fenêtre éclairée. Il

eût été facile de voir le membre ou l'instrument qui eût été en contact avec elle.

Un phénomène vainement sollicité par M. Sidgwick comme lui paraissant le seul fait « parfaitement satisfaisant comme mode de contrôle des mains » a été obtenu à diverses reprises :

« E... prend les deux mains du Dr Denucé et lui donne ses deux mains à contrôler. Dans ces conditions le Dr Denucé est touché. Elle agit de même avec Pr... qui est également touché à diverses reprises. »

Voici des phénomènes obtenus avec une claire lumière verte.

« Mouvements de la table à droite et à gauche. Soulèvement d'un côté, puis deux bonnes lévitations. La table se soulève des quatre pieds environ à 40 centimètres et demeure 2 à 3 secondes en l'air. Les mains d'Eusapia sont bien contrôlées et bien visibles. Les pieds ne bougent pas. Pr... a la main gauche sur les genoux d'Eusapia. De ma place je distingue très bien le pied droit d'Eusapia. Les pieds de la table (visibles pour moi) ne sont pas en contact avec la robe d'Eusapia pendant la lévitation. La robe est bien visible pour moi au-dessous de la table. La robe demeure immobile. Lors du soulèvement complet aucune main ne touche la table dont la surface est très éclairée. »

Voici enfin une expérience cruciale que M. de Rochas a publiée dans les *Annales des Sciences psychiques* en 1898. A ce moment, je suspendais encore mon jugement, non que mon sentiment à l'égard des phénomènes produits par Eusapia et constatés par moi fût incertain, mais parce que je voulais étudier d'autres médiums avant de me prononcer. Mes études sont aujourd'hui assez complètes, au point de vue de l'observation des faits pour que je déclare ma façon de penser. Les raisons de prudence qui m'avaient amené à prier M. de Rochas de taire mon nom n'existent plus aujourd'hui.

Voici l'extrait de mes notes contemporaines. « J'ai acheté dans la journée un pèse-lettres que j'apporte. E... nous fait rester deux ou trois minutes les mains sur la table, puis elle approche ses mains du pèse-lettres en faisant placer la main droite du Dr Denucé sous sa main gauche. Le Dr D... accuse une sensation de souffle froid qui s'arrête au bout d'un instant puis recommence. Les mains d'Eusapia sont à 15 centimètres environ du pèse-lettres. Elles sont dans le prolongement d'un des diamètres du plateau. Eusapia fait deux ou trois fois un mouvement de haut en bas avec ses mains, face palmaire en dessous. A la deuxième fois le pèse-lettres est poussé à fond de course ce qui exige une force de plus de 170 grammes. — Eusapia prend la main gauche de de Pontaud et tente l'expérience avec lui. Elle demande s'il sent le souffle froid. De Pontaud répond que non. Après quelques instants de P... sent ce souffle froid à l'annulaire et au petit doigt (la main gauche de de P... est sous la main droite du médium). Le plateau s'abaisse et l'aiguille s'arrête à la division 20.

E... reprend la main droite du Dr Denucé : elle ne place plus ses mains dans le prolongement d'un des diamètres du plateau mais en deux points formant un triangle avec le centre du plateau. Le Dr Denucé a toujours sa main droite dans la main gauche d'Eusapia. Les mains de celle-ci sont éloignées l'une de l'autre d'environ 15 centimètres et sont à 10 centimètres environ des bords du plateau. Le plateau s'abaisse ; l'index marque 90 grammes et revient lentement à 0 ; dans les deux expériences précédentes il y était brusquement revenu.

E... essaye de faire lever le plateau. Ses mains sont dans le prolongement d'un diamètre du plateau. La face palmaire est cette fois supérieure. Le plateau se relève. Dans cette position la course du plateau est faible ; il est bloqué au bout d'un demi-centimètre.

Pr... place son portefeuille pesant 70 grammes sur le plateau. Ce portefeuille est noir. E... recommence l'expérience dans les mêmes conditions de position des mains, distances observées à partir des bords du portefeuille. Après deux ou trois mouvements de ses mains de bas en haut le plateau est relevé à bloc. » Ces expériences se faisaient avec une belle lumière verte.

Enfin, nous n'avons jamais hésité à agir franchement avec Eusapia, lui disant ce que nous pensions. Par exemple, à un moment donné, dans l'obscurité, E... tire la table à elle sans annoncer que c'est elle qui le fait. M. Pr... dit aussitôt, c'est le médium qui tire la table. Eusapia ne se fâcha pas et dit que M. Pr. avait raison de dire ce qu'il constatait.

Voilà quelques-uns des phénomènes observés à Bordeaux : nous en avions obtenu déjà de très nets l'année précédente chez moi, à Choisy ; ces deux séries d'expériences au cours desquelles il y eut de bonnes et de mauvaises séances, m'ont convaincu que je n'avais pas été la victime d'une illusion à l'Agnélas chez mon ami M. de Rochas.

Mon jugement ne convaincra personne. En pareille matière il faut voir soi-même pour être convaincu. M. Hodgson, si peu facile à entraîner, le sait aujourd'hui par expérience. Je ne cherche d'ailleurs pas à persuader ; je me borne à dire ce que j'ai vu et bien vu. Mon témoignage contredit formellement les conclusions des investigateurs de Cambridge. Eusapia ne fraude pas toujours, elle a même rarement fraudé avec nous. Y a-t-il lieu de la considérer comme se livrant à un « mischievous trade » comme l'a dit si sévèrement M. Sidgwick ? Elle en retirerait en tous cas d'assez maigres bénéfices.

Comme l'ont dit Richet et Ochorowicz, tout médium peut frauder et l'analyse de la fraude est un des problèmes les plus compliqués que présente l'étude des phénomènes psychiques. C'est aussi l'un des plus intéressants. La discussion des expériences de Cambridge n'aura pas été inutile, car elle pose avec netteté la question de la fraude et de sa signification.

Avant d'en aborder l'examen psychologique il me paraît nécessaire d'abord de préciser le sens des termes que je vais employer, ensuite de classer les phénomènes médianiques.

La première expression dont il importe de fixer le sens est celle de *conscience*. Peu de mots s'emploient, dans le langage philosophique, dans autant d'acceptions diverses. Comme ma conception de la conscience est un peu spéciale, sans m'être cependant particulière, je dois dire ce que j'entends désigner ainsi.

Je conçois la conscience, *lato sensu*, comme une fonction de la matière vivante. C'est l'état particulier que détermine dans la matière organisée et vivante, un autre état du milieu où vit cette matière. C'est, si l'on veut, un mode de réaction de la matière vivante à l'ensemble des phénomènes extérieurs. Ce mode de réaction, comme tout mode de réaction d'ailleurs, comporte deux conditions : une sensibilité quelconque à l'action du milieu, permettant de sentir, de percevoir les variations de ce milieu ; une activité quelconque permettant de réaliser une adaptation au milieu, et de produire les modifications internes correspondant, dans une mesure quelconque, aux modifications externes perçues. Pour que les modifications internes réalisent cet équilibre, il est nécessaire qu'elles ne dépassent pas une certaine amplitude, d'où la nécessité théorique pour la *sensibilité* d'être toujours avisée des modifications internes de la substance vivante, comme elle perçoit les modifications externes du milieu.

L'expérience nous montre que les choses se passent en réalité ainsi. Nous constatons, en effet, dans la série animale, l'existence d'organes spéciaux destinés les uns à la perception des états successifs du milieu et de l'individu, les autres à réaliser activement l'adaptation de celui-ci à celui-là. Les différentes modifications provoquées dans le système *réceptif* par les variations du milieu déterminent à leur tour l'intervention du système *actif* qui réalise les variations internes. C'est le principe des systèmes nerveux et musculaires, celui-ci n'étant mis en mouvement que par le premier ; l'histoire naturelle nous montre la spécialisation progressive de ces éléments nerveux et musculaires. D'abord non différenciée en apparence, la cellule animale présente chez des animaux un peu plus compliqués un pôle sensitif et un pôle actif, l'un nerveux et l'autre musculaire. Les cellules myo-épithéliales ou neuro-musculaires de Kleinenberg nous en offrent dans l'hydre un exemple classique.

L'examen du développement du système nerveux et du système musculaire chez les vertébrés nous montre leur spécialisation croissante. Les cellules nerveuses s'associent en systèmes dépendant plus ou moins les uns des autres ; les cellules musculaires s'agrègent en masses. C'est l'application de la loi de division du travail dont nous observons l'action constante dans les phénomènes de la vie. Les cellules nerveuses se groupent en amas, en noyaux et envoient leurs prolongements à la périphérie ou aux organes. Ces prolongements sont de deux sortes : les uns transmettent les impressions à la cellule (prolongements cellulipètes, dendrites), les autres transmettent les excitations provenant de la cellule (prolongement cellulifuges, cylindraxes). Les centres eux-mêmes se hiérarchisent en quelque sorte et se répartissent en deux grandes classes : la première affectée aux fonctions de la vie organique, circulation, sécrétions, digestion, etc.; la seconde à celles de la vie de relation. Ces deux catégories comprennent des cellules sensitives et des cellules motrices ; les unes transmettent aux autres le stimulus né des excitations provoquées par le milieu interne ou externe.

Chez les animaux supérieurs, chez l'homme en tout cas,

nous constatons que l'activité de certains centres nerveux est accompagnée d'un phénomène particulier que l'on désigne sous le nom de *conscience* personnelle. C'est la notion que nous avons que le phénomène est perçu par nous, que le mouvement exécuté est exécuté par nous.

La conscience personnelle n'accompagne pas tous les phénomènes perçus ni tous les mouvements exécutés. Des conditions déterminées, d'ordre divers, semblent nécessaires pour que la conscience personnelle en ait connaissance. Cette connaissance consciente se traduit par le rattachement de l'impression ou du mouvement à une personnalité.

Cette personnalité nous apparaît comme continue. C'est autour d'elle que se groupent nos impressions passées sous la forme de souvenirs. C'est ce qui continue notre moi.

La conscience que je viens de décrire est ce que j'appelle la *conscience personnelle*. La notion de personnalité qui la caractérise n'est pas invariable et n'est pas nécessaire.

Elle n'est pas invariable, car l'étude de la psychologie morbide nous révèle que des personnalités différentes peuvent se succéder chez le même individu ou même paraître coexister. C'est notamment le cas pour les personnalités secondes hystériques ou épileptiques.

Elle n'est pas nécessaire, car des phénomènes divers peuvent être perçus et emmaganisés dans la mémoire sans que la conscience personnelle en ait connaissance : de même des mouvements appropriés à un but peuvent être exécutés sans que la conscience personnelle en soit avertie : tels sont notamment les réflexes et les mouvements compliqués que l'habitude a rendu automatiques.

Il résulte de ces faits que la conscience personnelle se manifeste comme une limitation de la conscience générale, de ce que j'appellerai simplement *la conscience*. L'étude des altérations de la mémoire notamment, amnésies diverses, hypermnésies et paramnésies nous montre que les souvenirs dont la conscience générale et impersonnelle a la libre disposition sont incomparablement plus nombreux que ceux dont la conscience personnelle a l'usage. Cela n'est pas contestable pour la mémoire : en est-il de même pour l'intelligence ? Il est difficile de le savoir ; on a cependant de nombreux exemples de solutions trouvées et de travaux faits en dehors de la conscience personnelle.

L'anatomie et la physiologie nous enseignent que la conscience personnelle se manifeste dans les phénomènes qui paraissent avoir pour siège certaines régions de l'écorce des hémisphères cérébraux. La région corticale semble être affectée, en partie tout au moins, aux faits psychologiques dont la personnalité est le centre, mémoire active, attention, jugement, abstraction, volonté. C'est pour cette raison qu'on appelle cette région «les centres supérieurs». Au-dessous, les ganglions cérébraux sous-corticaux, les noyaux bulbaires et médullaires les ganglions sympathiques et les plexus constituent des centres inférieurs présidant à certaines fonctions étrangères à la conscience personnelle.

Il ne faut pas croire cependant que l'activité des centres corticaux soit toujours perçue par la conscience personnelle. Celle des centres moteurs par exemple peut exister à l'insu de la conscience personnelle. J'ai donné déjà l'indication de certains mouvements compliqués qui peuvent être au début volontaires et personnellement conscients et devenir à la fin inconscients et pourtant volontaires ; par exemple le jeu d'un instrument de musique. De même, certains mouvements involontaires peuvent être quelquefois perçus par la conscience personnelle : par exemple le mouvement rapide que nous faisons pour chasser une mouche qui nous gêne. Que les centres moteurs du bras qui chasse la mouche soient sous-corticaux ou médullaires, il n'en est pas moins vrai que les mouvements exécutés, alors même qu'ils paraissent être de purs réflexes, peuvent être quelquefois perçus.

Les mouvements exécutés en dehors de la participation de la conscience personnelle et de la volonté sont dits *automatiques*. Cette expression signifie pour moi que l'activité volontaire de la personnalité y demeure étrangère.

Nous pouvons donc avoir, dans la sphère motrice, c'est-à-dire dans les mouvements, différentes relations entre le mouvement exécuté et la conscience personnelle. Nous avons d'abord les mouvements conscients et volontaires, puis les mouvements involontaires ou impulsifs, perçus par la conscience personnelle ou non.

Ces divers mouvements sont normaux : c'est-à-dire qu'ils s'exécutent suivant les règles connues de l'activité musculaire ; ils ne dépassent pas la limite périphérique du corps ; l'influx nerveux se propage le long des nerfs de la manière ordinaire.

Si l'influx nerveux ou, plus exactement, le mode d'énergie qui le constitue, dépasse les limites matérielles du corps, nous avons les phénomènes désignés par de Rochas sous le nom d' « extériorisation de la motricité ». Ce sont encore des phénomènes automatiques pour moi, puisque la conscience personnelle et la volonté n'y participent pas. Mais ils présenteront un caractère qui les distinguera des automatismes normaux : ils seront *exosomatiques*, si je puis employer cette expression, tandis que les autres seront *endosomatiques*. Ces deux expressions signifieront pour moi, l'une, exosomatique, que les mouvements seront produits au-delà des limites du corps ; l'autre, endosomatique, qu'ils seront produits en dedans des limites du corps, c'est-à-dire par l'activité musculaire agissant physiologiquement. Les premiers, en apparence contraires aux données ordinaires de l'expérience seront des phénomènes *paranormaux*, c'est-à-dire en dehors, à côté de la règle habituelle : les seconds au contraire seront normaux. Les parakinésie est un mouvement paranormal avec contact ; la télékinésie en est un sans contact, à distance.

La sensibilité présente les mêmes catégories de faits. Il n'y a pas, à proprement parler, d'automatisme véritable dans les phénomènes sensitifs ; mais nous pouvons y distinguer encore les phénomènes sensitifs 1° normaux, c'est-à-dire se produisant dans des conditions physiologiques plus ou moins bien connues, mais fréquentes, comme les hallucinations, les hypermnésies, et 2° paranormaux, c'est-à-dire impliquant l'existence de modes de perception auxquels la personnalité normale est étrangère, clairvoyance, clairaudience, télesthésie, télépathie (Myers, Gurney, Podmore), extériorisation de la sensibilité (de Rochas).

J'ai déjà indiqué que ces perceptions paraissaient dépendre de la conscience *impersonnelle* et que les impressions ainsi perçues étaient transmises à la conscience personnelle sous une forme déterminée, analogue à celle des perceptions oniriques : c'est-à-dire sous une forme dramatique, avec une mise en scène concrète et symbolique. La conscience impersonnelle semble donc être affectée d'une manière générale, vague : les perceptions ne prennent une apparence de précision que dans les strates de la conscience où se détermine la notion de la personnalité. De là ces conclusions, que je ne donne que comme des probabilités : 1° que la notion de la personnalité est susceptible de degrés divers ; 2° que les impressions perçues par la conscience générale sont agréables ou désagréables, c'est-à-dire n'impartissent à la conscience personnelle qu'un message très vague, bien-être moral ou malaise indéfinissable ; que dans des cas plus rares, le message transmis est plus précis et prend la forme d'une hallucination détaillée ; 3° que si les faits de télesthésie et de télépathie sont exacts, la conscience générale est susceptible d'être impressionnée par d'autres canaux que ceux des sens ordinaires, qui n'ont de valeur que par rapport à la conscience personnelle dont ils sont peut-être la condition.

Cette dernière considération nous ramène à la définition

que je donnais tout à l'heure de la conscience, qui est pour moi une propriété générale de toute matière vivante ; sa sensibilité se limite et se précise par les *sens*, se limite et se précise par la personnalité et la volonté.

Je m'excuse d'entrer ainsi dans des explications qui paraîtront trop difficiles à suivre à beaucoup de mes lecteurs ; mais j'ai tenu à préciser dans la mesure du possible le sens des expressions dont je me sers ; j'ai une tâche à peu près semblable à accomplir encore, c'est celle de classer les phénomènes médianiques avant d'étudier leurs relations avec la fraude.

Je les distingue d'abord en deux grandes catégories, susceptibles de se pénétrer l'une l'autre, car les phénomènes physiques sont rarement, sauf les luminosités, dépourvus de tout sens, et les phénomènes intellectuels ont toujours pour substratum un fait d'ordre physique. Aussi ces deux catégories sont-elles plutôt des *aspects différents* du même phénomène plutôt que deux catégories bien distinctes.

Si l'on envisage le côté purement physique, on a la série approximative suivante :

PHÉNOMÈNES PHYSIQUES :

Sonores.	Raps, bruit divers.
Moteurs.	Normaux.
—	Paranormaux ; parakinésie, télékinésie.
Lumineux.	Amorphes ; formes définies ; photographie psychique (?)

Si on envisage la forme des communications en apparence intelligentes, en s'attachant au mode d'expression du sens *intellectuel* du phénomène, on a le classement suivant :

PHÉNOMÈNES INTELLECTUELS :

Automatisme endosomatique :

Musculaire.	Typtologie ; grammatologie ; écriture automatique ; parole automatique.
Sensoriel.	Phénomènes : visuels ; auditifs ; tactiles ; gustatifs ; olfactifs.
Vaso-moteur.	Phénomènes secrétoires ; phénomènes vasculaires ; sueurs ; etc.

Automatisme exosomatique :		
(Extériorisations) :	Moteur.	Télékinésie ; psychographie (?) (écriture directe) ; psychophonie (?), (voix directe).
—	Sensitivo-sensoriel.	Télépathie ; télesthésie.
—	Plastique.	Matérialisation ; apports, etc.

Si nous examinons d'autre part la fraude, d'une manière générale, nous constaterons les correspondances suivantes : les mots conscients et inconscients sont pris dans le sens de la conscience personnelle.

Motricité :	normale.	1. Mouvements conscients et volontaires.	Fraude volontaire, consciente. Simulation ; responsabilité.
—	—	2. Mouvements conscients mais involontaires.	Fraude impulsive, consciente. Simulation ; irresponsabilité.
—	—	3. Mouvements inconscients et involontaires.	Fraude impulsive et inconsciente ; irresponsabilité.
—	paranormale.	4. Extériorisation de la motricité et de la plasticité ; télékinésie ; matérialisations.	Pas de fraude.
Sensibilité :	normale.	5. Mensonge volontaire.	Fraude volontaire et consciente. Simulation ; responsabilité.
—	—	6. Illusions ; hallucinations ; hypermnésies ; paramnésies.	Pas de fraude ; pas de phénomène vrai.
—	paranormale.	7. Extériorisation de la sensibilité ; clairaudience ; télépathie.	Pas de fraude ; phénomènes vrais.

Quant à l'automatisme exosomatique vrai, il ne saurait être question de fraude en ce qui le concerne.

Cette classification, que je ne donne qu'à titre de tentative, me paraît plus complète que celle d'Ochorowicz (*Ann. des Sc. psychiques*, VI, 97). Celui-ci distingue :

a) Fraude consciente.

b) Fraude inconsciente :

A l'état de veille . . . } Médianisme d'ordre
A l'état de trance . . . } inférieur.

c) Fraude partielle, automatique. } Médianisme d'ordre
d) Le phénomène pur. . . . } supérieur.

Si l'on compare le tableau d'Ochorowicz au mien, on constate que sa fraude consciente correspond aux nos 1 et 5 de ma classification.

Sa fraude inconsciente au n° 3.

Je divise sa fraude partielle automatique, dans les classes 2, 3 et 6.

Le phénomène pur, dans les classes 4 et 7.

Son médianisme supérieur comprend tous les automatismes exosomatiques (nos 4 et 7). Son médianisme inférieur les classes 3 et 6.

Ces indications générales données, il est facile de voir que je divise la fraude en trois catégories qui sont susceptibles de coexister d'ailleurs et de former des types mixtes : c'est même le cas ordinaire. C'est d'abord la fraude coupable, volontaire et consciente ; puis la fraude impulsive mais consciente, fréquente ; puis la fraude inconsciente et involontaire, véritable automatisme normal ; l'auteur n'en saurait être rendu responsable. Elle est très fréquente chez beaucoup d'excellents médiums.

Si nous étudions le mécanisme psychologique de la fraude, nous trouverons des causes extrêmement diverses et variables.

1° Fraude consciente et volontaire.

La plus ordinaire est l'intérêt. C'est le cas des charlatans qui spéculent sur la crédulité publique. Il ne faut pas croire que ce soit l'unique mobile ; chaque fraudeur obéit à des motifs qui lui sont spéciaux. L'étudiant en médecine qui m'a donné de si curieux exemples de fraude n'obéissait pas à l'intérêt. Je ne pense pas que ce soit pour le plaisir de me tromper, car je lui ai souvent dit qu'il me paraissait frauder. Souvent il l'a fait par espièglerie ; c'est notamment ce qui s'est passé dans une séance donnée par un groupe spirite pour convaincre de nouveaux convertis. Mon étudiant leur a donné des manifestations, paraît-il, peu ordinaires ! Cet étudiant présente d'ailleurs des signes d'hystérie probable. Le Pr Bianchi n'a-t-il pas lui-même fraudé un phénomène pour s'amuser de son confrère Lombroso ?

On voit combien de personnes peuvent commettre des fraudes conscientes et volontaires et à combien de causes diverses on peut attribuer ces fraudes.

La fraude consciente et volontaire ne soulève d'ailleurs aucun problème psychologique véritable.

2° Fraude consciente et involontaire ou mixte.

Le problème naît au contraire avec ce genre de fraude. Il arrive souvent, dans des cercles formés cependant de gens honorables, que certains assistants qui seraient incapables de commettre volontairement une fraude, n'osent pas s'accuser d'un mouvement involontaire fait par eux et dont ils ont conscience. Cela ne peut s'appliquer qu'à des mouvements assez brefs comme ces glissements qui imitent les raps ou la parakinésie. Il faut, dans les séances sérieuses, donner aux assistants l'habitude d'accuser tout mouvement involontaire : on remarquera que certaines personnes y sont très sujettes. Elles finissent souvent par avoir honte de s'accuser si souvent et fraudent ainsi par timidité. J'en ai observé quelques-unes, surtout des femmes. C'est une des raisons qui me font condamner toutes les expériences pour la production de mouvements avec contact.

La timidité est la cause ordinaire de ce genre de fraude : le problème psychologique soulevé est simple.

3° Fraude inconsciente et involontaire.

Ici, ce problème se complique. Je ne distinguerai pas, comme Ochorowicz, la fraude commise à l'état de veille de celle qui est commise dans la trance ou à l'état second. Le mécanisme psychologique est le même dans les deux cas, et me paraît dépendre d'une autosuggestion, ou de ce qu'on a appelé le monoïdéisme, c'est-à-dire l'envahissement de l'esprit par une seule idée qui finit par étouffer les autres et par se réaliser : on voit que c'est au fond un phénomène analogue à celui qui détermine la suggestion.

C'est dans les fraudes inconscientes et involontaires que l'on observe le mieux la désagrégation psychologique du médium telle que Janet l'a étudiée. Elles ne peuvent présenter que des phénomènes sans intérêt au point de vue médianique.

Quel en est le mécanisme? Il me paraît être le suivant; les sujets, quelquefois bons médiums à leurs heures, qui commettent ce genre de fraude, s'asseoient à la table ou donnent une séance en vue d'obtenir des phénomènes supranormaux. Mais la production de ces phénomènes est souvent difficile, quelquefois impossible. L'immobilité, l'attente, l'obscurité agissent fortement sur le système nerveux de ces médiums, et plus spécialement encore lorsqu'ils sont hystériques. Elles déterminent la trance; et alors le désir du phénomène devient une idée fixe puis une autosuggestion. Si le phénomène supranormal tarde, les couches inférieures de la conscience *dont la moralité diffère souvent beaucoup de celle de la conscience personnelle active*, le réalisent normalement.

De même si la trance ne se produit pas, il se manifeste pourtant un état particulier qui n'est pas le sommeil mais qui n'est plus la veille complète. L'élément personnel, actif et volontaire de la conscience s'affaiblit de même que le jugement. Le champ de la personnalité se réduit et l'activité personnelle fait place à de l'automatisme. On rencontre tous les degrés entre la fraude consciente et involontaire et l'automatisme complet.

Aussi est-il prudent, avec les sujets qui s'entrancent, ou avec ceux qui deviennent somnolents dans l'obscurité, le silence, l'immobilité, l'attente, de prendre des mesures pour éviter la fraude ; mais il faut les prendre franchement et ne pas donner soi-même au médium l'exemple de la dissimulation : il ne faut pas davantage lui donner l'impression que l'on ne contrôle pas : c'est l'exposer à une tentation d'autant plus grande que sa volonté personnelle est affaiblie.

Ajoutez à cela que nous ne connaissons pas du tout l'influence qu'exerce l'état d'esprit des expérimentateurs sur le médium, bien qu'une sorte d'influence me paraisse exister. Nous ne savons pas jusqu'à quel point la certitude mal fondée de la fraude peut justement la faire naître. Ochorowicz s'exprime ainsi à ce sujet :

« Après avoir reconnu que le médium n'est qu'un miroir qui reflète et dirige les idées et les forces nerveuses des assistants vers un but idéoplastique, on ne s'étonnera pas de voir la *suggestion* y jouer un rôle important. Il n'est pas douteux que les assistants peuvent suggérer au médium l'acte désiré et il n'est pas douteux non plus que les manifestations prennent le caractère des croyances ambiantes. J'ai vu John (avec Eusapia) dans une société de matérialistes se dissoudre en une force impersonnelle que le médium appelait tout simplement « questa forza » tandis que dans des cercles spirites intimes il prenait la forme de personnes défuntes plus ou moins maladroitement. De même avec des contrôleurs imbus de l'idée de fraude, comme MM. Hodgson et Maskelyne, le médium restera sous l'empire d'une suggestion de fraude. »

Sans partager complètement la conviction d'Ochorowicz, j'ai des raisons de penser que sa théorie s'approche beaucoup de la vérité. J'ai indiqué moi-même combien la « personnification » était suggestible.

Il y a encore autre chose : c'est que, dans le cas où la force manque, ou est faible, il est plus facile au médium d'obtenir le phénomène normalement, c'est-à-dire par une fraude, que par une véritable extériorisation. Je crois avoir remarqué que souvent le mouvement paranormal devait être normalement exquissé pour qu'il se réalisât supranormalement. C'est fréquent avec Eusapia. On conçoit comment le mouvement d'esquisse peut finir en mouvement fraudé lorsque le médium est dans un état hémisomnambulique.

Enfin, l'énergie qui met en mouvement les objets, me paraît être d'origine nerveuse, et je la crois de même nature que celle qui provoque nos contractions musculaires. Il en résulterait ceci : la force ne s'extériorise que si elle s'accumule et arrive à une « tension » suffisante. A mesure que sa tension s'élève, elle tend à se dépenser sous la forme de mouvements impulsifs ; il faut que le médium résiste à cette tendance pour obtenir le phénomène pur. Aussi, les expérimentateurs doivent-ils l'aider dans cette résistance, non lui laisser toute facilité pour dépenser cette énergie qui tend à se réaliser en mouvements musculaires. Cela a été une des erreurs de M. Hodgson.

Telles sont les conclusions auxquelles m'ont amené les observations que j'ai faites avec divers médiums. La fraude inconsciente et involontaire est fréquente et pour l'éviter il faut écarter avec soin les conditions qui peuvent la favoriser, au moins au début d'une série d'expériences et surtout quand on expérimente avec un médium neuf. La médianité est influencée dans une proportion inimaginable par les habitudes prises.

Il existe enfin un autre genre de fraude inconsciente et involontaire : c'est celle qui est due aux illusions de tout genre. On la trouve constamment dans les séances spirites où 99 fois sur 100 les médiums ne produisent aucun phénomène vrai. Ils sont cependant de bonne foi, mais ils ne se rendent pas compte du rôle que jouent la mémoire et l'imagination. Il en est particulièrement ainsi des médiums écrivains *intuitifs* et des médiums à incarnations. Aussi, n'obtient-on presque jamais des indications contrôlables ; les esprits se livrent au développement de lieux communs, mais se refusent à toute précision.

On remarquera que le mot *fraude* s'applique mal dans le cas examiné : étant inconsciente et involontaire, elle ne saurait être véritablement une fraude. Aussi vaudrait-il mieux lui réserver le mot « illusion ».

Je ne puis songer à analyser en détail la question de la fraude. Elle est, si on l'examine de près, extrêmement compliquée. Mais j'estime, comme Richet, « qu'il est très possible que dans l'état de trance ou dans les états voisins, la psychologie d'un médium soit très différente de la nôtre. » Je me borne à indiquer le résultat de mes réflexions ; elles sont le fruit d'une assez longue série d'observations. Pour l'éviter, je reviendrai encore une fois à ma recommandation souvent répétée. Expérimentez avec de la lumière, le plus de lumière possible, et cherchez les phénomènes simples, difficiles peut-être à obtenir, mais faciles à observer, comme les raps et les mouvements sans contact.

§ 2. — L'ERREUR.

Si j'insiste autant sur la nécessité de ne rechercher que des phénomènes d'une observation facile, surtout au début, c'est que l'erreur d'observation est aisée. Il faut une grande habitude des séances pour savoir distinguer rapidement les phénomènes probables de ceux qui sont certainement truqués. Il en est de ce genre d'expérience comme de toute autre, on ne l'acquiert qu'avec le temps et la réflexion.

Une des causes d'erreur qu'il importe d'écarter est l'obscurité. Pour beaucoup de phénomènes simples, les ténèbres sont inutiles ; aussi faut-il, dès le début, exhorter la personnification à accepter le grand jour. J'ai dit à maintes reprises que les personnifications étaient très suggestibles. Je sais bien qu'il n'en est pas toujours ainsi et que l'on en rencontre quelquefois qui marquent une véritable obstination. Les personnifications de ce genre s'observent surtout avec les médiums qui ont des habitudes anciennes. Il en est ainsi avec Eusapia qui était accoutumée à faire des séances obscures. Mais, alors même que la personnification paraît avoir des idées très arrêtées il est possible de les lui faire changer avec un peu d'habileté. Il en est d'elles comme des personnalités secondes ou des sujets auxquels on a donné une suggestion. Il faut entrer dans le cercle d'idées suggérées pour le briser ; c'est une question de procédé.

Ainsi nous avons réussi à opérer avec Eusapia dans une bonne lumière en piquant l'amour-propre de John. Nous lui avons expliqué que l'obscurité nuisait à l'observation des phénomènes, qu'il était aussi capable de donner des séances claires que les « guides » des autres médiums. Nous l'avons ainsi amené à changer ses habitudes avec nous ; le « meno luce » auquel sont habitués ceux qui ont expérimenté avec le célèbre médium italien se faisait entendre encore, mais quand la séance était plus avancée. A Bordeaux même, où la baie qui éclaire la pièce où nous avons expérimenté est très grande, on y voyait un peu quand les lampes du sous-sol et d'un jardin d'hiver étaient allumées. Là, Eusapia ou John n'ont jamais voulu l'obscurité complète et nous avons toujours eu cet éclairage qui permettait un contrôle visuel quelquefois satisfaisant.

Quand on a la chance de rencontrer un sujet neuf, il est plus facile de lui donner l'habitude d'opérer en pleine lumière. C'est ce qui m'est arrivé quelquefois.

Je n'ai pas besoin de démontrer l'influence de l'obscurité sur l'erreur. On ne peut être jamais certain de l'authenticité d'un phénomène obtenu dans une séance obscure, sauf quelques rares exceptions. On ne peut pas être davantage certain de la fraude ; l'analyse que j'ai faite des procès-verbaux de Cambridge le fait voir clairement.

L'obscurité est cependant nécessaire pour l'obtention des phénomènes lumineux. Quand on a observé des formes lumineuses bien nettes, ou des lueurs bien caractérisées, il est facile de les distinguer de celles qu'une erreur de nos sens nous fait voir ; un observateur de sang-froid ne s'y trompe pas ; mais il n'en est pas toujours de même pour les expérimentateurs moins calmes. Ces derniers se suggestionnent véritablement les uns les autres et finissent par avoir de curieuses hallucinations collectives. C'est un des faits les plus intéressants à observer dans les séances spirites, si riches en curiosités purement psychologiques. Il m'est bien fréquemment arrivé d'entendre un assistant indiquer qu'il voit une lueur dans une direction déterminée. Les autres regardent à leur tour et voient. Puis l'un d'eux déclare qu'il aperçoit une forme ; bientôt d'autres personnes voient également une forme. Et d'exclamations en exclamations, le description de la forme se complète. On assiste à la genèse d'une hallucination collective.

Je n'ai pas besoin de dire que des expérimentateurs aussi suggestibles ne sont pas de bons éléments : dans des recherches purement scientifiques ils doivent être réduits au minimum possible.

Mon expérience personnelle m'a démontré que le sens de la vue était le plus sujet à ces impressions imaginaires ; après la vue, le sens tactile est le plus prompt à s'illusionner. On en a constamment des exemples dans les séances spirites ; le *souffle froid*, qui est souvent réellement perçu, l'est plus souvent encore en imagination. Une personne annonce l'avoir ressenti : d'autres aussitôt l'éprouvent. Quelquefois ce n'est pas une erreur d'imagination, mais une erreur d'attribution, la sensation du souffle froid étant causée par l'haleine.

Le sens de l'ouïe m'a semblé plus réfractaire à la suggestion dans les séances, sans y échapper cependant complètement. Je ne connais que très peu d'exemples de raps ou de bruits imaginairement perçus.

Le sens musculaire au contraire est un des plus infidèles. On ne saurait s'imaginer, si l'on a pas expérimenté soi-même, combien les mouvements inconscients et involontaires sont fréquents. Ces mouvements sont de très faible amplitude ;

ils sont petits, mais en s'additionnant ils finissent par acquérir une certaine force. Il est à remarquer qu'alors les assistants s'accusent réciproquement de pousser la table et il n'est pas rare de voir d'assez vives discussions naître à cette occasion. C'est là un fait d'observation courante. Il m'est aussi très fréquemment arrivé de constater des hallucinations tactiles chez les expérimentateurs impressionnables qui s'imaginent facilement ressentir des contacts divers.

L'odorat perçoit quelquefois des odeurs imaginaires ; mais c'est encore assez rare : je n'ai pas observé d'hallucinations du goût.

Une cause d'erreur qu'il convient de signaler encore est la fatigue des expérimentateurs. Tout phénomène qui se produit après une longue attente a bien des chances d'être mal observé. L'attention d'abord tendue, se lasse ; des distractions surviennent et souvent le phénomène surprend les observateurs qui ne peuvent en analyser avec certitude les conditions. Aussi, surtout au début, il convient de ne rechercher que les phénomènes simples, se produisant sans exiger une longue attente. Il est également mauvais de faire de trop longues séances, la fatigue survenant assez vite.

Telles sont les principales causes d'erreurs positives, c'est-à-dire d'erreurs tendant à persuader l'existence d'un fait imaginaire ; les erreurs négatives, c'est-à-dire celles qui tendent à faire considérer comme imaginaire un fait réel, ne sont pas moins dangereuses.

Le parti pris, d'abord, est à signaler. Si l'on veut expérimenter avec fruit, il faut expérimenter, sans crédulité, sans foi, sans confiance même ; mais il ne faut pas être décidé à ne voir que de la fraude. J'ai montré, en étudiant le cas de M. Hodgson et de Mme Paladino, les dangers du parti pris au point de vue expérimental et l'illogisme auquel il a conduit un homme dont la valeur est cependant très grande.

Il ne faut pas toutefois, je le répète, expérimenter naïvement. S'il est utile au commencement d'une séance, de laisser aller les choses pour mettre la force « en train », comme le recommande avec beaucoup de raison Ochorowicz, une fois les phénomènes établis il faut les contrôler avec le plus grand soin. Mais il faut faire connaître ses intentions au médium et à la personnification. C'est, je crois, une précaution indispensable. La personnification y consentira d'ailleurs toujours ; cela ne voudra pas dire qu'on obtiendra toujours le résultat cherché. Il ne faut pas, enfin, laisser croire au médium ou à la personnification qu'on est leur dupe s'ils fraudent ; il faut leur dire doucement, mais nettement, qu'ils ne donnent rien de bon. Toute équivoque est à éviter avec soin, tout malentendu est à fuir.

Il ne faut cependant pas placer le médium dans des conditions telles que l'expérience ne puisse pas se réaliser. Nous ne connaissons pas ces conditions et des choses en apparence très simples peuvent n'être pas réalisables. Je me souviens qu'en 1896, à Choisy, une dame de ma famille — elle a un parti pris insurmontable contre les expériences psychiques qu'elle déclare *a priori* frauduleuses ; — déclara à Eusapia qu'elle croirait à ses phénomènes si elle pouvait faire bouger une petite table de poupée sous ses yeux. Eusapia plaça cette petite table sur la table d'expériences et ne réussit pas à la faire mouvoir. Pourquoi un phénomène en apparence aussi simple n'a-t-il pu être obtenu ?

Il faut donc observer, mais ne pas vouloir poser d'avance les conditions que le phénomène devra remplir pour être accepté.

Beaucoup d'expérimentateurs attachent le médium, le mettent dans un sac, le posent même sous scellés. S'il y consent cela n'a pas d'inconvénient ; s'il s'y refuse, il faut chercher d'autres moyens de contrôle. Il ne faut pas en effet s'imaginer que le refus du médium est toujours dû à son désir de frauder. Les moindres liens peuvent être quelquefois très douloureux quand il y a de l'hyperesthésie cutanée.

Enfin, avant de porter un jugement négatif les expérimentateurs devront toujours tenir un certain nombre de séances et ne pas se fonder sur une seule mauvaise expérience pour établir leur opinion. Ils s'exposent à faire fausse route.

C'est surtout en matière d'expériences psychiques qu'une inlassable patience est nécessaire.

CONCLUSION

Me voici arrivé au terme de mon étude. Je m'aperçois que j'ai abordé, dans la dernière partie, des questions complexes et difficiles et que je me suis laissé entraîner, non à faire des théories explicatives, mais à combattre certaines théories qui m'ont paru inexactes ou incomplètes. J'en demande pardon au lecteur : je lui dirai, en terminant, que j'ai la conviction d'avoir observé d'une manière certaine les *raps* et les *mouvements sans contact*. J'ai vu bien d'autres phénomènes : je n'oserai pas être encore aussi affirmatif en ce qui les concerne.

Je n'ai pas eu la prétention de démontrer la réalité des faits observés par moi. Je n'ai eu qu'un but, apporter mon témoignage à ceux qui ont avant moi affirmé les faits que j'affirme à mon tour. Est-ce dire que je ne me suis pas trompé : non évidemment, et il est possible que mes observations aient été imparfaites. Je suis cependant tellement convaincu de leur exactitude que je ne puis que conseiller aux gens qui douteraient de mes récits, de faire les mêmes expériences que moi, et de procéder avec la même méthode et la même patience. J'ai souvent dit ces mots au cours de mon travail, je les repète avec plus d'insistance encore en le terminant.

Je doute cependant que ma voix soit écoutée, alors que d'autres plus autorisées que la mienne ne l'ont pas été. Je ne regrette pas pourtant d'avoir dit mon sentiment sur les faits observés par moi : j'ai la persuasion qu'ils entreront un jour, bientôt peut-être, dans la discipline scientifique. Ils y entreront malgré tous les obstacles que l'entêtement et la crainte du ridicule accumulent sur la route.

L'un de ces obstacles, et ce n'est pas le moindre, est dû à la façon dont beaucoup de savants apprécient les médiums. Hystériques ou fraudeurs, tarés au physique ou au moral : tel est en résumé leur jugement. Il est inique et, dans sa généralité, absurde et faux ; il est aussi funeste dans ses conséquences. Il repose sur une erreur déplorable, car je connais des médiums qui ont des facultés supérieures à la moyenne et qui ne présentent aucun stigmate de dégénérescence. J'ai dit, et je le répète encore, les plus beaux phénomènes m'ont été donnés par des sujets sains d'esprit et de corps. C'est avec les hystériques qu'à côté de phénomènes vrais on constate de la fraude : avec un médium qui n'est pas névrosé, dont l'intelligence équilibrée sait résister à l'idée fixe et à l'autosuggestion, on a des phénomènes vrais ou l'on n'en a pas du tout.

L'opinion des savants qui, mal informés, enseignent que les médiums sont des hystériques et des névrosés est donc erronée ; elle a en outre les plus déplorables conséquences. Je connais des sujets remarquables qui refusent absolument d'expérimenter en dehors d'un groupe très fermé et très sûr parce qu'ils redoutent d'être tenus pour des névropathes ; ils craignent d'être pris pour des déséquilibrés et de compromettre leur situation commerciale ou leurs intérêts professionnels. Je ne réussirai pas à les convaincre qu'ils sont des individus en avance sur la moyenne, je réussirai encore moins sans doute à accréditer cette opinion ; mais elle est à beaucoup d'égards vraie. Si la perfection relative de leur système nerveux rend ces personnes plus impressionnables que la moyenne, on aurait tort d'en conclure qu'elles sont tarées. Ce raisonnement est aussi stupide que celui qui consisterait à considérer l'Européen comme dégénéré parce qu'il est plus émotif et plus sensible à la douleur que certaines peuplades sauvages. Que nous sommes ignorants, maladroits et imprudents. L'attitude de certains milieux savants, — je ne dis pas les plus cultivés et je le fais exprès, — est semblable pour moi à celle des autorités ecclésiastiques du moyen âge. La nouveauté d'une chose les effraie. Ils traitent la pensée scientifique indépendante comme les inquisiteurs traitaient jadis la pensée libre. Ils ont comme leurs prototypes d'autrefois la même intolérance, la même haine pour le schisme et l'hérésie. Leurs erreurs accumulées devraient pourtant les rendre prudents ; mais non. S'ils ne mettent plus au ban de la société l'hérésiarque ou le schismatique, s'ils ne le livrent plus au bourreau, ils le traitent avec la même dureté relative. Ils l'excommunient à leur manière, et le rejettent de l'humanité saine et bien portante comme un dégénéré, un mystique, un illuminé. L'avenir aura d'eux l'opinion que nous avons aujourd'hui de leurs aînés. Leur attitude empêche les médiums les plus instruits, les plus capables, d'avouer leurs facultés. S'ils parlent de leurs visions on les douchera ! S'ils font remuer une table sans la toucher on les traitera de fraudeurs et d'hystériques ! Qu'y a-t-il d'étonnant à ce qu'ils dissimulent leurs dons ?

Nous devrions au contraire les considérer comme des êtres précieux, comme les avant-coureurs du type futur de notre race. N'est-il pas véritablement absurde de voir des dégénérés partout et de ne pas voir les êtres en avance sur nous, qui semblent être les jalons de la route que nous avons à suivre. Le simple bon sens nous indique, n'est-ce pas, que l'humanité n'est pas encore arrivée à la perfection, qu'elle évolue actuellement comme elle l'a fait dans le lointain passé. Tous les hommes ne sont pas au même degré de l'évolution. Il y a des types arriérés qui représentent l'état moyen d'autrefois ; il y a des types avancés qui représentent aujourd'hui l'état moyen de l'avenir. Le progrès de la race semble se faire dans la direction d'une perfection plus grande du système nerveux, dans l'acquisition de sens plus délicats, d'une sensibilité nerveuse plus grande, de moyens d'information moins limités. Si la découverte d'outils, d'instruments d'investigation nouveaux, comme le télescope et le microscope par exemple, servent aux progrès de la race, ils ne sont d'aucune utilité pour l'évolution de l'individu lui-même. Or le véritable progrès se fait par l'individu ; c'est le perfectionnement de l'individu qui assure l'évolution de la race ; pour cela les perfectionnements doivent être fixés par l'hérédité. Nous aurons beau faire, nous ne naîtrons jamais avec un microscope aux yeux et un téléphone à l'oreille. Les progrès de ce genre ne sont pas transmissibles ; ce sont les acquisitions physiologiques qui le sont. La sensibilité du système nerveux des médiums est un progrès sur notre obtusité relative ; il n'en est pas de même de la mauvaise vue de celui qui abuse du microscope. Il y aurait bien des choses désagréables à dire à Virchow, par exemple, s'il vivait encore, sur l'inaptitude du type ordinaire du savant à personnifier le progrès désirable de la race vers la santé, la force, la sensibilité et la forme parfaite.

L'intolérance de certains savants est égalée par celle de certains dogmes. Le catholicisme par exemple considère les phénomènes psychiques comme l'œuvre du démon. Est-il utile de combattre à l'heure actuelle une pareille théorie ! Je ne le pense pas. D'ailleurs, les autorités ecclésiastiques supérieures, avec le tact et le sentiment de l'opportunité qu'elles marquent souvent, permettent à beaucoup de catholiques l'étude expérimentale des faits psychiques. Je ne saurais les blâmer de recommander à la masse des fidèles une prudente abstention : le spiritisme me paraît un adversaire avec lequel elles auront un jour sérieusement à compter. La simplicité de ses doctrines lui assurera la clientèle des âmes peu compliquées et éprises de justice : elles sont l'immense majorité.

Mais cette question est étrangère aux faits psychiques eux-mêmes. Ceux-ci n'ont, autant que mon expérience me permet d'en juger, rien que de naturel. Le diable n'y montre point ses griffes, que les âmes timorées se rassurent ; si les tables proclament qu'elles sont Satan lui-même, il n'y aura pas à les croire ; mis en demeure de prouver sa puissance, ce Satan grandiloquent sera un triste thaumaturge. Le préjugé religieux qui proscrit ces expériences comme surnaturelles est aussi peu justifié que le préjugé scientifique qui n'y voit que fraude et tromperie. Ici encore, le vieil adage d'Aristote trouve son application : La justice est dans une opinion intermédiaire.

Puisse mon livre décider quelques expérimentateurs de bonne volonté à essayer d'observer à leur tour ! Puisse-t-il contribuer à faire disparaître chez les sujets les mieux doués la crainte d'être pris pour des détraqués et des malades ou des familiers du diable. Puisse-t-il surtout contribuer à faire considérer les phénomènes que j'ai étudiés comme des faits naturels, dignes d'être utilement observés et susceptibles de nous faire pénétrer plus profondément que tous autres dans la connaissance des lois qui régissent la nature.

TABLE DES MATIÈRES

CHARTRES. — IMPRIMERIE DURAND, RUE FULBERT.

FÉLIX ALCAN, Éditeur
ANCIENNE LIBRAIRIE GERMER BAILLIÈRE ET Cie

PHILOSOPHIE — HISTOIRE

CATALOGUE DES Livres de Fonds

On peut se procurer tous les ouvrages qui se trouvent dans ce Catalogue par l'intermédiaire des libraires de France et de l'Étranger.

On peut également les recevoir franco par la poste, sans augmentation des prix désignés, en joignant à la demande des TIMBRES-POSTE FRANÇAIS OU UN MANDAT sur Paris.

108, BOULEVARD SAINT-GERMAIN, 108
Au coin de la rue Hautefeuille
PARIS, 6e

NOVEMBRE 1902

Les titres précédés d'un *astérisque* sont recommandés par le Ministère de l'Instruction publique pour les Bibliothèques des élèves et des professeurs et pour les distributions de prix des lycées et collèges.

BIBLIOTHÈQUE DE PHILOSOPHIE CONTEMPORAINE

Volumes in-12, brochés, à 2 fr. 50.

Cartonnés toile, 3 francs. — En demi-reliure, plats papier, 4 francs.

La *psychologie*, avec ses auxiliaires indispensables, l'*anatomie* et la *physiologie du système nerveux*, la *pathologie mentale*, la *psychologie des races inférieures et des animaux*, les *recherches expérimentales des laboratoires*; — la *logique*; — les *théories générales fondées sur les découvertes scientifiques*; — l'*esthétique*; — les *hypothèses métaphysiques*; — la *criminologie* et la *sociologie*; — l'*histoire des principales théories philosophiques*; tels sont les principaux sujets traités dans cette Bibliothèque.

ALAUX, professeur à la Faculté des lettres d'Alger. **Philosophie de V. Cousin.**
ALLIER (R.). ***La Philosophie d'Ernest Renan.** 1895.
ARRÉAT (L.). * **La Morale dans le drame, l'épopée et le roman.** 2ᵉ édition.
— ***Mémoire et imagination** (Peintres, Musiciens, Poètes, Orateurs). 1895.
— **Les Croyances de demain.** 1898.
— **Dix ans de critique philosophique.** 1900.
BALLET (G.), professeur agrégé à la Faculté de médecine de Paris. **Le Langage intérieur et les diverses formes de l'aphasie.** 2ᵉ édit.
BEAUSSIRE, de l'Institut. * **Antécédents de l'hégél. dans la philos. française.**
BERGSON (H.), de l'Institut, professeur au Collège de France. ***Le Rire.** Essai sur la signification du comique. 2ᵉ édition. 1901.
BERSOT (Ernest), de l'Institut. * **Libre philosophie.**
BERTAULD. **De la Philosophie sociale.**
BINET (A.), directeur du lab. de psych. physiol. de la Sorbonne. **La Psychologie du raisonnement, expériences par l'hypnotisme.** 3ᵉ édit.
BOS (C.). Psychologie de la croyance. 1902.
BOUGLÉ, prof. à l'Univ. de Toulouse. **Les Sciences sociales en Allemagne.** 2ᵉ éd. 1902.
BOUCHER (M.). L'hyperespace, le temps, la matière et l'énergie. 1903.
BOUTROUX, de l'Institut. * **De la contingence des lois de la nature.** 4ᵉ éd. 1902.
BRUNSCHVICG, professeur au lycée Condorcet, docteur ès lettres. ***Introduction à la vie de l'esprit.** 1900.
CARUS (P.). * **Le Problème de la conscience du moi**, trad. par M. A. Monod.
CONTA (B.). * **Les Fondements de la métaphysique**, trad. du roumain par D. Tescanu.
COQUEREL Fils (Ath.). **Transformations historiques du christianisme.**
COSTE (Ad.). * **Les Conditions sociales du bonheur et de la force.** 3ᵉ édit.
CRESSON (A.), agrégé de philos. **La Morale de Kant.** (Couronné par l'Institut.)
DAURIAC (L.), professeur au lycée Janson-de-Sailly. **La Psychologie dans l'Opéra français** (Auber, Rossini, Meyerbeer). 1897.
DANVILLE (Gaston). **Psychologie de l'amour.** 2ᵉ édit. 1900.
DUGAS, docteur ès lettres. * **Le Psittacisme et la pensée symbolique.** 1896.
— **La Timidité.** 2ᵉ éd. 1900.
— **Psychologie du rire.** 1902.
DUNAN, docteur ès lettres. **La théorie psychologique de l'Espace.** 1895.
DUPRAT (G.-L.), docteur ès lettres. **Les Causes sociales de la Folie.** 1900.
DURAND DE GROS. **Questions de philosophie morale et sociale.** 1902.
DURKHEIM (Émile), chargé du cours de pédagogie à la Sorbonne. * **Les règles de la méthode sociologique.** 2ᵉ édit. 1901.
D'EICHTHAL (Eug.). **Les Problèmes sociaux et le Socialisme.** 1899.
ENCAUSSE (Papus). L'occultisme et le spiritualisme. 1902.
ESPINAS (A.), prof. à la Sorbonne. * **La Philosophie expérimentale en Italie.**
FAIVRE (E.). **De la Variabilité des espèces.**
FÉRÉ (Ch.). **Sensation et Mouvement.** Étude de psycho-mécanique, avec fig. 2ᵉ éd.
— **Dégénérescence et Criminalité**, avec figures, 3ᵉ édit.

FERRI (E.). *Les Criminels dans l'Art et la Littérature. 2e édit. 1902.
FIERENS-GEVAERT. Essai sur l'Art contemporain. (Couronné par l'Acad. franç.).
— La Tristesse contemporaine, essai sur les grands courants moraux et intellectuels du XIXe siècle. 3e édit. 1900. (Couronné par l'Institut.)
— Psychologie d'une ville. *Essai sur Bruges*. 2e édit. 1902.
FLEURY (Maurice de). L'Âme du criminel. 1898.
FONSEGRIVE, professeur au lycée Buffon. La Causalité efficiente. 1893.
FOURNIÈRE (E.). Essai sur l'individualisme. 1901.
FRANCK (Ad.), de l'Institut. * Philosophie du droit pénal. 5e édit.
— Des Rapports de la Religion et de l'État. 2e édit.
— La Philosophie mystique en France au XVIIIe siècle.
GAUCKLER. Le Beau et son histoire.
GOBLOT (E.), professeur à l'Université de Caen. Justice et liberté. 1902.
GRASSET (J.), professeur à la Faculté de médecine de Montpellier. Les limites de la biologie. 1902.
GREEF (de). Les Lois sociologiques. 3e édit.
GUYAU. * La Genèse de l'idée de temps. 2e édit.
HARTMANN (E. de). La Religion de l'avenir. 5e édit.
— Le Darwinisme, ce qu'il y a de vrai et de faux dans cette doctrine. 6e édit.
HERCKENRATH. (C.-R.-C.) Problèmes d'Esthétique et de Morale. 1897.
HERBERT SPENCER. * Classification des sciences. 6e édit.
— L'Individu contre l'État. 5e édit.
HERVÉ BLONDEL. Les Approximations de la vérité. 1900.
JAELL (Mme). * La Musique et la psycho-physiologie. 1895.
JAMES (W.). La théorie de l'émotion, préf. de G. DUMAS, chargé de cours à la Sorbonne. Traduit de l'anglais. 1902.
JANET (Paul), de l'Institut. * La Philosophie de Lamennais.
LACHELIER, de l'Institut. Du fondement de l'induction, suivi de psychologie et métaphysique. 4e édit. 1902.
LAMPÉRIÈRE (Mme A.). * Rôle social de la femme, son éducation. 1898.
LANDRY (A.), agrégé de philos., docteur ès lettres. La responsabilité pénale. 1902.
LANESSAN (J.-L. de). La Morale des philosophes chinois. 1896.
LANGE, professeur à l'Université de Copenhague. * Les Émotions, étude psycho-physiologique, traduit par G. Dumas. 2e édit. 1902.
LAPIE, maître de conf. à l'Univ. de Rennes. La Justice par l'État. 1899.
LAUGEL (Auguste). L'Optique et les Arts.
LE BON (Dr Gustave). * Lois psychol. de l'évolution des peuples. 5e édit.
— * Psychologie des foules. 6e édit.
LÉCHALAS. * Étude sur l'espace et le temps. 1895.
LE DANTEC, chargé du cours d'Embryologie générale à la Sorbonne. Le Déterminisme biologique et la Personnalité consciente. 1897.
— * L'Individualité et l'Erreur individualiste. 1898.
— Lamarckiens et Darwiniens. 1899.
LEFÈVRE, prof. à l'Univ. de Lille. Obligation morale et idéalisme. 1895.
LEVALLOIS (Jules). Déisme et Christianisme.
LIARD, de l'Institut. * Les Logiciens anglais contemporains. 4e édit.
— Des définitions géométriques et des définitions empiriques. 2e édit.
LICHTENBERGER (Henri), professeur à l'Université de Nancy. * La philosophie de Nietzsche. 6e édit. 1901.
— * Friedrich Nietzsche. Aphorismes et fragments choisis. 2e édit. 1902.
LOMBROSO. L'Anthropologie criminelle et ses récents progrès. 4e édit. 1901.
— Nouvelles recherches d'anthropologie criminelle et de psychiatrie. 1892.
— Les Applications de l'anthropologie criminelle. 1892.
LUBBOCK (Sir John). * Le Bonheur de vivre. 2 volumes. 5e édit.
— * L'Emploi de la vie. 3e éd. 1901.
LYON (Georges), maître de conf. à l'École normale. * La Philosophie de Hobbes.
MARGUERY (E.). L'Œuvre d'art et l'évolution. 1899.
MARIANO. La Philosophie contemporaine en Italie.

Suite de la *Bibliothèque de philosophie contemporaine*, format in-12, à 2 fr. 50 le vol.

MARION, professeur à la Sorbonne. * **J. Locke, sa vie, son œuvre.** 2e édit.
MAUXION, professeur à l'Université de Poitiers. * **L'instruction par l'éducation** *et les Théories pédagogiques de Herbart.* 1900.
MILHAUD (G.), professeur à l'Université de Montpellier. * **Le Rationnel.** 1898.
— * **Essai sur les conditions et les limites de la Certitude logique.** 2e édit. 1898.
MOSSO. * **La Peur.** Étude psycho-physiologique (avec figures). 2e édit.
— * **La Fatigue intellectuelle et physique,** trad. Langlois. 3e édit.
MURISIER (E.), professeur à la Faculté des lettres de Neuchâtel (Suisse). **Les Maladies du sentiment religieux.** 1901.
NAVILLE (E.), doyen de la Faculté des lettres et sciences sociales de l'Université de Genève. **Nouvelle classification des sciences.** 2e édit. 1901.
NORDAU (Max). * **Paradoxes psychologiques,** trad. Dietrich. 4e édit. 1900.
— **Paradoxes sociologiques,** trad. Dietrich. 3e édit. 1901.
— * **Psycho-physiologie du Génie et du Talent,** trad. Dietrich. 3e édit. 1902.
NOVICOW (J.). **L'Avenir de la Race blanche.** 1897.
OSSIP-LOURIÉ, lauréat de l'Institut. **Pensées de Tolstoï.** 2e édit. 1902.
— **Nouvelles Pensées de Tolstoï.** 1903.
— * **La Philosophie de Tolstoï.** 2e édit. 1903.
— **La Philosophie sociale dans le théâtre d'Ibsen.** 1900.
PALANTE (G.). agrégé de l'Université. **Précis de sociologie.** 1901.
PAULHAN (Fr.). **Les Phénomènes affectifs et les lois de leur apparition.** 2e éd. 1901.
— * **Joseph de Maistre et sa philosophie.** 1893.
— * **Psychologie de l'invention.** 1900.
— **Analystes et esprits synthétiques.** 1903.
PILLON (F.). * **La Philosophie de Ch. Secrétan.** 1898.
PILO (Mario). * **La psychologie du Beau et de l'Art,** trad. Aug. Dietrich.
PIOGER (Dr Julien). **Le Monde physique,** essai de conception expérimentale. 1893.
QUEYRAT, prof. de l'Univ. * **L'Imagination et ses variétés chez l'enfant.** 2e édit.
— * **L'Abstraction,** son rôle dans l'éducation intellectuelle. 1894.
— **Les Caractères et l'éducation morale.** 2e éd. 1901.
— **La logique chez l'enfant et sa culture.** 1902.
REGNAUD (P.), professeur à l'Université de Lyon. **Logique évolutionniste.** *L'Entendement dans ses rapports avec le langage.* 1897.
— **Comment naissent les mythes.** 1897.
RÉMUSAT (Charles de), de l'Académie française. * **Philosophie religieuse.**
RENARD (Georges), professeur au Conservatoire des arts et métiers. **Le régime socialiste,** *son organisation politique et économique.* 3e édit. 1903.
RIBOT (Th.), de l'Institut, professeur honoraire au Collège de France, directeur de la *Revue philosophique.* **La Philosophie de Schopenhauer.** 9e édition.
— * **Les Maladies de la mémoire.** 15e édit.
— * **Les Maladies de la volonté.** 17e édit.
— * **Les Maladies de la personnalité.** 9e édit.
— * **La Psychologie de l'attention.** 5e édit.
RICHARD (G.), chargé de cours à l'Université de Bordeaux. * **Socialisme et Science sociale.** 2e édit.
RICHET (Ch.). **Essai de psychologie générale.** 4e édit. 1901.
ROBERTY (E. de). **L'Inconnaissable, sa métaphysique, sa psychologie.**
— **L'Agnosticisme.** Essai sur quelques théories pessim. de la connaissance. 2e édit.
— **La Recherche de l'Unité.** 1893.
— **Auguste Comte et Herbert Spencer.** 2e édit.
— * **Le Bien et le Mal.** 1896.
— **Le Psychisme social.** 1897.
— **Les Fondements de l'Ethique.** 1898.
— **Constitution de l'Éthique.** 1901.
ROISEL. **De la Substance.**
— **L'Idée spiritualiste.** 2e éd. 1901.
SAIGEY. **La Physique moderne.** 2e édit.
SAISSET (Émile), de l'Institut. * **L'Ame et la Vie.**

Suite de la *Bibliothèque de philosophie contemporaine*, format in-12 à 2 fr. 50 le vol.

SCHŒBEL. **Philosophie de la raison pure.**
SCHOPENHAUER. * **Le Fondement de la morale**, trad. par M. A. Burdeau. 7e édit.
— * **Le Libre arbitre**, trad. par M. Salomon Reinach, de l'Institut. 8e éd.
— **Pensées et Fragments**, avec intr. par M. J. Bourdeau. 17e édit.
SELDEN (Camille). **La Musique en Allemagne**, étude sur Mendelssohn.
STUART MILL. * **Auguste Comte et la Philosophie positive.** 6e édit.
— * **L'Utilitarisme.** 2e édit.
— **Correspondance inédite avec Gustave d'Eichthal** (1828-1842) — (1864-1871), avant-propos et trad. par Eug. d'Eichthal. 1898.
SULLY PRUDHOMME, de l'Académie française, et Ch. RICHET, professeur à l'Université de Paris. **Le problème des causes finales.** 1902.
TANON (L.). * **L'Évolution du droit et la Conscience sociale.** 1900.
TARDE, de l'Institut, prof. au Coll. de France. **La Criminalité comparée.** 5e édit. 1902.
— * **Les Transformations du Droit.** 2e édit. 1899.
— * **Les Lois sociales.** 2e édit. 1898.
THAMIN (R.), recteur de l'Académie de Rennes. * **Éducation et Positivisme.** 2e édit. (Couronné par l'Institut.)
THOMAS (P. Félix), docteur ès lettres. * **La suggestion, son rôle dans l'éducation intellectuelle.** 2e édit. 1898.
— * **Morale et éducation**, 1899.
TISSIÉ. * **Les Rêves**, avec préface du professeur Azam. 2e éd. 1898.
VIANNA DE LIMA. **L'Homme selon le transformisme.**
WECHNIAKOFF. **Savants, penseurs et artistes**, publié par Raphael Petrucci.
WUNDT. **Hypnotisme et Suggestion.** Étude critique, traduit par M. Keller.
ZELLER. **Christian Baur et l'École de Tubingue**, traduit par M. Ritter.
ZIEGLER. **La Question sociale est une Question morale**, trad. Palante. 3e édit.

BIBLIOTHÈQUE DE PHILOSOPHIE CONTEMPORAINE

Volumes in-8.

Br. à 3 fr. 75, 5 fr., 7 fr. 50, 10 fr., 12 fr. 50 et 15 fr.; Cart. angl., 1 fr. en plus par vol.; Demi-rel. en plus 2 fr. par vol.

ADAM (Ch.), recteur de l'Académie de Dijon. * **La Philosophie en France** (première moitié du XIXe siècle). 7 fr. 50
AGASSIZ.* **De l'Espèce et des Classifications.** 5 fr.
ALENGRY (Franck), docteur ès lettres, inspecteur d'académie. * **Essai historique et critique sur la Sociologie chez Aug. Comte.** 1900. 10 fr.
ARRÉAT. * **Psychologie du peintre.** 5 fr.
AUBRY (le Dr P.). **La Contagion du meurtre.** 1896. 3e édit. 5 fr.
BAIN (Alex.). **La Logique inductive et déductive.** Trad. Compayré. 2 vol. 3e éd. 20 fr.
— * **Les Sens et l'Intelligence.** 1 vol. Trad. Cazelles. 3e édit. 10 fr.
BALDWIN (Mark), professeur à l'Université de Princeton (États-Unis). **Le Développement mental chez l'enfant et dans la race.** Trad. Nourry. 1897. 7 fr. 50
BARTHÉLEMY SAINT-HILAIRE, de l'Institut. **La Philosophie dans ses rapports avec les sciences et la religion.** 5 fr.
BARZELOTTI, prof. à l'Univ. de Rome. * **La Philosophie de H. Taine.** 1900. 7 fr. 50
BERGSON (H.), de l'Institut, professeur au Collège de France. * **Matière et mémoire**, essai sur les relations du corps à l'esprit. 2e édit. 1900. 5 fr.
— **Essai sur les données immédiates de la conscience.** 3e édit. 1900. 3 fr. 75
BERTRAND, prof. à l'Université de Lyon. * **L'Enseignement intégral.** 1898. 5 fr.
— **Les Études dans la démocratie.** 1900. 5 fr.
BOIRAC (Émile), recteur de l'Acad. de Grenoble. * **L'Idée du Phénomène.** 5 fr.
BOUGLÉ, professeur à l'Université de Toulouse. * **Les Idées égalitaires.** 1899. 3 fr. 75
BOURDEAU (L.). **Le Problème de la mort.** 3e édition. 1900. 5 fr.
— **Le Problème de la vie.** 1 vol. in-8. 1901. 7 fr. 50
BOURDON, professeur à l'Université de Rennes. * **L'Expression des émotions et des tendances dans le langage.** 7 fr. 50

Suite de la *Bibliothèque de philosophie contemporaine*, format in-8.

BOUTROUX (Em.), de l'Institut. Etudes d'histoire de la philos. 2e éd. 1901. 7 fr. 50
BRAY (L.). Du beau. 1902. 5 fr.
BROCHARD (V.), de l'Institut. De l'Erreur. 1 vol. 2e édit. 1897. 5 fr.
BRUNSCHWICG (E.), prof. au lycée Condorcet, docteur ès lettres. * Spinoza. 3 fr. 75
— La Modalité du jugement. 5 fr.
CARRAU (Ludovic), professeur à la Sorbonne. La Philosophie religieuse en Angleterre, depuis Locke jusqu'à nos jours. 5 fr.
CHABOT (Ch.), prof. à l'Univ. de Lyon. * Nature et Moralité. 1897. 5 fr.
CLAY (R.). * L'Alternative, *Contribution à la Psychologie*. 2e édit. 10 fr.
COLLINS (Howard). * La Philosophie de Herbert Spencer, avec préface de M. Herbert Spencer, traduit par H. de Varigny. 3e édit. 1900. 10 fr.
COMTE (Aug.). La Sociologie, résumé par E. RIGOLAGE. 1897. 7 fr. 50
CONTA (B.). Théorie de l'ondulation universelle. 1894. 3 fr. 75
COSTE. Les principes d'une Sociologie objective. 1899. 3 fr. 75
— L'Expérience des peuples et les prévisions qu'elle autorise. 1900. 10 fr.
CRÉPIEUX-JAMIN. L'Écriture et le Caractère. 4e édit. 1897. 7 fr. 50
DE LA GRASSERIE (R.), lauréat de l'Institut. Psychologie des religions. 1899. 5 fr.
DEWAULE, docteur ès lettres. * Condillac et la Psychol. anglaise contemp. 5 fr.
DUMAS (G.), chargé de cours à la Sorbonne. *La Tristesse et la Joie. 1900. (Couronné par l'Institut.) 7 fr. 50
DUPRAT (G. L.), docteur ès lettres. L'Instabilité mentale. 1899. 5 fr.
DUPROIX (P.), professeur à l'Université de Genève. * Kant et Fichte et le problème de l'éducation. 2e édit. 1897. (Ouvrage couronné par l'Académie française.) 5 fr.
DURAND (DE GROS). Aperçus de taxinomie générale. 1898. 5 fr.
— Nouvelles recherches sur l'esthétique et la morale. 1 vol. in-8. 1899. 5 fr.
— Variétés philosophiques. 2e édit. revue et augmentée. 1900. 5 fr.
DURKHEIM, chargé du cours de pédagogie à la Sorbonne. * De la division du travail social 2e édit. 1901. 7 fr. 50
— Le Suicide, *étude sociologique*. 1897. 7 fr. 50
— * L'Année sociologique. Collaborateurs : MM. SIMMEL, BOUGLÉ, MAUSS, FAUCONNET, HUBERT, LAPIE, EM. LÉVY, G. RICHARD, A. MILHAUD, SIMIAND, MUFFANG et PARODI. — 1re année, 1896-1897. — 2e année, 1897-1898. — 3e année, 1898-1899. — 4e année, 1899-1900. — 5e année, 1900-1901. Chaque volume. 10 fr.
ESPINAS (A.), professeur à la Sorbonne. La Philosophie sociale du XVIIIe siècle et la Révolution française. 1898. 7 fr. 50
FERRERO (G.). Les Lois psychologiques du symbolisme. 1895. 5 fr.
FERRI (Louis). La Psychologie de l'association, depuis Hobbes. 7 fr. 50
FLINT, prof. à l'Univ. d'Edimbourg. * La Philos. de l'histoire en Allemagne. 7 fr. 50
FONSEGRIVE, professeur au lycée Buffon. * Essai sur le libre arbitre. (Couronné par l'Institut.) 2e édit. 1895. 10 fr.
FOUILLÉE (Alf.), de l'Institut. * La Liberté et le Déterminisme. 5e édit. 7 fr. 50
— Critique des systèmes de morale contemporains. 4e édit. 7 fr. 50
— * La Morale, l'Art, la Religion, d'après GUYAU, 4e édit. augm. 3 fr. 75
— L'Avenir de la Métaphysique fondée sur l'expérience. 2e édit. 5 fr.
— * L'Évolutionnisme des idées-forces. 3e édit. 7 fr. 50
— * La Psychologie des idées-forces. 2 vol. 2e édit. 15 fr.
— * Tempérament et caractère. 3e édit. 7 fr. 50
— Le Mouvement positiviste et la conception sociol. du monde. 2e édit. 7 fr. 50
— Le Mouvement idéaliste et la réaction contre la science posit. 2e édit. 7 fr. 50
— Psychologie du peuple français. 2e édit. 7 fr. 50
— * La France au point de vue moral. 2e édit. 7 fr. 50
— Esquisse psychologique des peuples européens. 1903. 10 fr.
— Nietzsche et l'immoralisme. 1903. 5 fr.
FRANCK (A.), de l'Institut. Philosophie du droit civil. 5 fr.
FULLIQUET. Essai sur l'Obligation morale. 1898. 7 fr. 50
GAROFALO, agrégé de l'Université de Naples. La Criminologie. 4e édit. 7 fr. 50
— La Superstition socialiste. 1895. 5 fr.
GÉRARD-VARET, prof. à l'Univ. de Dijon. L'Ignorance et l'Irréflexion. 1899. 5 fr.
GOBLOT (E.), Prof. à l'Université de Caen. * Classification des sciences. 1898. 5 fr.
GODFERNAUX (A.), docteur ès lettres. * Le Sentiment et la pensée. 1894. 5 fr.

Suite de la *Bibliothèque de philosophie contemporaine*, format in-8.

GORY (G.), docteur ès lettres. **L'Immanence de la raison dans la connaissance sensible.** 1896. 5 fr.

GREEF (de), prof. à la nouvelle Université libre de Bruxelles. **Le Transformisme social.** Essai sur le progrès et le regrès des sociétés. 2e éd. 1901. 7 fr. 50

GROOS (K.), prof. à l'Université de Bâle. **Les jeux des animaux.** 1902. 7 fr. 50

GURNEY, MYERS et PODMORE. **Les Hallucinations télépathiques**, traduit et abrégé des «*Phantasms of The Living*» par L. MARILLIER, préf. de CH. RICHET. 3e éd. 7 fr. 50

GUYAU (M.). * **La Morale anglaise contemporaine.** 6e édit. 7 fr. 50

— **Les Problèmes de l'esthétique contemporaine.** 6e édit. 5 fr.

— **Esquisse d'une morale sans obligation ni sanction.** 5e édit. 5 fr.

— **L'Irréligion de l'avenir**, étude de sociologie. 7e édit. 7 fr. 50

— * **L'Art au point de vue sociologique.** 5e édit. 7 fr. 50

— ***Education et Hérédité**, étude sociologique. 5e édit. 5 fr.

HANNEQUIN, prof. à l'Univ. de Lyon. **L'hypothèse des atomes.** 2e édit. 1899. 7 fr. 50

HALÉVY (Élie), docteur ès lettres, professeur à l'École des sciences politiques. ***La Formation du radicalisme philosophique**, 1901 : T. I, *La jeunesse de Bentham*, 7 fr. 50. — T. II, *l'Évolution de la Doctrine utilitaire* (1789-1815). 7 fr. 50

HARTENBERG (Dr Paul). **Les Timides et la Timidité.** 1901. 5 fr.

HERBERT SPENCER. ***Les premiers Principes.** Traduc. Cazelles. 9e éd. 10 fr.

— * **Principes de biologie.** Traduct. Cazelles. 4e édit. 2 vol. 20 fr.

— * **Principes de psychologie.** Trad. par MM. Ribot et Espinas. 2 vol. 20 fr.

— ***Principes de sociologie.** 4 vol., traduits par MM. Cazelles et Gerschel : Tome I. 10 fr. — Tome II. 7 fr. 50. — Tome III. 15 fr. — Tome IV. 3 fr. 75

— * **Essais sur le progrès.** Trad. A. Burdeau. 5e édit. 7 fr. 50

— **Essais de politique.** Trad. A. Burdeau. 4e édit. 7 fr. 50

— **Essais scientifiques.** Trad. A. Burdeau. 3e édit. 7 fr. 50

— * **De l'Éducation physique, intellectuelle et morale.** 10e édit. (Voy. p. 3, 20, 21 et 32.) 5 fr.

HIRTH (G.). ***Physiologie de l'Art.** Trad. et introd. de L. Arréat. 5 fr.

HOFFDING, prof. à l'Univ. de Copenhague. **Esquisse d'une psychologie fondée sur l'expérience.** Trad. L. POITEVIN. Préf. de Pierre JANET. 1900. 7 fr. 50

IZOULET (J.), prof. au Collège de France. * **La Cité moderne.** 6e éd. 1901. 10 fr.

JANET (Paul), de l'Institut. * **Les Causes finales.** 4e édit. 10 fr.

— * **Victor Cousin et son œuvre.** 3e édition. 7 fr. 50

— * **Œuvres philosophiques de Leibniz.** 2e édit. 2 vol. 1900. 20 fr.

JANET (Pierre), professeur au Collège de France. * **L'Automatisme psychologique**, essai sur les formes inférieures de l'activité mentale. 3e édit. 7 fr. 50

JAURÈS (J.), docteur ès lettres. **De la réalité du monde sensible.** 2e éd. 1902. 7 fr. 50

KARPPE (S.), docteur ès lettres. **Essais de critique et d'histoire de philosophie.** 1902. 3 fr. 75

LALANDE (A.), docteur ès lettres. ***La Dissolution opposée à l'évolution**, dans les sciences physiques et morales. 1 vol. in-8. 1899. 7 fr. 50

LANG (A.). * **Mythes, Cultes et Religion.** Traduit par MM. Marillier et Dirr, introduction de Léon Marillier. 1896. 10 fr.

LAPIE (P.), maître de conf. à l'Univ. de Rennes. **Logique de la volonté** 1902. 7 fr. 50

LAVELEYE (de). ***De la Propriété et de ses formes primitives.** 5e édit. 10 fr.

— ***Le Gouvernement dans la démocratie.** 2 vol. 3e édit. 1896. 15 fr.

LE BON (Dr Gustave). ***Psychologie du socialisme.** 3e éd. refondue. 1902. 7 fr. 50

LECHALAS (G.). **Études esthétiques.** 1902. 5 fr.

LECHARTIER (G.). **David Hume, moraliste et sociologue.** 1900. 5 fr.

LECLÈRE (A.), docteur ès lettres. **Essai critique sur le droit d'affirmer.** 1901. 5 fr.

LE DANTEC (F.), chargé de cours à la Sorbonne. **L'unité dans l'être vivant.** 1902. 7 fr. 50

LÉON (Xavier). ***La philosophie de Fichte.** Préface de E. BOUTROUX, de l'Institut. 1902. (Couronné par l'Institut.) 10 fr.

LÉVY-BRUHL (L.), chargé de cours à la Sorbonne. ***La Philosophie de Jacobi.** 1894. 5 fr.

— ***Lettres inédites de J.-S. Mill à Auguste Comte**, *publiées avec les réponses de Comte et une introduction*. 1899. 10 fr.

— * **La Philosophie d'Auguste Comte.** 1900. 7 fr. 50

LIARD, de l'Institut. * **Descartes.** 5 fr.

— * **La Science positive et la Métaphysique.** 4e édit. 7 fr. 50

Suite de la *Bibliothèque de philosophie contemporaine*, format in-8.

LICHTENBERGER (H.), professeur à l'Université de Nancy. **Richard Wagner, poète et penseur.** 3e édit. 1902. (Couronné par l'Académie française.) 10 fr.
LOMBROSO. * **L'Homme criminel** (criminel-né, fou-moral, épileptique), précédé d'une préface de M. le docteur LETOURNEAU. 3e éd. 2 vol. et atlas. 1895. 36 fr.
LOMBROSO ET FERRERO. **La Femme criminelle et la prostituée.** 15 fr.
LOMBROSO et LASCHI. **Le Crime politique et les Révolutions.** 2 vol. 15 fr.
LYON (Georges), maître de conférences à l'École normale supérieure. * **L'Idéalisme en Angleterre au XVIIIe siècle.** 7 fr. 50
MALAPERT (P.), docteur ès lettres, prof. au lycée Louis-le-Grand. * **Les Éléments du caractère et leurs lois de combinaison.** 1897. 5 fr.
MARION (H.), prof. à la Sorbonne. * **De la Solidarité morale.** 6e édit. 1897. 5 fr.
MARTIN (Fr.), docteur ès lettres, prof. au lycée Saint-Louis. * **La Perception extérieure et la Science positive,** essai de philosophie des sciences. 1894. 5 fr.
MATTHEW ARNOLD. **La Crise religieuse.** 7 fr. 50
MAX MULLER, prof. à l'Université d'Oxford. * **Nouvelles études de mythologie,** trad. de l'anglais par L. Job, docteur ès lettres. 1898. 12 fr. 50
NAVILLE (E.), correspond. de l'Institut. **La Physique moderne.** 2e édit. 5 fr.
— * **La Logique de l'hypothèse.** 2e édit. 5 fr.
— * **La Définition de la philosophie.** 1894. 5 fr.
— **Le libre Arbitre.** 2e édit. 1898. 5 fr.
— **Les Philosophies négatives.** 1899. 5 fr.
NORDAU (Max). * **Dégénérescence,** trad. de Aug. Dietrich. 5e éd. 1898. 2 vol. Tome I. 7 fr. 50. Tome II. 10 fr.
— **Les Mensonges conventionnels de notre civilisation.** 6e édit. 1902. 5 fr.
— **Vus du dehors.** *Essais de critique sur quelques auteurs français contemporains.* 1903. 5 fr.
NOVICOW. **Les Luttes entre Sociétés humaines.** 2e édit. 10 fr.
— * **Les Gaspillages des sociétés modernes.** 2e édit. 1899. 5 fr.
OLDENBERG, professeur à l'Université de Kiel. * **Le Bouddha,** SA VIE, SA DOCTRINE, SA COMMUNAUTÉ, trad. par P. FOUCHER, maître de conférences à l'École des Hautes Études. Préf. de Sylvain Lévy, prof. au Collège de France. 2e éd. 1903. 7 fr. 50
— **La religion du Véda.** Traduit par V. HENRY, prof. à la Sorbonne. 1903. 10 fr.
OSSIP-LOURIÉ. **La philosophie russe contemporaine.** 1902. 5 fr.
OUVRÉ (H.), professeur à l'Université de Bordeaux. **Les Formes littéraires de la pensée grecque.** 1900. (Ouvrage couronné par l'Académie française et par l'Association pour l'enseignement des études grecques.) 10 fr.
PAULHAN (Fr.). **L'Activité mentale et les Éléments de l'esprit.** 10 fr.
— **Les Types intellectuels : esprits logiques et esprits faux.** 1896. 7 fr. 50
— * **Les Caractères.** 2e édit. 5 fr.
PAYOT (J.), inspect. d'académie. * **L'Éducation de la volonté.** 15e édit. 1902. 5 fr.
— **De la Croyance.** 1896. 5 fr.
PÉRÈS (Jean), professeur au lycée de Toulouse. **L'Art et le Réel.** 1898. 3 fr. 75
PÉREZ (Bernard). **Les Trois premières années de l'enfant.** 5e édit. 5 fr.
— **L'Éducation morale dès le berceau.** 4e édit. 1901. 5 fr.
— * **L'Éducation intellectuelle dès le berceau.** 2e éd. 1901. 5 fr.
PIAT (C.). **La Personne humaine.** 1898. (Couronné par l'Institut). 7 fr. 50
— * **Destinée de l'homme.** 1898. 5 fr.
PICAVET (E.), maître de conférences à l'École des hautes études. * **Les Idéologues,** essai sur l'histoire des idées, des théories scientifiques, philosophiques, religieuses, etc., en France, depuis 1789. (Ouvr. couronné par l'Académie française.) 10 fr.
PIDERIT. **La Mimique et la Physiognomonie.** Trad. par M. Girot. 5 fr.
PILLON (F.). * **L'Année philosophique,** 12 années : 1890, 1891, 1892, 1893 (épuisé), 1894, 1895, 1896, 1897, 1898, 1899, 1900 et 1901. 11 vol. Chaque vol. séparément. 5 fr.
PIOGER (J.). **La Vie et la Pensée,** essai de conception expérimentale. 1894. 5 fr.
— **La Vie sociale, la Morale et le Progrès.** 1894. 5 fr.
PREYER, prof. à l'Université de Berlin. **Éléments de physiologie.** 5 fr.
— * **L'Âme de l'enfant.** Développement psychique des premières années. 10 fr.
PROAL, conseiller à la Cour de Paris. * **Le Crime et la Peine.** 3e édit. Couronné par l'Institut. 10 fr.

Suite de la *Bibliothèque de philosophie contemporaine*, format in-8.

PROAL, conseiller à la Cour de Paris. * **La Criminalité politique.** 1895. 5 fr.
— **Le Crime et le Suicide passionnels.** 1900. (Couronné par l'Ac. française.) 10 fr.
RAUH, maître de conférences à l'École normale. * **De la méthode dans la psychologie des sentiments.** 1899. (Couronné par l'Institut.) 5 fr.
RÉCEJAC, doct. ès lett. **Les Fondements de la Connaissance mystique.** 1897. 5 fr.
RENARD (G.), professeur au Conservatoire des arts et métiers. **La Méthode scientifique de l'histoire littéraire.** 1900. 10 fr.
RENOUVIER (Ch.) de l'Institut. ***Les Dilemmes de la métaphysique pure.** 1900. 5 fr.
— ***Histoire et solution des problèmes métaphysiques.** 1901 7 fr. 50
— **Le personnalisme**, suivi d'une étude **sur la perception externe et sur la force.** 1903. 10 fr.
RIBOT (Th.), de l'Institut. * **L'Hérédité psychologique.** 5ᵉ édit. 7 fr. 50
— * **La Psychologie anglaise contemporaine.** 3ᵉ édit. 7 fr. 50
— * **La Psychologie allemande contemporaine.** 4ᵉ édit. 7 fr. 50
— **La Psychologie des sentiments.** 3ᵉ édit. 1899. 7 fr. 50
— **L'Evolution des idées générales.** 1897. 5 fr.
— * **Essai sur l'Imagination créatrice.** 1900. 5 fr.
RICARDOU (A.), docteur ès lettres, professeur au lycée Charlemagne. * **De l'Idéal.** (Couronné par l'Institut.) 5 fr.
RICHARD (G.), chargé du cours de sociologie à l'Univ. de Bordeaux. **L'idée d'évolution dans la nature et dans l'histoire.** 1903. (Couronné par l'Institut.) 7 fr. 50
ROBERTY (E. de). **L'Ancienne et la Nouvelle philosophie.** 7 fr. 50
— * **La Philosophie du siècle** (positivisme, criticisme, évolutionnisme). 5 fr.
ROMANES. * **L'Évolution mentale chez l'homme.** 7 fr. 50
SAIGEY (E.). ***Les Sciences au XVIIIᵉ siècle. La Physique de Voltaire.** 5 fr.
SANZ Y ESCARTIN. **L'Individu et la Réforme sociale**, trad. Dietrich. 7 fr. 50
SCHOPENHAUER. **Aphor. sur la sagesse dans la vie.** Trad. Cantacuzène. 7ᵉ éd. 5 fr.
— ***De la Quadruple racine du principe de la raison suffisante**, suivi d'une *Histoire de la doctrine de l'Idéal et du Réel.* Trad. par M. Cantacuzène. 5 fr.
— * **Le Monde comme volonté et comme représentation.** Traduit par M. A. Burdeau. 3ᵉ éd. 3 vol. Chacun séparément. 7 fr. 50
SÉAILLES (G.), prof. à la Sorbonne. **Essai sur le génie dans l'art.** 2ᵉ édit. 5 fr.
SERGI, prof. à l'Univ. de Rome. **La Psychologie physiologique.** 7 fr. 50
SIGHELE (Scipio). **La Foule criminelle.** 2ᵉ édit. 1901. 5 fr.
SOLLIER. **Le Problème de la mémoire.** 1900. 3 fr. 75
— **Psychologie de l'idiot et de l'imbécile**, avec 12 pl. hors texte. 2ᵉ éd. 1902. 5 fr.
SOURIAU (Paul), prof. à l'Univ. de Nancy. **L'Esthétique du mouvement.** 5 fr.
— * **La Suggestion dans l'art.** 5 fr.
STEIN (L.), professeur à l'Université de Berne. ***La Question sociale au point de vue philosophique** 1900. 10 fr.
STUART MILL. * **Mes Mémoires.** Histoire de ma vie et de mes idées. 3ᵉ éd. 5 fr.
— * **Système de Logique déductive et inductive.** 4ᵉ édit. 2 vol. 20 fr.
— * **Essais sur la Religion.** 2ᵉ édit. 5 fr.
— **Lettres inédites à Aug. Comte et réponses d'Aug. Comte**, publiées et précédées d'une introduction par L. Lévy Bruhl. 1899. 10 fr.
SULLY (James). **Le Pessimisme.** Trad. Bertrand. 2ᵉ édit. 7 fr. 50
— * **Études sur l'Enfance.** Trad. A. Monod, préface de G. Compayré. 1898. 10 fr.
TARDE (G.), de l'Institut, prof. au Coll. de France. ***La Logique sociale.** 2ᵉ éd. 1898. 7 fr. 50
— ***Les Lois de l'imitation.** 3ᵉ édit. 1900. 7 fr. 50
— **L'Opposition universelle.** *Essai d'une théorie des contraires.* 1897. 7 fr. 50
— ***L'Opinion et la Foule.** 1901. 5 fr.
— ***Psychologie économique.** 1902. 2 vol. in-8. 15 fr.
THOMAS (P.-F.), docteur ès lettres. * **L'Éducation des sentiments.** 1898. (Couronné par l'Institut.) 2ᵉ édit. 1901. 5 fr.
THOUVEREZ (Émile), professeur à l'Université de Toulouse. **Le Réalisme métaphysique.** 1894. (Couronné par l'Institut.) 5 fr.
VACHEROT (Et.), de l'Institut. * **Essais de philosophie critique.** 7 fr. 50
— **La Religion.** 7 fr. 50

COLLECTION HISTORIQUE DES GRANDS PHILOSOPHES

PHILOSOPHIE ANCIENNE

ARISTOTE (Œuvres d'), traduction de J. BARTHÉLEMY-SAINT-HILAIRE, de l'Institut.

— * **Rhétorique.** 2 vol. in-8. 16 fr.

— * **Politique.** 1 vol. in-8.. 10 fr.

— **Métaphysique.** 3 vol. in-8. 30 fr.

— **De la Logique d'Aristote,** par M. BARTHÉLEMY-SAINT-HILAIRE. 2 vol. in-8............ 10 fr.

— **Table alphabétique des matières de la traduction générale d'Aristote,** par M. BARTHÉLEMY-SAINT-HILAIRE, 2 forts vol. in-8. 1892............ 30 fr.

— **L'Esthétique d'Aristote,** par M. BÉNARD. 1 vol. in-8. 1889. 5 fr.

— **La Poétique d'Aristote,** par HATZFELD (A.), prof. hon. au Lycée Louis-le-Grand et M. DUFOUR, prof. à l'Univ. de Lille. 1 vol. in-8 1900................... 6 fr.

SOCRATE. * **La Philosophie de Socrate,** p. A. FOUILLÉE. 2 v. in-8 16 fr.

— **Le Procès de Socrate,** par G. SOREL. 1 vol. in-8...... 3 fr. 50

PLATON. * **Platon, sa philosophie,** sa vie et de ses œuvres, par CH. BÉNARD. 1 vol. in-8. 1893. 10 fr.

— **La Théorie platonicienne des Sciences,** par ÉLIE HALÉVY. In-8. 1895................... 5 fr.

— **Œuvres,** traduction VICTOR COUSIN revue par J. BARTHÉLEMY-SAINT-HILAIRE : *Socrate et Platon ou le Platonisme — Eutyphron — Apologie de Socrate — Criton — Phédon.* 1 vol. in-8. 1896. 7 fr. 50

ÉPICURE. * **La Morale d'Épicure et ses rapports avec les doctrines contemporaines,** par M. GUYAU. 1 volume in-8. 5ᵉ édit...... 7 fr. 50

BÉNARD. **La Philosophie ancienne, ses systèmes.** *La Philosophie et la Sagesse orientales.— La Philosophie grecque avant Socrate. Socrate et les socratiques. — Les sophistes grecs.* 1 v. in-8... 9 fr.

FAVRE (Mme Jules), née VELTEN. **La Morale de Socrate.** In-18. 3 fr. 50

— **La Morale d'Aristote.** In-18. 3 fr. 50

OGEREAU. **Système philosophique des stoïciens.** In-8..... 5 fr.

RODIER (G.). * **La Physique de Straton de Lampsaque.** In-8. 3 fr.

TANNERY (Paul). **Pour la science hellène** (de Thalès à Empédocle), 1 v. in-8. 1887....... 7 fr. 50

MILHAUD (G.). * **Les origines de la science grecque.** 1 vol. in-8. 1893................ 5 fr.

— * **Les philosophes géomètres de la Grèce,** Platon et ses prédécesseurs. 1 vol. in-8. 1900, (Couronné par l'Institut.)...... 6 fr.

FABRE (J.). **La Pensée antique.** *De Moïse à Marc-Aurèle.* In-8. 5 fr.

— **La Pensée chrétienne.** *Des Evangiles à l'Imitation.* In-8. 5 fr.

LAFONTAINE (A.). — **Le Plaisir,** *d'après Platon et Aristote.* In-8. 6 fr.

PHILOSOPHIE MODERNE

* DESCARTES, par L. LIARD. 1 vol. in-8.................. 5 fr.

— **Essai sur l'Esthétique de Descartes,** par E. KRANTZ. 1 vol. in-8. 2ᵉ éd. 1897........... 6 fr.

LEIBNIZ. * **Œuvres philosophiques,** publiées par P. JANET. 2ᵉ éd. 2 vol. in-8................... 20 fr.

— * **La logique de Leibniz,** par L. COUTURAT. 1 vol. in-8.. 12 fr.

SPINOZA. **Benedicti de Spinoza opera,** quotquot reperta sunt, recognoverunt J. Van Vloten et J.-P.-N. Land. 2 forts vol. in-8 sur papier de Hollande.......... 45 fr.

Le même en 3 volumes élégamment reliés.............. 18 fr.

SPINOZA. **Inventaire des livres formant sa bibliothèque,** publié d'après un document inédit avec des notes biographiques et bibliographiques et une introduction par A.-J. SERVAAS VAN ROOIJEN. 1 v. in-4 sur papier de Hollande......... 15 fr.

— **La Doctrine de Spinoza,** exposée à la lumière des faits scientifiques, par E. FERRIÈRE. 1 vol in-12. 3 fr. 50

GEULINCK (Arnoldi). **Opera philosophica** recognovit J.-P.-N. LAND, 3 volumes, sur papier de Hollande, gr. in-8. Chaque vol... 17 fr. 75

GASSENDI. **La Philosophie de Gassendi,** par P.-F. THOMAS. In-8. 1889.................. 6 fr.

LOCKE. * **Sa vie et ses œuvres**, par MARION. In-18. 3e éd... 2 fr. 50

MALEBRANCHE. * **La Philosophie de Malebranche**, par OLLÉ-LAPRUNE, de l'Institut. 2 v. in-8. 16 fr.

PASCAL. **Études sur le scepticisme de Pascal**, par DROZ. 1 vol. in-8............... 6 fr.

VOLTAIRE. **Les Sciences au XVIIIe siècle.** Voltaire physicien, par Em. SAIGEY. 1 vol. in-8. 5 fr.

FRANCK (Ad.), de l'Institut. **La Philosophie mystique en France au XVIIIe siècle.** In-18. 2 fr. 50

DAMIRON. **Mémoires pour servir à l'histoire de la philosophie au XVIIIe siècle.** 3 vol. in-8. 15 fr.

J.-J. ROUSSEAU* **Du Contrat social**, édition comprenant avec le texte définitif les versions primitives de l'ouvrage d'après les manuscrits de Genève et de Neuchâtel, avec introduction par EDMOND DREYFUS-BRISAC. 1 fort volume grand in-8. 12 fr.

ERASME. **Stultitiæ laus des. Erasmi Rot. declamatio.** Publié et annoté par J.-B. KAN, avec les figures de HOLBEIN. 1 v. in-8. 6 fr. 75

PHILOSOPHIE ANGLAISE

DUGALD STEWART. * **Éléments de la philosophie de l'esprit humain.** 3 vol. in-12..... 9 fr.

BACON. **Étude sur François Bacon**, par J. BARTHÉLEMY-SAINT HILAIRE. In-18......... 2 fr. 50

— * **Philosophie de François Bacon**, par CH. ADAM. (Couronné par l'Institut). In-8...... 7 fr. 50

BERKELEY. **Œuvres choisies.** *Essai d'une nouvelle théorie de la vision. Dialogues d'Hylas et de Philonoüs.* Trad. de l'angl. par MM. BEAULAVON (G.) et PARODI (D.). In-8. 1895. 5 fr.

PHILOSOPHIE ALLEMANDE

KANT. **La Critique de la raison pratique**, traduction nouvelle avec introduction et notes, par M. PICAVET. 2e édit. 1 vol. in-8.. 6 fr.

— **Éclaircissements sur la Critique de la raison pure**, trad. TISSOT. 1 vol. in-8........ 6 fr.

— * **Principes métaphysiques de la morale**, et *Fondements de la métaphysique des mœurs*, traduct. TISSOT. In-8............. 8 fr.

— **Doctrine de la vertu**, traduction BARNI. 1 vol. in-8......... 8 fr.

— * **Mélanges de logique**, traduction TISSOT. 1 v. in-8...., 6 fr.

— * **Prolégomènes à toute métaphysique future** qui se présentera comme science, traduction TISSOT. 1 vol. in-8......... 6 fr.

— * **Anthropologie**, suivie de divers fragments relatifs aux rapports du physique et du moral de l'homme, et du commerce des esprits d'un monde à l'autre, traduction TISSOT. 1 vol. in-8....... 6 fr.

—* **Essai critique sur l'Esthétique de Kant**, par V. BASCH. 1 vol. in-8. 1896........ 10 fr.

— **Sa morale**, par CRESSON. 1 vol. in-12................. 2 fr. 50

— **L'Idée ou critique du Kantisme**, par C. PIAT, Dr ès lettres. 2e édit. 1 vol. in-8......... 6 fr.

KANT et FICHTE **et le problème de l'éducation**, par PAUL DUPROIX. 1 vol. in-8. 1897....... 5 fr.

SCHELLING. **Bruno**, ou du principe divin. 1 vol. in-8....... 3 fr. 50

HEGEL. * **Logique.** 2 vol. in-8. 14 fr.

— * **Philosophie de la nature.** 3 vol. in-8.............. 25 fr.

— * **Philosophie de l'esprit.** 2 vol. in-8................... 18 fr.

— * **Philosophie de la religion.** 2 vol. in-8............ 20 fr.

— **La Poétique**, trad. par M. Ch. BÉNARD. Extraits de Schiller, Gœthe, Jean-Paul, etc., 2 v. in-8. 12 fr.

— **Esthétique.** 2 vol. in-8, trad. BÉNARD................. 16 fr.

— **Antécédents de l'hégélianisme dans la philosophie française**, par E. BEAUSSIRE. 1 vol. in-18........... 2 fr. 50

— **Introduction à la philosophie de Hegel**, par VÉRA. 1 vol. in-8. 2e édit............... 6 fr. 50

—* **La logique de Hegel**, par EUG. NOEL. In-8. 1897........ 3 fr.

HERBART. * **Principales œuvres pédagogiques**, trad. A. PINLOCHE. In-8. 1894........... 7 fr. 50

La métaphysique de Herbart et la critique de Kant, par M. MAUXION. 1 vol. in-8... 7 fr. 50

MAUXION (M.). **L'éducation par l'instruction** *et les théories péda-*

gogiques de Herbart. 1 vol. in-12. 1901. . . . . 2 fr. 50

RICHTER (Jean-Paul-Fr.). **Poétique ou Introduction à l'Esthétique.** 2 vol. in-8. 1862. . . . . 15 fr.

SCHILLER. **Son esthétique**, par FR. MONTARGIS. In-8 . . . . . 4 fr.

SCHILLER. **Sa Poétique**, par V. BASCH. 1 vol. in-8. 1902. . . 4 fr.

Essai sur le mysticisme spéculatif en Allemagne au XIVe siècle, par DELACROIX (H.), Maître de conf. à l'Univ. de Montpellier. 1 vol. in-8, 1900. . 5 fr.

PHILOSOPHIE ANGLAISE CONTEMPORAINE

(Voir *Bibliothèque de philosophie contemporaine*, pages 2 à 9.)

ARNOLD (Matt.). — BAIN (Alex.). — CARRAU (Lud.). — CLAY (R.). — COLLINS (H.). — CARUS. — FERRI (L.). — FLINT. — GUYAU. — GURNEY, MYERS et PODMOR. — HALÉVY (E.). — HERBERT SPENCER. — HUXLEY. — JAMES (William). — LIARD. — LANG. — LUBBOCK (Sir John). — LYON (Georges). — MARION. — MAUDSLEY. — STUART MILL (John). — RIBOT. — ROMANES. — SULLY (James).

PHILOSOPHIE ALLEMANDE CONTEMPORAINE

(Voir *Bibliothèque de philosophie contemporaine*, pages 2 à 9.)

BOUGLÉ. — GROOS. — HARTMANN (E. de). — LÉON (X.). — MAUXION. — NORDAU (Max). — NIETZSCHE. — OLDENBERG. — PIDERIT. — PREYER. — RIBOT. — SCHMIDT (O.). — SCHŒBEL. — SCHOPENHAUER. — SELDEN (C.). — STRICKER. — WUNDT. — ZELLER. — ZIEGLER.

PHILOSOPHIE ITALIENNE CONTEMPORAINE

(Voir *Bibliothèque de philosophie contemporaine*, pages 2 à 9.)

BARZELOTTI. — ESPINAS. — FERRERO. — FERRI (Enrico). — FERRI (L.). — GAROFALO. — LÉOPARDI. — LOMBROSO. — LOMBROSO et FERRERO. — LOMBROSO et LASCHI. — MARIANO. — MOSSO. — PILO (Mario). — SERGI. — SIGHELE.

LES GRANDS PHILOSOPHES

Publié sous la direction de M. C. PIAT

Agrégé de philosophie, docteur ès lettres, professeur à l'École des Carmes.

Chaque étude forme un volume in-8° carré de 300 pages environ, du prix de 5 francs.

VOLUMES PUBLIÉS :

***Kant**, par M. RUYSSEN, professeur au lycée de Bordeaux. 1 vol. in-8. (Couronné par l'Institut.) 5 fr.

***Socrate**, par M. l'abbé C. PIAT. 1 vol. in-8. 5 fr.

Avicenne, par le baron CARRA DE VAUX. 1 vol. in-8. 5 fr.

Saint Augustin, par M. l'abbé JULES MARTIN. 1 vol. in-8. 5 fr.

***Malebranche**, par M. Henri JOLY. 1 vol. in-8. 5 fr.

***Pascal**, par A. HATZFELD. 1 vol. in-8. 5 fr.

Saint Anselme, par M. DOMET DE VORGES. 1 vol. in-8. 5 fr.

Spinoza, par M. P.-L. COUCHOUD, agrégé de l'Université. 1 vol. in-8. 5 fr.

SOUS PRESSE OU EN PRÉPARATION :

Descartes, par M. le baron Denys COCHIN, député de Paris.

Saint Thomas d'Aquin, par Mgr MERCIER et M. DE WULF.

Saint Bonaventure, par Mgr DADOLLE, recteur des Facultés libres de Lyon.

Maine de Biran, par M. Marius COUAILHAC, docteur ès lettres.

Rosmini, par M. BAZAILLAS, professeur au lycée Condorcet.

Duns Scot, par le R. P. D. FLEMING, définiteur général de l'ordre des Franciscains.

Maïmonide, par M. KARPPE, docteur ès lettres.

Chrysippe, par M. THOUVEREZ, prof. à l'Université de Toulouse.

Montaigne, par M. STROWSKI, prof. à l'Université de Bordeaux.

Schopenhauer, par M. RUYSSEN.

BIBLIOTHÈQUE GÉNÉRALE
des
SCIENCES SOCIALES

SECRÉTAIRE DE LA RÉDACTION :
DICK MAY, Secrétaire général de l'École des Hautes Études sociales.

VOLUMES PUBLIÉS :

L'Individualisation de la peine, par R. SALEILLES, professeur à la Faculté de droit de l'Université de Paris. 1 vol. in-8, cart. 6 fr.

L'Idéalisme social, par Eugène FOURNIÈRE. 1 vol. in-8, cart. 6 fr.

* **Ouvriers du temps passé** (XVe et XVIe siècles), par H. HAUSER, professeur à l'Université de Dijon. 1 vol. in-8, cart. 6 fr.

* **Les Transformations du pouvoir**, par G. TARDE, de l'Institut, professeur au Collège de France. 1 vol. in-8, cart. 6 fr.

Morale sociale. Leçons professées au Collège libre des Sciences sociales, par MM. G. BELOT, MARCEL BERNÈS, BRUNSCHVICG, F. BUISSON, DARLU, DAURIAC, DELBET, CH. GIDE, M. KOVALEVSKY, MALAPERT, le R. P. MAUMUS, DE ROBERTY, G. SOREL, le PASTEUR WAGNER. Préface de M. EMILE BOUTROUX, de l'Institut. 1 vol. in-8, cart. 6 fr.

Les Enquêtes, pratique et théorie, par P. DU MAROUSSEM. (Ouvrage couronné par l'Institut.) 1 vol. in-8, cart. 6 fr.

* **Questions de Morale**, leçons professées à l'École de morale, par MM. BELOT, BERNÈS, F. BUISSON, A. CROISET, DARLU, DELBOS, FOURNIÈRE, MALAPERT, MOCH, PARODI, G. SOREL. 1 vol. in-8, cart. 6 fr.

Le développement du Catholicisme social depuis l'encyclique *Rerum novarum*, par Max TURMANN. 1 vol. in-8, cart. 6 fr.

Le Socialisme sans doctrines. *La Question ouvrière et la Question agraire en Australie et en Nouvelle-Zélande*, par A. MÉTIN, agrégé de l'Université, professeur à l'École municipale Lavoisier. 1 vol. in-8, cart. 6 fr.

* **Assistance sociale.** *Pauvres et mendiants*, par PAUL STRAUSS, sénateur. 1 vol. in-8, cart. 6 fr.

* **L'Éducation morale dans l'Université.** (*Enseignement secondaire.*) Conférences et discussions, sous la présidence de M. A. CROISET, doyen de la Faculté des lettres de l'Université de Paris. (*École des hautes Études sociales*, 1900-1901). 1 vol. in-8, cart. 6 fr.

* **La Méthode historique appliquée aux Sciences sociales**, par Charles SEIGNOBOS, maître de conférences à l'Université de Paris. 1 vol. in-8, cart. 6 fr.

L'Hygiène sociale, par E. DUCLAUX, de l'Institut, directeur de l'Institut Pasteur. 1 vol. in-8, cart. 6 fr.

Le Contrat de travail. *Le rôle des syndicats professionnels*, par P. BUREAU, prof. à la Faculté libre de droit de Paris. 1 vol. in-8, cart. 6 fr.

Essai d'une philosophie de la solidarité. Conférences et discussions sous la présidence de MM. Léon BOURGEOIS, député, ancien président du Conseil des ministres, et A. CROISET, de l'Institut, doyen de la Faculté des lettres de Paris. (*École des Hautes Études sociales*, 1901-1902.) 1 vol. in-8, cart. 6 fr.

L'exode rural et le retour aux champs, par E. VANDERVELDE, professeur à l'Université nouvelle de Bruxelles. 1 vol. in-8, cart. 6 fr.

Chaque volume in-8° carré de 300 pages environ, cartonné à l'anglaise . . . . 6 fr.

MINISTRES ET HOMMES D'ÉTAT

HENRI WELSCHINGER. — * **Bismarck.** 1 vol. in-16. 1900. . . . . . 2 fr. 50
H. LÉONARDON. — * **Prim.** 1 vol. in-16. 1901. . . . . 2 fr. 50
M. COURCELLE. — * **Disraëli.** 1 vol. in-16, 1901. . . . . 2 fr. 50
A. VIALLATE. — **Mac Kinley.** 1 vol. in-16, 1903. . . . . 2 fr. 50

SOUS PRESSE OU EN PRÉPARATION :

J. Ferry, par Alfred RAMBAUD (de l'Institut). — **Gladstone**, par F. DE PRESSENSÉ. — **Okoubo**, ministre japonais, par M. COURANT. — **Léon XIII**, par Anatole LEROY-BEAULIEU. — **Alexandre II**, par BOYER. — **Metternich**, par Ch. SCHEFER. — **Lincoln**, par A. VIALLATE.

BIBLIOTHÈQUE D'HISTOIRE CONTEMPORAINE

Volumes in-12 brochés à 3 fr. 50. — Volumes in-8 brochés de divers prix

EUROPE

DEBIDOUR, inspecteur général de l'Instruction publique. * **Histoire diplomatique de l'Europe, de 1815 à 1878.** 2 vol. in-8. (Ouvrage couronné par l'Institut.) 18 fr.

SYBEL (H. de). * **Histoire de l'Europe pendant la Révolution française,** traduit de l'allemand par Mlle DOSQUET. Ouvrage complet en 6 vol. in-8. 42 fr.

FRANCE

AULARD, professeur à la Sorbonne. * **Le Culte de la Raison et le Culte de l'Être suprême,** étude historique (1793-1794). 1 vol. in-12. 3 fr. 50

— * **Études et leçons sur la Révolution française.** 3 vol. in-12. Chacun. 3 fr. 50

DESPOIS (Eug.). * **Le Vandalisme révolutionnaire.** Fondations littéraires, scientifiques et artistiques de la Convention. 4e éd. 1 vol. in-12. 3 fr. 50

DEBIDOUR, inspecteur général de l'instruction publique. * **Histoire des rapports de l'Église et de l'État en France** (1789-1870). 1 fort vol. in-8. 1898. (Couronné par l'Institut.) 12 fr.

ISAMBERT (G.). * **La vie à Paris pendant une année de la Révolution** (1791-1792). 1 vol. in-12. 1896. 3 fr. 50

MARCELLIN PELLET, ancien député. **Variétés révolutionnaires.** 3 vol. in-12, précédés d'une préface de A. RANC. Chaque vol. séparém. 3 fr. 50

BONDOIS (P.), agrégé de l'Université. * **Napoléon et la société de son temps** (1793-1821). 1 vol. in-8. 7 fr.

CARNOT (H.), sénateur. * **La Révolution française,** résumé historique. 1 volume in-12. Nouvelle édit. 3 fr. 50

ROCHAU (M. de). **Histoire de la Restauration,** traduit de l'allemand. 1 vol. in-12. 3 fr. 50

WEILL (G.), docteur ès lettres, agrégé de l'Université. **Histoire du parti républicain en France, de 1814 à 1870.** 1 vol. in-8. 1900. (Récompensé par l'Institut.) 10 fr.

BLANC (Louis). * **Histoire de Dix ans** (1830-1840). 5 vol. in-8. 25 fr.

GAFFAREL (P.), professeur à l'Université de Dijon. * **Les Colonies françaises.** 1 vol. in-8. 6e édition revue et augmentée. 5 fr.

LAUGEL (A.). * **La France politique et sociale.** 1 vol. in-8. 5 fr.

SPULLER (E.), ancien ministre de l'Instruction publique. * **Figures disparues,** portraits contemp., littér. et politiq. 3 vol. in-12. Chacun. 3 fr. 50

— **Hommes et choses de la Révolution.** 1 vol. in-12. 1896. 3 fr. 50

TAXILE DELORD. * **Histoire du second Empire** (1848-1870). 6 v. in-8. 42 fr.

VALLAUX (C.). * **Les campagnes des armées françaises** (1792-1815). 1 vol. in-12, avec 17 cartes dans le texte. 3 fr. 50

ZEVORT (E.), recteur de l'Académie de Caen. **Histoire de la troisième République:**

Tome I. * **La présidence de M. Thiers.** 1 vol. in-8. 2e édit. 7 fr.
Tome II. * **La présidence du Maréchal.** 1 vol. in-8. 2e édit. 7 fr.
Tome III. **La présidence de Jules Grévy.** 1 vol. in-8. 7 fr.
Tome IV. **La présidence de Sadi Carnot.** 1 vol. in-8. 7 fr.

WAHL, inspecteur général honoraire de l'Instruction aux colonies. * **L'Algérie.** 1 vol. in-8. 3e édit. refondue, 1898. (Ouvrage couronné par l'Institut.) 5 fr.

LANESSAN (J.-L. de). * **L'Indo-Chine française.** Étude économique, politique et administrative sur *la Cochinchine, le Cambodge, l'Annam et le Tonkin.* (Ouvrage couronné par la Société de géographie commerciale de Paris, médaille Dupleix.) 1 vol. in-8, avec 5 cartes en couleurs hors texte. 15 fr.

PIOLET (J.-B.). **La France hors de France,** notre émigration, sa nécessité. 1 vol. in-8. 1900. 10 fr.

LAPIE (P.), maître de conférences à l'Université de Rennes. * Les Civilisations tunisiennes (Musulmans, Israélites, Européens). 1 vol. in-12. 1898. (Couronné par l'Académie française.) 3 fr. 50

WEILL (Georges), agrégé de l'Université, docteur ès lettres. L'École saint-simonienne, son histoire, son influence jusqu'à nos jours. 1 vol. in-12. 1896. 3 fr. 50

ANGLETERRE

LAUGEL (Aug.). * Lord Palmerston et lord Russell. 1 vol. in-12. 3 fr. 50

SIR CORNEWAL LEWIS. * Histoire gouvernementale de l'Angleterre, depuis 1770 jusqu'à 1830. Traduit de l'anglais. 1 vol. in-8. 7 fr.

REYNALD (H.), doyen de la Faculté des lettres d'Aix. * Histoire de l'Angleterre, depuis la reine Anne jusqu'à nos jours. 1 vol. in-12. 2e éd. 3 fr. 50

MÉTIN (Albert). * Le Socialisme en Angleterre. 1 vol. in-12. 1897. 3 fr. 50

ALLEMAGNE

VÉRON (Eug.). * Histoire de la Prusse, depuis la mort de Frédéric II jusqu'à la bataille de Sadowa. 1 vol. in-12. 6e édit., avec un chapitre nouveau contenant le résumé des événements jusqu'à nos jours, par P. BONDOIS, professeur au lycée Buffon. 3 fr. 50

— * Histoire de l'Allemagne, depuis la bataille de Sadowa jusqu'à nos jours. 1 vol. in-12. 3e éd., mise au courant des événements par P. BONDOIS. 3 fr. 50

ANDLER (Ch.), maître de conférences à l'École normale. Les origines du socialisme d'état en Allemagne. 1 vol. in-8. 1897. 7 fr.

GUILLAND (A.), professeur d'histoire à l'École polytechnique suisse. * L'Allemagne nouvelle et ses historiens. (NIEBUHR, RANKE, MOMMSEN, SYBEL, TREITSCHKE.) 1 vol. in-8. 1899. 5 fr.

MILHAUD (E.), professeur à l'Université de Genève. La Démocratie socialiste allemande. 1 vol. in-8. 1903. 10 fr.

AUTRICHE-HONGRIE

ASSELINE (L.). * Histoire de l'Autriche, depuis la mort de Marie-Thérèse jusqu'à nos jours. 1 vol. in-12. 3e édit. 3 fr. 50

BOURLIER (J.). * Les Tchèques et la Bohême contemporaine. 1 vol. in-12. 1897. 3 fr. 50

AUERBACH, professeur à Nancy. * Les races et les nationalités en Autriche-Hongrie. In-8. 1898. 5 fr.

SAYOUS (Ed.), professeur à la Faculté des lettres de Besançon. Histoire des Hongrois et de leur littérature politique, de 1790 à 1815. 1 vol. in-12. 3 fr. 50

ITALIE

SORIN (Élie). * Histoire de l'Italie, depuis 1815 jusqu'à la mort de Victor-Emmanuel. 1 vol. in-12. 1888. 3 fr. 50

GAFFAREL (P.), professeur à l'Université de Dijon. * Bonaparte et les Républiques italiennes (1796-1799). 1895. 1 vol. in-8. 5 fr.

BOLTON KING (M. A.). * Histoire de l'unité italienne. Histoire politique de l'Italie, de 1814 à 1871, traduit de l'anglais, par M. MACQUART. Introduction de M. Yves GUYOT. 1900. 2 vol. in-8. 15 fr.

ESPAGNE

REYNALD (H.). * Histoire de l'Espagne, depuis la mort de Charles III jusqu'à nos jours. 1 vol. in-12. 3 fr. 50

ROUMANIE

DAMÉ (Fr.). * Histoire de la Roumanie contemporaine, depuis l'avènement des princes indigènes jusqu'à nos jours. 1 vol. in-8. 1900. 7 fr.

RUSSIE

CRÉHANGE (M.), agrégé de l'Université. * Histoire contemporaine de la Russie, depuis la mort de Paul Ier jusqu'à l'avènement de Nicolas II (1801-1894). 1 vol. in-12. 2e édit. 1895. 3 fr. 50

SUISSE

DAENDLIKER. * Histoire du peuple suisse. Trad. de l'allem. par Mme Jules FAVRE et précédé d'une Introduction de Jules FAVRE. 1 vol. in-8. 5 fr.

GRÈCE, TURQUIE

BÉRARD (V.), docteur ès lettres. * **La Turquie et l'Hellénisme contemporain.** (Ouvrage cour. par l'Acad. française.) 1 v. in-12. 3e éd. 3 fr. 50

RODOCANACHI (E.). ***Bonaparte et les îles Ioniennes,** épisode des conquêtes de la République et du premier Empire (1797-1816). 1 volume in-8. 1899. 5 fr.

CHINE

CORDIER (H.), professeur à l'Ecole des langues orientales. **Histoire des relations de la Chine avec les puissances occidentales** (1860-1900).
T. I. — 1861-1875. 1 vol. in-8, avec cartes. 10 fr.
T. II. — 1876-1887. 1 vol. in-8, avec cartes. 10 fr.
T. III. — 1888-1902. 1 vol. in-8, avec cartes et index. 10 fr.

COURANT (M.), maître de conférences à l'Université de Lyon. **En Chine.** *Mœurs et institutions. Hommes et faits.* 1 vol. in-16. 3 fr. 50

AMÉRIQUE

DEBERLE (Alf.). * **Histoire de l'Amérique du Sud,** depuis sa conquête jusqu'à nos jours. 1 vol. in-12. 3e édit., revue par A. MILHAUD, agrégé de l'Université. 3 fr. 50

BARNI (Jules). * **Histoire des idées morales et politiques en France au XVIIIe siècle.** 2 vol. in-12. Chaque volume. 3 fr. 50

— * **Les Moralistes français au XVIIIe siècle.** 1 vol. in-12 faisant suite aux deux précédents. 3 fr. 50

BEAUSSIRE (Émile), de l'Institut. **La Guerre étrangère et la Guerre civile.** 1 vol. in-12. 3 fr. 50

BONET-MAURY. * **Histoire de la liberté de conscience** depuis l'édit de Nantes jusqu'à juillet 1870. 1 vol. in-8. 1900. 5 fr.

BOURDEAU (J.). * **Le Socialisme allemand et le Nihilisme russe.** 1 vol. in-12. 2e édit. 1894. 3 fr. 50

— * **L'évolution du Socialisme.** 1901. 1 vol. in-16. 3 fr. 50

D'EICHTHAL (Eug.). **Souveraineté du peuple et gouvernement.** 1 vol. in-12. 1895. 3 fr. 50

DEPASSE (Hector). **Transformations sociales.** 1894. 1 vol. in-12. 3 fr. 50

— **Du Travail et de ses conditions** (Chambres et Conseils du travail). 1 vol. in-12. 1895. 3 fr. 50

DRIAULT (E.), prof. agr. au lycée de Versailles. * **Les problèmes politiques et sociaux à la fin du XIXe siècle.** In-8. 1900. 7 fr.

— * **La question d'Orient,** préface de G. MONOD, de l'Institut. 1 vol. in-8. 2e édit. 1900. (Ouvrage couronné par l'Institut.) 7 fr.

GUÉROULT (G.). * **Le Centenaire de 1789,** évolution polit., philos., artist. et scient. de l'Europe depuis cent ans. 1 vol. in-12. 1889. 3 fr. 50

LAVELEYE (E. de), correspondant de l'Institut. **Le Socialisme contemporain.** 1 vol. in-12. 10e édit. augmentée. 3 fr. 50

LICHTENBERGER (A.). * **Le Socialisme utopique,** *étude sur quelques précurseurs du Socialisme.* 1 vol. in-12. 1898. 3 fr. 50

— * **Le Socialisme et la Révolution française.** 1 vol. in-8. 5 fr.

MATTER (P.). **La dissolution des assemblées parlementaires,** étude de droit public et d'histoire. 1 vol. in-8. 1898. 5 fr.

REINACH (Joseph). **Pages républicaines.** 1894. 1 vol. in-12. 3 fr. 50

SCHEFER (C.). * **Bernadotte roi** (1810-1818-1844). 1 vol. in-8. 1899. 5 fr.

SPULLER (E.). * **Éducation de la démocratie.** 1 vol. in-12. 1892. 3 fr. 50

— **L'Évolution politique et sociale de l'Église.** 1 vol. in-12. 1893. 3 fr. 50

PUBLICATIONS HISTORIQUES ILLUSTRÉES

***DE SAINT-LOUIS A TRIPOLI PAR LE LAC TCHAD,** par le lieutenant-colonel MONTEIL. 1 beau vol. in-8 colombier, précédé d'une préface de M. DE VOGÜÉ, de l'Académie française, illustrations de RIOU. 1895. *Ouvrage couronné par l'Académie française (Prix Montyon).* 20 fr.

***HISTOIRE ILLUSTRÉE DU SECOND EMPIRE,** par Taxile DELORD. 6 vol. in-8, avec 500 gravures. Chaque vol. broché, 8 fr.

HISTOIRE POPULAIRE DE LA FRANCE, depuis les origines jusqu'en 1815. — 4 vol. in-8, avec 1323 gravures. Chacun, 7 fr. 50

BIBLIOTHÈQUE
DE LA
FACULTÉ DES LETTRES DE L'UNIVERSITÉ DE PARIS

***De l'authenticité des épigrammes de Simonide**, par H. HAUVETTE, professeur adjoint. 1 vol. in-8. 5 fr.

***Antinomies linguistiques**, par M. le Prof. VICTOR HENRY. 1 v. in-8. 2 fr.

***Mélanges d'histoire du Moyen âge**, par MM. le Prof. A. LUCHAIRE, DUPONT, FERRIER et POUPARDIN. 1 vol. in-8. 3 fr. 50

***Études linguistiques sur la Basse-Auvergne, phonétique historique du patois de Vinzelles (Puy-de-Dôme)**, par ALBERT DAUZAT, préface de M. le Prof. ANT. THOMAS. 1 vol. in-8. 6 fr.

***De la flexion dans Lucrèce**, par M. le Prof. A. CARTAULT, 1 v. in-8. 4 f.

***Le treize vendémiaire an IV**, par HENRY ZIVY. 1 vol. in-8. 4 fr.

***Essai de restitution des plus anciens Mémoriaux de la Chambre des Comptes de Paris**, par MM. J. PETIT, GAVRILOVITCH, MAURY et TÉODORU, préface de M. CH.-V. LANGLOIS, chargé de cours. 1 vol. in-8. 9 fr.

Étude sur quelques manuscrits de Rome et de Paris, par M. le Prof. A. LUCHAIRE, membre de l'Institut. 1 vol. in-8. 6 fr.

***Les Satires d'Horace**, par M. le Prof. A. CARTAULT. 1 vol. in-8. 11 fr.

L'imagination et les mathématiques selon Descartes, par P. BOUTROUX, licencié ès lettres. 1 vol. in-8. 2 fr.

***Le dialecte alaman de Colmar (Haute-Alsace) en 1870**, grammaire et lexique, par M. le prof. VICTOR HENRY. 1 vol. in-8. 8 fr.

La main-d'œuvre industrielle dans l'ancienne Grèce, par M. le Prof. GUIRAUD. 1 vol. in-8. 7 fr.

Mélanges d'histoire du Moyen âge, publiés sous la direct. de M. le Prof. A. LUCHAIRE, par MM. LUCHAIRE, HALPHEN et HUCKEL. 1 vol. in-8. 6 fr.

Mélanges d'étymologie française, par M. le Prof. Ant. THOMAS. In-8. 7 fr.

La rivière Vincent-Pinzon. *Étude sur la cartographie de la Guyane*, par M. le Prof. VIDAL DE LA BLACHE. In-8, avec grav. et planches hors texte. 6 fr.

Études d'histoire byzantine. **Constantin V, empereur des Romains (740-775)**, par A. LOMBARD, licencié ès lettres. Préface de M. Ch. DIEHL, maître de conférences. 1 vol. in-8. 6 fr.

TRAVAUX DE L'UNIVERSITÉ DE LILLE

PAUL FABRE. **La polyptyque du chanoine Benoît**, in-8. 3 fr. 50

MÉDÉRIC DUFOUR. **Sur la constitution rythmique et métrique du drame grec.** 1re série, 4 fr.; 2e série, 2 fr. 50; 3e série, 2 fr. 50.

A. PINLOCHE. * **Principales œuvres de Herbart.** 7 fr. 50

A. PENJON. **Pensée et réalité**, de A. SPIR, trad. de l'allem. in-8. 10 fr.

G. LEFÈVRE. **Les variations de Guillaume de Champeaux et la question des Universaux.** Étude suivie de documents originaux. 1898. 3 fr.

ANNALES DE L'UNIVERSITÉ DE LYON

Lettres intimes de J.-M. Alberoni adressées au comte J. Rocca, par Emile BOURGEOIS, 1 vol. in-8. 10 fr.

Saint Ambroise, par Raymond THAMIN, 1 vol. in-8. 7 fr. 50

La républ. des Provinces-Unies, France et Pays-Bas espagnols, de 1630 à 1650, par A. WADDINGTON. 2 vol. in-8. 12 fr.

Le Vivarais, essai de géographie régionale, par BURDIN. 1 vol. in-8. 6 fr.

BIBLIOTHÈQUE HISTORIQUE ET POLITIQUE

LOUIS BLANC. **Discours politiques (1848-1881).** 1 vol. in-8. 7 fr. 50

DESCHANEL (E.), sénateur, professeur au Collège de France. * **Le Peuple et la Bourgeoisie.** 1 vol. in-8. 2e édit. 5 fr.

DU CASSE. **Les Rois frères de Napoléon Ier.** 1 vol. in-8. 10 fr.

HENRARD (P.). **Henri IV et la princesse de Condé.** 1 vol. in-8 6 fr.

NOVICOW. **La Politique internationale.** 1 fort vol. in-8. 7 fr.

PHILIPPSON. **La Contre-révolution religieuse au XVIe s.** In-8. 10 fr.

REINACH (J.). * **La France et l'Italie devant l'histoire.** In-8. 5 fr.

*RECUEIL DES INSTRUCTIONS

DONNÉES AUX AMBASSADEURS ET MINISTRES DE FRANCE

DEPUIS LES TRAITÉS DE WESTPHALIE JUSQU'A LA RÉVOLUTION FRANÇAISE

Publié sous les auspices de la Commission des archives diplomatiques au Ministère des Affaires étrangères.

Beaux vol. in-8 rais., imprimés sur pap. de Hollande, avec introduction et notes.

I. — AUTRICHE, par M. Albert SOREL, de l'Académie française. *Épuisé.*
II. — SUÈDE, par M. A. GEFFROY, de l'Institut ... 20 fr.
III. — PORTUGAL, par le vicomte DE CAIX DE SAINT-AYMOUR ... 20 fr.
IV et V. — POLOGNE, par M. Louis FARGES. 2 vol. ... 30 fr.
VI. — ROME, par M. G. HANOTAUX, de l'Académie française ... 20 fr.
VII. — BAVIÈRE, PALATINAT ET DEUX-PONTS, par M. André LEBON. 25 fr.
VIII et IX. — RUSSIE, par M. Alfred RAMBAUD, de l'Institut. 2 vol. Le 1er vol. 20 fr. Le second vol ... 25 fr.
X. — NAPLES ET PARME, par M. Joseph REINACH ... 20 fr.
XI. — ESPAGNE (1649-1750), par MM. MOREL-FATIO et LÉONARDON (t. I). 20 fr.
XII et XII *bis*. — ESPAGNE (1750-1789) (t. II et III), par les mêmes ... 40 fr.
XIII. — DANEMARK, par M. A. GEFFROY, de l'Institut ... 14 fr.
XIV et XV. — SAVOIE-MANTOUE, par M. HORRIC DE BEAUCAIRE. 2 vol. 40 fr.
XVI. — PRUSSE, par M. A. WADDINGTON. 1 vol. (Couronné par l'Institut.) 28 fr.

---

*INVENTAIRE ANALYTIQUE

DES ARCHIVES DU MINISTÈRE DES AFFAIRES ÉTRANGÈRES

Publié sous les auspices de la Commission des archives diplomatiques

I. — **Correspondance politique de MM. de CASTILLON et de MARILLAC, ambassadeurs de France en Angleterre (1537-1542)**, par M. JEAN KAULEK, avec la collaboration de MM. Louis Farges et Germain Lefèvre-Pontalis. 1 vol. in-8 raisin ... 15 fr.

II. — **Papiers de BARTHÉLEMY, ambassadeur de France en Suisse, de 1792 à 1797** (année 1792), par M. Jean KAULEK. 1 vol. in-8 raisin ... 15 fr.

III. — **Papiers de BARTHÉLEMY** (janvier-août 1793), par M. JEAN KAULEK. 1 vol. in-8 raisin ... 15 fr.

IV. — **Correspondance politique de ODET DE SELVE, ambassadeur de France en Angleterre (1546-1549)**, par M. G. LEFÈVRE-PONTALIS. 1 vol. in-8 raisin ... 15 fr.

V. — **Papiers de BARTHÉLEMY** (septembre 1793 à mars 1794), par M. Jean KAULEK. 1 vol. in-8 raisin ... 18 fr.

VI. — **Papiers de BARTHÉLEMY** (avril 1794 à février 1795), par M. JEAN KAULEK. 1 vol. in-8 raisin ... 20 fr.

VII. — **Papiers de BARTHÉLEMY** (mars 1795 à septembre 1796). *Négociations de la paix de Bâle*, par M. Jean KAULEK. 1 v. in-8 raisin. 20 fr.

VIII. — **Correspondance politique de GUILLAUME PELLICIER, ambassadeur de France à Venise (1540-1542)**, par M. Alexandre TAUSSERAT-RADEL. 1 fort vol. in-8 raisin ... 40 fr.

Correspondance des Deys d'Alger avec la Cour de France (1559-1833), recueillie par Eug. PLANTET, attaché au Ministère des Affaires étrangères. 2 vol. in-8 raisin avec 2 planches en taille-douce hors texte. 30 fr.

Correspondance des Beys de Tunis et des Consuls de France avec la Cour (1577-1830), recueillie par Eug. PLANTET, publiée sous les auspices du Ministère des Affaires étrangères. 3 vol. in-8 raisin. TOME I (1577-1700). *Épuisé.* — TOME II (1700-1770). 20 fr. — TOME III (1770-1830). 20 fr.

Les introducteurs des Ambassadeurs (1589-1900). 1 vol. in-4, avec figures dans le texte et planches hors texte, tiré à 300 exemplaires numérotés. 20 fr.

*REVUE PHILOSOPHIQUE
DE LA FRANCE ET DE L'ÉTRANGER

Dirigée par Th. RIBOT, Membre de l'Institut, Professeur honoraire au Collège de France
(28e année, 1903.)

Paraît tous les mois, par livraisons de 7 feuilles grand in-8, et forme chaque année deux volumes de 680 pages chacun.

Prix d'abonnement : Un an, pour Paris, **30** fr. — Pour les départements et l'étranger, **33** fr. — La livraison, **3** fr.

Les années écoulées, chacune **30** francs, et la livraison, **3** fr.

Tables des matières (1876-1887), in-8...... 3 fr. — (1888-1895), in-8...... 3 fr.

---

*REVUE HISTORIQUE

Dirigée par G. MONOD
Membre de l'Institut, Maître de conférences à l'École normale,
Président de la section historique et philologique à l'École des hautes études.
(28e année, 1903.)

Paraît tous les deux mois, par livraisons grand in-8 de 15 feuilles et forme par an trois volumes de 500 pages chacun.

Prix d'abonnement : Un an, pour Paris, **30** fr. — Pour les départements et l'étranger, **33** fr. — La livraison, **6** fr.

Les années écoulées, chacune **30** fr. ; le fascicule, **6** fr. Les fascicules de la 1re année, **9** fr.

TABLES GÉNÉRALES DES MATIÈRES

I. 1876 à 1880. 3 fr. ; pour les abonnés, 1 fr. 50 | III. 1886 à 1890. 5 fr. ; — 2 fr. 50
II. 1881 à 1885. 3 fr. ; — 1 fr. 50 | IV. 1891 à 1895. 3 fr. ; pour les abonnés, 1 fr. 50
V. 1896 à 1900. 3 fr. ; pour les abonnés, 1 fr. 50

ANNALES DES SCIENCES POLITIQUES
REVUE BIMESTRIELLE

Publiée avec la collaboration des professeurs et des anciens élèves de l'École libre des Sciences politiques
(*Dix-huitième année*, 1903.)

COMITÉ DE RÉDACTION : M. Émile BOUTMY, de l'Institut, directeur de l'École ; M. ALF. DE FOVILLE, de l'Institut, conseiller maître à la Cour des comptes ; M. R. STOURM, ancien inspecteur des finances et administrateur des Contributions indirectes ; M. Alexandre RIBOT, député, ancien ministre ; M. L. RENAULT, de l'Institut, professeur à la Faculté de droit ; M. Albert SOREL, de l'Académie française ; M. A. VANDAL, de l'Académie française ; M. Aug. ARNAUNÉ, Directeur de la Monnaie ; M. Emile BOURGEOIS, maître de conférences à l'École normale supérieure ; Directeurs des groupes de travail, professeurs à l'École.

Rédacteur en chef : M. A. VIALLATE, Prof. à l'École.

Prix d'abonnement. — Un an (du 15 janvier) : Paris, **18** fr. ; départements et étranger, **19** fr. — La livraison, **3** fr. **50**.

Les trois premières années (1886-1887-1888) *se vendent chacune* **16** *francs, les livraisons, chacune* **5** *francs, la quatrième année* (1889) *et les suivantes se vendent chacune* **18** *francs, et les livraisons, chacune* **3** *fr.* **50**.

Revue de l'École d'Anthropologie de Paris

(13e année, 1903)

Recueil mensuel publié par les professeurs :

MM. CAPITAN (Anthropologie pathologique), Mathias DUVAL (Anthropogénie et Embryologie), Georges HERVÉ (Ethnologie), J.-V. LABORDE (Anthropologie biologique), André LEFÈVRE (Ethnographie et Linguistique), Ch. LETOURNEAU (Histoire des civilisations), MANOUVRIER (Anthropologie physiologique), MAHOUDEAU (Anthropologie zoologique), SCHRADER (Anthropologie géographique), H. THULIÉ, directeur de l'École.

Prix d'abonnement : France et Étranger, **10** fr. — Le numéro, **1** fr.

TABLE GÉNÉRALE DES MATIÈRES, 1891-1900. . . . **2** fr.

ANNALES DES SCIENCES PSYCHIQUES

Dirigées par le Dr DARIEX
(13e année, 1903)

Les ANNALES DES SCIENCES PSYCHIQUES paraissent tous les deux mois par numéros de quatre feuilles in-8 carré (64 pages), *depuis le 15 janvier 1891*.

Prix d'abonnement : Pour tous pays, **12** fr. — Le numéro, **2** fr. **50**.

REVUE DE MORALE SOCIALE

(5e année, 1903)

Directeur : Louis BRIDEL, professeur à l'Université de Genève.

La *Revue de Morale sociale* paraît tous les 3 mois par livraisons de 8 feuilles au moins.

Prix d'abonnement : Un an, **10** fr. — Le numéro, **2** fr. **75**

L'année commence le 1er avril

BIBLIOTHÈQUE SCIENTIFIQUE INTERNATIONALE

Publiée sous la direction de M. Émile ALGLAVE

La *Bibliothèque scientifique internationale* est une œuvre dirigée par les auteurs mêmes, en vue des intérêts de la science, pour la populariser sous toutes ses formes, et faire connaître immédiatement dans le monde entier les idées originales, les directions nouvelles, les découvertes importantes qui se font chaque jour dans tous les pays. Chaque savant expose les idées qu'il a introduites dans la science et condense pour ainsi dire ses doctrines les plus originales.

La *Bibliothèque scientifique internationale* ne comprend pas seulement des ouvrages consacrés aux sciences physiques et naturelles; elle aborde aussi les sciences morales, comme la philosophie, l'histoire, la politique et l'économie sociale, la haute législation, etc.; mais les livres traitant des sujets de ce genre se rattachent encore aux sciences naturelles, en leur empruntant les méthodes d'observation et d'expérience qui les ont rendues si fécondes depuis deux siècles.

Les titres marqués d'un astérisque* sont adoptés par le *Ministère de l'Instruction publique de France* pour les bibliothèques des lycées et des collèges.

LISTE DES OUVRAGES

98 VOLUMES IN-8, CARTONNÉS A L'ANGLAISE. CHAQUE VOLUME : 6 FRANCS.

1. TYNDALL (J.). * **Les Glaciers et les Transformations de l'eau**, avec figures. 1 vol. in-8. 7e édition. 6 fr.
2. BAGEHOT. * **Lois scientifiques du développement des nations** dans leurs rapports avec les principes de la sélection naturelle et de l'hérédité. 1 vol. in-8. 6e édition. 6 fr.
3. MAREY. * **La Machine animale**, locomotion terrestre et aérienne, avec de nombreuses fig. 1 vol. in-8. 6e édit. augmentée. 6 fr.
4. BAIN. * **L'Esprit et le Corps**. 1 vol. in-8. 6e édition. 6 fr.
5. PETTIGREW. * **La Locomotion chez les animaux**, marche, natation et vol. 1 vol. in-8, avec figures. 2e édit. 6 fr.
6. HERBERT SPENCER. * **La Science sociale**. 1 v. in-8. 12e édit. 6 fr.
7. SCHMIDT (O.). * **La Descendance de l'homme et le Darwinisme**. 1 vol. in-8, avec fig. 6e édition. 6 fr.
8. MAUDSLEY. * **Le Crime et la Folie**. 1 vol. in-8. 7e édit. 6 fr.
9. VAN BENEDEN. * **Les Commensaux et les Parasites dans le règne animal**. 1 vol. in-8, avec figures. 4e édit. 6 fr.
10. BALFOUR STEWART. * **La Conservation de l'énergie**, suivi d'une *Etude sur la nature de la force*, par M. P. de SAINT-ROBERT, avec figures. 1 vol. in-8. 6e édition. 6 fr.
11. DRAPER. **Les Conflits de la science et de la religion**. 1 vol. in-8. 10e édition. 6 fr.
12. DUMONT (L.) * **Théorie scientifique de la sensibilité**. 1 vol. in-8. 4e édition. 6 fr.
13. SCHUTZENBERGER. * **Les Fermentations**. 1 vol. in-8, avec fig. 6e édit. 6 fr.
14. WHITNEY. * **La Vie du langage**. 1 vol. in-8. 4e édit. 6 fr.
15. COOKE et BERKELEY. * **Les Champignons**. 1 vol. in-8, avec figures. 4e édition. 6 fr.
16. BERNSTEIN. * **Les Sens**. 1 vol. in-8, avec 91 fig. 5e édit. 6 fr.
17. BERTHELOT. * **La Synthèse chimique**. 1 vol. in-8. 8e édit. 6 fr.
18. NIEWENGLOWSKI (H.). * **La photographie et la photochimie**. 1 vol. in-8, avec gravures et une planche hors texte. 6 fr.
19. LUYS. * **Le Cerveau et ses fonctions**, avec fig. 1 v. in-8. 7e édit. 6 fr.

20. STANLEY JEVONS. * **La Monnaie et le Mécanisme de l'échange.** 1 vol. in-8. 5ᵉ édition. 6 fr.
21. FUCHS. * **Les Volcans et les Tremblements de terre.** 1 vol. in-8, avec figures et une carte en couleurs. 5ᵉ édition. 6 fr.
22. GÉNÉRAL BRIALMONT. * **Les Camps retranchés et leur rôle dans la défense des États,** avec fig. dans le texte et 2 planches hors texte. 3ᵉ édit. *Épuisé.*
23. DE QUATREFAGES. * **L'Espèce humaine.** 1 v. in-8. 13ᵉ édit. 6 fr.
24. BLASERNA et HELMHOLTZ. * **Le Son et la Musique.** 1 vol. in-8, avec figures. 5ᵉ édition. 6 fr.
25. ROSENTHAL. * **Les Nerfs et les Muscles.** 1 vol. in-8, avec 75 figures. 3ᵉ édition. *Epuisé.*
26. BRUCKE et HELMHOLTZ. * **Principes scientifiques des beaux-arts.** 1 vol. in-8, avec 39 figures. 4ᵉ édition. 6 fr.
27. WURTZ. * **La Théorie atomique.** 1 vol. in-8. 8ᵉ édition. 6 fr.
28-29. SECCHI (le père). * **Les Étoiles.** 2 vol. in-8, avec 63 figures dans le texte et 17 pl. en noir et en couleurs hors texte. 3ᵉ édit. 12 fr.
30. JOLY. * **L'Homme avant les métaux.** 1 v. in-8, avec fig. 4ᵉ éd. *Épuisé.*
31. A. BAIN. * **La Science de l'éducation.** 1 vol. in-8. 9ᵉ édit. 6 fr.
32-33. THURSTON (R.). * **Histoire de la machine à vapeur,** précédée d'une Introduction par M. HIRSCH. 2 vol. in-8, avec 140 figures dans le texte et 16 planches hors texte. 3ᵉ édition. 12 fr.
34. HARTMANN (R.). * **Les Peuples de l'Afrique.** 1 vol. in-8, avec figures. 2ᵉ édition. *Épuisé.*
35. HERBERT SPENCER. * **Les Bases de la morale évolutionniste.** 1 vol. in-8. 6ᵉ édition. 6 fr.
36. HUXLEY. * **L'Écrevisse,** introduction à l'étude de la zoologie. 1 vol. in-8, avec figures. 2ᵉ édition. 6 fr.
37. DE ROBERTY. * **De la Sociologie.** 1 vol. in-8. 3ᵉ édition. 6 fr.
38. ROOD. * **Théorie scientifique des couleurs.** 1 vol. in-8, avec figures et une planche en couleurs hors texte. 2ᵉ édition. 6 fr.
39. DE SAPORTA et MARION. * **L'Évolution du règne végétal** (les Cryptogames). 1 vol. in-8, avec figures. 6 fr.
40-41. CHARLTON BASTIAN. * **Le Cerveau, organe de la pensée chez l'homme et chez les animaux.** 2 vol. in-8, avec figures. 2ᵉ éd. 12 fr.
42. JAMES SULLY. * **Les Illusions des sens et de l'esprit.** 1 vol. in-8, avec figures. 3ᵉ édit. 6 fr.
43. YOUNG. * **Le Soleil.** 1 vol. in-8, avec figures. *Épuisé.*
44. DE CANDOLLE. * **L'Origine des plantes cultivées.** 4ᵉ éd. 1 v in-8. 6 fr.
45-46. SIR JOHN LUBBOCK. * **Fourmis, abeilles et guêpes.** 2 vol. in-8, avec 65 figures dans le texte et 13 planches hors texte, dont 5 coloriées. *Épuisé.*
47. PERRIER (Edm.). **La Philosophie zoologique avant Darwin.** 1 vol. in-8. 3ᵉ édition. 6 fr.
48. STALLO. * **La Matière et la Physique moderne.** 1 vol. in-8. 3ᵉ éd., précédé d'une Introduction par CH. FRIEDEL. 6 fr.
49. MANTEGAZZA. **La Physionomie et l'Expression des sentiments.** 1 vol. in-8. 3ᵉ édit., avec huit planches hors texte. 6 fr.
50. DE MEYER. * **Les Organes de la parole et leur emploi pour la formation des sons du langage.** 1 vol. in-8, avec 51 figures, précédé d'une Introd. par M. O. CLAVEAU. 6 fr.
51. DE LANESSAN. * **Introduction à l'Étude de la botanique** (le Sapin). 1 vol. in-8. 2ᵉ édit., avec 143 figures. 6 fr.
52-53. DE SAPORTA et MARION. * **L'Évolution du règne végétal** (les Phanérogames). 2 vol. in-8, avec 136 figures. 12 fr.
54. TROUESSART. * **Les Microbes, les Ferments et les Moisissures.** 1 vol. in-8. 2ᵉ édit., avec 107 figures. 6 fr.
55. HARTMANN (R.). * **Les Singes anthropoïdes, et leur organisation comparée à celle de l'homme.** 1 vol. in-8, avec figures. 6 fr.

56. SCHMIDT (O.). *Les Mammifères dans leurs rapports avec leurs ancêtres géologiques. 1 vol. in-8, avec 51 figures. 6 fr.
57. BINET et FÉRÉ. Le Magnétisme animal. 1 vol. in-8, 4e édit. 6 fr.
58-59. ROMANES. *L'Intelligence des animaux. 2 v. in-8, 3e édit. 12 fr.
60. LAGRANGE (F.). Physiol. des exerc. du corps. 1 v. in-8, 7e éd. 6 fr.
61. DREYFUS.* Évol. des mondes et des sociétés. 1 v. in-8 3e édit. 6 fr.
62. DAUBRÉE. * Les Régions invisibles du globe et des espaces célestes. 1 vol. in-8, avec 85 fig. dans le texte. 2e édit. 6 fr.
63-64. SIR JOHN LUBBOCK. * L'Homme préhistorique. 2 vol. in-8, avec 228 figures dans le texte. 4e édit. 12 fr.
65. RICHET (Ch.). La Chaleur animale. 1 vol. in-8, avec figures. 6 fr.
66. FALSAN (A.). *La Période glaciaire. 1 vol. in-8, avec 105 figures et 2 cartes. *Épuisé.*
67. BEAUNIS (H.). Les Sensations internes. 1 vol. in-8. 6 fr.
68. CARTAILHAC (E.). La France préhistorique, d'après les sépultures et les monuments. 1 vol. in-8, avec 162 figures. 2e édit. 6 fr.
69. BERTHELOT. *La Révol. chimique, Lavoisier. 1 vol. in-8. 2e éd. 6 fr.
70. SIR JOHN LUBBOCK. * Les Sens et l'instinct chez les animaux, principalement chez les insectes. 1 vol. in-8, avec 150 figures. 6 fr.
71. STARCKE. *La Famille primitive. 1 vol. in-8. 6 fr.
72. ARLOING. * Les Virus. 1 vol. in-8, avec figures. 6 fr.
73. TOPINARD. * L'Homme dans la Nature. 1 vol. in-8, avec fig. 6 fr.
74. BINET (Alf.). *Les Altérations de la personnalité. 1 vol. in-8, avec figures. 2e édit. 6 fr.
75. DE QUATREFAGES (A.). *Darwin et ses précurseurs français. 1 vol. in-8. 2e édition refondue. 6 fr.
76. LEFÈVRE (A.). * Les Races et les langues. 1 vol. in-8. 6 fr.
77-78. DE QUATREFAGES (A.). *Les Émules de Darwin. 2 vol. in-8, avec préfaces de MM. E. PERRIER et HAMY. 12 fr.
79. BRUNACHE (P.). *Le Centre de l'Afrique. Autour du Tchad. 1 vol. in-8, avec figures. 6 fr.
80. ANGOT (A.). *Les Aurores polaires. 1 vol. in-8, avec figures. 6 fr.
81. JACCARD. *Le pétrole, le bitume et l'asphalte au point de vue géologique. 1 vol. in-8, avec figures. 6 fr.
82. MEUNIER (Stan.). *La Géologie comparée. 1 vol. in-8, avec fig. 6 fr.
83. LE DANTEC. *Théorie nouvelle de la vie. 2e éd. 1 v. in-8, avec fig. 6 fr.
84. DE LANESSAN. *Principes de colonisation. 1 vol. in-8. 6 fr.
85. DEMOOR, MASSART et VANDERVELDE. *L'évolution régressive en biologie et en sociologie. 1 vol. in-8, avec gravures. 6 fr.
86. MORTILLET (G. de). *Formation de la Nation française. 2e édit. 1 vol. in-8, avec 150 gravures et 18 cartes. 6 fr.
87. ROCHÉ (G.). *La Culture des Mers (piscifacture, pisciculture, ostréiculture). 1 vol. in-8, avec 81 gravures. 6 fr.
88. COSTANTIN (J.). *Les Végétaux et les Milieux cosmiques (adaptation, évolution). 1 vol. in-8, avec 171 gravures. 6 fr.
89. LE DANTEC. L'évolution individuelle et l'hérédité. 1 vol. in-8. 6 fr.
90. GUIGNET et GARNIER. *La Céramique ancienne et moderne. 1 vol., avec grav. 6 fr.
91. GELLÉ (E.-M.). * L'audition et ses organes. 1 v. in-8, avec gr. 6 fr.
92. MEUNIER (St.). *La Géologie expérimentale. 1 v. in-8, av. grav. 6 fr.
93. COSTANTIN (J.). *La Nature tropicale. 1 vol. in-8, avec grav. 6 fr.
94. GROSSE (E.). *Les débuts de l'art. Introduction de L. MARILLIER. 1 vol in-8, avec 32 gravures dans le texte et 3 pl. hors texte. 6 fr.
95. GRASSET (J.). Les Maladies de l'orientation et de l'équilibre. 1 vol. in-8, avec gravures. 6 fr.
96. DEMENY (G.). *Les bases scientifiques de l'éducation physique. 1 vol. in-8, avec 196 gravures. 6 fr.
97. MALMÉJAC (F.). L'eau dans l'alimentation. 1 v. in-8, av. grav. 6 fr.
98. MEUNIER (Stan.). La géologie générale. 1 v. in-8, av. grav. 6 fr.

LISTE PAR ORDRE DE MATIÈRES

DES 98 VOLUMES PUBLIÉS

DE LA BIBLIOTHÈQUE SCIENTIFIQUE INTERNATIONALE

Chaque volume in-8, cartonné à l'anglaise..... 6 francs.

SCIENCES SOCIALES

* Introd. à la science sociale, par HERBERT SPENCER. 1 vol. in-8. 12e éd. 6 fr.
* Les Bases de la morale évolutionniste, par HERBERT SPENCER. 1 vol. in-8. 6e édit. 6 fr.

Les Conflits de la science et de la religion, par DRAPER, professeur à l'Université de New-York. 1 vol. in-8. 10e édit. 6 fr.

* Le Crime et la Folie, par H. MAUDSLEY, professeur de médecine légale à l'Université de Londres. 1 vol. in-8. 7e édit. 6 fr.
* La Monnaie et le Mécanisme de l'échange, par W. STANLEY JEVONS, professeur à l'Université de Londres. 1 vol. in-8. 5e édit. 6 fr.
* La Sociologie, par DE ROBERTY. 1 vol. in-8. 3e édit. 6 fr.
* La Science de l'éducation, par ALEX. BAIN, professeur à l'Université d'Aberdeen (Écosse). 1 vol. in-8. 9e édit. 6 fr.
* Lois scientifiques du développement des nations, par W. BAGEHOT. 1 vol. in-8. 6e édit. 6 fr.
* La Vie du langage, par D. WHITNEY, professeur de philologie comparée à Yale-College de Boston (États-Unis). 1 vol. in-8. 3e édit. 6 fr.
* La Famille primitive, par J. STARCKE, prof. à l'Univ. de Copenhague. 1 vol. in-8. 6 fr.
* Principes de colonisation, par J.-L. de LANESSAN, prof. à la Faculté de médecine de Paris, ancien gouverneur de l'Indo-Chine, 1 vol. in-8. 6 fr.

PHYSIOLOGIE

* Les Illusions des sens et de l'esprit, par James SULLY, 1 v. in-8. 2e édit. 6 fr.
* La Locomotion chez les animaux (marche, natation et vol), par J.-B. PETTIGREW, professeur au Collège royal de chirurgie d'Édimbourg (Écosse). 1 vol. in-8, avec 140 figures dans le texte. 2e édit. 6 fr.
* La Machine animale, par E.-J. MAREY, membre de l'Institut, prof. au Collège de France. 1 vol. in-8, avec 117 figures. 6e édit. 6 fr.
* Les Sens, par BERNSTEIN, professeur de physiologie à l'Université de Halle (Prusse). 1 vol. in-8, avec 91 figures dans le texte. 4e édit. 6 fr.
* Les Organes de la parole, par H. DE MEYER, professeur à l'Université de Zurich, traduit de l'allemand et précédé d'une introduction sur l'*Enseignement de la parole aux sourds-muets*, par O. CLAVEAU, inspecteur général des établissements de bienfaisance. 1 vol. in-8, avec 51 grav. 6 fr.

La Physionomie et l'Expression des sentiments, par P. MANTEGAZZA, professeur au Muséum d'histoire naturelle de Florence. 1 vol. in-8, avec figures et 8 planches hors texte. 3e édit. 6 fr.

* Physiologie des exercices du corps, par le docteur F. LAGRANGE. 1 vol. in-8. 7e édit. (Ouvrage couronné par l'Institut.) 6 fr.

La Chaleur animale, par CH. RICHET, professeur de physiologie à la Faculté de médecine de Paris. 1 vol. in-8, avec figures dans le texte. 6 fr.

Les Sensations internes, par H. BEAUNIS. 1 vol. in-8. 6 fr.

* Les Virus, par M. ARLOING, professeur à la Faculté de médecine de Lyon, directeur de l'École vétérinaire. 1 vol. in-8, avec fig. 6 fr.
* Théorie nouvelle de la vie, par F. LE DANTEC, chargé du cours d'embryologie générale à la Sorbonne. 2e édit. 1 vol. in-8, avec figures 6 fr.

L'évolution individuelle et l'hérédité, par *le même*. 1 vol. in-8. 6 fr.

* L'audition et ses organes, par le Dr E.-M. GELLÉ, membre de la Société de biologie. 1 vol. in-8, avec grav. 6 fr.
* Les bases scientifiques de l'éducation physique, par G. DEMENY, chargé du cours d'éducation physique de la Ville de Paris. 1 v. in-8, av. 106 grav. 6 fr.

PHILOSOPHIE SCIENTIFIQUE

* Le Cerveau et ses fonctions, par J. LUYS, membre de l'Académie de médecine, médecin de la Charité. 1 vol. in-8, avec fig. 7e édit. 6 fr.
* Le Cerveau et la Pensée chez l'homme et les animaux, par CHARLTON BASTIAN, professeur à l'Université de Londres. 2 vol. in-8, avec 184 fig. dans le texte. 2e édit. 12 fr.

Les Maladies de l'orientation et de l'équilibre, par J. GRASSET, professeur à la Faculté de médecine de Montpellier. 1 vol. in-8, avec gravures. 6 fr.

* **Le Crime et la Folie**, par H. MAUDSLEY, prof. à l'Univ. de Londres. In-8, 6e éd. 6 fr.

* **L'Esprit et le Corps**, considérés au point de vue de leurs relations, suivi d'études sur les *Erreurs généralement répandues au sujet de l'esprit*, par Alex. BAIN, prof. à l'Université d'Aberdeen (Écosse). 1 v. in-8. 6e éd. 6 fr.

* **Théorie scientifique de la sensibilité** : *le Plaisir et la Douleur*, par Léon DUMONT. 1 vol. in-8. 8e édit. 6 fr.

* **La Matière et la Physique moderne**, par STALLO, précédé d'une préface par M. Ch. FRIEDEL, de l'Institut. 1 vol. in-8. 2e édit. 6 fr.

Le Magnétisme animal, par Alf. BINET et Ch. FÉRÉ. 1 vol. in-8, avec figures dans le texte. 4e édit. 6 fr.

* **L'Intelligence des animaux**, par ROMANES. 2 v. in-8. 2e éd. précédée d'une préface de M. E. PERRIER, directeur du Muséum d'histoire naturelle. 12 fr.

* **L'Évolution des mondes et des sociétés**, par C. DREYFUS. In-8. 6 fr.

* **L'Évolution régressive en biologie et en sociologie**, par DEMOOR, MASSART et VANDERVELDE, prof. des Univ. de Bruxelles. 1 v. in-8, avec grav. 6 fr.

* **Les Altérations de la personnalité**, par Alf. BINET, directeur du laboratoire de psychologie à la Sorbonne. In-8, avec gravures. 6 fr.

ANTHROPOLOGIE

* **L'Espèce humaine**, par A. DE QUATREFAGES, de l'Institut, professeur au Muséum d'histoire naturelle de Paris. 1 vol. in-8. 12e édit. 6 fr.

* **Ch. Darwin et ses précurseurs français**, par A. DE QUATREFAGES. 1 v. in-8. 2e édition. 6 fr.

* **Les Émules de Darwin**, par A. DE QUATREFAGES, avec une préface de M. EDM. PERRIER, de l'Institut, et une notice sur la vie et les travaux de l'auteur par E.-T. HAMY, de l'Institut. 2 vol. in-8. 12 fr.

* **Les Singes anthropoïdes** et leur organisation comparée à celle de l'homme, par R. HARTMANN, prof. à l'Univ. de Berlin. 1 vol. in-8, avec 63 fig. 6 fr.

* **L'Homme préhistorique**, par SIR JOHN LUBBOCK, membre de la Société royale de Londres. 2 vol. in-8, avec 228 gravures dans le texte. 3e édit. 12 fr.

La France préhistorique, par E. CARTAILHAC. In-8, avec 150 gr. 2e édit. 6 fr.

* **L'Homme dans la Nature**, par TOPINARD, ancien secrétaire général de la Société d'anthropologie de Paris. 1 vol. in-8, avec 101 gravures. 6 fr.

* **Les Races et les Langues**, par André LEFÈVRE, professeur à l'École d'anthropologie de Paris. 1 vol. in-8. 6 fr.

* **Le centre de l'Afrique. Autour du Tchad**, par P. BRUNACHE, administrateur à Aïn-Fezza (Algérie). 1 vol. in-8, avec gravures. 6 fr.

* **Formation de la Nation française**, par G. de MORTILLET, professeur à l'École d'anthropologie. In-8, avec 150 grav. et 18 cartes. 2e édit. 6 fr.

ZOOLOGIE

* **La Descendance de l'homme et le Darwinisme**, par O. SCHMIDT, professeur à l'Université de Strasbourg. 1 vol. in-8, avec figures. 6e édit. 6 fr.

* **Les Mammifères dans leurs rapports avec leurs ancêtres géologiques**, par O. SCHMIDT. 1 vol. in-8, avec 51 figures dans le texte. 6 fr.

* **Les Sens et l'instinct chez les animaux**, et principalement chez les insectes, par Sir JOHN LUBBOCK. 1 vol. in-8 avec grav. 6 fr.

* **L'Écrevisse**, introduction à l'étude de la zoologie, par Th.-H. HUXLEY, membre de la Société royale de Londres. 1 vol. in-8, avec 82 grav. 6 fr.

* **Les Commensaux et les Parasites** dans le règne animal, par P.-J. VAN BENEDEN, professeur à l'Université de Louvain (Belgique). 1 vol. in-8, avec 82 figures dans le texte. 3e édit. 6 fr.

* **La Philosophie zoologique avant Darwin**, par EDMOND PERRIER, de l'Institut, directeur du Muséum. 1 vol. in-8. 2e édit. 6 fr.

* **Darwin et ses précurseurs français**, par A. de QUATREFAGES, de l'Institut. 1 vol. in-8. 2e édit. 6 fr.

* **La Culture des mers en Europe** (Pisciculture, piscifacture, ostréiculture), par G. ROCHÉ, insp. gén. des pêches maritimes. In-8, avec 81 grav. 6 fr.

BOTANIQUE — GÉOLOGIE

* **Les Champignons**, par COOKE et BERKELEY. 1 v. in-8, avec 110 fig. 4e éd. 6 fr.

* **L'Évolution du règne végétal**, par G. DE SAPORTA et MARION, prof. à la Faculté des sciences de Marseille :

* I. *Les Cryptogames.* 1 vol. in-8, avec 85 figures dans le texte. 6 fr.

II. *Les Phanérogames.* 2 vol. in-8, avec 136 fig. dans le texte. 12 fr.

Les Volcans et les Tremblements de terre, par FUCHS, prof. à l'Univ. de Heidelberg. 1 vol. in-8, avec 36 fig. 5e éd. et une carte en couleurs. 6 fr.

* La Période glaciaire, principalement en France et en Suisse, par A. FALSAN. 1 vol. in-8, avec 105 gravures et 2 cartes hors texte. *Epuisé.*
* Les Régions invisibles du globe et des espaces célestes, par A. DAUBRÉE, de l'Institut. 1 vol. in-8, 2e édit., avec 89 gravures. 6 fr.
* Le Pétrole, le Bitume et l'Asphalte, par M. JACCARD, professeur à l'Académie de Neuchâtel (Suisse). 1 vol. in-8, avec figures. 6 fr.
* L'Origine des plantes cultivées, par A. DE CANDOLLE, correspondant de l'Institut. 1 vol. in-8. 4e édit. 6 fr.
* Introduction à l'étude de la botanique (*le Sapin*), par J. DE LANESSAN, professeur agrégé à la Faculté de médecine de Paris. 1 vol. in-8. 2e édit., avec figures dans le texte. 6 fr.
* Microbes, Ferments et Moisissures, par le docteur L. TROUESSART. 1 vol. in-8, avec 108 figures dans le texte. 2e édit. 6 fr.
* La Géologie comparée, par STANISLAS MEUNIER, professeur au Muséum. 1 vol. in-8, avec figures. 6 fr.
* La Géologie expérimentale, par *le même*. 1 vol. in-8, avec fig. 6 fr.

La Géologie générale, par *le même*. 1 vol. in-8, avec fig. 6 fr.

* Les Végétaux et les milieux cosmiques (adaptation, évolution), par J. COSTANTIN, prof. au Muséum. 1 vol. in-8, avec 171 figures. 6 fr.
* La Nature tropicale, par *le même*. 1 vol. in-8, avec fig. 6 fr.

CHIMIE

* Les Fermentations, par P. SCHUTZENBERGER, memb. de l'Institut. 1 v. in-8, avec fig. 6e édit. 6 fr.
* La Synthèse chimique, par M. BERTHELOT, secrétaire perpétuel de l'Académie des sciences. 1 vol. in-8. 8e édit. 6 fr.
* La Théorie atomique, par Ad. WURTZ, membre de l'Institut. 1 vol. in-8. 8e édit., précédée d'une introduction sur *la Vie et les Travaux* de l'auteur, par M. Ch. FRIEDEL, de l'Institut. 6 fr.

La Révolution chimique (*Lavoisier*), par M. BERTHELOT. 1 v. in-8. 2e éd. 6 fr.

* La Photographie et la Photochimie, par H. NIEWENGLOWSKI. 1 vol., avec gravures et une planche hors texte. 6 fr.

L'eau dans l'alimentation, par le docteur F. MALMÉJAC. 1 vol. in-8, avec gravures. 6 fr.

ASTRONOMIE — MÉCANIQUE

* Histoire de la Machine à vapeur, de la Locomotive et des Bateaux à vapeur, par R. THURSTON, professeur à l'Institut technique de Hoboken, près de New-York, revue, annotée et augmentée d'une introduction par M. HIRSCH, professeur à l'École des ponts et chaussées de Paris. 2 vol. in-8, avec 160 figures et 16 planches hors texte. 3e édit. 12 fr.
* Les Étoiles, par le P. A. SECCHI, directeur de l'Observatoire du Collège romain. 2 vol. in-8, avec 68 figures et 16 planches. 2e édit. 12 fr.
* Les Aurores polaires, par A. ANGOT, membre du Bureau central météorologique de France. 1 vol. in-8, avec figures. 6 fr.

PHYSIQUE

La Conservation de l'énergie, par BALFOUR STEWART, prof. de physique au collège Owens de Manchester (Angleterre). 1 vol. in-8, avec fig. 6e édit. 6 fr.

* Les Glaciers et les Transformations de l'eau, par J. TYNDALL, suiv. d'une étude sur le même sujet, par HELMHOLTZ, professeur à l'Université de Berlin. 1 vol. in-8, avec fig. et 8 planches hors texte. 5e édit. 6 fr.
* La Matière et la Physique moderne, par STALLO, précédé d'une préface par Ch. FRIEDEL, membre de l'Institut. 1 vol. in-8. 3e édit. 6 fr.

THÉORIE DES BEAUX-ARTS

* Les Débuts de l'art, par E. GROSSE. Traduit de l'allemand par A. DIRR. Préface de L. MARILLIER. 1 vol. in-8, avec gravures. 6 fr.
* Le Son et la Musique, par P. BLASERNA, prof. à l'Université de Rome, prof. à l'Université de Berlin. 1 vol. in-8, avec 41 fig. 5e édit. 6 fr.
* Principes scientifiques des Beaux-Arts, par E. BRUCKE, professeur à l'Université de Vienne. 1 vol. in-8, avec fig. 4e édit. 6 fr.
* Théorie scientifique des couleurs et leurs applications aux arts et à l'industrie, par O. N. ROOD, professeur à Colombia-Collège de New-York. 1 vol. in-8, avec 130 figures et une planche en couleurs. 6 fr.
* La Céramique ancienne et moderne, par MM. GUIGNET, directeur des teintures à la Manufacture des Gobelins, et GARNIER, directeur du Musée de la Manufacture de Sèvres. 1 vol. in-8, avec grav. 6 fr.

RÉCENTES PUBLICATIONS

HISTORIQUES, PHILOSOPHIQUES ET SCIENTIFIQU[ES]

qui ne se trouvent pas dans les collections précédentes.

ALAUX. **Esquisse d'une philosophie de l'être.** In-8. 1 fr.
— **Les Problèmes religieux au XIXᵉ siècle.** 1 vol. in-8. 7 fr. 50
— **Philosophie morale et politique,** in-8. 1893. 7 fr. 50
— **Théorie de l'âme humaine.** 1 vol. in-8. 1895. 10 fr. (Voy. p. 2.)
— **Dieu et le Monde.** *Essai de phil. première.* 1901. 1 vol. in-12. 2 fr. 50
ALTMEYER. **Les Précurs. de la réforme aux Pays-Bas.** 2 v. in-8. 12 fr.
AMIABLE (Louis). **Une loge maçonnique d'avant 1789.** 1 v. in-8. 6 fr.
ANSIAUX (M.). **Heures de travail et salaires,** in-8. 1896. 5 fr.
ARNAUNÉ (A.), directeur de la Monnaie. **La monnaie, le crédit et le change** 2ᵉ édition, revue et augmentée. 1 vol. in-8. 1902. 8 fr.
ARRÉAT. **Une Éducation intellectuelle.** 1 vol. in-18. 2 fr. 50
— **Journal d'un philosophe.** 1 vol. in-18. 3 fr. 50 (Voy. p. 2 et 5.)
AZAM. **Hypnotisme et double conscience.** 1 vol. in-8. 9 fr.
BAISSAC (J.). **Les Origines de la religion.** 2 vol. in-8. 12 fr.
BALFOUR STEWART et TAIT. **L'Univers invisible.** 1 vol. in-8. 7 fr.
BARTHÉLEMY-SAINT-HILAIRE. (Voy. pages 5 et 10, ARISTOTE.)
— ***Victor Cousin,** sa vie, sa correspondance. 3 vol. in-8. 1895. 30 fr.
BEAUMONT (G. de). **Paroles d'un vivant,** in-8. 1900. 5 fr.
BERTAULD (P.-A.). **Positivisme et philos. scientif.** In-12. 1899. 3 fr. 50
BERTON (H.), docteur en droit. **L'évolution constitutionnelle du second empire.** Doctrines, textes, histoire. 1 fort vol. in-8. 1900. 12 fr.
BLONDEAU (C.). **L'absolu et sa loi constitutive.** 1 vol. in-8. 1897. 6 fr.
BLUM (E.), agrégé de philosophie. **La Déclaration des Droits de l'homme.** Texte et commentaire. Préface de M. G. COMPAYRÉ, recteur de l'Académie de Lyon. 1 vol. in-8. 1902. 3 fr. 75
BOILLEY (P.). **La Législation internationale du travail.** In-12. 3 fr.
— **Les trois socialismes :** anarchisme, collectivisme, réformisme. 3 fr. 50
— **De la production industrielle.** In-12. 1899. 2 fr. 50
BOURDEAU (Louis). **Théorie des sciences.** 2 vol. in-8. 20 fr.
— **La Conquête du monde animal.** In-8. 5 fr.
— **La Conquête du monde végétal.** In-8. 1893. 5 fr.
— **L'Histoire et les historiens.** 1 vol. in-8. 7 fr. 50
— ***Histoire de l'alimentation.** 1894. 1 vol. in-8. 5 fr. (V. p. 5.)
BOUSREZ (L.). **L'Anjou aux âges de la Pierre et du Bronze.** 1 vol. gr. in-8, avec pl. h. texte. 1897. 3 fr. 50
BOUTROUX (Em.). ***De l'idée de loi naturelle dans la science et la philosophie.** 1 vol. in-8. 1895. 2 fr. 50. (V. p. 2 et 6.)
BRASSEUR. **La question sociale.** 1 vol. in-8. 1900. 7 fr. 50
BROOKS ADAMS. **La loi de la civilisation et de la décadence.** In-8. 1899. 7 fr. 50
BUCHER (Karl). **Études d'histoire et d'économie polit.,** 1901, in-8. 6 fr.
BUNGE (N.-Ch.). **Littérature poli-économique,** 1 vol. in-8. 1898. 7 fr. 50
CARDON (G.). ***Les Fondateurs de l'Université de Douai.** In-8. 10 fr.
CLAMAGERAN. **La Réaction économique et la démocratie.** In-18. 1 fr. 25
— **La lutte contre le mal.** 1 vol. in-18. 1897. 3 fr. 50
COIGNET (Mᵐᵉ C). **Victor Considérant.** 1 vol. in-8. 1895. 2 fr. 50
COLLIGNON (A.). ***Diderot,** sa vie et sa correspondance. In-12. 1895. 3 fr. 50
COMBARIEU (J.). ***Les rapports de la musique et de la poésie considérés au point de vue de l'expression.** 1893. 1 vol. in-8. 7 fr. 50
COSTE (Ad.). **Hygiène sociale contre le paupérisme.** In-8. 6 fr.
— **Nouvel exposé d'économie politique et de physiologie sociale.** In-18. 3 fr. 50 (Voy. p. 2, 6 et 32.)

COUTURAT (Louis). ***De l'Infini mathématique.** In-8. 1896. 12 fr.
DANY (O.), docteur en droit. ***Les Idées politiques en Pologne à la fin du XVIIIe siècle.** *La Constit. du 3 mai 1793*, in-8, 1901. 6 fr.
DAREL (D^r). **La Folie.** *Ses causes. Sa thérapeutique.* 1901, in-12. 4 fr.
DAURIAC. **Croyance et réalité.** 1 vol. in-18. 1889. 3 fr. 50
— **Le Réalisme de Reid.** In-8. 1 fr. (V. p. 2.)
DAUZAT (A.), docteur en droit. **Du Rôle des Chambres en matière de traités internationaux.** 1 vol. grand in-8. 1899. 5 fr. (V. p. 17.)
DEFOURNY (M.). **La sociologie positiviste.** *Auguste Comte.* In-8. 1902. 6 fr.
DERAISMES (Mlle Maria). **Œuvres complètes.** 4 vol. Chacun. 3 fr. 50
DESPAUX. **Genèse de la matière et de l'énergie.** In-8. 1900. 4 fr.
DOLLOT (R.), docteur en droit. **Les origines de la neutralité de la Belgique** (1609-1830). 1 vol. in-8. 1902. 10 fr.
DOUHÉRET. ***Idéologie,** discours sur la philos. prem. In-18. 1900. 1 fr. 25
DROZ (Numa). **Etudes et portraits politiques.** 1 vol. in-8. 1895. 7 fr. 50
— **Essais économiques.** 1 vol. in-8. 1896. 7 fr. 50
— **La démocratie fédérative et le socialisme d'État.** In-12. 1 fr.
DUBUC (P.). ***Essai sur la méthode en métaphysique.** 1 vol. in-8. 5 fr.
DUGAS (L.). ***L'amitié antique.** 1 vol. in-8. 1895. 7 fr. 50 (V. p. 2.)
DUNAN. ***Sur les formes à priori de la sensibilité.** 1 vol. in-8. 5 fr.
— **Zénon d'Élée et le mouvement.** In-8. 1 fr. 50 (V. p. 2.)
DUNANT (E.). **Les relations diplomatiques de la France et de la République helvétique** (1798-1803). 1 vol. in-8. 1902. 20 fr.
DUPUY (Paul). **Les fondements de la morale.** In-8. 1900. 5 fr.
Éducation sociale (Congrès de l'), **Paris 1900.** 1 vol. in-8. 1901. 10 fr.
***Entre Camarades.** Ouvr. publié par la Soc. des anciens élèves de la Faculté des lettres de l'Univ. de Paris. *Histoire, littératures ancienne, française, étrangère, philologie, philosophie, journalisme.* 1901, in-8. 10 fr.
ESPINAS (A.). ***Les Origines de la technologie.** 1 vol. in-8. 1897. 5 fr.
FEDERICI. **Les Lois du progrès.** 2 vol. in-8. Chacun. 6 fr.
FERRÈRE (F.). **La situation religieuse de l'Afrique romaine** depuis la fin du IVe siècle jusqu'à l'invasion des Vandales. 1 v. in-8. 1898. 7 fr. 50
FERRIÈRE (Em.). **Les Apôtres,** essai d'histoire religieuse. 1 vol. in-12. 4 fr. 50
— **L'Ame est la fonction du cerveau.** 2 volumes in-18. 7 fr.
— **Le Paganisme des Hébreux jusqu'à la captivité de Babylone.** 1 vol. in-18. 3 fr. 50
— **La Matière et l'Énergie.** 1 vol. in-18. 4 fr. 50
— **L'Ame et la Vie.** 1 vol. in-18. 4 fr. 50
— **Les Mythes de la Bible.** 1 vol. in-18. 1893. 3 fr. 50
— **La Cause première d'après les données expérim.** In-18. 1896. 3 fr. 50
— **Étymologie de 400 prénoms usités en France.** 1 vol. in-18. 1898. 1 fr. 50 (Voy. p. 10 et 32).
FLEURY (Maurice de). **Introduction à la médecine de l'Esprit.** 1 vol. in-8. 6e éd. 1900. 7 fr. 50 (V. p. 3.)
FLOURNOY. **Des phénomènes de synopsie.** In-8. 1893. 6 fr.
— **Des Indes à la planète Mars.** Etude sur un cas de somnambulisme avec glossolalie. 1 vol. in-8, avec grav. 3e éd. 1900. 8 fr.
— **Nouv. observ. sur un cas de somnambulisme.** In-8. 1902. 5 fr.
Fondation universitaire de Belleville (La). Ch. GIDE. *Tr. intellect. et tr. manuel.* — J. BARDOUX. *Prem. efforts et prem. année.* 1901. In-16. 1 fr. 50
FRÉDÉRICQ (P.). **L'Enseignement supérieur de l'histoire.** Allemagne, France, Ecosse, Angleterre, Hollande, Belgique. In-8. 1899. 7 fr.
GELEY (V.). **Les preuves du transformisme et les enseignements de la doctrine évolutionniste.** 1 vol. in-8. 1901. 6 fr.
GOBLET D'ALVIELLA. **L'Idée de Dieu,** d'après l'anthr. et l'histoire. In-8. 6 fr.
— **La représentation proportionnelle en Belgique,** 1900. 4 fr. 50
GOURD. **Le Phénomène.** 1 vol. in-8. 7 fr. 50
GREEF (Guillaume de). **Introduction à la Sociologie.** 2 vol. in-8. 10 fr.
— **L'évolution des croyances et des doctrines politiques.** 1 vol. in-12. 1895. 4 fr. (V. p. 7.)

GRIMAUX (Ed.). **Lavoisier (1743-1794)** d'après sa correspondance et divers documents inédits. 1 vol. gr. in-8, avec gravures. 3ᵉ éd. 1898. 15 fr.
GRIVEAU (M.). **Les Éléments du beau.** In-18. 4 fr. 50
— **La Sphère de beauté**, 1901. 1 vol. in-8. 10 fr.
GUYAU. **Vers d'un philosophe.** In-18. 3ᵉ édit. 3 fr. 50 (Voy. p. 3, 7 et 10.)
GYEL (le Dʳ E.). **L'être subconscient.** 1 vol. in-8. 1899. 4 fr.
HALLEUX (J.). **Les principes du positivisme contemporain**, exposé et critique. (Ouvrage récompensé par l'Institut). 1 vol. in-12. 1895. 3 fr. 50
— **L'Évolutionnisme en morale** (*H. Spencer*). In-12. 1901. 3 fr. 50
HARRACA (J.-M.). **Contribution à l'étude de l'Hérédité et des principes de la formation des races.** 1 vol. in-18. 1898. 2 fr.
HENNEGUY (Félix). **Le Sphinx.** Poèmes dramatiques. 1 v. in-18. 1899. 3 fr. 50
— **Les Aïeux.** Poèmes dramatiques. 1 vol. in-18. 1901. 3 fr. 50
HERZEN, professeur de physiologie à l'Université de Lausanne. **Causeries physiologiques.** 1 vol. in-12. 1899. 3 fr. 50
HIRTH (G.). **La Vue plastique, fonction de l'écorce cérébrale.** In-8. Trad. de l'allem. par L. ARRÉAT, avec grav. et 34 pl. 8 fr. (Voy. p. 7.)
— **Pourquoi sommes nous distraits?** 1 vol. in-8. 1895. 2 fr.
HOCQUART (E.). **L'Art de juger le caractère des hommes sur leur écriture**, préface de J. CRÉPIEUX-JAMIN. Br. in-8. 1898. 1 fr.
HORION. **Essai de Synthèse évolutionniste**, in-8. 1899. 7 fr.
HORVATH, KARDOS et ENDRODI. ***Histoire de la littérature hongroise**, adapté du hongrois par J. KONT. Gr. in-8, avec gr. 1900. Br. 10 fr. Rel. 15 fr.
ICARD. **Paradoxes ou vérités.** 1 vol. in-12. 1895. 3 fr. 50
JOYAU. **De l'invention dans les arts et dans les sciences.** 1 v. in-8. 5 fr.
— **Essai sur la liberté morale.** 1 vol. in-18. 3 fr. 50
KARPPE (S.), docteur ès lettres. **Les origines et la nature du Zohar**, précédé d'une *Étude sur l'histoire de la Kabbale*. 1901. in-8. 7 fr. 50
KAUFMANN. **La cause finale et son importance au temps présent.** Traduit de l'allemand par A. DEIBER. In-12. 2 fr. 50
KINGSFORD (A.) et MAITLAND (E.). **La Voie parfaite ou le Christ ésotérique**, précédé d'une préface d'Edouard SCHURÉ. 1 vol. in-8. 1892. 6 fr.
KUFFERATH (Maurice). **Musiciens et philosophes.** (Tolstoï, Schopenhauer, Nietzsche, Richard Wagner). 1 vol. in-12. 1899. 3 fr. 50
LAURENT. **Les Universités des deux mondes.** 1 vol. in-12. 1896. 3 fr. 50
LAVELEYE (Em. de). **De l'avenir des peuples catholiques.** In-8. 25 c.
— **Essais et Études.** Première série (1861-1875). — Deuxième série (1875-1882). — Troisième série (1892-1894). Chaque vol. in-8. 7 fr. 50
LEMAIRE (P.). **Le cartésianisme chez les Bénédictins. Dom R. Desgabets.** 1 vol. in-8. 1902. 6 fr. 50
LEMAITRE (J.), professeur au Collège de Genève. — **Audition colorée et Phénomènes connexes observés chez des écoliers.** In-12. 1900. 4 fr.
LETAINTURIER (J.). **Le socialisme devant le bon sens.** In-18. 1 fr. 50
LÉVY (Albert). ***Psychologie du caractère.** In-8. 1896. 5 fr.
LÉVY-SCHNEIDER (L.), docteur ès lettres. — **Le conventionnel Jeanbon Saint-André** (1749-1813). 1901. 2 vol. in-8. 15 fr.
LICHTENBERGER (A.). **Le socialisme au XVIIIᵉ siècle.** Les idées socialistes dans les écrivains français au XVIIIᵉ siècle. In-8. 1895. 7 fr. 50
MABILLEAU (L.). ***Histoire de la philosophie atomistique.** 1 vol. in-8. 1895. (Ouvrage couronné par l'Institut.) 12 fr.
MAINDRON (Ernest). ***L'Académie des sciences** (Histoire de l'Académie; fondation de l'Institut national; Bonaparte, membre de l'Institut). In-8 cavalier, 53 grav., portraits, plans. 8 pl. hors texte et 2 autographes. 12 fr.
MALCOLM MAC COLL. **Le Sultan et les grandes puissances**, essai historique, traduct. de Jean LONGUET. 1 vol. in-8. 1899. 5 fr.
MANACÉINE (Marie de). **L'anarchie passive et Tolstoï.** In-18. 2 fr.
MANDOUL (J.). **Un homme d'État italien : Joseph de Maistre et la politique de la maison de Savoie.** 1 vol. in-8. 8 fr.
MARIÉTAN (J.). **Problème de la classification des sciences, d'Aristote à saint Thomas.** 1 vol. in-8. 1901. 3 fr.

MARSAUCHE (L.). **La Confédération helvétique d'après la constitution**, préface de M. Frédéric Passy. 1 vol. in-18. 1891. 3 fr. 50

MATAGRIN. **L'esthétique de Lotze.** 1 vol. in-12. 1900. 2 fr.

MATTEUZZI. **Les facteurs de l'évolution des peuples.** In-8. 1900. 6 fr.

MERCIER (Mgr). **Les origines de la psych. contemp.** In-12. 1898. 5 fr.

— **La Définition philosophique de la vie.** Broch. in-8. 1899. 1 fr. 50

MILHAUD (G.), professeur à l'Université de Montpellier. **Le positivisme et le progrès de l'esprit.** 1 vol. in-12. 1902. 2 fr. 50

MISMER (Ch.). **Principes sociologiques.** 1 vol. in-8. 2ᵉ éd. 1897. 5 fr.

MONCALM. **Origine de la pensée et de la parole.** In-8. 1899. 5 fr.

MONNIER (Marcel). ***Le drame chinois.** 1 vol. in-16. 1900. 2 fr. 50

MONTIER (Amand). **Robert Lindet**, grand in-8. 1899. 10 fr.

MORIAUD (P.). **La liberté et la conduite humaine.** In-12. 1897. 3 fr. 50

NEPLUYEFF (N. de). **La confrérie ouvrière et ses écoles**, in-12. 2 fr.

NIZET. **L'Hypnotisme**, étude critique. 1 vol. in-12. 1892. 2 fr. 50

NODET (V.). **Les agnoscies, la cécité psychique.** In-8. 1899. 4 fr.

NOVICOW (J.). **La Question d'Alsace-Lorraine.** In-8. 1 fr. (V. p. 4, 8 et 16.)

— **La Fédération de l'Europe.** 1 vol. in-18. 2ᵉ édit. 1901. 3 fr. 50

PARIS (comte de). **Les Associations ouvrières en Angleterre** (Trades-unions). 1 vol. in-18. 7ᵉ édit. 1 fr. — Édition sur papier fort. 2 fr 50

PAUL-BONCOUR (J.). **Le fédéralisme économique**, préf. de M. WALDECK-ROUSSEAU. 1 vol. in-8. 2ᵉ édition. 1901. 6 fr.

PAULHAN (Fr.). **Le Nouveau mysticisme.** 1 vol. in-18. 1891. 2 fr. 50

PELLETAN (Eugène). ***La Naissance d'une ville** (Royan). In-18. 2 fr.

— ***Jarousseau, le pasteur du désert.** 1 vol. in-18. 2 fr.

— ***Un Roi philosophe** : *Frédéric le Grand*, in-18. 3 fr. 50

— **Droits de l'homme.** 1 vol. in-12. 3 fr. 50

— **Profession de foi du XIXᵉ siècle.** In-12. 3 fr. 50 (V. p. 31.)

PEREZ (Bernard). **Mes deux chats.** In-12, 2ᵉ édition. 1 fr. 50

— **Jacotot et sa Méthode d'émancipation intellect.** In-18. 3 fr.

— **Dictionnaire abrégé de philosophie.** 1893. in-12. 1 fr. 50 (V. p. 8.)

PHILBERT (Louis). **Le Rire.** In-8. (Cour. par l'Académie française.) 7 fr. 50

PHILIPPE (J.). **Lucrèce dans la théologie chrétienne du IIIᵉ au XIIIᵉ siècle.** 1 vol. in-8. 1896. 2 fr. 50

PIAT (C.). **L'Intellect actif.** 1 vol. in-8. 4 fr. (V. p. 8, 11, 12.)

— **L'Idée ou critique du Kantisme.** 2ᵉ édition 1901. 1 vol. in-8. 6 fr.

PICARD (Ch.). **Sémites et Aryens** (1893). In-18. 1 fr. 50

PICARD (E.). **Le Droit pur, les permanences juridiques abstraites.** 1 v. in-8. 1899. 7 fr. 50

PICAVET (F.). **La Mettrie et la crit. allem.** 1889. In-8. 1 fr. (V. p. 8.)

PICTET (Raoul). **Étude critique du matérialisme et du spiritualisme par la physique expérimentale.** 1 vol. gr. in-8. 1896. 10 fr.

PINLOCHE (A.), professeur honoraire de l'Université de Lille. **Pestalozzi et l'éducation populaire moderne.** 1 vol. in-12. 1902. 2 fr. 50

POEY. **M. Littré et Auguste Comte.** 1 vol. in-18. 3 fr. 50

PORT. **La Légende de Cathelineau.** In-8. 5 fr.

POULLET. **La Campagne de l'Est** (1870-1871). In-8, avec cartes. 7 fr.

* **Pour et contre l'enseignement philosophique**, par MM. VANDEREM (Fernand), RIBOT (Th.), BOUTROUX (E.), MARION (H.), JANET (P.), FOUILLÉE (A.); MONOD (G.), LYON (Georges), MARILLIER (L.), CLAMADIEU (abbé), BOURDEAU (J.), LACAZE (G.), TAINE (H.). 1894. In-18. 2 fr.

PRAT (Louis). **Le mystère de Platon** (**Aglaophamos**). 1 v. in-8. 1900. 4 fr.

PRÉAUBERT. **La vie, mode de mouvement.** In-8. 1897. 5 fr.

PRINS (Ad.). **L'organisation de la liberté et le devoir social.** 1 vol. in-8. 1895. 4 fr.

Programme maritime de 1900-1906 (**Le**). 1 vol. in-12. 1902. 3 fr. 50

Psychologie (IVᵉ Congrès international), Paris 1900. 1 vol. in-8. 1901. 20 fr.

PUJO (Maurice). ***Le règne de la grâce.** 1 vol. in-18. 3 fr. 50

RATAZZI (Mᵐᵉ). **Emilio Castelar.** In-8, avec illustr., portr. 1899. 3 fr. 50

[illegible] (P.). [illegible] dans l'Histoire. In-8, avec gravures. 1900. 6 fr.
RENOUVIER, de l'Inst. **Uchronie.** *Utopie dans l'Histoire.* 2ᵉ é. 1901. In-8. 7 50
RIBERT (L.). **Essai d'une philosophie nouvelle.** 1 vol. in-8. 1898. 6 fr.
RIBOT (Paul). **Spiritualisme et Matérialisme.** 2ᵉ éd. 1 vol. in-8. 6 fr.
ROBERTY (J.-E.) **Auguste Bouvier,** pasteur et théologien protestant. 1826-1893. 1 fort vol. in-12. 1901. 3 fr. 50
ROISEL. **Chronologie des temps préhistoriques.** In-12. 1900. 1 fr.
ROTT (Ed.). **La représentation diplomatique de la France auprès des cantons suisses confédérés.** T. I (1498-1559). 1 vol. gr. in-8. 1900, 12 fr. — T. II (1559-1610). 1 vol. gr. in-8. 1902. 15 fr.
RUTE (Marie-Letizia de). **Lettres d'une voyageuse.** In-8. 1896. 3 fr.
SANDERVAL (O. de). **De l'Absolu.** La loi de vie. 1 vol. in-8. 2ᵉ éd. 5 fr.
— **Kahel. Le Soudan français.** In-8, avec gravures et cartes. 8 fr.
SAUSSURE (L. de). ***Psychol. de la colonisation franç.**, in-12. 3 fr. 50
SAYOUS (E.), professeur à l'Université de Besançon. ***Histoire générale des Hongrois.** 2ᵉ éd. revisée par ANDRÉ SAYOUS et J. DOLENECZ. 1 vol. grand in-8, avec grav. et pl. hors texte. 1900. Br. 15 fr. Relié. 20 fr.
Sciences sociales (Premier Congrès de l'enseignement des). Paris 1900. 1 vol. in-8. 1901. 7 fr. 50
SECRÉTAN (Ch.). **Études sociales.** 1889. 1 vol. in-18. 3 fr. 50
— **Les Droits de l'humanité.** 1 vol. in-18. 1891. 3 fr. 50
— **La Croyance et la civilisation.** 1 vol. in-18. 2ᵉ édit. 1891. 3 fr. 50
— **Mon Utopie.** 1 vol. in-18. 3 fr. 50
— **Le Principe de la morale.** 1 vol. in-8. 2ᵉ éd. 7 fr. 50
— **Essais de philosophie et de littérature.** 1 vol. in-12. 1896. 3 fr. 50
SECRÉTAN (H.). **La Société et la morale.** 1 vol. in-12. 1897. 3 fr. 50
SKARZYNSKI (L.). ***Le progrès social à la fin du XIXᵉ siècle.** Préface de M. LÉON BOURGEOIS. 1901. 1 vol. in-12. 4 fr. 50
SOLOWEITSCHEK (Leonty). **Un prolétariat méconnu,** étude sur la situation sociale et économique des ouvriers juifs. 1 vol. in-8. 1898. 2 fr. 50
SOREL (Albert), de l'Acad. franç. **Traité de Paris de 1815.** In-8. 4 fr. 50
SPIR (A.). **Esquisses de philosophie critique.** 1 vol. in-18. 2 fr. 50
— **Nouvelles esquisses de philosophie critique.** In-8. 1899. 3 fr. 50
STOCQUART (Emile). **Le contrat de travail.** In-12. 1895. 3 fr.
TERQUEM (A.). **Science romaine à l'époque d'Auguste.** In-8. 3 fr.
TISSOT. **Principes de morale.** 1 vol. in-8. 6 fr. (Voy. KANT, p. 11.)
VACHEROT. **La Science et la Métaphysique.** 3 vol. in-18. 10 fr. 50
VAN BIERVLIET (J.-J.). **Psychologie humaine.** 1 vol. in-8. 8 fr.
— **La Mémoire.** Br. in-8. 1893. 2 fr.
— **Etudes de psychologie.** 1 vol. in-8. 1901. 4 fr.
— **Causeries psychologiques.** 1 vol. in-8. 1902. 3 fr.
VIALLATE (A.). **Chamberlain.** In-12, préface de E. BOUTMY. 2 fr. 50
VIALLET (C.-Paul). **Je pense, donc je suis.** Introduction à la méthode cartésienne. 1 vol. in-12. 1896. 2 fr. 50
VIGOUREUX (Ch.). **L'Avenir de l'Europe** au double point de vue de la politique de sentiment et de la politique d'intérêt. 1892. 1 vol. in-18. 3 fr. 50
WEIL (Denis). **Le Droit d'association et le Droit de réunion devant** les chambres et les tribunaux. 1893. 1 vol. in-12. 3 fr. 50
— **Les Élections législatives, législation et mœurs.** 1 vol. in-18 1895. 3 fr. 50
WUARIN (L.). **Le Contribuable.** 1 vol. in-16. 3 fr. 50
WULF (M. de). **Histoire de la philosophie scolastique dans les Pays-Bas et la principauté de Liège jusqu'à la Révol. franç.** In-8. 5 fr.
— **Sur l'esthétique de saint Thomas d'Aquin.** In-8. 1 fr. 50
— **La Philosophie médiévale.** 1 vol. in-8. 1899. 7 fr. 50
ZIESING (Th.). **Érasme ou Salignac.** Étude sur la lettre de François Rabelais. 1 vol. gr. in-8. 4 fr.
ZOLLA (D.). **Les questions agricoles d'hier et d'aujourd'hui.** 1894, 1895. 2 vol. in-12. Chacun. 3 fr. 50

BIBLIOTHÈQUE UTILE

125 VOLUMES PARUS

Le volume de 192 pages, broché, 60 centimes.

Cartonné à l'anglaise, 1 fr.

La plupart des livres de cette collection ont été adoptés par le *Ministère de l'Instruction publique* pour les Bibliothèques des Lycées et Collèges de garçons et de jeunes filles, celles des Écoles normales, les Bibliothèques populaires et scolaires.

HISTOIRE DE FRANCE

Les Mérovingiens, par BUCHEZ.

Les Carlovingiens, par BUCHEZ.

Les Luttes religieuses des premiers siècles, par J. BASTIDE, 4e édit.

Les Guerres de la Réforme, *du même.*

La France au moyen âge, par F. MORIN.

Jeanne d'Arc, par Fréd. LOCK.

Décadence de la monarchie française, par Eug. PELLETAN, sénateur. 4e édit.

La Révolution française, par H. CARNOT (2 volumes).

La Défense nationale en 1792, par P. GAFFAREL, professeur à l'Univ. de Dijon.

Napoléon Ier, par Jules BARNI. 3e édit.

Histoire de la Restauration, par Fréd. LOCK. 3e édit.

Histoire de Louis-Philippe, par Edgar ZEVORT, recteur de l'Académie de Caen. 2e édit.

Mœurs et Institutions de la France, par P. BONDOIS, prof. au lycée Buffon, 2 vol.

Petite histoire abrégée des rapports de l'Église et de l'État en France (1789-1871), par MM. DUBOIS et SARTHOU. (Résumé d'après l'ouvrage de M. A. DEBIDOUR.)

Histoire de l'armée française, par L. BÈRE.

Histoire de la marine française, par DONEAUD, prof. à l'École navale. 2e édit.

Histoire de la conquête de l'Algérie, par QUESNEL.

Les Origines de la guerre de 1870, par Ch. DE LARIVIÈRE.

Histoire de la littérature française, par Georges MEUNIER, agrégé de l'Univ.

Histoire de l'Art ancien et moderne (avec grav.), par le même.

PAYS ÉTRANGERS

L'Espagne et le Portugal, par E. RAYMOND. 2e édition.

Histoire de l'Empire ottoman, par L. COLLAS. 2e édition.

Les Révolutions d'Angleterre, par Eug. DESPOIS. 3e édition.

Histoire de la maison d'Autriche, par Ch. ROLLAND. 2e édition.

L'Europe contemporaine (1789-1879), par P. BONDOIS, prof. au lycée Buffon.

Histoire contemporaine de la Prusse, par Alfr. DONEAUD.

Histoire contemporaine de l'Italie, par Félix HENNEGUY.

Histoire contemporaine de l'Angleterre, par A. REGNARD.

HISTOIRE ANCIENNE

La Grèce ancienne, par L. COMBES.

L'Asie occid. et l'Égypte, par A. OTT.

L'Inde et la Chine, par A. OTT.

Histoire romaine, par CREIGHTON.

L'Antiquité romaine, par WILKINS.

L'Antiquité grecque, par MAHAFFY.

GÉOGRAPHIE

Torrents, fleuves et canaux de la France, par H. BLERZY.

Les Colonies anglaises, par H. BLERZY.

Les Îles du Pacifique, par le capitaine de vaisseau JOUAN (avec une carte).

Les Peuples de l'Afrique et de l'Amérique, par GIRARD DE RIALLE.

Les Peuples de l'Asie et de l'Europe, par GIRARD DE RIALLE.

L'Indo-Chine française, par FAQUE.

Géographie physique, par GEIKIE.

Continents et Océans, par GROVE (avec figures).

Les Frontières de la France, par P. GAFFAREL, prof. à la Faculté de Dijon.

L'Afrique française, par A. JOYEUX.

Madagascar, par A. MILHAUD, prof. agrégé d'histoire et de géographie (avec carte).

Les grands ports de commerce, par D. BELLET.

COSMOGRAPHIE

Les Entretiens de Fontenelle sur la pluralité des mondes, mis au courant de la science, par BOILLOT.

Le Soleil et les Étoiles, par le P. SECCHI, BRIOT, WOLF et DELAUNAY. 2e éd. (avec fig.).

Les Phénomènes célestes, par ZURCHER et MARGOLLÉ.

A travers le ciel, par AMIGUES, proviseur du lycée de Toulon.

Origines et Fin des mondes, par Ch. RICHARD. 3e édition.

Notions d'astronomie, par L. CATALAN. 4e édition (avec figures).

SCIENCES APPLIQUÉES

Le Génie de la science et de l'industrie, par B. GASTINEAU.

Causeries sur la mécanique, par BROTHIER. 2e édit.

Médecine populaire, par le Dr Turck. 7e édit., revue par le Dr L. Larrivé.

La Médecine des accidents, par le Dr Broquère.

Les Maladies épidémiques (Hygiène et Prévention), par le Dr L. Monin.

Hygiène générale, par le Dr Cruveilhier.

La tuberculose, son traitement hygiénique, par P. Merklen, interne des hôpitaux.

Petit Dictionnaire des falsifications, par Dufour, pharmacien de 1re classe.

L'Hygiène de la cuisine, par le Dr Laumonier.

Les Mines de la France et de ses colonies, par P. Maigne.

Petite chimie de l'agriculture, par V. Vaillant.

Les Matières premières et leur emploi, par le Dr H. Genevoix, pharmacien de 1re cl.

Les Procédés industriels, par le même.

La Photographie, par H. Gossin.

La Machine à vapeur, par le même (av. fig.).

La Navigation aérienne, par G. Dallet.

L'Agriculture française, par A. Larbalétrier, prof. d'agriculture (avec figures).

La Viticulture nouvelle, par A. Berget.

La pratique des vins, par *le même*.

Les vins de France, par *le même*.

Les Chemins de fer, p. G. Mayer (av. fig.).

Les grands ports maritimes de commerce, par D. Bellet (avec figures).

SCIENCES PHYSIQUES ET NATURELLES

Télescope et Microscope, par Zurcher et Margollé.

Les Phénomènes de l'atmosphère, par Zurcher. 7e édit.

Histoire de l'air, par Albert-Lévy.

Histoire de la terre, par Brothier.

Principaux faits de la chimie, par Bouant, prof. au lycée Charlemagne.

Les Phénomènes de la mer, par E. Margollé. 5e édit.

L'Homme préhistorique, par Zaborowski. Nouvelle édition refondue.

Les Mondes disparus, par le même.

Les grands Singes, par le même.

Histoire de l'eau, par Bouant, prof. au lycée Charlemagne (avec grav.).

Introduction à l'étude des sciences physiques, par Morand. 5e édit.

Le Darwinisme, par E. Ferrière.

Géologie, par Geikie (avec figures).

Les Migrations des animaux et le Pigeon voyageur, par Zaborowski. 4e éd.

Premières Notions sur les sciences, par Th. Huxley.

La Chasse et la Pêche des animaux marins, par Jouan.

Zoologie générale, par H. Beauregard.

Botanique générale, par E. Gérardin (avec figures).

La Vie dans les mers, par H. Coupin.

Les Insectes nuisibles, par A. Acloque.

PHILOSOPHIE

La Vie éternelle, par Enfantin. 2e éd.

Voltaire et Rousseau, par E. Noel. 3e éd.

La Philosophie zoologique, par Victor Meunier. 3e édit.

L'Origine du langage, par Zaborowski.

Physiologie de l'esprit, par Paulhan (avec figures).

L'Homme est-il libre? par G. Renard.

La Philosophie positive, par le docteur Robinet. 2e édition.

ENSEIGNEMENT. — ÉCONOMIE DOMESTIQUE

De l'Éducation, par H. Spencer. 8e édit.

La Statistique humaine de la France, par Jacques Bertillon.

Le Journal, par Hatin.

De l'Enseignement professionnel, par Corbon. 3e édit.

Les Délassements du travail, par Maurice Cristal. 2e édit.

Le Budget du foyer, par H. Leneveux.

Paris municipal, par H. Leneveux.

Histoire du travail manuel en France, par H. Leneveux.

L'Art et les Artistes en France, par Laurent Pichat, sénateur. 4e édit.

Premiers principes des beaux-arts, par J. Collier (avec gravures).

Économie politique, par Stanley Jevons.

Le Patriotisme à l'école, par le général Jourdy.

Histoire du libre-échange en Angleterre, par Mongredien.

Économie rurale et agricole, par Petit.

La Richesse et le Bonheur, par Ad. Coste.

Alcoolisme ou épargne, le dilemme social, par Ad. Coste.

L'Alcool et la lutte contre l'alcoolisme, par les Drs Sérieux et Mathieu.

Les plantes d'appartement, de fenêtres et de balcons, par A. Larbalétrier.

L'Assistance publique en France, par le Dr L. Larrivé.

La pratique des vins, par A. Berget.

Les vins de France, par A. Berget.

DROIT

La Loi civile en France, par Morin. 3e édit.

La Justice criminelle en France, par G. Jourdan. 3e édit.

L.-Imprimeries réunies, rue Saint-Benoît, 7, Paris. — 3073.

www.ingramcontent.com/pod-product-compliance
Ingram Content Group UK Ltd.
Pitfield, Milton Keynes, MK11 3LW, UK
UKHW020157250726
13967UKWH00003B/1120